本书是中南财经政法大学国家重点学科民商法学211学科建设项目的成果之一

总主编：吴汉东

·南湖法学文库编辑委员会·

主　任：吴汉东
副主任：陈小君　齐文远　刘仁山
委　员：吴汉东　陈小君　齐文远　刘仁山　陈景良
　　　　罗洪洋　张斌峰　张德淼　刘　笋　高利红
　　　　吕忠梅　樊启荣　刘大洪　雷兴虎　麻昌华
　　　　姚　莉　方世荣　刘茂林　石佑启　王广辉
　　　　郑祝君　张继承　蔡　虹　曹新明　吴志忠

南湖法学文库

通过司法限制权力

英格兰司法的成长与宪政的生成

李 栋 著

图书在版编目(CIP)数据

通过司法限制权力:英格兰司法的成长与宪政的生成/李栋著.—北京:北京大学出版社,2011.5

(南湖法学文库)

ISBN 978-7-301-18756-2

Ⅰ.①通… Ⅱ.①李… Ⅲ.①司法制度-研究-英国 ②宪法-研究-英国 Ⅳ.①D956.1

中国版本图书馆 CIP 数据核字(2011)第 058290 号

书　　　名:通过司法限制权力——英格兰司法的成长与宪政的生成
著作责任者:李　栋　著
责 任 编 辑:白丽丽
标 准 书 号:ISBN 978-7-301-18756-2/D·2838
出 版 发 行:北京大学出版社
地　　　址:北京市海淀区成府路 205 号　100871
网　　　址:http://www.pup.cn
电　　　话:邮购部 62752015　发行部 62750672　编辑部 62752027
　　　　　　出版部 62754962
电 子 邮 箱:law@pup.pku.edu.cn
印 　刷 　者:三河市富华印装厂
经 　销 　者:新华书店
　　　　　　965 毫米×1300 毫米　16 开本　25.25 印张　375 千字
　　　　　　2011 年 5 月第 1 版　2011 年 5 月第 1 次印刷
定　　　价:48.00 元

未经许可,不得以任何方式复制或抄袭本书之部分或全部内容。
版权所有,侵权必究
举报电话:010-62752024　电子邮箱:fd@pup.pku.edu.cn

献给默默支持我的父母亲、妻子

本研究受中央高校基本科研业务费专项资金资助[2009038]

本书是国家社科基金(青年项目)"英国法治道路的国际经验借鉴研究"(批准号10CFX010)的阶段性成果

总　　序

历经几回寒暑,走过数载春秋,南湖畔的中南法学在不断精心酿造中步步成长。中南法学的影响与日俱增,这离不开长江边上这座历史悠久、通衢九州的名城武汉,更离不开中南法律人辛勤耕耘、励精图治的学术精神,中南学子源于各地聚集于此,又再遍布大江南北传播法学精神,砥砺品格、守望正义的同时也在法学和司法实践部门坚持创新、止于至善,作出了卓越的贡献。

纵观中南法学的成长史,从1952年9月成立中原大学政法学院,到1953年4月合并中山大学、广西大学、湖南大学的政法系科,成立中南政法学院,后至1958年成为湖北大学法律系,1977年演变为湖北财经学院法律系,转而于1984年恢复中南政法学院,又经2000年5月的中南财经大学与中南政法学院合并至今,中南财经政法大学法学院已然积攒了50年的办学历史。虽经几度分合,但"博学、韬奋、诚信、图治"的人文精神经过一代又一代中南学人的传承而日臻完善,笃志好学的研习氛围愈发浓厚。中南法学经过几十年的积累,其学术成果屡见丰硕。"南湖法学文库"这套丛书的编辑出版,就是要逐步展示中南法学的学术积累,传播法学研究的中南学派之精神。

中南法学经过数十载耕耘，逐渐形成了自成一格的中南法学流派。中南法律人在"为学、为用、为效、为公"教育理念的引导下，历练出了自有特色的"创新、务实"的学术精神。在国际化与跨地区、跨领域交流日益频繁的今天，中南法学以多位中南法学大家为中心，秉承多元化的研究模式与多样性的学术理念，坚持善于批判的学术精神，勇于探讨、无惧成论。尤其是年轻的中南法学学子们，更是敢于扎根基础理论的研习，甘于寂寞，同时也关注热点，忧心时事，活跃于网络论坛，驰骋于法学天地。

从历史上的政法学院到新世纪的法学院，前辈们的学术积淀影响深远，至今仍为中南法学学子甚至中国法学以启迪；师承他们的学术思想，沐浴其熠熠生辉的光泽，新一辈的中南法律人正在法学这片沃土上默默耕耘、坚忍不拔。此次中南财经政法大学法学院推出这套"南湖法学文库"，作为中南法学流派的窗口，就是要推出新人新作，推出名家精品，以求全面反映法学院的整体科研实力，并使更多的学者和学子得以深入了解中南法学。按照文库编委会的计划，每年文库将推出 5 到 6 本专著。相信在中南法律人的共同努力下，文库将成为法学领域学术传播与学术交流的媒介与平台，成为中南法律人在法学研习道路上的阶梯，成为传承中南法学精神的又一个载体，并为中国法学研究的理论与实践创新作出贡献。

晓南湖畔书声朗，希贤岭端佳话频。把握并坚守了中南法学的魂，中南法律人定当继续开拓进取，一如既往地迸发出中南法学的铿锵之声。

是为序。

吴汉东
2010 年 12 月 1 日

序　言

宪政义明有两个发源地,一是古希腊罗马,二是英国。其中,古希腊罗马宪政在时间上远早于英国,被誉为"世界上第一次立宪主义的试验",但它们都带有一定的偶发性和早产性,故而仅仅昙花一现,未遑成熟就像流星一样匆匆消失于历史长河之中。与此不同,英国宪政自从产生以后便得到了持续不断的发展,一直延续至今,并于近代之初走出了英伦国门,陆续扩散到世界各地。据此似可断言,英国是人类宪政文明直接和真正的发源地。

作为引领宪政文明的先行者,英国在创建宪政的过程中,既缺少成熟的宪政模式以资借鉴,也缺乏系统的宪政理论以供指导,因此,英国宪政主要是在漫长的历史进程中,通过世世代代的不懈探索、正反两方面经验的日积月累和对历史机遇的适时把握而逐步发展起来的,借用哈耶克在论述普通法特征时提出的"自生自发"理论来说,英国宪政是逐步"生发"长成的,它是历史积淀的产物,经验理性的结晶。这一过程平缓而漫长,往前可一直追溯到英伦国家建立之际,甚至需要步入史前时期才能寻觅到它的初始源头,往后则一直延伸到近现代乃至当下,整个过程前有头后有尾,系统完整,中间虽不乏跌宕起伏,但未有中断反复,一脉相承,且阶段分明。同样由于长期居于世界宪政文明的领先位置,英国宪政的生发成长主要得益于自身内部力量的推动,走的是一条典型的内源演进型发展道路,外部因素的影响微不足道,因而不像后发宪政国家那样,时不时地会因外力的侵扰而在某种程度上偏离正常轨道。这种近乎自然长成的"生发"进路,使得英国宪政保持了浓郁的原生态风貌,当之无愧地成为"宪政考古的博物馆"(哈勒维语)。这意味着,通过对英国宪政"活化石"的历史考察,人们既可以从本真意义上了解宪政文明从最初萌芽到成长壮大直至成熟完善的整体过程,又能获得一种"清水出芙蓉,天然去雕饰"般的美感享受,还可以进而探寻宪政发生发展的客观规律和内在机理,推动宪政理论研究的深化。

职是之故,英国宪政及其历史一向受到各国宪政学者特别是宪政史学家的高度重视,尤其是关于英国宪政赖以生发成长的动因,历来是学者关注的焦点问题之一。就国内研究状况而言,围绕这个问题的已有成果大多从政治制度史的视角出发,将注意力集中在社会、经济、政治等因素的作用上,诸如城市与经济的发展变化、中产阶级的崛起、国王与贵族的关系、议会与王权的斗争等。所有这些因素,尤其是议会制度的较早建立,对于英国宪政的积极推进作用,毫无疑问是巨大的,也是无人否认的。但是,除了上述因素外,还有一个至关重要的因素,却被国内学者所长期忽视,这就是司法对于英国宪政发展所作出的突出贡献。虽说近年来随着国内学界对美国司法制度和违宪审查制度研究的长足进步,以及我国司法改革和宪政建设的深入发展和面临的种种阻力与困惑,部分学者已经从理论上认识到司法与宪政的密切关系,但迄今尚未见到全面阐述英国司法与宪政关联性的专题论文或著作问世。正是基于学术研究和现实政治的双重需求,李栋自入学中南财经政法大学法学院攻读法律史专业博士学位以来,便把探讨英国司法与宪政的良性互动关系作为自己的研究重点。历经三年的阅读与思考,最终写成了博士论文《通过司法限制权力——英格兰司法的成长与宪政的生成》,并顺利通过答辩,赢得了答辩委员们的一致好评。

作为指导老师,笔者在李栋写作论文的过程中曾多次与之交流和讨论,按说对论文内容和观点并不陌生,但是,修订后的文稿,仍然给我留下了深刻的印象,并使我进一步坚定了自己的一个信念:司法对于一个国家的政治文明进程具有强大的影响力,必须认真对待和积极发挥司法的政治功能和宪政潜质;倘能如此,宪政的发展将较为顺畅;换言之,司法宪政主义道路是一条可取的立宪成功之道。

坦率地讲,在司法的政治功能问题上,因受孟德斯鸠三权分立学说和美国联邦党人思想的影响,此前的笔者一直认为,在三种国家权力中,司法权是最不起眼的一种,其功能和作用不可能与行政权和立法权相提并论。究其原因在于,司法权的主要职责是裁判案件,定分止争。作为一种判断权,它只有在纠纷发生以后,以个案救济的形式启动运行和发挥作用。因此,从国家权力运行的逻辑结构看,司法位于权力流程的最末一环,这种末端位置决定了司法权在国家权力系统中总是处于相对弱势地位。它不能像立法权、行政权那样可以主动采取行动,积极干预社会生活,而只能应求而动,具有消极性和被动性特征。况且,由司法权作出的裁决能否切实生效,在很大程度上还要仰赖行政权或立法权的认可与支持。因此,在人类历史上,司法权的作用和影响,无论是积极的还是消极的、正面的还是负面的,都远不如行政权和立法权那样成效显著、引人注目。在相当长的历史时期内,世界上的绝大多数国家采取的是行政主导型的统治模式,司法权甚至包括立法权在内都不过是行政权的附庸,其作用自然不足为道。但是,李栋的论文为我们描绘了一副截然不同的历史图景,展示了司法在推进英国宪政生成长过程中所发挥的不同寻常的巨大作用。

文章证明,诺曼征服所造就的强大王权,使得英国没有出现欧陆各国那种封建分裂局面,国家的政治统一和社会秩序的稳定获得了有效保证。同时,在原始民主遗风、封建制度以及教会势力等多种因素的制约下,在"国王靠自己生活"的古老原则以及由此带来的政府财政资源匮乏、军事官僚机器残缺不全的局限下,英国王权始终未能走向东方国家那种专制主义道路,相反,形成了一种堪称"一体多元"的权力结构形态。在此结构下,王权虽然拥有足够的权威以完成国家整合的政治使命,但却很难按照国家权力的自身逻辑,优先发展行政权,以实现对社会的强制性统治,而只能选择司法这种具有被动性、内敛性的权力手段,来实现对于社会的温和型治理,由此形成了完全不同于古代中国司法行政化的行政司法化传统。与此传统相伴随,英国司法获得了优先发展的难得机遇,因而较早地走上了司法专业化和职业化的道路。于是,一套具有现代特征的全国规模的普通法体系逐步形成,一套由中央和地方、固定和巡回法院相结合的司法体制建立起来,一个由职业法官和律师组成的矢志献身于法治事业的法律职业共同体应运而生。该共同体在日常的司法实践中,不断地丰富发展普通法的规范体系,优化完善司法的内部构造,确立了"正当法律程序"原则和陪审—对抗制审判方式,提升了司法效能与公信力,还逐步孕生出了富有英国特色的"普通法心智"和"技艺理性"观念,为司法审判权的独立运行提供了强有力的理论支撑。据此,法律职业共同体不仅可以有效地履行权利救济和自由保障的应有职责,而且进一步衍生出了制约王权的政治功能,从而发展成为一支影响历史进程的强大政治力量。结果,在中世纪后期,当东方各国的君主专制制度日趋强化和欧陆各国纷纷跪倒在绝对君主主义面前时,英国奇迹般地"独善其身",以其治理权与审判权相分离的二元政治结构为核心的"中世纪宪政主义"(麦基文语)而彪炳于世界之林:在治理权内,国王(即权力)至高无上;在审判权内,法律(即法官)至高无上。于是,但凡遇到关涉法律的问题,国王无权恣意擅断、为所欲为,而不得不接受司法的约束。进入16世纪,面对民族主权国家的时代需要和方兴未艾的国际殖民竞争,都铎王朝也曾试图步欧陆各国之后尘,建立专制王权,但碍于不可逾越的司法屏障,最后只得适可而止,满足于"有限专制"。随后上台的斯图亚特王朝无视英国政治法律传统,决心推行个人专制统治,不断侵犯议会权力,任意罢免法官,干预司法。在此危急关头,以科克为代表的法律职业共同体联合议会奋起抗争,一场决定英国政治前途的宪政革命由此爆发。历经半个多世纪的不懈努力,革命最终获得胜利,确立起了以立宪君主制为形式的宪政制度。在此过程中,议会冲锋在前,厥功至伟,先后领导了两次内战,将一个国王送上断头台,将另一个国王驱逐国外。但是,在英国学者普雷斯特看来,普通法和法律职业共同体所发挥的作用更具根本性,他说,在这次革命中,专制王权的"脑袋"虽然是议会砍掉的,但议会所使用的斧头却是"普通法锻造的";"17世纪的英国历史是法律职业者创造的"。

英国宪政的成长过程为我们展现了一副司法与宪政彼此促进、同兴共荣的良性互动长卷。这一过程启迪我们,对于司法,除了理应重视其定分止争的法律功能外,还应当认真对待其宪政功能,并积极创造条件,使之能够正当而充分地实现。因为在本质属性上,司法与宪政原本是共通的。一如李栋文中所言,司法的被动性和处理纠纷的多方参与性有益于保证个体权利的实现;司法裁决的终极性有助于纠正失衡的社会关系,重塑社会平衡;司法的独立自主性有利于监督制约政治权力的行使,防止权力滥用。而所有这些都是宪政的内在诉求。正因为英国司法的宪政功能得到了正确而充分的发挥,英国不仅成为了世界宪政文明的发源地,而且开创了一条别具一格的徐缓渐进式的宪政"生发"之路。

当然,必须指出的是,这种宪政"生发"道路是英国特定历史条件——诸如集权而非专权的封建王政结构、行政司法化传统、司法的优先发展及其优越的内部与外部构造、司法权的强社会性与弱国家性及其相对独立性等——的产物,不具有可复制性,其他国家无法简单地生搬硬套。然而,这绝非意味着英国经验中所蕴含的价值和原则不可为他国所借鉴。对此,李栋在"余论"中明确指出了英国道路对于时下中国宪政建设的启迪意义:"英格兰宪政的生成道路告诉我们:中国的宪政建设在重视发挥国家作用的同时,还应当注重充分发挥法律人的政治作用,应当从司法审判权的内在技术要素出发,着重挖掘和提升司法技术在建构国家政治秩序以及文明秩序中的潜能,在司法审判权自足自立的基础上,让其在政治秩序的建构中发挥更为积极的作用。司法审判权不应仅仅是政治秩序完成后单纯执行立法意图的法律适用者,也不应仅仅是各种社会利益冲突的被动平衡者与裁判者,它更应该是政治秩序的构建参与者。"实际上,历史业已证明,英国注重发挥司法宪政功能的经验已经为世界许多国家所成功借鉴,美国就是最先引入英国经验并有所创新发展的典型代表。两百多年来,美国联邦最高法院通过违宪审查制度将司法的宪政价值发挥得淋漓尽致,取得了举世瞩目的成就。如果说美国因与英国存在同文同种的历史渊源关系,在引进英国经验上具有便利条件的话,那么,第二次世界大战以后越来越多的传统国家在向现代宪政的转型过程中,几乎无一不把司法改革与宪政建设紧密结合起来的事实则表明,科学地总结英国"司法宪政主义"的历史经验,认真对待司法的政治功能,充分开发司法的宪政潜质,大有可能成为未来世界宪政发展的一条普适性规律。

近闻李栋的论文被评选为中南财经政法大学优秀博士论文,由中南财经政法大学法学院资助,即将由北京大学出版社出版。在赞赏论文出版之余,欣然写下以上感想,权作为序。

程汉大
2011 年 1 月

目录

绪论 / 1

第一章　早期英格兰多元权力结构
　　——英格兰司法成长的历史环境 / 17

第一节　诺曼征服前的原始民主遗风 / 17

第二节　诺曼征服所带来的适度王权 / 28

第三节　早期英格兰的封建制度 / 41

第四节　教会与封建王权 / 58

第二章　行政司法化
　　——英格兰司法的外部结构特征 / 70

第一节　行政司法化特征的形成背景 / 72

第二节　国王行政司法化的进程 / 100

第三节　行政司法化特征的宪政意义 / 117

第三章　自由、权利的保障与救济
——英格兰司法的内部结构特征 / 130
第一节　制度设计：合理性、平衡性 / 131

第二节　制度运作：开放性、限权性 / 178

第三节　制度理念：自由、权利的保障与救济 / 203

第四章　"法律职业共同体的胜利"
——英格兰司法对宪政的直接推动 / 213
第一节　法律职业共同体的形成与"普通法心智"观念 / 214

第二节　法律职业共同体在司法适用中的"技艺理性" / 247

第三节　法律职业共同体的宪政斗争 / 271

第五章　司法审判权与政治统治权的互动平衡
——英格兰宪政的精髓 / 323
第一节　"中世纪宪政主义难题"所引发的两权分立理论 / 324

第二节　司法审判权与政治统治权两权分立理论的发展 / 329

第三节　三权分立理论的缺陷和两权分立理论的合理性 / 342

第四节　英格兰宪政的精髓：司法审判权与政治统治权的互动与平衡 / 349

余论 / 374

参考文献 / 378

后记 / 388

绪　　论

一、问题的提出

司法与宪政是英国法的精华所在,也是中外学者们最感兴趣的两个研究课题。

一方面,在世界各国中,英国司法制度踏上文明化发展道路时间比较早,其在整个国家体制和法律发展史上的地位与作用,是任何其他国家所不可比拟的。学者施米托夫曾指出:"世界上还没有任何其他法律制度像英国那样特别强调司法因素。"[①]不仅如此,当今流行于世界各国的基本司法制度,如司法独立制度、律师辩护制度以及公开审判制度等,无一不起源于英国。英国对人类司法文明的贡献是巨大的。

另一方面,人们普遍认为英国是宪政文明的发祥地(尽管古希腊罗马也是发祥地之一,甚至在时间上还早于英国,但它们都是昙花一现,只有英国宪政一直未间断地延续至今),是"宪政考古的活化石"。作为"近代宪政第一国",英国宪政的生成不像世界其他国家那样,是通过近代初期的资产阶级革命或政治改革,在摧毁君主专制制度后的废墟上,按照启蒙思想家们的理论设计,首先

[①] 〔英〕施米托夫:《国际贸易法文选》,赵秀文译,中国大百科出版社1996年版,第598页。

制定一部成文宪法,然后"照着食谱做布丁"自觉建立起来的。英国宪政是在漫长的历史进程中,在王权、议会、司法等多种因素的交互作用下,经过长期的斗争与妥协,一点一滴积淀而成的。

鉴于司法和宪政在英国法律史上的特殊地位,国内外学者已经对它们进行了广泛而深入的研究。笔者在研读这些研究成果的过程中发现,大多数学者将司法与宪政放在较为单一的视域中分别进行考察。例如,对于英国司法制度的研究大都从制度的缘起、发展以及变化等方面就制度本身入手;对于英国宪政的研究大多从王权与贵族、王权与议会斗争的角度进行说明,很少有学者把司法与宪政的内在关系作为一个问题提出来,进行专门的历史和理论探讨。

实际上,英格兰的司法与宪政之间存在着紧密的联系。一方面,早期英格兰具有宪政特征的多元权力结构,直接影响了司法的独立与发展。如令状、陪审和巡回审判等司法制度,就是国王为统合领主权、教权以及地方公共权力所采取的主要控制方式。另一方面,英格兰司法也暗含了大量有利于宪政形成的因素。例如,令状制度设立之初本是国王加强集权,拓展国王权力的一种司法手段,然而,令状在发展过程中逐渐把国王的行政管理与社会纠纷的解决隔离开,使臣民权利直接面对的不是国家专断的行政权力,而是讲求公平程序的司法权力。这就在事实上促使国王不能用行政手段,而必须以民众普遍能够接受的法律程序,来处理涉及个人自由、财产这一宪政原则的产生。正如科克所说:"比起欧洲大陆的任何司法制度来说,它通过自己的令状、它的法庭程序、它的全国性执行能力,更为有力地保障臣民不受掌权者之压迫。"[①]此外,英国司法制度在自身的独立与发展过程中,培育了一批以普通法为立命之基、强调"普通法至上"的法律职业共同体人员。他们在英格兰宪政生成过程中,与试图将王权凌驾于整个社会之上的专制势力进行着斗争。如17世纪以科克为代表的一批法律人就是典型的代表。

鉴于上述英格兰司法与宪政之间不可分割的内在关联性,本书选择二

---

① 〔美〕小詹姆斯·R. 斯托纳:《普通法与自由主义理论》,姚中秋译,北京大学出版社2005年版,第369页。

者之间的关系作为中心论题,重点探讨英格兰司法对于宪政的意义。

除此之外,本书试图在更深层面上,对以下两个根本性问题做些理论探讨。

其一,司法如何能够获得独立?我们知道,目前的理论界与司法界对司法独立这一问题,进行着广泛的讨论,学者们从不同视角、立场提出了各种见仁见智的解决方案和宏伟蓝图。但总体而言,这些观点大致可以概括为两个方面:一是,从宏观的角度,从司法权的外部视角进行研究。这一研究进路主要从国家权力的合理配置,摆正司法权和立法权、行政权的关系入手来推演自己的理论体系,其理论的核心主张就是,将理应归属于司法权的权力归还给司法权。另外一种视角就是从微观领域,从司法权的内部视角进行研究。这一进路主张从司法权的运行过程来发现司法的独特功能及其发挥途径,其理论的关注重心在于,司法应该具有什么样的内在品格。

以上的研究促使笔者陷入了这样的思考:司法获得独立难道仅仅是权力分配的结果?司法在运行过程中如果彰显了足够多的理性与智慧,那么,司法就能够获得独立?应该说,他们的分析仅仅具有理论意义。因为如何才能促使享有权力的主体合理分配权力,如何才能使司法具备足够的理性,才是我们真正需要解决的问题。否则,这样的研究与思考仅仅是"书斋里"的学问,没有任何可操作性。换句话说,把司法权应该具有的权力还给司法,让司法在一个权力真空的环境下去彰显其足够的理性与智慧。笔者认为,司法本身是没有能力满足这种期待的,因为司法本身并不是一个自足的体系。正如贺卫方教授所说:"在表层上,司法独立是一种制度设计,而在更深的层次上,实在不过是一种力量对比所引出的后果而已。"①因此,从历史实际出发,探讨司法在怎样一种状态下才能一步步获得独立,才是我们真正解决问题的前提。为什么英格兰司法在中世纪就显现出相对的独立性,成为"社会正义的最后一道防线",是笔者展开对本书上面所提出问题进一步思索的原因所在。

---

① 贺卫方:"通过司法实现社会正义——对中国法官现状的一个透视",载夏勇主编:《走向权利的时代》,中国政法大学出版社2000年版,第184页。

其二,英格兰宪政平稳性发展的原因何在?我们审视西方各国宪政发展时,就会发现:同受古希腊、古罗马思想与基督教洗礼下的西方国家,在宪政发展方面大相径庭。法国、德国和意大利等国家几经封建势力复辟和法西斯破坏,国家的宪法制度频繁剧烈变动,宪政秩序经常处于动荡之中。如法兰西自从1791年颁布第一部成文宪法起至今已颁布十余部宪法;德国在第一次世界大战后制定了符合当时社会潮流的《魏玛宪法》,但仍然无法避免被法西斯主义者毁弃的命运。相比之下,英格兰自17世纪"宪政革命"以来,其宪政一直平稳发展。那么,究竟是什么因素促成了这样的结果?

基于上面的思考,本书试图探究以下具体的问题:(1)既然英国普通法中司法与宪政地位如此具有特色,那么,两者之间的关系如何?更确切地说,英国的宪政制度对司法制度的产生、发展以及相对独立性有何作用?反过来,英国独特的司法制度在其宪政进程中扮演了什么样的角色?(2)在英国司法与宪政之间的互动关系下,英国宪政制度赋予英国司法的特殊性何在?被赋予特殊性的司法制度反过来又为英国宪政制度带来了什么样的独特内涵?(3)英国司法与宪政之间这样一个相互作用、相互影响的过程,本身又能为我们中国当下的宪政建设提供哪些有益的启示?

另外,为了彰显研究主题,即英格兰司法与宪政之间的特殊关系,笔者在行文中通过对欧陆以及古代东方国家尤其是古代中国的比较,试图解释为什么在同一时期的欧陆和古代中国就没有产生类似于英国的司法,这些国家或地区的司法为什么没有对其宪政建设起到推动性作用。

二、研究现状与文献综述

(一)国外的研究

英国的司法与宪政是英国普通法最具特色的制度,因而,国外学者尤其是英美法系学者对其研究已经比较深入。他们的研究成果大致可分为三种:

第一,英国法律史或宪法史的通史性总体研究。代表性的成果有:梅特兰和波洛克:《爱德华一世以前的英国法律史》(F. Pollock and F. W. Maitland, *The History of English Law before the Time of Edward* Ⅰ, Vol.Ⅰ—Ⅱ,

1968);霍兹沃斯:《英国法律史》(W. S. Holdsworth, *A History of English Law*, Vol. Ⅰ、Ⅴ、Ⅵ、Ⅶ, 1956);贝克:《英国法律史导论》(J. H. Baker, *An Introduction to English Legal History*, 1990);瑞德克里夫和克洛斯:《英国法律体系》(Radcliffe and Cross, *The English Legal System*, 1977);普拉克内特:《简明普通法史》(英文影印版,2003);密尔松:《普通法的历史基础》(李显东等译,1999);卡内冈:《英国普通法的诞生》(李红海译,2003);哈德森:《英国普通法的形成》(刘四新译,2006);麦基文:《宪政古今》(翟小波译,2004);戈登:《控制国家——西方宪政的历史》(应奇等译,2001);维尔:《宪政与分权》(苏力译,1997)等。由于这些都是全面介绍英国普通法或西方宪政的著作,因而涉及的面比较广。虽然这些著作在个别章节介绍了英国的司法与宪政制度,但是它们大多是在英国普通法史或西方宪政史这一宏大主题下进行介绍,因而在针对性上有所欠缺。比如梅特兰的著作仅在第一卷中介绍了1272年爱德华一世前英国司法状况,缺少长时段、针对性的介绍。麦基文也只是在第四章"中世纪宪政主义"中对英国宪政作出了简略介绍。

第二,对英国司法与宪政制度具有针对性的研究。专门研究司法制度的代表性成果有:布兰德:《英格兰法律职业的源起》(Paul Brand, *The Origins of the English Legal Profession*, 1992);特纳:《格兰维尔与布拉克顿时期的法官》(Ralph V. Turner, *The English Judiciary in the Glanvill and Bracton 1176—1239*, 1985);埃维斯:《宗教改革之前的普通法律师》(E. W. Ives, *The Common Lawyers of Pre-Reformation England*, 1983)和夏皮罗:《法院:比较法上和政治学上的分析》(张生、李彤译,2005)等。专门研究宪政的代表性成果有:梅特兰:《英格兰宪政史》(F. W. Maitland, *The Constitutional History of England*, 1911);斯塔布斯:《英格兰宪政史》(Willian Stubbs, *The Constitutional History of England*, Ⅰ—Ⅲ, 1906);森多兹:《自由的根基:大宪章、古代宪政和盎格鲁—美利坚的法治传统》(Ellis Sandoz, *The Roots of Liberty: Magna Cart, Ancient Constitution and the Anglo-American Tradition of Rule of Law*, 1993);戴雪:《英宪精义》(雷宾南译,2009);布勒德:《英国宪政史谭》(陈世第译,2003)等。这些研究成果对我们具体考察英国的司法制度与宪政提供了较为详细的资料,如特纳的著作不仅为我们介绍了英国

的法官,而且还为我们展示了普通法早期法院体系的详细内容。斯塔布斯三卷本的英国宪政史,更是从历史的角度向我们详细描绘出英国宪政的形成和早期发展的过程。尽管如此,这些著作都没有将英国司法与宪政之间的关系结合起来进行考察,某种程度上还是就宪政研究宪政,就司法研究司法。

第三,将英国司法与宪政结合起来的考察。就目前笔者所掌握的资料来看,这一类代表性的研究成果还比较少。主要有:朗顿:《律师的胜利:他们在1678—1689年英国政治中的角色》(Michael Landon, *The Triumph of the Lawyers: Their Role in English Politics 1678—1689*, 1970);哈特:《1603—1660年的法治:王权、法院和法官》(James S. Hart, *The Rule of Law, 1603—1660: Crowns, Courts and Judges*, 2003);普雷斯特:《出庭律师的兴起:1590—1640英国法院的社会史》(Wilfrid R. Prest, *The Rise of the Barristers: A Society History of the English Bar 1590—1640*, 1986);木森和奥姆欧德:《14世纪法律、政治和社会》(Anthony Musson and W. M. Ormrod, *Law, Politics and Society in the Fourteenth Century*, 1999);塔布斯:《普通法心智》(J. W. Tubbs, *The Common Law Mind*, 2000);波考特:《古代宪制和封建法:17世纪英国历史思想研究》(J. G. A. Pocock, *The Ancient Constitution and the Feudal Law: A Study of English Historical Thought in the Seventeenth Century*, 1987)。这些著作为本选题的研究提供了许多宝贵的历史资料和思想启迪。如朗顿和普雷斯特的著作通过具体的事例,向我们描绘出英国司法制度的主体——法律职业共同体,如何同专制权力进行斗争,直接推动英国宪政的确立。塔布斯与波考特的著作从思想史的角度向我们展示了从福蒂斯丘开始,"普通法心智"观念如何在一批又一批的普通法法律共同体的心中形成、发展。

(二) 国内的研究

由于历史的原因,清末以降中国法律的变革一直都是以大陆法系为模板,而对普通法系关注较少。国内对于英国普通法的研究,实际上是从上世纪中叶以后才开始的。由于时间较短、研究不足,至今依旧略显薄弱,不够深入。

据笔者考察,就著作而言,2000年以前,国内仅有沈宗灵、程汉大、郑祝君、何勤华以及阎照祥等教授在其各自著作中对英国司法制度与宪政进行过相关介绍。① 近些年来,对英国普通法研究的著作逐渐增多。2001年程汉大教授在《英国法制史》中②,改变了过去学界简单地把英国宪政史,主要解释成为王权与议会权力消长的历史,开始将司法作为英国宪政形成的一股重要力量,纳入到英国宪政史的考察范围。2001年张彩凤教授在《英国法治研究》中③,从英国法治的基础、理论、制度和启示四个方面,向我们展示了现代不列颠法治及其传统的独特风采。2003年,李红海教授出版了《普通法的历史解读——从梅特兰开始》,首次在英国司法制度与普通法传统之间寻找内在的联系,他指出:"司法制度对于普通法的重要性不仅在于它为普通法提供了实体规则之外的'硬件设施',还在于它本身就在很多方面直接影响了普通法实体规则的发展,甚至是普通法精神。"④紧接着,在这几部著作的影响下,以秋风、王怡为代表的一批宪政学者开始在英国普通法与宪政之间寻找联系⑤,提出了"普通法宪政主义"、"司法宪政主义"等观点。⑥ 但是,秋风、王怡等学者对于这些观点的论述仅仅是从抽象的理论去探求普通法与英国宪政的联系,并没有具体结合英国法律历史本身。近几年坊间出版的两本著作对本论题的研究起到了重大推动意义。一本是2007年6月由吾师程汉大与李培锋合著的《英国司法制度史》,该著作不仅在国内第一次对英国的司法制度的沿革、流变进行了细致入微的介绍,而且对司

---

① 具体参见:沈宗灵:《比较法总论》,北京大学出版社1987年版;程汉大:《英国政治制度史》,中国社会科学出版社1995年版;何勤华:《西方法学史》,中国政法大学出版社1996年版;郑祝君:《英美法史论》,武汉大学出版社1998年版;何勤华:《英国法制史》,法律出版社1999年版;阎照祥:《英国政治制度史》,人民出版社1999年版。
② 程汉大:《英国法制史》,齐鲁书社2001年版。
③ 张彩凤:《英国法治研究》,中国人民公安大学出版社2001年版。
④ 李红海:《普通法的历史解读——从梅特兰开始》,清华大学出版社2003年版,第143页。
⑤ 具体参见:秋风:《立宪的技艺》,北京大学出版社2005年版;王怡:《宪政主义:观念与制度的转捩》,山东人民出版社2006年版。
⑥ "普通法宪政主义"这一概念是秋风在〔美〕小詹姆斯·R.斯托纳:《普通法与自由主义理论》(北京大学出版社2005年版)的译记"探索普通法宪政主义"一文中提出来的。并且他在"普通法宪政主义断想"、"理性法律与自然法:普通法宪政主义的框架"等一系列文章中完善了这一概念。此外,"司法宪政主义"的观点是王怡在其论文集《宪政主义:观念与制度的转捩》第一章"宪政主义的诠释"一文中提出的。

法制度与宪政的内在联系上提出了总体的概括,该书指出:"司法制度是否合乎理性或者说理性含量是高是低,在很大程度上取决于国家政治体制是否合理亦即政治文明的发育程度,因为前者毕竟是后者的有机组成部分。"①另外一本则是由陈绪刚教授在2007年8月出版的《法律职业与法治——以英格兰为例》。该书首次从英国司法制度中法律职业者的角度,探讨了他们与法治的关系。应该说,这是迄今为止国内唯一一部专门从司法制度的一个侧面寻找其与英国法治内在联系的著作。它的出版深化了这一论题的研究。此外,国内学者魏建国在《宪政体制形成与近代英国崛起》一书中从权力分立的角度阐述了英国宪政的生成。② 周威在《英格兰的早期治理》一书中认为英国早期的治理在很大程度上是通过司法实现的,并将这种治国方式明确地概括为"司法治理模式"。③ 齐延平教授在《自由大宪章研究》一书中④,从大宪章的产生、发展、复兴和训诫等角度为我们展示了英国宪政的成因。这些成果都为本论题的研究提供了有益借鉴,在此笔者对于他们的研究表示深深的感谢!

三、主要研究方法

在法律史学界,对于问题的研究大致可分为"描述型法史学"与"解释性法史学"两种方法。⑤ 前者的特点是以史料的挖掘与整理为根本,以"还历史本来面目"为宗旨,要求"拿一份材料说一句话",反对将作者个人的好恶或价值倾向夹杂在史料中间。如兰克学派就注重对原始材料的搜集,反对任何价值上的先入之见,反对主观的发挥和引申。⑥ 而"解释性法史学"

---

① 程汉大、李培锋:《英国司法制度史》,清华大学出版社2007年版,第19—20页。
② 魏建国:《宪政体制形成与近代英国崛起》,法律出版社2006年版。
③ 周威:《英格兰的早期治理》,北京大学出版社2008年版。
④ 齐延平:《自由大宪章研究》,中国政法大学出版社2007年版。
⑤ 据笔者考察,这种"类型学"意义上的划分,国内学者胡旭晟在"'描述型的法史学'与'解释性的法史学'"一文中曾明确提出,具体参见胡旭晟:"'描述型的法史学'与'解释性的法史学'",载《法律科学》1998年第6期。另外,范忠信教授在"法律史研究的'文化解释'使命"一文中也就法律史研究方法问题提出过类似观点,具体参见倪正茂主编:《中国法律史研究反驳》,法律出版社2002年版,第289—303页。
⑥ 具体参见汪荣祖:《史学九章》,生活·读书·新知三联书店2006年版,第19—33页。

则是以对历史现象的学理分析和文化阐释为特征,以总结历史的经验教训、"开掘历史之意义,传续传统之生命"为其根本目的,主张在依凭特定史料的基础上,将自己融入历史之中,去理解其精神、把握其脉搏,阐释出其对于当下社会所具有的意义和价值。因此,简单地说,"解释性法史学"的研究范式可以表述为:现象描述、根源追究、意义探求,这样一个类似于"还原——解释"的过程。英国19世纪以著名宪政学者斯塔布斯为代表的"牛津学派"①就属于这一类型。

应该说,笔者在研究法律史的方法上是倾向于"解释性法史学"的。这首先是因为,"描述型法史学"所特别强调的现代人对史料保持客观冷静、价值无涉的立场是很难做到,甚至是不可能做到的。因为,"历史从根本上讲,是人的经验生活"②,而人的经验与生活又具有某种不可复制性。另一方面,现代的研究者亦是生活经验的携带者,他们不可能立足于一片精神空白状态进行历史分析,必然是在接受一定教育之后、带着自己对法律和历史的理解去研究人类法律史的,从这个意义上讲,历史研究只能从先见开始,绝不可能完全中立或毫无偏见。再者,史学研究既是主体进入历史视野的过程,也是历史对象进入主体视野的过程,这种双向式运动的实质便是对话。既然是对话,便会有相互修正的可能和必要。这就意味着,历史的意义不可能由它自身单独完成,只有通过研究者的参与,历史才能显现出它的真正意义,才能与现代或是将来建立起联系,历史才是"活的"历史。因此,"真实历史"的完成既需要史料,也需要研究者的创造性参与。更何况"真正客观、中立的史料"也不过是先前诸多"历史参与者"的记录。难怪有学者这样评价道:"历史是历史学家们书写而成的。但历史学家对历史的书写又不是对历史的原样录制或复制,也会因为未被录入、复制部分的缺席而使得历史不再是本原的历史。在档案学家、历史学家书写历史的过程中,政治的意识、

---

① "牛津学派"的主要观点是,在探求英国宪政的历史源头时,倾向于发掘中世纪英国封建政治史中的宪政因素,诠释其中的所谓"日耳曼民主传统",将1215年的《大宪章》视为英国自由、平等的"圣经",夸大中世纪英国议会制度对于王权的制约作用。

② 殷鼎:《理解的命运》,生活·读书·新知三联书店1988年版,第151页。

情感的本能还会偷偷地溜进理性的领地,与理性一起游戏历史。"①

此外,笔者之所以倾向于"解释性法史学"的研究,是因为法学与史学在研究方法上有着很大的不同。一般而言,"史学是研究事实的学问,法学是研究价值的学问。史学关注的是真假(真)问题,法学关注的则是善恶(善)问题。……史学的根本是事实判断(一元的),法学的根本是价值判断(多元的)"。②法史学作为法学与史学的交叉学科,在研究方法上不仅要遵循基本的史学研究规范,同时它更要符合法学研究的追求。对于此观点程汉大教授曾精辟地指出:"史学追求历史现象与过程的真实再现,可归纳为求真二字,主要通过史料的收集与整理来完成,具有形而下的特征;法学关注历史现象与过程背后的逻辑内蕴,可归纳为求善二字,主要通过理性分析来实现,具有形而上的特征。缺少了前者,课题研究将变成无源之水、无本之木;缺少了后者,课题研究将陷入没有灵魂的史料罗列。"③因而,法律史的研究绝不能简单地演化为史学的研究,因为法律史的研究绝不仅仅是对于史料的考据、史料的罗列,更应该是对于故纸堆中历史意义的挖掘和创造,否则法律史学科就没有单独存在的必要了。对此,梅特兰先生说道:"法律学家应该具备历史学家的眼光,历史学家应该拥有法律学家的分析方法,这样法律史的编写才能取得成功。"④因此,我们必须在对史料的解读过程中运用法学的方法,阐释出史料的时代意义与价值。在史料意义与价值的阐释中反思和体会自己这一代人的生存现状,追寻每个人生存的价值所在。

当然,笔者在这里倾向于"解释性法史学"的研究方法并不意味着对于"描述型法史学"彻底的否定和背离。因为法史学的研究若无"描述型法史学"的史料描述,无疑于空中楼阁,建立于流沙之上。笔者上述的论证只是想说明,我们的法律史研究不仅要尊重史料,搞清某一制度、思想的源与流,

---

① 齐延平:《自由大宪章研究》,中国政法大学出版社2007年版,第284页。
② 那思陆:《中国审判制度史》,上海三联书店2009年版,第5—6页。
③ 程汉大、李培锋:《英国司法制度史》,清华大学出版社2007年版,第17—18页。
④ 李红海:《普通法的历史解读——从梅特兰开始》,清华大学出版社2003年版,第16—17页。

而且更要在价值层面彰显其意义,为当下法治建设提供有益启示和贡献。①

因此,本书在研究方法上更注重"解释性",即在梳理史料的基础上,重点阐释它们存在的意义及其对我们当下所能带来的启示。因为在笔者看来,当下对于外法史的研究,囿于语言、环境以及材料等各方面的局限,不可能像研究中法史的学者们那样对各种史料进行细致入微的考辨,更不可能像他们那样对某项具体的中法史制度或思想理解得那么透彻。因此,如何站在一个中国人的视角去看待外国法律发展的历史,厘清、把握他们法律中一些优秀、积极而我们中国传统法律所缺失的因素,是我们研究外法史的关键。为此,外法史学者李红海教授就如何研究英国法向我们指出:"对于我们而言,像英国人或维诺格拉道夫那样去挖掘英国中世纪的原始档案文献不仅不现实,而且没有必要;我们所需要做的仅仅是在了解这些英国法律史学家们著作的基础上,将之与我们或其他地方的法律史进行比较研究,产生对我们有用的学术就足够了,我们不需要成为维诺格拉道夫!"②

所以,就纯粹的学术而言,外法史研究者当务之急也许是厘清各自的学术史脉络,以中国人的视角解释外国法律史,总结或简述西方法律史的发展脉络,为法学界从历史的角度理解西方法律"提供"便利。英国法律史如此,

---

① 对于此点,法律史学者苏亦工、梁治平、王志强以及徐忠明在其文章中也有所论及。如苏亦工指出:"法律史学研究应当侧重从法的角度入手,而发掘史料、考证史实则应最大限度地借助史学界的研究成果,才能使法律史学研究走向繁荣。"参见参见苏亦工:"法律史学研究方法问题商榷",载《北方工业大学学报》1997年第4期。梁治平在《寻求自然秩序中的和谐》中曾说:"本书所采取的却可以说是解释学的方式。我所谓'事实研究'是一种探求意义的解释科学。"参见梁治平:《寻求自然秩序中的和谐》,中国政法大学出版社1997年版,第2页。王志强提出法律史的研究方法应该从"事实描述"(承认或侧重于利用既有理论框架或纯粹立足史料本身所进行的考订史实、陈述事实的研究取向)向"理论阐释"(强调通过研究、对理论体系的整体或局部进行重构、对现象世界进行理论抽象、因果阐释以及以此为基础的价值判断)转化,应该在重视史料功底和描述能力这一传统的前提下,努力提高理论分析的素养和理论创新的能力,提倡事实描述和理论阐释的结合,建立在扎实描述功底基础上的系统阐释。参见王志强:"略论本世纪上半叶中国法制史的研究方法",载李贵连主编:《二十世纪的中国法学》,北京大学出版社1998年版,第321—338页;王志强:"中国法律史学研究取向的回顾与前瞻",载范忠信、陈景良主编:《中西法律传统》(第2卷),中国政法大学出版社2002年版,第59—90页。徐忠明教授认为,历史意义的追问和诠释,实乃中国法律史之为中国法律史存在的理由,它以史料考据与根源挖掘为基础,又是发展与提升,可以说,对意义的诠释才是中国法史研究的基本宗旨和最高境界。参见徐忠明:《包公故事:一个考察中国法律文化的视角》,中国政法大学出版社2002年版,第80页。

② 李红海:《张伟仁 vs.贺卫方的背后:关于法律史的学术史》,http://heweifang.fyfz.cn/blog/heweifang/index.aspx? blogid = 90270,2008年4月20日访问。

欧洲大陆各主要国家法律史同样如此。同时，外法史研究的另外一层意义在于，我们讨论、研究的外国法律制度、思想的目的并非是为了图个新鲜、看个热闹，甚至是像过去那样成为意识形态支配下批判的工具。我们学习它、研究它的目的应该是透过这些法律制度和思想去考察那些生活在这其中人们的生存状态，同时去反思甚至是改进我们在自己版本法律制度和思想下的生存状态。

有鉴于此，笔者在本书的研究中并不满足于"为历史而历史"、"为研究而研究"，而是试图将英国司法与宪政这一问题的研究和讨论置于当下中国的法律发展进程中，品味其中的优劣得失，以资反思、借鉴。

四、本书相关概念的界定

(一) 司法与宪政

一般而言，司法有狭义、广义之说。狭义上的司法仅指近代社会以来，以民主、自由、法治理论为基础，以宪政下的"三权分立"为背景的，国家司法机关裁判诉讼纠纷、审理案件的活动，此种意义上的司法，追求"司法独立"的理念，并视此理念为法治的标志。广义上的司法泛指不同人文类型文化形态下，享有一定权力的组织或国家及其相关人员处理诉讼纠纷的活动。①本书是在广义上使用这一概念的。

宪政(constitutionalism，另译为"宪政主义")，这一概念最早出现于19世纪初期，最开始是以一种激进性的改革主张而使用的。② 宪政的精髓在于限制国家和政府的权力，保障社会中每一个个人基本的自由与权利。宪政

---

① 需要说明的是，在法律的发展史上，一些得到国家认可或具有一定强制力保障的民众集体纠纷处理决定或宗族族长纠纷处理决定也属于广义的司法范畴，如罗马早期的法律诉讼阶段，由普通市民组成的审判，以及中国古代由宗族族长依据乡规、民约对族人之间的纠纷进行的处理，都属于法学意义上的"司法"。至于社会学家所理解的司法，可能会包括江湖社会的惩罚活动，但这已溢出了本书所讨论的边界，故不讨论。

② "宪政"一词按照哈维·维勒(Harvey Wheeler)的说法，"最早出现于19世纪初叶的'宪政主义'(constitutionalism)，开始时是一个不名誉的字眼。1832年，英国当时的桂冠诗人苏瑞用它来贬抑当时的激进改革者。逐渐地，宪政主义才指涉国家形态下的一些原则，依据这些原则，王权逐渐变为宪政原则，或在某些情况下，为实际成宪法的附属。"参见格林斯丁:《政府制度与程序》，幼师文化事业公司1983年版，第39页。转引自张凤阳:《政治哲学关键词》，江苏人民出版社2006年版，第112页。

是一个内含诸多要素的整体观念和制度,常常与人民主权、民主、分权制衡、法治以及人权等概念发生联系,其基本定义是:以"性恶论"为理论预设,以民主、分权制衡以及法治为制度手段,以人权为价值目标的一整套观念与制度。

(二)司法的外部结构与内部结构

一般而言,我们在谈论司法时往往是从两个向度展开的,司法结构分为内部结构和外部结构两部分。司法的外部结构是指司法系统与国家政治权力系统、社会系统的关系结构,亦即司法在国家社会政治体制中的位置。司法的内部结构是指司法系统自身的结构,包括法院组织体系、法官律师制度、审判权配置、诉讼方式、控辩关系等。

(三)司法行政化与行政司法化

基于上面对于司法结构的认识,我们从司法的外部结构上概括古代中国与英格兰的司法特征时,将其分别概括为"司法行政化"与"行政司法化"。[①] 其中,中国古代"司法行政化"特征指的是,"中国传统的司法,没有近现代以来我们所熟知的司法所应有的那些属性,只有古代政治的那种行政隶属、行政控制、行政服从、行政决断的属性"。[②] 也就是说,在古代中国司法权完全被行政权所吸收和掩盖,司法仅仅是行政活动的一个环节,充当行政机关的附庸,司法本身不具有独立性。[③] 英格兰"行政司法化"特征是指,由于行政权所依凭的税收和军事官僚机器发展滞后,国家的管理没有条件通过行政手段来进行,不得已要假借司法机关之手进行社会控制。"行政司法化"意味着行政权力量有限,不可能凌驾于司法权之上,从而有利于司法获得独立性。

[①] 需要说明的是,这样的概括并非笔者的独创。将古代中国司法概括为"司法行政化"可以说是国内学界的共识,是通说。将英国司法概括为"行政司法化"则是程汉大教授在 2007 年出版的《英国司法制度史》首次提出的。

[②] 范忠信:"中国司法传统与当代中国司法权力潜规则",载中国法律史学会编:《中国文化与法治》,社会科学文献出版社 2007 年版,第 132 页。

[③] 所以通常我们在描述这一类型的司法时,只能称其为"功能上的司法"。因为这类司法权行使的真正主体是行政机关,司法权依附于行政权解决纠纷,在功能上客观地起到了司法所应有的作用。

(四) 法律职业者与法律职业共同体

一般而言,在英国普通法中,法律职业者(legal profession)是指职业律师。所以,本书中的"legal profession"仅指英格兰职业律师阶层,具体包括早期的法律代理人(attorneys)和法律代诉人(narratores)和后来的事务律师(solicitor)和出庭律师(barrister)。中世纪英格兰,由于法官、检察官、律师和法学学者在出身、学识背景、价值观念和职业伦理等许多方面存在很强的同质性与同源性,因而,在本书中,笔者将这样一群法律人统称为"英格兰法律职业共同体或普通法法律职业共同体"。

(五) 普通法心智

"普通法心智"(common law mind)①,是英国历史学家波考特(J. G. A. Pocock)教授在20世纪50年代《古代宪制与封建法》一书中创造出来,旨在描述17世纪以科克为代表的一批普通法法律共同体所共有的观念。他认为,普通法以及英格兰宪政权威源自古老的习惯法,是无数代法律人经验与智慧的结晶。科克将其概括为一种"技艺理性"(artificial reason)。这种"技艺理性"是普通法法律职业共同体的"专利",它不同于一般人天生所具有的"自然理性"(natural reason),是需要法律职业共同体经过长年累月的研习和实践才能获得的。② 虽然科克对这一概念的形成起到了决定性作用,但是在他之前的布拉克顿、福蒂斯丘、圣·日耳曼、戴维斯以及科克同时代的塞尔登、亨德利、费尼茨以及科克之后的马修·黑尔等人都不同程度上对该概念的形成、发展起到重要作用。③

五、本书的结构与主要观点

本书除绪论、余论外共分五章,先谈英格兰司法生长的历史环境,再谈

---

① 首先将"common law mind"翻译为"普通法心智"的中国学者是李猛,参见李猛:"除魔的世界与禁欲者的守护神:韦伯社会理论中的'英国法'问题",载《韦伯:法律与价值》("思想与社会"丛书第1辑),上海人民出版社2001年版。

② See J. G. A. Pocock, *The Ancient Constitution and the Feudal Law: A Study of English Historical Thought in the Seventeenth Century*, Cambridge University Press, 1987, ChapterⅡ、Ⅲ.

③ 关于这些人对于"普通法心智"的影响,See J. W. Tubbs, *The Common Law Mind*, The Johns Hopkins University Press, 2000; J. G. A. Pocock, *The Ancient Constitution and the Feudal Law: A Study of English Historical Thought in the Seventeenth Century*, Cambridge University Press, 1987。

英格兰司法的形成过程及结构特点,最后重点论述英格兰司法对于宪政生成的积极推进作用。

首先,笔者认为,英格兰司法之所以较早得到发展,获得了一定的独立性,而不像欧陆国家或古代东方国家那样沦为权力的附庸,其根本原因在于早期英格兰的多元权力结构。因此,在第一章中,笔者从"诺曼征服前的原始民主遗风"、"诺曼征服所带来的适度王权"、"早期英格兰的封建制度"以及"教会与封建王权"等四个方面说明,正是由于英格兰王权的特殊性,欧陆封建制下国家四分五裂的割据状况才没有出现于英格兰。英格兰相对强大的王权为社会秩序的稳定提供了必要的权力资源。同时,英格兰相对强大的王权在原始民主遗风、封建制度以及教会等多种因素制约下,也没有走类似于古代中国那种集权主义专制的道路。在多元的权力环境中,英格兰司法获得了独立发展的空间。

其次,本书第二章与第三章主要运用结构主义的理论和方法,分别对英格兰司法的外部结构和内部结构特征,及其与英格兰宪政生成的内在联系进行了分析。

在第二章中,笔者从英格兰司法的外部结构上说明,在多元权力结构的环境中,英格兰国王的政治统治权受到诸多现实条件的掣肘,如"国王靠自己生活"、国王常备军队的阙如以及地方官僚队伍的缺失。王权的这些局限性使得它很难像古代中国皇帝那样,直接按照正常的权力逻辑,通过优先发展行政权控制社会,进行统治。国王只能退而求其次,选择优先发展司法这种具有被动性、内敛性的方式来完成对于社会的管理和国家的统治。这样一个过程就使得英格兰的国家治理明显地具有行政司法化特征。与之相应,英格兰司法在这种行政司法化过程中不仅优先发展起来,而且获得了最大限度发挥自身功能的历史机遇。

在第三章中,笔者从司法的内部结构上说明,在行政司法化过程中优先发展起来的司法逐渐"化蛹为蝶",其内部结构不断向合理化、平衡化方向发展,对自由权利的保障与救济功能日益增强,与此同时,衍生出了制约专制王权的政治功能。

再次,在第四章中,笔者阐述了作为英格兰司法主体的法律职业共同体如何在长期的司法活动中形成"普通法心智",如何在司法过程中实践其特有的"技艺理性",以及在此基础上,他们又是如何形成一支强大的政治力量,在17世纪与专制王权英勇抗争,直接推动了英格兰宪政的确立。

最后,在第五章,笔者以13世纪布拉克顿两段看似矛盾的论述为切入点,在系统梳理自格兰维尔以降政治统治权与司法审判权二分理论和传统三权分立理论存在之缺陷基础上,论证了英格兰宪政的精髓在于司法审判权与政治统治权的互动平衡。申言之,英格兰宪政之所以能够持续稳步发展,不仅是因为以"议会主权"为代表的政治统治权内部存在平衡的结构,限制了专制王权恣意统治的可能,更为重要的是在政治权力系统之外,司法审判权对政治统治者在整体上构成了有效的法律限制,从而在政治与法律之间形成了一种特有的平衡结构。

在"余论"中,笔者指出,英格兰的宪政道路是英格兰特定历史条件下的产物,具有特殊性。就此而言,其他国家很难简单地照搬、复制。中国的百年宪政探寻之路和英格兰宪政的生成道路告诉我们:中国的宪政建设在重视发挥国家作用的同时,还应当注重充分发挥法律人的政治作用,应当从司法审判权的内在技术要素出发,着重挖掘和提升司法技术在建构国家政治秩序以及文明秩序中的潜能,在司法审判权自足自立的基础上,让其在政治秩序的建构中发挥更为积极的作用。司法审判权不仅仅应是政治秩序完成后单纯执行立法意图的法律适用者,也不应仅仅是各种社会利益冲突的被动的平衡者与裁判者,它更应该是参与政治秩序的构建者。

第一章 早期英格兰多元权力结构
——英格兰司法成长的历史环境

就一个人而论,幼年时期对生活的认知、体验及由此而形成的特定性格、禀赋和气质,很大程度上会决定其日后人生的经历和轨迹。一个国家的政治发展也是如此,民族初创时期所形成的政治传统与民族精神,往往也会对其后的国家政治发展产生深远影响。早期英格兰多元权力结构为英格兰司法获得了独立发展的空间。

第一节 诺曼征服前的原始民主遗风

英格兰国家是在盎格鲁—撒克逊人入侵不列颠的过程中形成的。在此过程中,盎格鲁—撒克逊人把日耳曼人的原始民主习惯,诸如"王在法下"、政治协商以及珍视个人自由权利等,带到了不列颠。这些原始民主遗风在国家建立后存留下来,影响了日后英格兰政治的发展。

公元4世纪末5世纪初,随着罗马帝国的日渐衰落,不列颠土著居民反抗罗马人统治的斗争日渐高涨。在此情形下,自公元410年起,罗马军团开始陆续撤出不列颠,罗马人的统治也随之结束。几乎在罗马人撤离的同时，盎格鲁—撒克逊人来到了不列颠。盎格鲁—撒克逊人实际包括三个部落，即盎格鲁人（Angles）、撒克逊人（Saxons）和朱特人（Jutes），他们都属于日耳曼人，原来居住在欧洲大陆易北河口及日德兰半岛附近。由于这三个部落在语言、风格、习惯等方面十分相似，所以被人们统称为盎格鲁—撒克逊人。正是在盎格鲁—撒克逊人对不列颠的征服和统治过程中，统一的英格兰国家开始形成，不列颠岛上的原有文明被盎格鲁—撒克逊的原始习惯所取代。

一、"王在法下"

盎格鲁—撒克逊人是英国政治法律文明的奠基者。他们在来到不列颠之前处于氏族社会解体阶段，社会秩序的维持主要靠原始部族习惯。他们对于原始的部族习惯十分尊崇并严格遵守。塔西佗曾言："日耳曼人严肃的对待掷骰子，不惜押上他们的自由；如果输了，就心甘情愿地接受奴役并耐心地等待拍卖。"①因为在他们的观念中，盎格鲁—撒克逊的习惯和自然界的任何事物一样，是永恒不变的，其存在的本身不依赖于任何其他社会权威机构和规则。相反，原始部族习惯是所有社会机构和规则权威性的终极根源与评判标准。

盎格鲁—撒克逊人把尊重规则的原始习惯带到了不列颠岛。他们在创建国家的同时，把原始习惯奉为治理国家、维护社会秩序的主要手段。它涵盖了社会生活的方方面面，甚至涉及人们生活中最无关紧要的环节。正是由于习惯法在此时所具有的至上性，公元7世纪以后，当民间习惯法逐渐转变为国家法以后，其地位依然很高，因为所有国家法的内容还是原有的、业已得到社会普遍认可的公共习惯。这一点清楚地体现在制定于公元894年《阿尔弗雷德法典》的序言中，该序言写道："我，阿尔弗雷德，现将我的祖先尊奉的法律集中在一起记述下来……我认为这些都是好的法律，那些我认为不好的法律没有记入……我未敢擅自写入我自己制定的法律，因为我不知道哪些能获得人们的赞同。"②

---

① 〔美〕罗斯科·庞德：《普通法的精神》，唐前宏等译，法律出版社2005年版，第13页。
② J. 坎农、R. 格里菲斯：《简明牛津英国君主政体史》，牛津大学出版社1988年版，第34页。转引自程汉大：《英国法制史》，齐鲁书社2001年版，第6页。

这就意味着在盎格鲁—撒克逊时期,法律不是统治者意志和强权的体现,而是社会大众约定俗成和普遍认同的产物。国王虽然是凌驾于社会之上的最高统治者,但他并没有取得超越法律之上的绝对权力,国王和他的臣民一样,必须遵守和服从社会公认的习惯法,这体现为一种"王在法下"的原始民主遗风。对此,爱德华一世时的一位法学家曾指出,国王"根据法律而不是个人意志来引导他的人民,并且和他的人民一样服从于法律"①。当时人们留下的一首法律赞歌也充分地证明了这一点:"法律高于国王的尊严。我们认为法律是光亮的。没有光亮,人就会误入歧途。如果国王不要法律,他就会误入迷途。……有了法律,就会国泰民安,没有法律就会国家动乱。法律这样说:依靠我,国王才能统治;依靠我,制定法律的人才能受到公正的对待。国王不可以改变确定的法律,他只可以按照法律激励和完善自身。依法者存,违法者亡。"②不仅如此,如果国王违背了公认的习惯法就要受到相应的惩罚,甚至可能被废黜或招致杀身之祸。史料记载,埃塞克斯王国的一位国王曾因过于宽大敌人,"违犯了古代习惯",而丧失了王位和生命,威塞克斯国王希格伯特曾因有"非法行为"而被驱逐。③ 可见,在那时"王在法下"并非只是一种空洞的理念诉求,而是真实存在的历史事实。

"王在法下"的日耳曼民主遗风使得法律在当时英格兰人的心目中是先于国家和国王而存在的。它不是权力的附庸,具有一定至上性,一定程度上能够抑制王权的肆意扩张。

二、政治协商

日耳曼原始政治协商传统也对早期英格兰国家的形成产生重要影响。古代日耳曼人的公共事务,大都是通过民众大会协商解决的。美国学者孟罗·斯密曾描述,日耳曼人"在无君主之部族中,有一种部族会议(tribal

---

① A.夏普:《英国内战时期的政治思想》,朗曼出版公司1983年版,第134页。转引自程汉大:《英国法制史》,齐鲁书社2001年版,第201—202页。
② 沈汉、刘新成:《英国议会政治史》,南京大学出版社1991年版,第16页。
③ R.劳恩:《盎格鲁—撒克逊时期的英格兰政府》,伦敦1984年版,第56—57页。转引自程汉大:《英国法制史》,齐鲁书社2001年版,第202页。

meeting)，由集会所在区域之诸侯，充当主席，不过其他诸侯则组织一种参事会(council)，在提案提交人民公决之前，讨论各项相关问题，至有君主之部族中，则君主为部族大会(tribal assembly)之当然主席，其他诸侯似仍组织一参事会，于提案交付人民公决以前，备君主之咨询。"① 可见，民众大会同样是一种日耳曼人处理公共事务的原始习惯。据塔西佗记载，这种民众大会首先在无拘无束的饮宴中开始，目的是让与会者在醉意朦胧中畅所欲言，为了避免草率从事，最后决定要等到第二天大家头脑清醒时再作出。② 恩格斯甚至称赞说：日耳曼人具有"把一切公共的事情看做是自己的事情的民主本能"。③ 英格兰在建立国家后，将这种协商决策习惯继承下来。尽管后来权力日益集中于国王手中，由全体自由人参加的民众大会已无法召开，但重大事务从未由国王一人独断。④

在盎格鲁—撒克逊人入主英格兰后，协商决策主要是通过贤人会议实现的。贤人会议由史前长老议事会演变而来，其成员主要是由大贵族和高级教士构成，人数大约有100人左右。⑤ 不过此时贤人会议的会期和人数并不确定。贤人会议由国王召集和主持，会议多在伦敦或温彻斯特进行。"从阿瑟尔斯坦统治(公元10世纪)开始，贤人会议成为一个固定机构，成为国家生活中的重要力量。"⑥

贤人会议的政治协商事项十分广泛。首先，盎格鲁—撒克逊时期的法典无一不是在贤人会议的参与和同意下制定。例如，公元694年，威塞克斯国王伊尼"与所有长老和贤哲协商后"制定了《伊尼法典》。⑦ 公元695年的

---

① 〔美〕孟罗·斯密：《欧陆法律发达史》，姚梅镇译，中国政法大学出版社2003年版，第35—36页。
② 〔古罗马〕塔西佗：《日耳曼尼亚志》，马雍、付正元译，商务印书馆1997年版，第23页。
③ 恩格斯：《家庭、私有制和国家的起源》，人民出版社2003年版，第162页。
④ 程汉大："英国宪政传统的历史成因"，载《法制与社会发展》2005年第1期。
⑤ 据梅特兰记载："931年卢顿贤人会议共101人，包括坎特伯雷和约克2个大主教，17个主教，5个修道院长，2个威尔士诸侯，15个长老和59个塞恩；934年温切斯特贤人会议共81人，包括大主教2人，主教17人，修道院长4人，威尔士诸侯4人，长老12人和塞恩52人。"See F. W. Maitland, *The Constitutional History of England*, Cambridge University Press, 1911, p. 56.
⑥ 〔英〕肯尼斯·O.摩根主编：《牛津英国通史》，王觉非等译，商务印书馆1993年版，第99页。
⑦ J. E. A. Jolliffe, *The Constitutional History of Medieval England*, London, 1937, p. 27.

《怀特莱德法典》声称:该法典"是由显贵们制定并得到大家的同意"。① 此外,《阿尔弗雷德法典》也在前言中宣称:这些法律由国王"出示给贤人会议,他们一致同意应认真遵守"。②

其次,国王的封地仪式以及征收海德税(Hidegild)、丹麦金(Danegeld)须经贤人会议通过。③ 例如,公元840年麦西亚国王伯特沃夫未经贤人会议同意,擅自没收沃塞斯特主教辖区的部分土地,赐赠亲信,沃塞斯特主教投诉于贤人会议,尽管当时国王也在场,贤人会议仍宣布此事为非法,国王被迫将土地收回,退还教会。④

再次,进行战争或媾和缔约须经贤人会议批准。据记载,公元886年阿尔弗雷德与丹麦国王古斯伦签订的边界划分条约也是经贤人会议同意的。⑤

最后,重大案件也必须由贤人会议集体进行审判,并且贤人会议一经作出决定,国王无权擅自更改。据记载,有一次坎特伯雷大主教代表某一被判刑的当事人请求国王的宽恕,国王表示"爱莫能助",理由是"我的贤人会议已经作出了判决"。⑥ 此外,需要强调的是,贤人会议的政治协商传统是盎格鲁—撒克逊时期王权合法性的重要来源。因为没有贤人会议的集体协商和同意,即使是先王的嫡长子也不能继承王位,如公元870年,阿尔弗雷德大王是在贤人会议的支持下越过其王兄之子登上王位的。若得到贤人会议的拥戴,即使非王族出身,一样能合法地继位为王,如公元1066年继位的哈罗德是先王爱德华的内弟。贤人会议不但有权协商选举新国王,而且还有权协商废黜在任国王。公元774年,诺森伯利亚贤人会议废黜了阿尔莱德国王,将其逐出约克城,另推举埃塞尔莱德为王,后者当政5年后,同样被贤

---

① J. E. A. Jolliffe, *The Constitutional History of Medieval England*, London, 1937, pp.26—27.
② J.鲍威尔、K.沃利斯:《中世纪时期的上院》,伦敦1968年版,第2页。转引自程汉大:《英国政治制度史》,中国社会科学出版社1995年版,第24页。
③ 海德税(hidegild)是英格兰古时的一种以土地为单位的税种。其中的"海德"源于盎格鲁—撒克逊时期的一种土地计量单位,指一犁所耕之地的面积。丹麦金(danegelt),是盎格鲁—撒克逊时期英格兰为满足丹麦勒索贡品或为筹措抗击丹麦所需军费而征收的一种年度税(annual tax)。后沿袭作为土地税向所有拥有土地的人征收。参见薛波主编:《元照英美法辞典》,法律出版社2003年版,第636、365页。
④ J. E. A. Jolliffe, *The Constitutional History of Medieval England*, London, 1937, p.28.
⑤ 程汉大:《英国政治制度史》,中国社会科学出版社1995年版,第24页。
⑥ J. E. A. Jolliffe, *The Constitutional History of Medieval England*, London, 1937, p.27.

人会议废黜,阿尔莱德被召回,恢复了王位。① 以至于9世纪末10世纪初当政的国王埃塞尔莱德二世深有体会地说,国王始终处于"试用期中"。②

尽管盎格鲁—撒克逊时期的政治协商传统并不意味着当时社会每一个成员都能享有,其社会基础还十分狭窄。但是,这种政治协商的原始民主遗风,毕竟在一定范围内平衡了各方利益,防止了国王一人专断情况的出现。国王通过贤人会议进行社会统治的过程,在某种意义上也是贤人会议中大贵族、高级教士参政议政,分享国家政治统治权的过程。

三、珍视个人自由权利

日耳曼原始民主遗风的大量保留,客观上使得盎格鲁—撒克逊时期个人自由权利得到了珍视。法国学者基佐在总结日耳曼这一传统时曾说:"日耳曼人把自由的精神,把我们想象中自由的精神赋予我们,并在今天把它理解为每个个人的权利和财产,而每个个人则都是他的自身、自己的行动和自己的命运的主人,只要他不损害其他个人。……只有在现代的欧洲,人才为自己并按照自己的方式活着并谋求自己的发展,……我们必须把我们文化的这个显著的特征归溯到日耳曼人的风俗习惯上去。在现代的欧洲,自由的基本概念是从他的征服者那里得来的。"③

难能可贵的是,盎格鲁—撒克逊人将这一传统在不列颠延续下来。恩格斯曾指出,英国法律制度不同于欧洲大陆各国的独特之处就在于"对个人自由的保障",也就是"个人自由、地方自治以及除法庭干涉以外不受任何干涉的独立性"。④ 与之相应,在这一时期英格兰产生了"个人安宁"受法律保护的观念,每一个自由人的人身、住所、财产都是神圣不可侵犯的,任何侵犯他人"安宁"的行为都是犯罪,都应受到法律的严惩。如公元600年左右,肯特国王颁布的《埃尔伯特法》规定:"对于'国王安宁'的侵犯,须支付50先

---

① J. E. A. Jolliffe, *The Constitutional History of Medieval England*, London, 1937, p.31.
② C. R. Lovell, *English Constitutional and Legal History.* Oxford University Press, 1962, p.11.
③ 〔法〕基佐:《法国文明史》(第1卷),沅芷、伊信译,商务印书馆1993年版,第195—196页。
④ 恩格斯:《家庭、私有制和国家的起源》,人民出版社2003年版,第148页。

令的罚金。"①《伊尼法典》第 6 条规定:"假如任何人在国王的房子里斗殴,他将要丧失所有的财产,他的生死由国王判决。"②况且,那时英格兰的司法管理以地方自治为主要方式,每个自由民都有权利和义务出席本地区的集会法庭,依照本地区公认的习惯法审判案件。这就意味着每一个自由民都有机会参与法律的执行,他们在参与过程中提高了维护自身自由与权利的意识。此外,盎格鲁—撒克逊时期实行的担保制、十户联保制把维护法律秩序与个人切身的自由权利紧密地联系在一起,这些反过来也强化了人们珍视自由权利的传统。

总之,这种珍视个人自由权利的原始民主遗风为日后英格兰民众同强大王权斗争提供了保证。

四、原始民主遗风的历史成因及特质

盎格鲁—撒克逊人在国家形成过程中所导入的日耳曼原始民主遗风促成了"王在法下"、政治协商以及珍视个人自由权利等一些有利于宪政生成的基因。问题是,为什么古代人类所共有的原始民主习惯大多随着国家的产生而逐渐消失,而这些原始民主习惯却在英格兰坚强地存活了下来？在笔者看来,这跟盎格鲁—撒克逊时期英格兰国家的起源方式密切相关。③

国家的起源形式有很多种④,但大致说来主要有两种类型,一是暴力型

---

① See F. W. Maitland and Francis C. Montague, *A Sketch English Legal History*, New York, 1915, p.193.

② 《外国法制史》编写组:《外国法制史资料选编》(上册),北京大学出版社 1982 年版,第 188 页。

③ 程汉大教授在"英国宪政传统的历史成因"一文中通过考察认为:"这个问题主要是由英吉利国家的起源方式所决定的",笔者这里同意程汉大教授的观点。具体参见程汉人:"英国先政传统的历史成因",载《法制与社会发展》2005 年第 1 期。

④ 关于国家起源的方式,恩格斯在其《家庭、私有制和国家的起源》一书中有着精辟的论述,他认为国家的产生方式主要有三种:"雅典是最纯粹、最典型的形式:在这里,国家是直接地主要地从氏族社会本身内部发展起来的阶级对立中产生的。在罗马,氏族社会变成了封闭的贵族制,它的四周则是人数众多的、站在这一贵族制之外的、没有权利只有义务的平民;平民的胜利炸毁了旧的血族制度,并在它的废墟上面建立了国家,而氏族贵族和平民不久变完全溶化在国家中了。最后,在战胜了罗马帝国的德意志人(这里应理解为'日耳曼人')中间,国家是直接从征服广大外国领土中产生的,氏族制度不能提供任何手段来统治这样广阔的领土。"参见恩格斯:《家庭、私有制和国家的起源》,人民出版社 2003 年版,第 176 页。

的部族征战方式,二是非暴力或少暴力型的部族联合方式。盎格鲁—撒克逊时期英格兰的国家起源方式大致上属于后一种方式,尽管它不如古希腊那样"纯粹"。

英格兰国家起源的第一步开始于盎格鲁—撒克逊人对不列颠的入侵,但值得注意的是,第一批盎格鲁—撒克逊人是应不列颠岛上原始土著人的请求进入的,而不是通过你死我活的暴力战争。根据《盎格鲁—撒克逊编年史》记载,公元433年不列颠人"渡海到罗马,乞求罗马人帮助他们反对皮克特人",在没有成功的情况下,他们又派人找到盎格鲁人,"请其酋长帮助他们"①。英国早期历史文献中很少有大规模战争的记载可以佐证这一点。另外,盎格鲁—撒克逊人入侵不列颠岛的方式也是比较特殊的。它是以部族或氏族为单位整体式迁入的,这就决定了随着迁移人数的增多,在数量上盎格鲁—撒克逊人逐步超过不列颠原土著人。原不列颠人大部分退避三舍,转入西部山区,东南部即英格兰地区随即成为盎格鲁—撒克逊人的天下。盎格鲁—撒克逊人在英格兰定居下来后,通过自身各部族之间的相互兼并或通婚联合建立起了若干小国家。这些小国家经过同样的方式聚小成大,于6世纪末融合为七个较大并相对稳定的国家。② 由于这些国家主要不是依靠暴力征伐建立起来的,所以各国普遍保留了较多的原始民主遗风。

在被称作"七国时代"的三百多年里,各王国为称雄不列颠,不可避免地进行争霸战争,先后有四个王国取得霸主地位。但是,值得注意的是,他们在争霸战争中的目的不是为了消灭对方,而仅仅是为了满足于被他国尊为名义上的"不列颠统治者"。因此,尽管霸主宝座几经易手,但英格兰的七国分立格局和各王国的内部权力结构基本保持未变。特别是后来七国走向统一的方式,也并非是一国通过武力,自上而下强力缔造的结

---

① 蒋孟引主编:《英国史》,社会科学出版社1988年版,第41页。
② 据史籍推论,这一时期形成的王国至6世纪前后数量已不少于10个。其中主要的是7个国家,即肯特王国、埃塞克斯王国、苏塞克斯王国、威塞克斯王国、麦西亚王国、诺森伯利亚王国、东盎格利亚王国。这就是《盎格鲁—撒克逊编年史》记载的7世纪形成的"七国时代"。这里需要说明的是,《盎格鲁—撒克逊编年史》是9世纪由散存于各个修道院的各种编年史汇集起来的,这部编年史很可能是阿尔弗雷德大王授意编纂的。

果,而是在外敌的压力之下,内部自发联合的结果。从8世纪起,丹麦人不断入侵英格兰,并一度占领东北部地区。面对外族的入侵,各王国主动联合,同仇敌忾,共同抗敌。当时正值最后一代霸主威塞克斯王国的鼎盛时期,领导各王国进行抗敌的责任自然而然地落在该国国王阿尔弗雷德身上。他领导南部各国抵挡住了丹麦人的进攻,一度与丹麦人南北分治,他的后继者转守为攻,逐步收复了丹麦人统治区。入侵者一旦被赶走,一个在威塞克斯王朝统治下的统一的英格兰,便顺理成章地出现在不列颠。参与抗战同盟的南方各国,如肯特、埃塞克斯、苏塞克斯等,分别作为单独的郡而成为统一王国的一部分,原有的内部建制除了降格一级外,其他原封未动。东北部"丹麦法区"是陆续收复的,每收复一地,便参照早期各郡的政治模式设置郡和百户区。统一完成后的中央政府,实际上只是威塞克斯政府统治范围的自然延伸,体制结构上并无太大的变化。在这种自上而下、和平聚合的统一方式中,原始民主遗风较少遭受破坏,在统一后的英格兰继续保留下来。

反之,通过暴力征战产生的国家则走上了另外一条道路。例如,中国古代的国家建立过程就是通过彼此征战完成的。中国古代在形成国家之前也存在许多部族,如炎黄族、东夷族、苗蛮族以及吴越族等。① 一般而言,中国古代部族之间的征战不同于我们上面提到的盎格鲁—撒克逊时期英格兰各王国的争霸战争,因为中国古代部族之间征战的目的不是为了满足于被他国尊为名义上的"霸主"地位,而是为了消灭对方。一旦某一氏族或部族战败,就集体成为战胜者的奴隶。《国语·周语》将其描述为:"人夷其宗庙,而火焚其彝器。子孙为隶,不夷于民。"这样的结果必然导致各部族为了在征战中不被灭种亡族,须加强权力的集中。权力的集中就意味着各部族首领对部族内部的各种政治事务必须"乾纲独断",加强效率,减少协商的过程。因而,在这种背景下,原始的民主遗风几乎很少能够保留下来。

此外,不容忽视的是,英格兰原始民主遗风的保留还与其得天独厚的地

---

① 张之恒:《中国新石器时代文化》,南京大学出版社1988年版,第10—14页。

理环境密不可分。① 不列颠岛隔英吉利海峡、多弗尔海峡及北海与欧洲大陆相望,这片不算太宽的水域在传统征战模式中,构成了抵御外来人入侵的天然屏障,这就在一定程度上抑制了英格兰人为了阻挡战火而加强权力的需要。原始氏族的民主遗风也因此不会随着权力的集中而逐渐遭受破坏。与英格兰相比,欧洲大陆就没有这样幸运,由于各个民族之间没有天然的屏障,种族交错、教派林立、战火不断。在这样的地理环境下,原始氏族的民主遗风很难完整地保存下来,并成为一种传统,影响其后来历史的发展。罗马帝国在版图的扩张中一步步走向专制。克洛维率领的法兰克部族在与日耳曼阿勒曼部族的征战中形成了强盛一时的法兰克王国。②

原始民主遗风所体现的"王在法下"、政治协商以及珍视个人自由权利的传统共同构成了这之后英格兰宪政生成的基因。

盎格鲁—撒克逊时期英格兰所保留的这些原始氏族民主遗风的特质在于:权力没有成为压倒一切的力量,国王、大贵族并没有获得超然于社会之上的绝对权力,体现古老习惯的"法"、社会公众的意志以及每个个人的自由与权利是先于国家的,它们本身不依靠任何权力而具有正当性。例如,西方宪政学者科恩就将这一时期的"法"看做是体现了日耳曼原始民主传统的包括国王在内所有人都应恪守的"客观法律秩序"。③ 这些原始民主遗风的存在,使得早期英格兰的立法权、司法权以及社会重大事务的决策权并没有完全脱离社会,演变成为凌驾于社会之上的纯国家权力。所有这些都与古代中国那种"礼乐征伐自天子出","夫生法者,君也,守法者,臣也,法于法者,民也",国家大事"皆决于上"的情形截然不同。

当然,也许会有人反对说,在中国古代实际上也存在类似"王在法下"、政治协商以及珍视个人自由权利等这样的原始民主遗风。比如一个"合法"的君主应当"奉天法祖"、"以民为本"和"尊圣崇礼",儒家更是将"民心"与

---

① 需要说明的是,这里强调地理环境对于原始民主遗风的影响,并不意味着它是决定一民族原始民主遗风得以保留的最终原因,而仅仅意味着它对于原始民主遗风的保留在一定程度上起了积极作用。
② 刘新利:《基督教与德意志民族》,商务印书馆2000年版,第47—50页。
③ 孟广林:《英国封建王权论稿》,人民出版社2002年版,第375页。

"天道"勾连起来,构建了一个尊崇"民本"的法则,先秦亚圣孟子甚至提出如果君主违背了民心向背、违背了"道",民众可以在"替天行道"的旗帜下将其作为"独夫"而诛之。后来各朝也不乏廷臣为让君主遵循"道"而冒死进谏,君主欣然接受的事例。所有这些,似乎也给人一种"权力受限"的感觉。但是,稍加分析就不难发现,在中国的封建君主政治中,尽管存在着限制君主的观念与习惯因素,但这只是一种表象,是专制权力为获得"合法性"、"正统性"的一种方式。皇帝的意志与权威始终是整个社会主导性的支配力量。君主只要愿意,就可以将"天理"、"民心"以及圣人礼教甚至祖宗成法抛于脑后,独断专行。尽管君主纳谏改过之事与维护礼法的死谏之士层出不穷,但"君天下"、"口含天宪"与"君为臣纲"从来都是政治生活不可亵渎的神圣法则。这意味着在古代中国,权力是法律得以产生、决策得以形成以及个人自由权利起源与存在的前提。这一点与盎格鲁—撒克逊时期的英格兰是截然不同的。

盎格鲁—撒克逊时期的英格兰虽然没有出现制度化的宪政体制,但是政治生活中所蕴涵的原始民主遗风,成为一种制约王权的宪政基因保留下来,并深刻影响这之后英国的历史。对此,著名宪政史学家 A. E. 弗里曼指出,诺曼征服并没有征服古代英格兰的自由传统和"自治政府"原则,尽管具有自由主义精神和新教精神的英格兰人被打败了,但是最终"我们使我们的征服者成为俘虏,英格兰再次成为英格兰"。①

但是,我们也不能过高估计这种原始民主遗风的价值,认为它的存在日后必将促成宪政在英国的生成。因为此时原始民主遗风的缺陷在于:它并非是一种制度化设计,其影响力还比较有限。正如学者孟广林所言:"中古西欧'王在法下'的观念,的确对中古初期的西欧王权产生了一定限制。但随着封建王权的日益崛起,这种限制的力度也相应递减,最终流于'理论'的层面,缺乏制度的支持,也就远非人们想象得那样强固。"②

---

① 齐延平:《自由大宪章研究》,中国政法大学出版社 2007 年版,第 11 页。
② 孟广林:《英国封建王权论稿》,人民出版社 2002 年版,第 377 页。

第二节　诺曼征服所带来的适度王权

如果说盎格鲁—撒克逊时期英格兰原始民主遗风所蕴涵的宪政基因，使其从跨入国家文明伊始就踏上了一条不同于古代东方国家的政治法律道路，避免专制趋势的话，那么，为什么同样秉承日耳曼传统，有着大致相同的社会经济制度与历史文化传统的英格兰却和欧陆各国"中途分手"，走上了不同的发展道路？欧陆各国经历了数百年的分裂割据，而英格兰却沿着宪政的大方向走自己的路。显然，如果我们只是强调英格兰较多地保留了原始民主遗风，是很难让人信服的。因此，我们必须重新回到历史，搞清楚它们是如何分道扬镳的。

在笔者看来，1066年"诺曼征服"以及由此所带来的适度王权是导致历史产生分野的重要原因。

一、盎格鲁—撒克逊时期：王权的兴起

英格兰王权的最初兴起是从盎格鲁—撒克逊人登陆不列颠开始的。这时建立的是刚刚从原始部落联盟转化而来的日耳曼人的"蛮族"王权。

这些最初的"蛮族"首领都是部族大会选举产生的。国王最初的称谓是"rex"，它的内涵与单纯的部族首领不同。申言之，在选举"rex"时，人们开始关注候选人所具有的特定身份，开始强调他必须具有某些不同寻常的品质。这样的认同起初往往是在对外征战中获得的。① 随着对外征战和王国疆域的扩大，国王获得了巨大的荣誉。国王不仅是王国的首领，而且名义上还是国家正义之源。这是英格兰王权的最初萌芽。然而，这一时期"蛮族"王权还比较原始和弱小，"其国君还尚未脱净部落首领的本色"。② 不过，随着社会的发展，王权在盎格鲁—撒克逊时期的英格兰逐渐兴起。

---

① 周威：《英格兰的早期治理》，北京大学出版社2008年版，第14页。
② 阎照祥：《英国政治制度史》，人民出版社2003年版，第7页。

促使王权兴起的原因主要有两个:其一是基督教的推动。原先,盎格鲁—撒克逊人的国王崇奉日耳曼的部落神,即瓦登(Woden)、蒂勿(Tiw)和瑟诺尔(Thunor)等,前两者是战神,后者是雷神。他们中绝大多数都将瓦登"视为自己的祖先"。① 这一时期的国王为巩固权威,常以战神后裔自居。虽然这样可以在血统关系上神话王权,但这却不能使国王在公共政治领域获得神圣性的权威。在某种意义上,此时的"国王基本上是一个战争领袖"。② 然而,随着基督教的传播情况有所改变,王权开始获得教会神权的庇护。由于新王即位由教会主持的庄严而神圣的涂油加冕典礼逐渐流行,因此,王权在这样的仪式下被神话,国王被视为"承蒙上帝恩典"(by the grace of God or Dei gratia)来统治王国的人,是"神命之君"(Lord's Anointed),亦即上帝在尘世的政治代理人。臣民对王权必须服从,反对它就是反对上帝。③ 正如伯尔曼所言:"在政治上,基督教也致力于把统治者从一个部落首领改变成一个国王。一旦皈依基督教,国王就不再只是代表其部落的诸神:他还代表一个对所有部落或至少是许多部落都有权威的神。实际上,他成了一个帝国的首脑。"④这样,国王作为一国之君的神圣地位开始凸显。

第二个促使王权兴起的原因是公元9世纪中叶丹麦人的入侵。为了抵抗外敌的入侵,需要有强有力的王权去领导这场战争。阿尔弗雷德作为盎格鲁—撒克逊时期伟大的君王,不仅成功地领导了抗击外敌的斗争,而且在此过程中,他的权力和威望超过以往任何一位不列颠国王,成为公认的、超越威塞克斯国界的民族英雄和"全英格兰的国王"。因此,阿尔弗雷德在位时期是英格兰王权发展的一个重要里程碑。⑤ 虽然阿尔弗雷德去世后的一百六十多年里,不列颠依然存在动荡,但是统一国家的基础已经奠定,王权兴起势头已不可逆转。

---

① F. M. 斯坦顿:《盎格鲁撒克逊时期的英国》,牛津1971年版,第13页。转引自孟广林:《英国封建王权论稿》,人民出版社2002年版,第53页。
② F. 巴洛:《诺曼征服及其他》,伦敦1983年版,第2页。转引自孟广林:《英国封建王权论稿》,人民出版社2002年版,第54页。
③ 孟广林:《英国封建王权论稿》,人民出版社2002年版,第54页。
④ 〔美〕哈罗德·J. 伯尔曼:《法律与革命——西方法律传统的形成》,贺卫方、高鸿钧等译,中国大百科全书出版社1996年版,第79页。
⑤ 阎照祥:《英国政治制度史》,人民出版社2003年版,第8页。

需要说明的是,基督教的推动以及丹麦人的入侵只是诺曼征服前英格兰王权兴起的两个主要原因。这同时说明了,随着盎格鲁—撒克逊原始社会的解体,整个社会需要正常的秩序,维持社会秩序需要把代表王权的国王推到社会的顶端,使其具有崇高的地位。但是,这一时期王权的兴起并不意味着王权已经成为统治社会的支配性力量。王权在这一时期还受到诸多因素的制约,"一方面是中央政府与半自治地方政府之间的纵向分权,另一方面是各级政府组织内部,即国王与贤人会议、郡长与郡区会议、百户长与百户区会议之间的横向分权,由此构成一种纵横交错的双重权力制约机制"。①

二、诺曼征服:王权的强化

1066年1月,英格兰国王"忏悔者爱德华"去世,哈罗德继位。尽管哈罗德所继承的王位是经贤人会议选举的,但这一事实仍引起诺曼底公爵威廉的反对。威廉声称,王位应由他来继承,理由是爱德华国王曾于1051年将王位许诺于他。为了争夺王位,威廉组织了一支包括2000名骑兵在内的万人部队,在得到教皇的道义支持后,入侵英格兰。② 威廉于1066年10月14日黑斯廷(Hastings)一役,射死哈罗德,横扫不列颠,并于当年圣诞节在威斯敏斯特加冕为英格兰国王,即"威廉一世",史称"征服者威廉"。③

在梅特兰看来,诺曼征服是英格兰历史上的一次"巨变"(Catastrophe)。④ 诺曼征服后,英格兰的历史发生了巨大变化,其中最为引人注目的

---

① 程汉大:《英国政治制度史》,中国社会科学出版社1995年版,第34页。
② 陈绪刚:《法律职业与法治》,清华大学出版社2007年版,第30页。
③ 需要说明的是,有学者认为:"我们不能用今天对'征服'的理解去理解'诺曼征服'。因为'诺曼征服'显然不是一个民族对另一个民族的征服,更不是一个国家对另一个国家的征服。这种征服应被理解为自9世纪开始的北欧维金人民族大迁徙的后续调整。在维金人的一支诺曼人南侵法兰克王国的同时,维金人的另一支系丹麦人则登陆不列颠,开始在英格兰拓殖,并在卡纽特时代征服了全英格兰。所以诺曼人与侵英的维金人在文化上具有很近的亲缘关系。是故,海峡两岸的政治经济往来是十分频繁的。侵英的维金人为了巩固其在不列颠的统治,往往要求助于诺曼人,并不断地引诺曼人进入英国王廷,以削弱英国土著贵族的势力。"参见齐延平:《自由大宪章研究》,中国政法大学出版社2007年版,第55页。
④ F. Pollock and F.W. Maitland, *The History of English Law before the Time of Edward* I, Cambridge University Press, 1968, Vol. I, p.79.

变化是王权的强化。在笔者看来,诺曼征服后英王之所以强化王权,原因有三:其一,入侵者威廉作为法王的附庸,对法国封建制度的利弊有切身体会。他深知在这种政治体制下许多大贵族的领地远远超过王室领地,各自据地自雄,无视王权,所以,为了避免出现法兰西诸侯肆虐逞强的混乱局面,他决心在君临不列颠后建立强大王权。其二,入主英格兰后的客观形势也迫使威廉不得不强化王权。威廉继位加冕后,统治地位极不稳固,英吉利人经常偷袭、暗杀诺曼人。一个世纪后出版的《关于财政署的对话》一书这样写道:"在诺曼征服之后,被征服的英吉利人经常在树林或秘密地点伏击、暗杀那些令人怀疑和憎恨的诺曼人。"① 在一段时间内,诺曼人只能像一支临时占领军一样,龟缩在少数设防城堡中,不时派遣小股军队,四处镇压不甘屈服的英吉利人。② 其三,英格兰旧贵族也经常举兵反叛,威胁威廉的政权。如1068年,原麦西亚伯爵戈德温兄弟二人逃到英格兰北部,举兵反叛。同年,埃德加和他母亲逃亡苏格兰③,埃德加的妹妹嫁与苏格兰国王,换得苏格兰人的支持。第二年,埃德加率领苏格兰军队南下,直指约克。④ 有鉴于此,威廉一世在入主英格兰后开始着手强化王权。⑤

为了加强王权,威廉一世没收了大量原不列颠贵族的土地⑥,加上继承

---

① R.布特:《中世纪英国议会史》,伦敦1989年版,第19页。转引自程汉大:《英国政治制度史》,中国社会科学出版社1995年版,第41页。
② M.克洛奇:《10066—1272年的英格兰及其统治者》,牛津1983年版,第45页。转引自程汉大:《英国政治制度史》,中国社会科学出版社1995年版,第41页。
③ 黑斯廷一仗后,贤人会议在得知英王哈罗德阵亡后,由于当时他们并不愿迎立威廉为王,于是立即推选原英国"忏悔者爱德华"的侄孙埃德加为新的国王。
④ 程汉大:《英国政治制度史》,中国社会科学出版社1995年版,第41页。
⑤ 其实,与欧洲大陆王权相对孱弱相比,此时的英格兰具有其他国家建立中央集权不可比拟的条件。如威廉一世在入侵英格兰前已有30年统治诺曼底公国的经验,以及盎格鲁—撒克逊时期英格兰留下来的一套中央集权制的国家机器。此外,威廉还得到了为数众多诺曼中小贵族的支持。因为这个阶层经济力量单薄,政治上无权无势,为了能确保对农奴的剥削,抵抗大贵族的欺压,他们都希望威廉建立强有力的中央王权。
⑥ 威廉通过一系列征讨,全部没收了反叛者戈德温家族和支持原英王哈罗德反抗他的英吉利人的地产。据学者统计,原英吉利各级贵族约4000余人,在征服过程中有不少死亡,侥幸未死的也大多逃至大陆或苏格兰。截至1070年,仅有两名英吉利伯爵——沃索夫和高斯帕特利克——继续担任官职。到了1086年,仅有两名英吉利大贵族,即阿登郡的图尔基尔和科尔斯维恩侥幸保留了较多的土地。参见弗兰克·巴劳:《英格兰封建王国1042—1216年》,第94—95页。转引自阎照祥:《英国贵族史》,人民出版社2000年版,第34页。

原盎格鲁—撒克逊王室的全部领地,其私人领地多达1420处,约占全国耕地的1/7—1/5。此外,他还把约占全国面积1/3的森林占为己有。威廉每年的地租收入高达17650磅①,大贵族中没有一人能与之相比。这样,国王在经济上便处于绝对的优势地位,任何贵族都无力单独与王权分庭抗礼。

威廉为了防止贵族像法兰西那样割据一方,形成地域性的独立王国,不仅在册封新伯爵时十分慎重,而且还有意将大贵族的领地分散在王国各处,使之无从连成一片,以免形成威胁王权的独立王国。如威廉的同父异母兄弟摩尔汀伯爵罗伯特的领地分散在20个郡内,切斯特伯爵休的领地分散在19个郡内。② 此外,威廉一世还要求全国大大小小的封建贵族都必须宣誓效忠于国王,履行提供骑士的军事义务。因此一旦需要,威廉能够集合起一支多达4200名骑士的封建军队。作为国王,威廉一世还享有征召军民的独占权力,而封建贵族们都无权调用民军。骑士军队和民军是威廉政权的两大军事支柱。③ 威廉还多次下令严禁贵族私修城堡,而他自己的城堡却遍及全国,星罗棋布,并通过4条纵横交叉的大道把它们连接在一起。④ 每座城堡都驻有国王的军队,可随时出动镇压农民起义或贵族叛乱。

在政治上,威廉一世取消了盎格鲁—撒克逊时期英格兰享有广泛政治权力的贤人会议,代之以御前会议。⑤ 这一时期英格兰的御前会议已经成为一个封建性的机构,通过司法来协调国王与直属封臣之间以及直属封臣之间的封建关系。御前会议还将教俗两界直属封臣以外的王室总管、宫廷内侍等出身低微,且并非一定是国王直属封臣的王室官员也列入会议中。此

---

① 程汉大:《英国政治制度史》,中国社会科学出版社1995年版,第43页。
② 同上。
③ 同上书,第44页。
④ H. R. 劳恩:《盎格鲁—萨克森时代英国的统治制度》,伦敦1984年版,第184页。转引自程汉大:《英国政治制度史》,中国社会科学出版社1995年版,第44页。
⑤ 御前会议分为大会议与小会议两种形式。其中,大会议(concilium)人员较多,比较规范。据《盎格鲁—撒克逊编年史》记载,大会议召开的时间、地点相对固定,总是与重大宗教节日活动结合在一起,每年召开3次,复活节在温切斯特召开,降灵节在威斯敏斯特,圣诞节在格罗斯特。另外,小会议称作库里亚(curia),由最重要的王室官员和常伴国王身边的少数贵族组成。小会议召开比较随意,其时间、地点、内容都取决于国王的临时决定和现实需要。在职能上,大会议与小会议基本上没有太大区别,它们在性质上都是集立法、行政、司法和咨询等多种职能于一体的综合性机构。在某种意义上讲,小会议可以视为是大会议的核心组织和常设性机构。

外,在职能上,威廉一世在每次御前会议上都遵循加冕仪式的样子,头戴王冠,以强化王权的合法性和神圣性。通过集权化的御前会议,威廉一世一方面维系着正常的封建秩序,保证自己最高宗主权的实现,另一方面对全国实施政治统治,履行一国之君的政治职能。

在地方管理上,威廉一世继承了盎格鲁—撒克逊时期的郡—百户区—村镇三级设置,但威廉改造了前朝留下的郡守制,削弱原来势力强大的郡守方伯(earldoman),而代之以不得世袭继承的郡长(sheriff)职位。这样一来,方伯成为一种单纯的贵族爵位,不再享有任何政治权力,地方政务置于郡长之手。为确保郡长绝对服从中央王权,威廉一世将原来由英吉利人担任的郡长全部罢免,用忠于自己的诺曼贵族取而代之,国王有权随时撤换,从而使郡长完全唯国王命令是从。

此外,威廉还加强了对教会的控制。威廉继位后,立即任命了大批诺曼人为高级教士,从英吉利人手中接管了教会,并牢牢控制着高级教职的任免权。他要求新任主教必须像世俗领主一样效忠国王,把教会置于从属于王权的地位。另外,威廉一世还把教会法庭同世俗法庭分开,严格限制教会法庭的司法管辖权限。他规定:未经国王批准,教士大会制定的任何法律均告无效;教会法庭不得审判王室官员,不得将他们开除教籍。①

威廉在位的最后几年,着力于对全英格兰王国的土地财产状况进行调查,完成了土地清册(Domesday Book,亦称"末日审判书")的编纂工作。②这为后来王权能够顺利地在全国征税打下了坚实的基础。这样的措施在盎格鲁—撒克逊时期的英格兰以及欧陆封建化的法国是不可以想象的,可是在当时的英国,却丝毫不见任何有效抵抗,甚至最强大的诸侯对这事也未作

---

① G.B.亚当斯:《英国宪政史》,伦敦1935年版,第69页。转引自程汉大:《英国法制史》,齐鲁书社2001年版,第50—51页。

② 威廉一世继承王位后,为了扩大王室的收入,扭转中央王室权威屡弱、国王统而不治的局面,首先开始在全国范围内进行人口普查和土地丈量。自1085年圣诞节后两年时间里,威廉开始了所谓"末日审判"的调查,调查的内容涉及每户有多少耕地、多少人口,人口是农奴抑或自由人,耕地是农奴份地还是自由土地;调查财产项目繁多,从不动产土地、房屋到动产耕牛、猪羊,甚至鹅鸭、餐碗都在调查之列,以上均需一一登记在册,使人有如末世来临之感,最后将调查结果称为《末日审判书》(Domesday Book)。

任何有效的反抗。① 以至于有人把英格兰这一时期的"末日审判"称为"英国工业化以前最重大的行政措施之一"。②

总之,经过二十多年的努力,威廉在英格兰建立了当时欧洲最为强大的王权。

三、诺曼征服后:王权的巩固

威廉一世的后继者威廉二世(1087—1100年在位)和亨利一世(1100—1135年在位),通过严厉打击贵族和教会的分裂势力,巩固了中央王权。

诺曼王朝初期,贵族和教会分裂势力慑于征服者威廉的威势和铁腕手段,一直蛰伏未动。1087年威廉一世去世后,贵族集团立即以拥戴威廉长子罗伯特继位为名,于1088年和1095年两次发动叛乱,反对新任国王威廉二世,但最后均告失败。③ 亨利一世继位后,大贵族又于1102年再次发动叛乱,结果仍以失败告终。经过几次重大斗争,大贵族分裂势力被严重削弱,此后30年内再未爆发贵族叛乱。

在这一时期王权与教会的冲突中,王权同样取得了胜利。在威廉二世统治末期,坎特伯雷大主教安塞姆要求前往罗马拜谒新任教皇乌尔班,威廉二世因不承认这位新教皇,拒不批准。安塞姆违背圣意,私自前往罗马,被威廉二世禁止返回英国,从1097年起一直流亡海外。亨利一世继位后,安塞姆获准回国,但亨利要求他按照传统习惯向国王宣誓效忠,安塞姆拒不从命,双方僵持不下,最后双方表面上于1106年以相互妥协而结束,但实际上

---

① 参见〔英〕莫尔顿:《人民的英国史》(上册),谢琏造等译,生活·读书·新知三联书店1976年版,第80页。

② H.R.劳恩:《盎格鲁—萨克森时代英国的统治制度》,伦敦1984年版,第187页。转引自孟广林:《英国封建王权论稿》,人民出版社2002年版,第86页。

③ 这里需要说明的是,贵族集团的叛乱在某种意义上是征服者威廉在死后留给他的儿子们在大陆和英格兰的遗产令贵族们左右为难造成的。威廉一世把实际上依靠武力夺取的英格兰王位留给次子红发威廉,史称"威廉二世"。长子罗伯特则按照大陆规则继承诺曼底公爵爵位。诺曼底大贵族们大多在英吉利海峡两岸都拥有领地,他们无论是效忠罗伯特公爵,还是效忠威廉二世,都会导致他们在对岸的领地和财产被剥夺,因此贵族们为了避免这种两边效忠的尴尬局面,只能支持一方发动对另一方的战争。这种困境在亨利一世即位后,即1106年亨利一世率军在诺曼底打败其王兄罗伯特公爵后,才获得最终的解除。参见陈绪刚:《法律职业与法治》,清华大学出版社2007年版,第35页。

以王权获胜为结果,安塞姆同意新主教在就职前必须向国王行臣服礼,接受国王封地的要求。①

此外,亨利一世还通过改组中央王室巩固中央集权。1106年亨利夺取诺曼底后,为了处理两边的政务,不得不经常来往于海峡两岸,有时连续数年不在国内。② 为处理这期间的英格兰政务,亨利一世把前述提及的御前会议中小会议的一部分成员留在英格兰,全权代行国王职权。当时成员中的核心人物——首席政法官罗杰自称是"索尔兹伯里主教和国王亨利一世在英国的代理人"。③ 另外,亨利还建立了财政署(Exchequer),由训练有素的专业人员管理财政。国王通过财政署加强了对郡长财政权的监督。他把各郡每年应上缴国库的各种赋税和王室收入合计为一个总数,责成郡长必须完成,称为"郡长包税额(sheriff's ferm)"。在结算账目时要对郡长上缴的硬币进行真伪、成色的检测,以防郡长以次充好,以假乱真,从中渔利。④

在对地方政府的控制方面,亨利一世进一步加强了对郡长的控制,他不再从大贵族中任命郡长,注重选拔忠于王权、恭顺驯服的小贵族担任郡长。如阿斯奇蒂尔·德·巴尔摩原是某个大贵族的管家,被任命为约克郡郡长。他死后,他的儿子又接任约克郡长。父子二人对亨利一世忠心耿耿。英国史学家大卫指出:"亨利一世的郡长大部分出身小男爵。他们之所以取得郡

---

① 这样一来,教职任命权实际上仍由国王控制。因为新主教须先向国王提名,然后经教士大会选举,再由教皇颁令授职。由于英国王权强大,国王提出的人选通常总能被教士大会所接受,倘若出现分歧,国王可以拒绝授予封地以阻止新主教就任,因此实际上国王仍控制着教会授职权。如后来1109年安塞姆死后,亨利一世拒不提名新大主教人选,令教士大会无从选举,致使坎特伯雷大主教职位虚悬5年之久。由于同样的原因,考文垂修道院院长职位在1126—1129年间空缺3年。参见蒋孟引主编:《英国史》,社会科学出版社1988年版,第93页。
② 亨利一世在位35年,有一半时间不在国内。参见 G. O. Sayles, *The King's Parliament*, London, 1975, p.26。转引自程汉大:"论11—12世纪英国封建集权君主制",载《史学月刊》1997年第3期。
③ 罗杰被西方学者公认为是英国史上首任政法官(justiciar,又称为摄政官),但政法官这一称谓到金雀花王朝时才见于历史记载。在12世纪,政法官一直十分活跃,所以该世纪有"政法官世纪"之称。到1204年,英王因丧失了诺曼底以及在法国的其他领地,不再经常离境出国,作为国王代理人的政法官也失去了存在的意义,所以从1234年斯提芬·希格雷夫被罢免后,政法官便退出历史舞台,在爱德华一世统治时期这一官职被正式废除。
④ 程汉大:"论11—12世纪英国封建集权君主制",载《史学月刊》1997年第3期。

长之职,不是因为在郡内势力强大,而是因为努力为中央政府工作。"①为避免英格兰像欧陆国家那样形成地方"独立王国",亨利一世还经常调换郡长的任职郡区,并任命御前会议中小会议成员兼任郡长。1130年时,几乎有一半的郡是由御前会议中的小会议成员担任郡长的。其中,理查德·巴塞特和安德里·德·维尔共同管辖11个郡,休管辖8个郡,吉伯特管辖3个郡,威廉·德·阿奇和奥斯伯特分别管辖2个郡。这样,"各郡的统治权在很大程度上从地方豪强手中转入到国王的仆臣手中"。②不仅如此,亨利一世还不时派巡回法官巡察各郡,监督郡长工作,以保证中央政令的实施。总之,在亨利一世统治时期国库充盈,财政充足,政令通行,中央王权进一步加强。

在强大王权的统治下,亨利一世后期的英格兰没有发生任何贵族叛乱,不列颠岛享受了30年的"太平盛世"。③然而,亨利一世死后又出现了继承王位之争,亨利一世的外甥斯蒂芬(1135—1154在位)尽管迅速攫取了王位并勉强保住了王位,但在斯蒂芬在位的近20年里,亨利一世的女儿玛蒂尔达(Matilda)与斯蒂芬为争夺王位,内争不断。贵族们趁机兴建城堡要塞,教会势力也得到扩张。④ 王权出现了衰弱的趋势,与之相应,诺曼王朝前期王权强化的措施,在这一时期也有所破坏。

但是,上述情况随着金雀花王朝的开创者亨利二世(1154—1189在位)的继位迅速得到扭转。⑤ 亨利二世继位之初,面临的主要任务就是恢复朝

---

① K.H.大卫:《斯蒂芬国王》,伦敦1967年版,第32—33页。转引自程汉大:《英国政治制度史》,中国社会科学出版社1995年版,第59页。
② F.M.斯坦顿:《英国封建主义的第一个世纪》,牛津1961年版,第223页。转引自程汉大:《英国政治制度史》,中国社会科学出版社1995年版,第59页。
③ 〔英〕温斯顿·丘吉尔:《英语民族史略》第1卷(不列颠的诞生),薛力敏、林林译,南方出版社2004年版,第158页。
④ 陈绪刚:《法律职业与法治》,清华大学出版社2007年版,第38页。
⑤ 1153年1月,玛蒂尔达之子、亨利一世的外孙,领有大陆安茹和诺曼底的年轻公爵亨利渡过海峡争夺英格兰王位。1153年11月斯蒂芬与亨利达成温切斯特协约(Treaty of Winchester)。斯蒂芬接受亨利作为养子及其继承人继承王位。1154年10月25日斯蒂芬死于肯特。同年11月8日,亨利自大陆登陆英格兰,19日加冕继位,史称"亨利二世"。参见陈绪刚:《法律职业与法治》,清华大学出版社2007年版,第38—39页。由于亨利的父亲原安茹公爵习惯在帽子上插一朵金雀花,所以亨利二世开创的王朝又称"金雀花王朝"。

纲,重建王权的权威。他首先下令要求贵族拆除所有未经王室允许而建造的城堡,收回在王位争夺内战中被大贵族侵占的王室地产,并要求贵族补缴斯蒂芬在位时期拖欠的部分封建捐税。在强硬的手段之外,亨利二世还对大小贵族采取温和、怀柔的政策。对于争夺王位内战时期,斯蒂芬和玛蒂尔达为笼络贵族滥封的伯爵爵位、领地及其特权,均予以保留。此外,他还努力恢复中小贵族的原有封地,试图得到他们的支持。此外,亨利二世还因循前朝亨利一世以及威廉一世的强硬和怀柔并用的手段,一方面打击威胁其王权的大贵族,另一方面又倚重一些可靠的显赫贵族辅政,擢为朝中重臣。①在地方事务方面,他任命亲信为郡长,革除不称职的郡长,从而使这些官员组成为国王忠实服务的"皇家官僚"。在财政方面,亨利改革征税制度,首次开征个人动产税。另外,在财政专家奈杰尔的帮助下,亨利二世改组财政署。经过改革,亨利二世已是当时欧洲最富有的国王。法王路易七世曾以羡慕的口吻和风趣的语言对英国廷臣瓦尔特·曼普谈及自己与亨利二世的悬殊差别:"你们的领主英格兰国王有人、马、黄金、丝绸、珠宝、水果和各种娱乐游戏,一切应有尽有,而我在法国,除了面包、酒和逢场作戏外一无所有。"②在军事方面,亨利要求封臣们交纳"盾牌钱"以代替军事服役义务。他用这笔钱招募雇佣军,增强军事实力。此外,他还在1181年颁布了《武装法》(The Assize of Arms),规定所有自由人应自备一套武器装备,每年参加军事训练,在国王需要时拿起武器,履行军事义务。该法令确立了英格兰独特的民兵制传统,这既减弱了国王对贵族的军事依赖,也对封建贵族势力起到了威慑作用,从而达到了巩固中央王权的目的。最后,亨利二世通过1164年《克拉伦敦宪章》(Constitution of Clarendon),在与教权的对抗中强化了王权。

尽管英格兰在斯蒂芬统治时期一度政治动荡,但综观诺曼—安茹王朝,王权得到了进一步巩固。如果说威廉一世是英格兰强大王权的奠基者的话,那么,之后的威廉二世、亨利一世以及亨利二世则是其理想的继承者、巩固者和发展者。

---

① 陈绪刚:《法律职业与法治》,清华大学出版社2007年版,第39页。
② 约翰·坎农、拉尔夫·格里菲斯:《不列颠王朝史》,牛津大学出版社1988年版,第160页。转引自程汉大:《英国政治制度史》,中国社会科学出版社1995年版,第65页。

四、适度王权对英格兰权力结构的影响

诺曼征服所带来的适度王权,深刻地影响了英格兰的权力格局和未来的历史发展。

在欧洲大陆,自公元 843 年法兰克查理曼王国一分为三之后,法兰西、德意志和意大利三国王权长期式微不振,社会处于封建割据状态。国王只是形式上的一国之君,名义上是国内最高的领主。大大小小的封建领主在各自的领地上享有独立的政治、军事、财政和审判权力,甚至许多贵族的领地远远大于国王的领地。土地层层分封,权力层层下移,王权被架空,致使中央政府权威和国家政治统一长期未能建立起来。在这种条件下,许多大贵族都有足够的力量与国王进行抗衡,而且总是把争取完全摆脱王权控制,建立独立王国,作为反对王权的斗争目标,结果导致分裂割据局面长期维持。如公元 900 年后,德意志自北向南形成了萨克森、法兰克、士瓦本和巴伐利亚几大部落公国。① 与之不同的是,诺曼征服后,经过诸位英王的努力,建立了当时欧洲最强大的王权,完成了国家政治统一。他们将英格兰最主要的政治、经济以及军事等资源牢牢地控制在自己手中。作为主要威胁的英格兰贵族不但个人领地数量远少于国王,而且大多数的领地都分散于全国各地,无一人能够像欧陆法兰西早期贵族那样单独与王权分庭抗礼,更无可能据地自守、称霸一方。这样一来,诺曼征服后王权的增强避免了英格兰步欧陆各国的后尘,走向分裂割据的状态。

但这是否意味着,诺曼征服所带来的适度王权会像古代东方国家那样,走向王权专制独裁的道路? 如果不是,英格兰在强化王权的过程中又是如何避免走向王权专制道路的?

威廉一世通过强有力的手段使王权在英格兰有了集权化的趋势。其后继者威廉二世鲁弗斯(Rufus)的出尔反尔使他在与贵族和教会的斗争中也不处于劣势②,亨利一世因为有得力大臣索尔兹伯里的罗杰主教的协助,所

---

① 刘新利:《基督教与德意志民族》,商务印书馆 2000 年版,第 10—11 页。
② 具体参见孟广林:《英国封建王权论稿》,人民出版社 2002 年版,第 98—103 页。

以能在他兄长威廉二世原有的基础上将他父亲威廉一世的成就进一步加以发展。如果按照这样的发展势头,王权极有可能走向专制的道路。但英格兰是幸运的,专制王权的一切努力都葬送在英王斯蒂芬手里。因其王位继承存在"瑕疵",斯蒂芬从一开始就遭到各界的声讨,不得不向贵族作出让步,而教会也从中获得不少好处,恢复了以前所享有、后来为前代诺曼国王所剥夺的许多特权。① 以前加强中央王权的成果就这样轻易地付之东流了。② 御前会议和财政署都停止了活动,中央政府实际陷入瘫痪。渴望自由发展的贵族分裂势力趁机修建私人城堡,组建私人军队,割据一方。他们私自征收赋税,鱼肉乡里,无政府主义弥漫全国。③

亨利二世就是在这种背景下登基的。他唯一可以主张的就是先辈曾经拥有过什么样的权力,这也成为他与教会斗争的重要筹码。④ 这一点我们可以从这一时期英格兰的财政状况得以印证。一般而言,财政状况可以说是一个社会政治状况的晴雨表,根据历史学家推算,在这一时期王室的财政收入比前朝不仅没有增加,反而出现了下滑。在1130年,亨利一世的年度财政收入接近24700英镑。而亨利二世王朝的前10年中,仅有1年的收入超过了15000英镑;在前20年中,仅有4年超过了20000英镑;而在亨利二世

---

① 〔英〕肯尼斯·O.摩根主编:《牛津英国通史》,王觉非等译,商务印书馆1993年版,第8页。
② 在斯蒂芬统治的19年里,由于王位之争将诺曼王朝前期已经集中化的王权冲毁得七零八落,斯蒂芬虽名义上是国王,但面对强大的对手,无力实现国王的权力。王室岁入大量减少,中央完全失去对地方的控制。彼得博罗的一位修士在《盎格鲁撒克逊编年史》中以忧郁的笔调描写道:"凡事有强大势力的人都建起自己的城堡以抵抗国王……城堡里充满了邪恶的人。他们不分昼夜地出去搜捕他们认为拥有财产的男女,把这些人投入监狱,以谋取其金银财宝,还施以不可言状的苦刑……他们使数以千计的人活活饿死。我简直无法细述权贵们对岛上的可怜百姓所采取的全部恐怖行动和进行的百般磨难。这些苦难在斯特凡(这里应翻译为'斯蒂芬')在位的19年里持续不断,而且日甚一日。权贵们还时时向各村摊派捐税,他们称称为'坦瑟利'。当穷苦百姓实在无力向他们交税时,他们就在各个村庄焚烧抢掠。所以,商旅可能整日不见哪个村里有个人影,也不见田里有人耕种。玉米、小麦、奶酪和黄油价格昂贵,因为这些东西在国内已经没有了。许多可怜的人活活饿死,一些享受过荣华富贵的人也出去寻求救济,其余的人则背井离乡,逃亡国外……不管在哪里耕种,都长不出玉米,因为土地已经在焚烧抢掠中彻底荒芜了。百姓说,基督和圣徒都在睡觉。"参见〔英〕温斯顿·丘吉尔:《英语民族史略》第1卷(不列颠的诞生),薛力敏、林林译,南方出版社2004年版,第160页。
③ 程汉大:《英国政治制度史》,中国社会科学出版社1995年版,第62页。
④ 〔美〕哈罗德·J.伯尔曼:《法律与革命——西方法律传统的形成》,贺卫方、高鸿钧等译,中国大百科全书出版社1996年版,第318—320页。

统治时期内仅有3次超过了1130年的水平。① 此外,亨利二世在强化王权的措施上总是谨慎沉稳,行止有度,不少情况下尽量巧妙地、不露声色地改革某些惯例,清除积弊,扩充王权,小心翼翼地在尊重原有形式下进行改革。这样的扩充王权方式与前朝截然不同,反映出英格兰王室加强王权的进程在斯蒂芬统治时期遭受到重创,亨利二世已经不太可能使王权走向专制的轨道。

这充分说明,诺曼征服后逐渐强化的王权较之于欧陆诸国有了集权化的趋势,这种集权化的王权避免了英格兰出现封建割据,地方坐大的情况。但是,英格兰这种集权化的王权在性质上绝对不是专制的王权。因为在理论上讲,专制主义的王权意味着君权是绝对的、不受限制的。② 而英格兰集权化的王权还受到贵族、教会以及法律的限制。这导致的结果就是,英格兰集权化王权的实力虽然远远超过任何单一贵族或教会,但是却没有强大到像古代东方国家一样成为社会压倒一切的力量。因而,英格兰这种强化的王权在性质上介乎于欧陆诸国羸弱王权与古代东方各国专制王权之间,是一种适度王权。

诺曼征服后适度强大的王权与封建领主权以及教权在一定程度上形成了均衡状态。虽然逐渐强化的王权不停地引发各种利益集团之间的对抗,但是,王权与其他权力从一开始便相互纠缠、彼此限制,每一种权力都在给其他权力的行使制造着障碍,以致任何一方都无力取得压倒性的优势地位,也无从建立起强制他人服从的普遍而完善的手段。这就为制度的良性选择提供了更大的弹性空间,矛盾不会被激化到要将对方"斩草除根"的极端状态,政治对抗通过微小的改变即可调整,于是以妥协方式,不断选择各方均能够接受的权力规则和控制模式,在英格兰成为可能。应当说,封建贵族、教会与国王之间的多元对抗与妥协,是中世纪欧洲的普遍特征。只是在欧陆国家,包括宗教界和世俗界在内的多种社会因素"不是齐头并进的,而是首尾相接的"。③ 然而,在英格兰这里"没有一种旧因素彻底消亡,也没有一

---

① J. C. Holt, *Magna Carta*, Cambridge University Press, 1992, p.39.
② 马克垚:《英国封建社会研究》,北京大学出版社2005年版,第69页。
③ 周威:《英格兰的早期治理》,北京大学出版社2008年版,第13页。

种新因素彻底胜利,或者某一种原则取得了独霸优势。各种力量总是在同时发展,多种利益和要求总是在折衷调和",即使是在君主制如日中天的都铎王朝,我们也会"看到民主原则、公众力量在同时兴起和壮大"。① 更为重要的是,英格兰这种适度王权使国王有能力去改变封建制度在欧陆运行的固定化轨道。

第三节　早期英格兰的封建制度

诺曼征服所带来的适度王权使英格兰既没有像欧陆各国那样走向历时数百年的分裂割据状态,同时基于特定的历史环境,也没有走向古代东方绝对的专制主义道路。英格兰这种独特的王权反过来影响着中世纪英格兰的封建制度②,使之在英格兰政治法律制度变迁中扮演着特殊的角色。

我们看到,一方面诺曼征服为英格兰带来了欧陆各国所不能比拟的王权,借助它英格兰建立了最完善的封建制度;但另一方面,在诺曼征服带来相对强大王权的同时,这种相对强大的王权又在社会体系内部瓦解着英格兰的封建割据,使整个英格兰社会出现一种微妙的平衡。正如梅特兰所言:"如果我们现在开始讨论封建制度,我们会明显地发现,英格兰封建制度明

---

① 参见马长山:《国家、市民社会与法治》,商务印书馆2003年版,第103页。

② 需要强调的是,这里所说的"封建"(feudal)与中国古代"昔周公吊二叔之不咸,故封建亲戚,以蕃屏周"中的"封建"在内涵上是不可相提并论的。新中国成立后国内一些马克思主义者受马克思社会进化论五大社会形态历史观的影响,教条地将西欧历史的各阶段与中国历史相关阶段相等同,将西方的"feudalism"(常翻译成"封建主义"或"封建制度")与中国封建主义(封建制度)相等同。随着近些年来学术研究的深入,我国学者已经对此问题有了明确的看法,使中西封建主义的差异性问题日渐明显。侯建新教授认为,"西欧的'feudalism'是欧洲历史发展的产物,只属于欧洲;中国的先秦是封建制,而且唯其符合中国"封建"之本义;秦代到清代是皇权专制制度。三者谁也不能涵盖谁,不应该贴上同一标签"。参见侯建新:"'封建主义'概念辨析",载《中国社会科学》2005年第6期。刘北城教授也指出:"封建主义的概念最初是对中世纪西欧军事分封和等级所有制的概括。马克思、恩格斯只承认这种本来意义上的封建主义。因此,凡是典型的、纯粹的封建主义,必然是'等级的所有制',其统治权是分裂和分散的,那就不可能有专制主义。东方社会没有'封建主义',只有'东方专制主义'……在马克思、恩格斯那里,东方没有封建主义,只有专制主义,因此把普适性'五种生产方式说'归结到马克思那里,在逻辑上是有问题的。"参见〔英〕佩里·安德森:《绝对主义国家的谱系》,刘北城译,上海人民出版社2001年版,中译者序言,第2页。

显不同于法兰西,13世纪的封建制度明显不同于11世纪。于是这一术语对我们来说变得如此宽泛和模糊,我们甚至可以认为,在所有的欧洲国家中,英格兰是封建化最完善的地方,但从另一个角度看,英格兰又可能是最低限度推行封建化的国家。威廉征服在为英格兰引入封建制度的同时,又在破坏着这一制度。"①

一、封建制度的产生

公元476年西罗马帝国崩溃,日耳曼蛮族的入侵使得欧洲古代文明遭到破坏,西方世界进入到中世纪。② 罗马帝国的崩溃使得原先处于强有力中央政府控制下的社会,陷入混乱。原先繁荣的城市日渐衰颓,原先在城市主导政治的贵族们避入乡村。人们在各个方面看到社会的解体,代替它的是一些小范围的、情况不明的、零散而不相关联的社会在建立起来。在当时的人看来,这好像是一切都化为乌有,成了普遍的无政府状态。当时的诗人和历史编写者都认为世界的末日到了。③

上述大规模的蛮族入侵往往是不存在什么政治计划的,导致的结果通常表现为对社会秩序的严重扰乱。尽管蛮族国家也试图通过各种政府管理手段,希望对社会进行有效的控制,如颁布成文法典④,但罗马帝国时期强大的中央权力及其中央化的行政机制不可避免地衰落了。"查理曼以其个人的天才所做的大量努力并不存在建立新体制的意图,而是一种恢复古代文明的尝试,在他死后帝国的分裂也表明了旧制度已经全然失效。"⑤然而,社会还要继续存在下去,当公共权力衰落,无法保障社会群体安全时,人们就不得不采取一些私人性质的措施来稳定并维持社会秩序。另外,中世纪早

---

① F. W. Maitland, *The Constitutional History of England*, Cambridge University Press, 1911, p. 143.
② "因蛮族的侵入而致罗马的衰落,产生了中世纪;它大约从5世纪持续到15世纪。"参见〔美〕哈罗德·J.伯尔曼:《法律与革命——西方法律传统的形成》,贺卫方、高鸿钧等译,中国大百科全书出版社1996年版,第17页。
③ 〔法〕基佐:《欧洲文明史》,程鸿逵、沅芷译,商务印书馆2005年版,第69页。
④ 如公元466—484年由西哥特王国编纂的《尤列克法典》、法兰克王国的《撒利克法典》和《里普利安法典》、勃艮第王国的《耿多巴德法典》以及伦巴德王国的《伦巴德法典》等。
⑤ 〔法〕基佐:《法国文明史》(第2卷),沅芷、伊信译,商务印书馆1993年版,第222—223页。

期货币经济的衰退使得作为直接生产要素的土地,成为整个社会唯一重大的财产形式。在这样的大背景下,封建制度成为人类文明的选择。

一般认为,封建制度是建立在土地贵族所有制基础上,封君封臣的人身关系与土地保有紧密联系在一起,以领主与附庸之间私人的契约取代国家的公共法律,私人权力取代公共权力为特征的一种社会治理方式。① 确切地讲,封建制度是在公元 9 世纪法兰克帝国解体之后发展起来的。② 就生成机制来看,封建制度是伴随着中世纪中期封建主领地的世袭化进程而确立起来的。③ 一般而言,西欧封建制度的形成源起于 9 世纪法兰克王国查理·马特的采邑制改革。④ 中世纪初期的法兰克由于货币缺乏,国王无力用货币支付士兵、亲信和官员的薪俸。在这种情况下,采取的办法是将土地作为他们为王国服务的报酬。采邑制改革改变了先前无条件赏赐土地的制度,受领采邑要承担为国王服兵役、服从命令以及交纳税负等义务,并且采邑只能终身享有,不能世袭,封主或受封人发生变化,都要重新分封。

---

① 从 19 世纪中期到现在,欧美的学者们试图给封建制度寻找一个准确的定义,用来描述它的特质,大致有两种主要的路径:一是法国经济与社会史学家马克·布洛克在其《封建社会》一书中提出的,封建制度是指涵盖整个生活系统(不仅是经济,而且是政治、文化和宗教),集中体现于领主权,是完备的政治体系、经济体系和价值体系。另一种解释主要集中于政治和法律方面,认为自 9 世纪出现的封建制度是一种统治方式,"政治权力被视为个人的所有物而且被许多领主以分散的状态享有"。See J. R. Strayer: *The Two Levels of Feudalism in Medieval Statecraft and Perspectives of History*, Princeton University Press, 1971, p.63. 汤姆逊也认为,封建制度是一种由个别私人在或大或小的领土范围内,在或高或低的程度上,代表或行使公共权力的制度。参见郑红:"论西方中世纪封建宪政思想",http://www.jmxy99.com/ns_detail.asp?id=500104&nowmenuid=500002&previd=500078,2008 年 3 月 27 日访问。

② "欧洲的封建主义起源于早期的法兰克王国(8 世纪)……封建制度本身在 9 世纪期间有很大的发展……从 12 世纪起,封建主义受到各种敌对势力的攻击……尽管封建主义到 14 世纪末已经不再是一种政治的和社会的力量,但它仍然在欧洲社会中留下了自己的烙印。它对现代形式的立宪政府的形成产生了极大影响。"参见《不列颠百科全书》(第 6 卷),中国大百科全书出版社 1999 年版,第 281 页。

③ 魏建国:《宪政体制形成与近代英国崛起》,法律出版社 2006 年版,第 2 页。

④ 还有学者认为,应将封建制度形成的渊源追溯至公元 6 世纪末 7 世纪初法兰克墨洛温王朝的"庇护制"。"由于战乱频仍、强暴横行以及沉重的赋税及兵役负担,使仍保有土地的自由小农无法立足。他们纷纷把土地交给邻近的教俗贵族,以换取他们的庇护,然后,从他们庇护人那里领到一块份地耕种,称为'恩地',向他提供贡赋和劳役。这种乞求庇护的方式称'委身式'。请求保护的文书称'委身契'。"参见丛日云:《西方政治文化传统》,黑龙江人民出版社 2002 年版,第 431 页。另外还有学者认为,日耳曼社会的马尔克公社、从士以及农奴制度是封建制度的来源。具体参见马克垚:《西欧封建经济形态研究》,人民出版社 2001 年版,第 61—67 页。

应该说，在采邑制实行之初，确实加强了王国的军事实力，为法兰克加洛林王朝的强盛作出了贡献。然而，随着时间的推移，受封者的忠诚和义务观念也逐渐淡薄。他们倾向于把采邑视为己有并传给后代。查理曼大帝就曾抱怨领受封地的人将封地视为私产，但依他的权势也无力扭转这种趋势。公元877年，他的孙子西法兰克国王决定撤回许多封地，重新将其分配给他的支持者。这一努力看似完全符合采邑制规定，但在实践中这一做法已经很难实现。采邑这时已演变成为事实上不可收回和世袭的贵族领地。正如美国学者派普斯所言："从理论上讲，在君主与封臣这样的政体之下，所有的土地都属于君主所有，其余人只能有条件地拥有土地。地产被封臣作为采邑而持有，但土地所有权仍属于君主……然而，随着时间的流逝，附带条件的土地保有权在不可抗拒的力量的推动下演化成为完全的所有权……早在公元10世纪、11世纪，在法国、英国、意大利和德国，封臣将采邑传给后代就已经成为一种惯例……尽管这些世袭采邑按规定不能进行让渡，实际上到了12世纪，让渡这些财产的做法已经变成了十分普遍的现象。通过这种方式，采邑就无声无息地变成了私有财产。"①这样，采邑实际变成了世袭领地，领主把所属的领地当做自己的私有财产，王权或政府权力连带土地一起分散给领主。世袭领主在自己的领地上可以独行其是，全权管理领地内的各项事务，排斥王权的干预。领地世袭化的过程，同时也意味着封臣开始转变为贵族。② 这样一来，领地的世袭化促进了土地贵族所有制的形成，标志着西欧封建制度的确立。

西欧土地贵族所有制的形成，使得贵族占有和使用土地而产生出人身依附关系，这种人身依附关系经过发展，最终形成了强调土地保有关系的封建制度。其实这一点早已为斯塔布斯所暗示，正如梅特兰在讨论这一问题时引用

---

① 参见〔美〕理查德·派普斯：《财产论》，蒋琳琦译，经济科学出版社2003年版，第127—128页。

② 之所以这样讲，是因为对于贵族而言，拥有土地是其贵族地位的标志。如托克维尔所言："贵族制度的基础正是土地，贵族只有依靠土地才能生存……土地一旦依靠继承制度相传，就会出现贵族。"参见〔美〕托克维尔：《论美国的民主》（上册），董良果译，商务印书馆1988年版，第33页。实际上，西欧的贵族常常用他们的地产来说明其身分，代指其称号，方法是使用"of"、"de"或者"von"这样的称谓前缀并在其后加上自中世纪早期开始就已经成为其世袭领地的名称。如莱斯特的伯爵罗伯特以及温切斯特的约瑟林等。

斯塔布斯的一段话所指出的那样:"这一发展的总体趋势可以被描述为一个从属人到属地、从个人自由和政治权利的观念占据主导的时代转变为个人自由和政治权利与土地占有交织在一起,并最终从属于后者的过程……其主要的发展阶段非常明显。"① 土地在那个年代不仅是社会权力的基础,而且更是社会中人身依附关系的基础。西欧贵族土地所有制的形成,使贵族在自己的土地上能够排斥一切人包括君主和其他贵族,只听令于自己。

此外,在公元9—11世纪西欧领地普遍世袭化进程发展的同时,另一事件的发展,直接促成了人身依附关系的产生。我们知道,在那个社会秩序无法保障的年代,贵族间私战的绵延以及外族的不断入侵,自由民随时都有可能遭到意外,丧失土地。于是,他们被迫依附于当地强大的领主以求在兵荒马乱的时日得以生存。大批自由民主动依附于封建领主,最终促成了人身依附关系广泛而深入的发展。自由民直接依附于领主而非国王,成为领主的仆臣,向他们宣誓效忠。时有谚云:"君有臣,臣有民,臣下之民,不属国君"(The man's is not the lord's man)。② 封建制度早期对人身依附关系的强调还可以从违反效忠誓言的处罚得以证明。正如阿尔弗雷德时期一则法令的序言所表明的那样,自从王国接受基督教以来,几乎每一种重罪都可以用金钱来赎罪,但是对叛变领主除外。因为上帝不会宽恕任何鄙视他的人,上帝不会容忍那些出卖他的人,你必须像热爱自己一样热爱你的领主,对领主的背叛意味着他犯了与犹大一样的罪行,因此背叛自己的领主是得不到任何宽恕的。③ 后来,由于社会状况从战乱趋于稳定,国王逐渐不再给受封者直接提供武器装备,而由他们自己利用土地上的收益自备武器和战士。这样一来,"原来由特定身份的人提供骑士的做法现在变成了由保有土地的人提供,这一转变标志着土地保有取代个人身份开始成为社会决定性因素"。④ 另一方面,和平时期的到来意味着,"巩固统治和治理社会取代战事

---

① F. W. Maitland, *The Constitutional History of England*, Cambridge University Press, 1911, p. 144.
② 〔美〕孟罗·斯密:《欧陆法律发达史》,姚梅镇译,中国政法大学出版社2003年版,第262页。
③ F. W. Maitland, *The Constitutional History of England*, Cambridge University Press, 1911, p. 148.
④ 李红海:《普通法的历史解读——从梅特兰开始》,清华大学出版社2003年版,第151页。

成为国王们的主要事宜,土地分封此时也不再主要是为了提供骑士,而更多的则是为了满足领主们的各种日常需求。相应地,起初的那种终身分封逐渐让位于可继承的分封"。① 可继承的土地分封,使得领主与封臣之间的关系,由原先的人身依附转变为对土地的保有关系。领主与封臣在主张各自权利时一般都以保有土地为主要依据,而非原先的宣誓与效忠。如领主对监护权、婚姻指定权的主张是因为年幼的保有人保有的是骑士役领地,而封臣对庄园内公共设施的使用权也是以自己在此庄园内保有土地为依据的。"拥有土地成为自由的标志,一个人因为拥有土地而自由,而不是因为自由而拥有土地;土地的拥有者是武器的主人,法庭是土地拥有者的法庭。"②

经过上述的发展,封建制度在欧洲普遍地建立起来。"任何地方野蛮状态一停止,一切事物就采取了封建的形式。"③ "教会渐渐成了封建主和封臣,各城市都有领主和封臣;国王以封建主的形式装扮自己。……正像社会的各种普遍性因素都纳入了封建系统一样,最细小的细节和普通生活中最琐碎的事也都成为封建制度的一部分。"④

二、封建制度的内涵

封建制度(Feudalism)或封建主义,是一个内涵十分复杂的概念。自19世纪以来,不同学者从各种角度对其进行了多种多样的解读⑤,其中,英国法律史学家梅特兰对其下了一个至今仍堪称经典的定义:"那么封建主义的含义究竟是什么呢? 这是我所能给出的最好答案:这是一种社会形态,其中的主要社会关系是领主与封臣之间的关系,这一关系意味着领主要尽保护和

---

① 李红海:《普通法的历史解读——从梅特兰开始》,清华大学出版社2003年版,第151页。
② F. W. Maitland, *The Constitutional History of England*, Cambridge University Press, 1911, p. 144.
③ 〔法〕基佐:《欧洲文明史》,程鸿逵、沅芷译,商务印书馆2005年版,第69页。
④ 同上书,第69—70页。
⑤ 在西方封建制度的概念内涵的端绪可以追述到数个世纪以前。在16、17世纪,大概是随着法国学者G.霍尔特曼、英国学者斯佩尔曼在对伦巴第12世纪的法律文献——《封土之律》(Libri Feudorum)研究的展开,封建(feudal)一词出现,被作为一种司法制度。此后,经过18世纪法国启蒙思想家孟德斯鸠与19世纪史学家不断扩充其内涵才最后形成。参见孟广林:《英国封建王权论稿》,人民出版社2002年版,第9页。

守卫之责,封臣则要参与守卫、尽某些义务和对领主表示尊敬——其义务还包括服军役。这种人身关系与土地保有的财产关系不可分割地交织在一起:封臣从领主处保有土地,其义务即为土地之负担,领主对土地拥有重要权利,也可以说完整的土地所有权在领主和封臣之间进行了分割。领主对其封臣拥有司法管辖权,并要为他们设立法庭,对此法庭封臣负有出席的义务(suit)。司法管辖权被认为是一种财产权,一种领主对其土地所享有的私人权利。整个国家的组织形式便由这些关系构建而成:站在最顶端的是作为所有民众之领主的国王,其下是其直属封臣,后者又是更下一级封臣的领主,如此等等,直至最低一级的土地保有人。最后,鉴于每一级封建法庭均由领主的封臣组成,那么国王的法庭也由其直属封臣组成;如果说对国王有任何宪法性的控制的话,那也是由这些直属封臣组成的团体所施加的。"①通过这一概念我们看到,在整个封建社会的顶端,国王在理论上是最高的领主,他将土地分封给自己的直属封臣,直属封臣在封建土地结构中成为国王之下第一土地保有人。接着,国王的直属封臣会以"领主"的身份将受封于国王的土地进行再次分封。从理论上讲,这样的分封可以由直属封臣的封臣继续下去,直至将土地交给自由民或农奴直接耕种。土地分封的结果是,整个社会被型构成一个等级分明的金字塔关系结构。除顶端的国王和底端的自由农民与农奴外,中间层次的每一个土地保有人都身兼两重身份:既是上位领主的封臣,又是下位封臣的领主。

依据此定义,我们还应注意到,封建制度及其相关的保有(tenure)、地产权(estate)概念并非仅具有"私法"意义,它同时包含了更多的"公法"内涵,如保有领主土地同时意味着向领主承担相应的赋税、服军役以及受其司法管辖等义务。正如梅特兰所言:"在中世纪,地产权法是一切公法的基础。你可能已经注意到了土地保有体制是如何为国王提供军队和财政收入的——民众因为保有土地而向国王提供军事义务,他们因为保有土地而向国王支付协助金、土地继承金和免服兵役税,国王也因土地保有而获得了财

---

① F. W. Maitland, *The Constitutional History of England*, Cambridge University Press, 1911, pp. 143—144.

源丰厚的监护权、婚姻监护权和土地复归权——他是全国最高和最终极的领主。但土地保有的影响并不止于此,司法制度和议会制度也受到土地保有制的深刻影响。每一位领主都主张享有为其封臣主持法庭或主持由其封臣参加之法庭的权利。"①因而,封建制度是我们了解中世纪政治构架的一把钥匙。

封建制度作为中世纪西欧普遍的一项制度,对西欧各国政治结构产生了深远影响。

一方面,封建制度具有天然的"离心力"。它使得国家权力分化,贵族割据一方,统一公共权力无从建立。"国家的存在仅仅是一种形式,……大大小小的封臣阻碍和限制了中央权力,而不是作为它的代理人来行动,民族的生活被分裂成为各种单独的形式,单个的国家被肢解成一批小的统治权,个人特别是大贵族的意志和欲望得到了自由宣泄的空间,但整个制度的一致的政治行动却成为不可能。唯有贵族是强有力的,王权拥有的是无力量的尊严。"②布伦齐尔断言,正是由于封建制的推行,王国的军事权力与司法权力"被无数的领主和封臣所分割",而王权仅仅"被作为一件装饰品来保留",贵族割据一方,成为地方上的实际统治者。③ 封建制度这种天然的"离心力",导致土地所有权与国家政治统治权在社会中同步分割。公共权威的碎化和下移,不仅将国王权力限制在领地内,而且也使各级领主成为其各自领地中政治的实际主宰者。这样,作为封建社会最高领主的国王,只能对其直属封臣行使封君权力,王权在这种状态下实际已经转化成封建私家的宗主权,受到封君封臣之间权利义务关系的束缚,由此而形成了王权孱弱、封建割据的无政府状态。如欧陆一些国家(西班牙、法兰西)的封建割据状态一直持续到15世纪实行君权政治后才宣告结束,德意志甚至持续到19世纪中叶。

封建制度"离心力"所导致的另外一个结果就是统一公共权力的缺失。中世纪西欧封建社会是私人权力占绝对统治地位的时代,这里不存在事实上的公共权力。"在这里,一切私人领域都有政治性质,或者都是政治领域;

---

① F. W. Maitland, *The Constitutional History of England*, Cambridge University Press, 1911, p.38.
② J. K. 布伦齐尔:《国家理论》,牛津1921年版,第382—386页。转引自孟广林:《英国封建王权论稿》,人民出版社2002年版,第10—11页。
③ 同上。

换句话说,政治也是私人领域的性质。"①"封建贵族、教士和自治市镇各有其不同的地位、法律和习俗。它们是三种社会,都受其本身规则和权力所统治。它们之间有关系,有接触,可是没有真正的联合。它们组成不了一个严格意义上的民族国家和政权统一的国家。"②"对这群人来说,是没有一个总的社会的,他们的存在纯粹是地区性的。除了他们居住的地区之外,居民们与任何事或任何人都没有任何关系。他们没有共同的国家,他们并不成为一个人民整体。当我们说到作为一个整体的封建联合体时,所涉及的仅仅是封地所有者。"③公共权力没有在封建制度中产生或存在。"任何权力和行动的常设手段都没有:没有常设的军队,没有常设的赋税,也没有常设的法庭。每次需要它们时,社会权力和社会机构必须设法把它们重新建立起来。不得不为每一次诉讼设立一个法庭,每次战事建立一支军队,每次筹款设置一项税收。每一件事都是偶然的、临时的和特殊的事。没有一种属于中央的、常设的、独立的政府手段。"④

然而,从另一个方面看,西欧封建制度的盛行却能够为中世纪带来一些有利于宪政生成的土壤。封建制度实质上就是一种"双向性契约关系"⑤,体现了领主与封臣之间以效忠保护为内容的、双向互动权利义务关系。作

---

① 魏建国:《宪政体制形成与近代英国崛起》,法律出版社2006年版,第15页。
② 〔法〕基佐:《欧洲文明史》,程鸿逵、沅芷译,商务印书馆2005年版,第181页。
③ 同上书,第78—79页。
④ 同上书,第80页。
⑤ 这里认为封建制度实际上是一种封建"契约"关系的观点,在西方基本上是学者的共识,代表学者主要有英国史学家卡莱尔、扎考尔以及"牛津学派"的代表人物斯塔布斯。但是,近些年来也有一些史家批评此观点,认为上述的那种"封建契约说"将近代宪政主义历史观借鉴而来的社会契约观念大力阐发,将领主与封臣之间本来并不对称的权利义务关系视为能够制约双方权威性的规定,过分渲染了封建契约的效力。正如对这一观点持批评意见的德国著名学者科恩所言,将领主与封臣之间的紧张关系粉饰为类似私人契约中的简单共存,认为契约本身就能够提供出权力制衡所必需的全部社会基础纯粹是一种乌托邦式的理想。关于这一问题的争论,参见孟广林:《英国封建王权论稿》,人民出版社2002年版,第1—49页。笔者认为,以德国学者科恩为代表的批评观点告诉我们,不应过分地夸大这种"封建契约"关系,因为西方宪政主义的生成是一个多种历史原因共同的结果,因此,在这个意义上讲科恩的观点无疑是具有合理性的。但是,不容我们忽视的是,无论科恩等批评者多么旗帜鲜明地反对这一观点,他们批评的话语始终无法摆脱或超越这种"封建契约"关系在一定程度上制约权力的事实。因此,在这里笔者仍要强调封建制度为后来宪政生成所提供的这种"双向性契约关系",因为它在一定程度上也为我们解释了为什么古代东方国家在相应历史中不具备宪政生成土壤的原因。

为封臣的贵族需要向国王臣服、效忠,尽一定具体内容的义务(比如提供作战的骑士),同时他可以从国王那里获得土地和国王的保护;另一方面,作为领主,国王的权利是从其封臣那里获得或享受后者所尽义务,而其义务则是为后者提供土地和保护。在这种关系中,这些相互的权利义务作为法律规范分别制约着双方的行为。倘若其中一方单方面拒绝履行自己的义务,或者要求习俗、惯例规定之外的权利,则被视为"违法"行为,此时,另一方有权通过法律程序要求对方改正,即投诉于领主法庭,通过判决获得救济。倘若法律程序为事无补,受害一方有权宣布解除封建契约关系。若受害方是领主,可收回其封地;若受害方是封臣,可"撤回忠诚"(diffidatio)。1216年,曾发生过这样一个事例:富尔克的父亲沃利恩的领地被哀里克·费茨·罗杰强行侵占,富尔克作为该领地的合法继承人向国王约翰的法庭提起诉讼,请求伸张正义,但被约翰拒绝,于是富尔克宣布说:"国王陛下,您是我们的合法领主,只要我领有您的封地就有义务效忠于您,但您也应保护我的权利,而您并没有做到这一点,为此,我不再负有效忠于您的义务。"[1]必要的时候,封臣甚至可以对领主使用武力,但这只是在法律解决彻底无望的情况下不得已而为之的最后手段,而且不得伤害国王及其家人的生命和身体。在某种意义上说,封建制度所包含的"双向性契约关系",表明了一种权利义务对等交换的态度,在一定程度上构成了对专断权力的限制。

总之,应当明确的是封建制度产生的现实需要在于:稳定公共权力衰落所导致的社会动荡局面。它是人类在特定历史环境下作出的制度回应与选择,体现了某些社会合理化的因素,但同时也潜蕴了许多破坏秩序的因素。那么,如何处理好这两者的矛盾,诺曼征服后的英格兰给出了较好的答案。

三、诺曼征服后英格兰对封建制度的继承和改造

诺曼征服导致的最直接可见的变化就是王权的强化和封建制度的完备。但是,不容忽视的是,封建制度在盎格鲁—撒克逊时期的英格兰已经

---

[1] J. E. A. Jolliffe, *The Constitutional History of Medieval England*, London, 1937, p.158.

萌生。① 在盎格鲁—撒克逊人入侵不列颠的过程中,国王常常把掠夺来的土地封赐给自己的亲兵哥塞特(gesith)。② 土地私有的形式称作"特许保有地"或册地(bookland)。③ 此种封地在基督教传入后,采用了罗马的文书册封方式,所以被称作"文书地"。受封人对文书地享有完整且充分的所有权,可以将文书地转让、出卖或者赠与他人,或者再进行二次分封。现存最早的麦西亚王国在672/674年的一份赐地文书上写道:"从今天起,我把我的赐予权、承认权、转交权和指派权给予你们。"④英国法律史学家梅特兰认为,文书地的册封"与其说是赐地,毋宁说是一种政治权力,国王赐予的不是一种所有权,而是一种特权"。⑤ 可见,在11世纪诺曼征服以前,封建土地制度已经在英格兰萌生。

诺曼征服既为600年来盎格鲁—撒克逊封建制度的发展作了一个总结,又开创了英国封建制度的全盛时期。从诺曼征服到亨利二世统治结束近一个半世纪,英国封建制度从基础到上层建筑全面建立,到13世纪达到极盛。对此,比较法学家茨威格特曾这样评价道:"威廉一世及其后继者的最大成就之一,就是建立了一种等级森严、整齐划一和组织结构比较简单的封建制度,国王是最高的封建领主。"⑥

1066年诺曼征服对英国封建制度的意义在于,它一方面维持了封建制度所固有的"双向性契约关系",使王权始终不能发展成为一种专制性力量。13世纪初英国宪政史上具有里程碑意义的《大宪章》就是这种"双向性契约

---

① 封建制度究竟是诺曼人引入英格兰的,还是在盎格鲁—撒克逊时期的英格兰就已经存在,是英国中世纪史学家长期争论的问题。鉴于此问题与本书主旨并无太大联系,故笔者在这里依国内学者通说,即承认在盎格鲁—撒克逊时期英格兰已经存在封建制度的萌芽。具体参见马克垚:《英国封建社会研究》,北京大学出版社2005年版,第12—30页;程汉大:《英国政治制度史》,中国社会科学出版社1995年版,第13—17页;阎照祥:《英国政治制度史》,人民出版社2003年版,第5—7页。

② "哥塞特"的称谓最早来源于军事贵族"卡米特",后来其名称改为土地贵族"塞恩",最后"塞恩"由于得到大量自由民的依附成为"领主"。

③ 〔英〕肯尼斯·O.摩根主编:《牛津英国通史》,王觉非等译,商务印书馆1993年版,第84页。

④ 阎照祥:《英国政治制度史》,人民出版社2003年版,第6页。

⑤ 程汉大:《英国政治制度史》,中国社会科学出版社1995年版,第15页。

⑥ 〔德〕K.茨威格特、H.克茨:《比较法总论》,潘汉典等译,法律出版社2003年版,第274页。

关系"的直接产物。当时,由于国王约翰肆意践踏封建法则,激起教俗贵族们的普遍不满,他们联合发动起义,逼迫英王约翰签订了《大宪章》。《大宪章》明确规定了国王必须遵守的各种具体法律规范,而这些法律规范在某种意义上就是国王对于教俗贵族所承担封建义务的法律化。《大宪章》"从头至尾给人一种暗示,这个文件是个法律,它居于国王之上,连国王也不得违反"。① 通过《大宪章》,内含于封建制度中的法治原则,以宪法文件的形式含蓄地固定下来。从此,《大宪章》"超乎时代地成了君主的权威从属于后来所谓英格兰的'古代宪法'这一原则的偶像符号"。② 在中世纪时期,英国人民先后数十次强迫国王确认《大宪章》,目的在于提醒国王不要忘记自己的法律义务。每当王权过分膨胀,妄图凌驾于法律之上时,英国人民便毅然拿起《大宪章》作为法律武器,奋起反抗,并一次又一次地取得胜利。凡胆敢挑战法治传统者,无不碰得头破血流,落个身败名裂的可悲下场。

另一方面它克服了由于封建制度"离心力"所带来的弊端,使英国的封建制度不同于欧陆各国。③

首先,诺曼征服为英国带来了整个西欧最为完备、彻底的封建制度。由于封建制度在欧陆各国尤其是其发源地法兰克帝国是历史自然而然发展起来的,因此,在欧陆各国,封建制度的主要表现形式——土地保有制并不完全符合封建等级性的分封,实际生活中存在着许多难以纳入封建土地体系中的其他性质土地,如教会土地和自由人的自由地等。④ 对此梅特兰曾指出:"如果我们看中世纪德国的法律,就会发现它与我们非常不同。那里的土地分为封建性的和非封建性的,封建土地保有人和非封建土地所有人并

---

① 〔英〕温斯顿·丘吉尔:《英语民族史略》第1卷(不列颠的诞生),薛力敏、林林译,南方出版社2004年版,第204页。

② 〔美〕斯科特·戈登:《控制国家——西方宪政的历史》,应奇、陈丽微等译,江苏人民出版社2001年版,第234页。

③ 一般认为,典型的封建制度存在于西欧原法兰克王国地区,即法国中北部以及德国西部,而其他地区都或多或少地对其有所变通。但是,笔者认为,正如上文一再强调的那样,由于封建制度就其产生之日起其概念和特征长期都存在着争议,因此,我们很难确定原法兰克王国地区的封建制度就是一种标准或"理想类型"。这里,我们只是将其作为一个参照物,去分析英国诺曼征服后的封建制度与其所存在的不同。

④ 关于中世纪欧洲存在的非封建制度,参见黄敏兰:"论欧洲中世纪的封建制与非封建性制度",载《西北大学学报》1999年第3期。

肩存在。同时也存在两套法律系统,*Landrecht* 和 *Lehnrecht*(普通土地法和封建法)。"① 与之不同的是,诺曼征服后英王除了将王室土地留作自用外,将所有其他土地都分封给封臣。② 对此,梅特兰评价道:"如果封建主义仅存在于这种保有的法律理论中的话,那么我相信,在所有的欧洲国家中,英格兰是封建化最为彻底的一个。每一寸土地都被纳入了这一封建体系之中。"③ 卡内刚教授也指出:"在英格兰,1066年之后,可终身保有的不动产、保有绝对所有权的土地以及不动产不再为人所知。所有土地,不管是骑士的封地,教会的 almoign,还是农民拥有的土地,都是从土地占有阶梯的上一个阶级那里得到的,最终都是从国王那里得到的。"④ 这样整齐划一的封建制度,使英王在理论上可以凭借其最高领主的身份,去支配王国内每一寸土地及其土地上所附属的权利。于是,在1085年开始的"末日审判"调查中,土地清查就以书面的形式确认了土地领有的公式,即"某人向某人……向国王领有土地"。⑤

其次,与诺曼征服后英格兰相对完备、彻底的封建化相联系,征服者威廉拥有对各级封臣的直接支配权,他使欧陆封建模式下"我的封臣的封臣不是我的封臣"的状况,在英格兰变为了"我的封臣的封臣依然是我的封臣"

---

① F. W. Maitland, *The Constitutional History of England*, Cambridge University Press, 1911, p. 156.

② 关于英格兰封建土地保有制与欧陆各国的差异,咸鸿昌博士通过其对英国土地保有制的历史考察,从土地保有制的角度认为:"中世纪欧洲大陆,封建保有制仅指军役保有制,仅适用于特定的社会阶层和特定地区,许多土地在法律上仍然是没有领主的自主地,不包含在封建土地保有制中。也就是说,在欧洲大陆各国,在法律上没有一种统一的土地法律关系模式,土地关系处于分散状态,彼此差异很大。这不仅使统一的土地权利制度长期无法产生,也为罗马法复兴后逐渐建立以所有权为基础的土地权利模式奠定了物质基础。但是在英国,诺曼征服以后,'每一英亩土地都是向国王持有的',保有制的理论不仅适用于军役保有制,而且被用来分析英格兰原来存在的各种土地关系,不论保有人的役务是军役、农役性质还是宗教性质的,甚至没有任何实质性义务的土地持有,也都一律被纳入到保有制的模式之下,土地保有制成为一种普遍的土地法律关系。"参见咸鸿昌的博士学位论文:"英国土地保有权制度的建立与变迁",中南财经政法大学(2007)。

③ F. W. Maitland, *The Constitutional History of England*, Cambridge University Press, 1911, p. 156.

④ 〔英〕J. H. 伯恩斯主编:《剑桥中世纪政治思想史:350 至 1450 年》(上册),程志敏、陈敬贤等译,生活·读书·新知三联书店 2009 年版,第 278 页。

⑤ F. Pollock and F. W. Maitland, *The History of English Law before the Time of Edward* I, Cambridge University Press, 1968, Vol. I, p. 232.

的新封建领主统辖封臣的原则。众所周知,欧洲大陆尤其法兰西的封建制度是以分封土地为基础的。国王作为全国土地的最高所有者,除将部分土地留作私人领地外,其余土地全部分封给大贵族,接受国王封地的大贵族与国王结成直接的封君封臣关系。同时,大贵族又效仿法王,把一部分封地留作自领地,其余封地再分封给次一级封臣,于是,又结成新一层的封主封臣关系。如此层层分封,便形成以土地保有关系为纽带的封建等级结构。威廉一世在推行这一封建制的过程中显然意识到,那种将权利义务限定在直接封君与封臣之间的封建原则,潜蕴着不利于国王集权的因素,与国王直接统治所有臣民的君权原则大相抵牾。因为依据此种封建原则,次级封臣在理论上不是听命于国王,而是其直属封主,实践中国王次级封臣时常听命于国王直属封臣,将武力斗争的矛头对准国王,这也是欧陆各国诸侯割据的深层原因所在。

于是,为了弥补这一原则的缺陷,威廉于1086年8月在索尔兹伯里召开誓忠会,要求所有等级的领主参加,向威廉王宣誓效忠,达成了"索尔兹伯里誓约"(Oath of Salisbury)。"誓约"要求全英国大小封臣都要宣誓效忠于英王。英国学者布勒德在描述这次誓忠会时写道:"无论如何,自1086年以后,所有佃户,不问其所领之土地系直接得之于王者,或间接得之于贵族地主者,其对于王均属直接之人民。姑无论其间接属之于贵族地主也,所谓率土之滨,莫非王臣是也。"①即国王的直属封臣再分封土地时,次一级封臣除宣誓"因为须有您的土地,我将效忠于您"外,还必须附加一句:"除效忠国王之外"。对此,梅特兰也指出:"被要求宣誓效忠的不只是他自己的封臣,而是所有占有土地的人——不管他们是谁的人;他们要效忠于他而不是任何其他人,哪怕是他们的领主。这成了基本的法律。"②就这样,威廉使自己获得了各级封臣的直接支配权,避免了欧陆封建制度下国王仅仅是其直属封臣领主的状况。"索尔兹伯里誓约"等于宣告了威廉既是所有王国居民的

---

① 〔英〕S. 李德·布勒德:《英国宪政史谭》,陈世弟译,中国政法大学出版社2003年版,第32页。
② F. W. Maitland, *The Constitutional History of England*, Cambridge University Press, 1911, p. 161.

国王,又是可直接控制各级封臣的最高封君,任何人都必须服从其权威,"若反对国王就是违背了其誓约,就是叛逆者"。① 这样一来,国王就可以突破封建居间权力的障碍,借封建宗主的直接支配权之名,来行国王统治所有自由人的君权之实。在这种意义上,依据"索尔兹伯里誓约","国王建立了独立于封建等级制的权力,同时,又决心从封建制度中获取所有可能的支助"。② 难怪英国宪政史学家斯塔布斯认为,"它是为反对封建主义的分裂力量而采取的一种预防措施"。③

最后,"征服者威廉"对英格兰封建制度的改造还在于,他不仅使王室拥有的封建地产数量远远超过任何教俗封臣,而且还将直属封臣的封建地产分散于各地,使之不能连成一片,成功地克服了欧陆封建制度内在"离心力"的潜在危害,一定程度上防止了国家封建割据状态的出现。根据英国史学家以当时的调查材料所作出的统计和分析,全英土地年收入约为 73000 镑,其中王室约占 17%,约 12600 镑;主教区和宗教团体约占 26%,世俗贵族约占 54%。而当时收入最多的直属封臣收入也仅有 2500 镑,半数以上的直属封臣年收入不到 100 镑。由此可见,当时全国的耕地总面积中,约 1/5 属于国王,约 1/4 多属于教会,约 1/2 多属于世俗贵族,还有一小部分属于支持威廉王而继续享有其领地的英国旧贵族及自由农民。④ 这也就是说,王室地产之大是任何封臣都望尘莫及的,这就改变了欧陆法兰西许多大贵族的领地远远超过法王,各自据地自雄,无视王权的状况。那时,法兰西的领土共有 45 万平方公里,法王的领地仅限于巴黎周围弹丸之地,不足 3 万平方公里,被人们谴称为"法兰西岛"。许多贵族的领地远大于王室领地,例如,作为法王封臣的安茹伯爵的领地,北起英吉利海峡,南至比利牛斯山脉,西临

---

① S. 佩因特:《封建王权的兴起》,第 49—50 页。转引自孟广林:《英国封建王权论稿》,人民出版社 2002 年版,第 79 页。
② Ch. 小杜塔伊:《法国与英国的封建王权》,第 62 页。转引自孟广林:《英国封建王权论稿》,人民出版社 2002 年版,第 79 页。
③ William Stubbs, The Constitutional History of England: In Its Origin and Development, The Clarendon Press, 1926, Vol. I, p.290.
④〔英〕J. B. 伯里等:《剑桥中世纪史》,剑桥 1925 年版,第 507—511 页;〔英〕R. 伦纳德:《农业社会的英格兰》,牛津 1959 年版,第 25—26 页。转引自孟广林:《英国封建王权论稿》,人民出版社 2002 年版,第 77 页。

大西洋,面积相当于法王领地的6倍;诺曼底公爵的领地也数倍于国王领地。英格兰的这种状况避免了封建制度所引发的任何一个单独封臣因实力超越王室而与王权进行抗争的可能,一定程度上防止了国家封建割据状态的产生。

此外,直属封臣的地产分散于各地的做法进一步削弱了教俗贵族同英王分庭抗礼的威胁。威廉一世不愿自己直属封臣的领地,像欧陆法兰西王国那样过于庞大集中而形成不听命于国王的独立王国。于是,威廉将封建制度中的封臣领地的存在方式略加改动,使领受大量封地的直属封臣的地产分散于各地,使之不能连成一片。① 如威廉的同父异母兄弟摩尔汀伯爵罗伯特的领地分散在20个郡内,切斯特伯爵休的领地分散在19个郡内。② 这样相互交错的地产占有格局,一方面由于时间和距离的限制,不仅使封建贵族们一时难以迅速积聚反抗王权的政治和军事力量,防止欧陆封建大贵族在其领地上实行私家统治,对抗王权状况的出现,而且相互交错的地产分布使得直属封臣们能以较开阔的视野关注其在广泛地区的经济利益,由此而渴求王国社会秩序的稳定。这无疑有利于克服欧陆封建制度内在"离心力"的危害。另一方面,英王为管理其直属封臣,经常会派一些王室官员奔赴各地。这对于遏制封建贵族封建政治和司法特权,具有重要的意义。对此,梅特兰指出:"享有大地产的贵族,其地产被广泛地分散着,国王通过巡回的司法逐渐统一着所有封臣的法庭。"③这种地产分散制度极大地促进了王权的统一,避免了国家的分裂。

总之,诺曼征服后的英国既防止了封建主义"离心力"所导致的封建地方割地自雄,中央孱弱的状况的发生,又汲取了封建制度"双向性契约关系"的宪政主义因素,杜绝了专制王权的产生。

---

① 另外也有学者认为,之所以将直属封臣的封建大地产分散于各地,使之不能连成一片,其原因除了威廉王的集权中央政策外,还由于这种状况也是土地分封与征服战争同步进行的结果所致。威廉每征服一地,就没收旧贵族的土地分配,逐渐形成了大地产分散的面貌。参见孟广林:《英国封建王权论稿》,人民出版社2002年版,第77页。

② 程汉大:《英国政治制度史》,中国社会科学出版社1995年版,第43页。

③ F. Pollock and F. W. Maitland, *The History of English Law before the Time of Edward* Ⅰ , Cambridge University Press, 1968, Vol. Ⅰ , p.185.

四、早期英格兰的封建制度对权力格局的影响

封建制度一方面由于其内在的"离心力"容易使中央权力下移,公共权力转变为私人权力,公共权威无从建立;另一方面封建制度本身所蕴含"双向性契约关系"使得以制约权力为基本要义的宪政主义得以萌生。如何既防止封建主义"离心力"所导致的封建地方割地自雄,中央孱弱的状况的发生,又汲取封建制度"双向性契约关系"的宪政主义因素,杜绝专制王权的产生,是一件非常困难的事情。诺曼征服后,英格兰王权带来的独特封建制度很好地将两者结合起来。

诺曼征服后,强化的王权使欧陆传统意义上的封建制度在英格兰得到改造。几乎所有的土地都纳入到了封建体系之中,各级土地保有人在理论上都必须向英王宣誓效忠。在这个意义上讲,强大王权为英格兰带来了全欧洲最完善的封建制度。然而,这种全欧洲最完善的封建制度并没有使英格兰出现中央权力孱弱,地方封建割据严重的状况。因为强有力的王权始终能将封建制度所固有"离心力"的危害,控制在一定的范围内。同时,这种强有力的王权也仅仅只能"控制"封建制度"离心力"的危害,并不能像古代东方国家那样成为"支配"社会其他力量的专制权力。

因此,英国强大王权影响下的封建制度,已经偏离了其发展的轨道,与王权在一定程度上形成了一种微妙的平衡,即任何单一的封建力量都无力与王权抗衡,导致封建割据状况的出现;相反,强化的王权也无力摆脱封建制度的框架,对抗整个封建力量,成为超然于社会之上的专制力量。①

---

① 这在另一个方面为我们说明了一个道理,封建制度与专制统治并不是必然相连的,封建制度并不必然导致专制统治,因为二者属于不同的概念。申言之,封建制度是一种社会制度,一种社会形态,而专制统治是一种社会统治方式。至于什么样的社会形态采取什么样的统治方式,这其中并没有什么固定的模式,我们不能想当然地在二者之间建立某种必然的联系。

第四节　教会与封建王权

一般而言,专制权力产生的前提在于,一元化权力在国家政治生活中占据主导性地位。早期英格兰之所以能够避免绝对权力的产生,除了上文提到的诸多因素外,英格兰特殊的教会权力对于封建王权的掣肘也是不容忽视的原因。

一方面,封建王权为了确立自己统治的合法性,需要借助教会举行涂油加冕典礼。同时,封建王权为了维持政权的正常运转,需要大量僧侣为其统治提供智识上的帮助。另一方面,封建王权为了防止教会势力过度膨胀,会想方设法地限制教会权力,避免欧陆国家中教会势力在一段时间内过分强大情况的出现。①

一、教会与封建王权的政治合作

不列颠皈依基督教滥觞于公元6世纪末。② 公元597年,教皇格里高利派遣奥古斯丁率领40名教士组成的传教团在肯特登陆,启迪英格兰信奉基督教。公元668年罗马教皇任命西奥多为坎特伯雷大主教,4年后他在赫特福德(Hertford)首次召开全英格兰教士会议,拟定了教会行政组织的基本方案,开辟了新的主教区。英国第一个历史学家比德(公元673—735年)在《英国基督教会史》中用拉丁文记述了英格兰皈依基督教的历程。③ 阿尔弗

---

① 在封建势力强盛的欧陆,由于世俗王权力量的孱弱,罗马教会可以说是当时唯一超越国界、民族和种族的权威性机构。随着教皇格里高利七世与英诺森三世的改革,教会权力达到顶点,教皇可以革除世俗国王的教籍,如教皇格里高利七世希尔德布兰德曾经革除了萨克森皇帝亨利四世的教籍。

② 有学者认为英格兰皈依基督教的时间应当追溯到公元303年东罗马帝国皇帝敕封基督教为国教后。因为这之后,在不列颠岛,教堂如雨后春笋般地建立起来,但是,在英格兰建立总教区的努力始终没有实现。在6世纪前,还涌现了传奇的基督徒亚瑟王和圣徒帕特里克的事迹。参见〔英〕F. E. 霍利迪:《简明英国史》,洪永珊译,江西人民出版社1985年版,第6页。

③ 参见〔英〕伊·勒·伍德沃德:《英国简史》,王世训译,上海外语教育出版社1990年版,第12页。

雷德大帝在击退丹麦人后,迫使丹麦人接受基督教,并重建教堂,亲自把比德的《英国基督教会史》和格里高利的《牧师的职责》译成英语。① 截至12世纪,基督教会经过不断的建制和发展,在英格兰形成了坎特伯雷和约克两个大主教区以及两个大主教区下辖的15个主教区。② 此外,在主教区之下还有数目众多的村镇教区。基督教的思想和生活一时间在王室与民众当中成为普遍,甚至1042年继承英格兰王位的忏悔者爱德华的夙愿就是成为一名修道士,为了接近教堂,他甚至从伦敦的王宫迁居到新的威斯敏斯特宫。③

随着基督教在英格兰的传播,其影响力无处不在,不仅普通民众的出生、婚配与死亡都与教会相关,而且整个国家的政治生活也与教会紧密相连,如重大政治会议的召开以及各种法院的开庭时间都与宗教节日联系在一起。一方面,封建王权能否得到教会这一上帝代理人的承认是自己王权统治合法性的重要基础,王权的稳固在很大程度上有赖于教会控制下众多民众的支持。另一方面,教会能否获得国王和地方官吏的支持也是其能否顺利发展的关键。基于这样的共存关系,在诺曼征服后的一段时间里,教会为封建王权的向前发展起到了推动性作用。

一方面,教会使得英格兰封建王权神圣化。随着基督教会"王权神授"理论的发展,世俗统治者在实行统治伊始必须经过基督教会涂油加冕典礼的洗礼,在得到上帝认可和接纳后方可行使国王的权力。④ 这种圣礼一般安排在大教堂举行,皇亲国戚以及世俗显要都要参加。在典礼中,除了给国王涂油外还要给国王加冕,佩戴戒指,授予权杖。⑤ 涂油加冕典礼通过其庄重的场面、严格的程序、神秘的气氛将"王权神授"理念具体化、程序化,在此过

---

① 周威:《英格兰的早期治理》,北京大学出版社2008年版,第41页。
② 这15个主教区分别是:卡莱尔、齐彻斯特、杜汉、伊利、埃克塞特、赫里福德、伦敦、林肯、诺里季、罗彻斯特、温彻斯特、沃彻斯特、索尔兹伯里、巴斯与韦尔斯以及利奇菲尔德与考文垂。
③ 周威:《英格兰的早期治理》,北京大学出版社2008年版,第41页。
④ 这里关于基督教"涂油加冕典礼"的产生和形成过程,参见孟广林:《英国封建王权论稿》,人民出版社2002年版,第186—187页。
⑤ 其中涂油意味着新任国王获得了上帝的认可和接纳,加冕意味着新王获得了"神授"的权力,佩戴戒指意味着国王要承担起保护王国及其臣民的神圣义务,授予权杖则意味着王权的无限荣耀。参见齐延平:《自由大宪章研究》,中国政法大学出版社2007年版,第75—76页。

程中国王权威得以肯定与确认。诺曼征服前英格兰已经有国王通过此仪式获得王权的神圣性,如公元 973 年约克大主教在巴斯主教区主持了为威塞克斯国王埃德加的涂油加冕典礼。甚至为英格兰带来当时欧洲最强大王权的"征服者"威廉,在征服战争尚未结束之时,就开始筹划举行涂油加冕典礼,试图借此解除其与法王的封君封臣关系,确立其作为独立英格兰国王的统治权威。1066 年圣诞节,约克大主教在威斯敏斯特为其举行涂油加冕典礼。自此以后,历代新任国王登基均在威斯敏斯特举行此典礼,典礼后来改由坎特伯雷大主教主持。在典礼开始时,身披王袍的王位继承人来到教堂的祭坛前面,大主教将圣油涂抹在他的头上、颈上,乃至手上,然后为其戴上象征国王权力的王冠,并将权杖、宝剑、徽章授予国王。然后,大主教吟诵祷文,国王登上御座,接受教、俗贵族的宣誓效忠。接着,由国王发表即位誓词,发誓遵循上帝的意志,谨守祖宗良法,保护教会、王国和居民。典礼最后在弥撒中结束。①

另一方面,教会为封建王权提供了智识支持。在知识普遍匮乏的中世纪,教会不仅是单纯的宗教机构,同时还是科学研究、文化教育的场所。就王国的统治而言,随着王权逐步摆脱原始军事民主体制的束缚,进入到封建王权统治的历史新阶段,这一过程必然需要大量政治和管理精英的参与。然而,在封建王权最终确立之前,英格兰王国政治基本上处于王室私家权力与国家公共权力合而为一的状态,王国政治与行政管理权大多被有军功而无文化、有贵族血统而无韬略的皇亲国戚、世袭贵族所控制。随着"武功型"王国向"文治型"王国的转型,国王急需招纳贤才,充实、改造王国的政治,因而大批享有知识的教士参与王国政务就具有十分重要的现实意义。② 此外,从理论上讲,既然王权统治是"君权神授"的结果,那么王权统治就当然成为上帝神圣事业的一部分,教士参与国政也就转化成了服务于上帝的应有职责。

在上述现实与理论的作用下,教会高级教士同时也是王国朝臣构成了

---

① J. C. Dickinson, *An Ecclesiastical History of England in the Middle Ages*, London, 1979, Vol. Ⅱ, p.11. 转引自齐延平:《自由大宪章研究》,中国政法大学出版社 2007 年版,第 76—77 页。
② 齐延平:《自由大宪章研究》,中国政法大学出版社 2007 年版,第 77 页。

英格兰中世纪政治的一大鲜明特征。大主教、主教等高级教会人士一般是朝廷核心的当然组成人员,如弗兰克、贝克特和沃尔特等。他们参与讨论、决议王国的重要方针政策,署证国王政令,成为王国政治的重要支柱性力量。根据史家统计,亨利一世统治时期共有334家贵族,教会贵族占61家,署证了25%的王廷政令;在93位朝臣中,教士为29位,世俗大贵族为11位,王族为4位,余者为中等贵族、"新人"。坎特伯雷大主教、约克大主教、鲁昂大主教以及索尔兹伯里、伦敦、林肯、温彻斯特等地的主教均列其中。①此外,教士朝臣还占据着王国政府的各级显要官职,如负责国王令文起草、颁布和御玺保管职责的大法官一职多由教士占据。在国王巡游大陆时,高级教士还常常出任王国首席政法官统揽王国政务。另外,教士还出任一些王国具体政务的官吏,如法官、郡长以及财政署官员。在亨利二世统治时期,随着王国较为独立的司法机构日趋定型,教士因通晓法律成为出任法官的重要人选。教士对王国司法活动的参与有力地推动了普通法的形成和发展。② 梅特兰甚至指出:"亨利二世在法律领域最伟大恒久的胜利就是让高级教士出任他的法官。"③在威斯敏斯特的中央王室法院,教士经常参加全国影响较大案件的审判,如温彻斯特主教理查德、诺威奇主教约翰以及伊利主教雷德尔等。在理查德统治时期,坎特伯雷大主教沃尔特同时还出任王座法院的主持人,如在1195年7月16日的一次庭审中,王座法院的组成人员除了沃尔特外,还有温彻斯特的主教哥德弗里、伦敦主教尼尔、罗彻斯特主教吉伯特、伊利副主教利略特以及里奇蒙德副主教威廉等,世俗法官仅有3人。④

二、教会与封建王权的政治冲突

正是基于教会与封建王权的共同利益,英格兰国王通过教会获得了统

---

① C. A. Newman, *The Anglo-Norman Nobility in the Reign of Henry* I, Philadelphia, 1986, p. 191. 转引自齐延平:《自由大宪章研究》,中国政法大学出版社2007年版,第78页。
② 参见齐延平:《自由大宪章研究》,中国政法大学出版社2007年版,第78页。
③ See F. Pollock and F. W. Maitland, *The History of English Law before the Time of Edward* I, Cambridge University Press, 1968, Vol. II, p. 132.
④ Ibid.

治的神圣性,并且通过教士的政治参与使王国政令得以顺利实施,原始的统治方式逐渐向国王集权的政治统治方式过渡。然而,英格兰封建王权与教会的政治合作并不能彻底消除两者之间的权益冲突。相反,这一时期随着王权的不断强化和教权的日益成长,随着罗马教皇权威的急剧膨胀并加强干预英格兰王国政治,王权与教会固有的矛盾日渐尖锐,酿成教、俗之间一系列激烈的政治冲突。①

威廉一世征服英格兰后,为了加强中央集权,防止罗马教会干涉英格兰内部教务,他规定,没有他的批准,教皇的文件、使节不得进入英格兰,同时,英格兰教士也不得赴大陆参加与宗教有关的活动。这一规定引起了罗马教廷的不满,教皇格里高利七世上台后,曾派使者休伯特赴英,要求英王向其表示效忠,结果得到威廉的严词拒绝。② 在英格兰内部,威廉亲自主持宗教会议,直接任命高级教职,一旦有主教缺位,便通过延长教职空缺期或直接取消主教职位,来霸占或直接收归教会地产上的利益。其继承人威廉二世更是通过上诉方式洗劫过坎特伯雷、索尔兹伯里、温彻斯特、杜汉、林肯等主教区和圣埃德蒙德、西米恩等11家修道院。③ 王权对于英格兰教会的上述举动引起了坎特伯雷大主教安瑟姆(又译"安塞姆")的不满,他于1097年愤然冲破禁令出走罗马。威廉二世没收了其教区的封地和财产,这引起了

---

① 具体说来,英格兰封建王权与教会冲突的根源在于,"对于国王而言'王权神授'意味着自己的权力来自于上帝,任何人不得藐视、违抗和挑战。然而,另一方面对教会而言,'王权神授'意味着'王在神下',而'王在神下'又可以转化为'王在教下'。这样,让教会完全成为对王权唯命是从的附庸是不可能的,何况英国基督教会背后毕竟有一个国际性的宗教组织系统在撑腰。教会既谋求与王权的合作,又有强烈的独立自主办教的倾向。这种倾向势必要与国王控制教会的意图相冲突。再者,随着大批教士涌入王国官僚队伍,教会的势力日渐增长,一些高级教士利用其特殊的教会和朝臣的地产,广置田产,培植亲信,已构成对王权的潜在威胁。国王的戒备和遏制之心便会产生,王权与教权的冲突和矛盾就在所难免。"参见齐延平:《自由大宪章研究》,中国政法大学出版社2007年版,第79页。

② 教皇格里高利七世在1075年2月罗马宗教会议上作出规定:任何教士都不得从皇帝、国王或者任何俗人手中接受教职、修道院与教堂的授予,这类授予一律不予承认;授予者与接受者都要被开除教籍。这就是历史上著名的"教职任命权"之争。具体参见孟广林:《英国封建王权论稿》,人民出版社2002年版,第230—242页。

③ J. C. Dickinson, *An Ecclesiastical History of England in the Middle Ages*, London, 1979, Vol. II, p. 135. 转引自齐延平:《自由大宪章研究》,中国政法大学出版社2007年版,第81页。

英格兰社会普遍的不满和教会的强烈反对。① 亨利一世上台后,为了获得教会的支持,缓和教权与封建王权的冲突,亲自致信安瑟姆,恳请其回国辅政。双方于1107年达成协议:主教由牧师会选举,但选举须经国王同意并在国王的监督下进行;国王放弃授职权,但新任主教在进行授职礼以前应先向国王行效忠礼。② 亨利之后的斯蒂芬国王在1136年的《牛津宪章》(Second Charter of Stephen)中也对教会作出了让步,郑重承诺:尊重教会自由,由教会自己选举教职,保护教会和教士的财产;教士享有不受世俗法庭审讯的特权。③ 随后围绕着王位之争,内乱不断,斯蒂芬国王无暇顾及教会事务,教会因而获得了相对自由的发展空间,成为与王权抗衡的一支重要力量。

教会与封建王权政治冲突的第二个方面是围绕着司法权展开的。在现实生活中,教会不仅对教士行使独立的司法权,甚至还把俗人传唤到教会法庭受审,甚至俗人犯罪后为逃避处罚,摇身一变成为教士以逃脱世俗法庭的审判。④ 金雀花王朝的开创者亨利二世不满这样的现状,于是,亨利二世就"三教士案"的司法管辖权问题与坎特伯雷大主教贝克特发生了激烈的冲突。⑤ 亨利二世坚持要求将案件收归世俗法院审判,而贝克特认为这是对教会自由的践踏,案件应由教会法庭审理。亨利二世对此极为愤慨,责骂贝克

---

① 因为在英格兰由于民众基本上都信奉基督教,而坎特伯雷大主教是当时全英格兰的宗教领袖,其在公众心目中的地位与威信极高。

② J. C. Dickinson, *An Ecclesiastical History of England in the Middle Ages*, London, 1979, Vol. Ⅱ, p.137. 转引自齐延平:《自由大宪章研究》,中国政法大学出版社2007年版,第82页。

③ George Burton Adams and H. Morse Stephens, *Select Documents of English Constitutional History*, The Macmillan Company, 1924, pp.8—9。

④ 在诺曼征服以前,主教可以参与对犯罪教士的审判,但只能通过参加郡法庭、百户区法庭的方式来行使审判权,并不能自己组成教会法庭。诺曼征服以后,随着教会势力的上升,教会独立意识大大增强。威廉一世为了限制教会势力的膨胀,维护王国司法权力的统一权威,确立了教、俗案件分审的制度,其意图在于将主教从王国的地方司法事务中排除出去。所以规定主教不再参加地方法庭的审理工作,另成立教会法庭负责处理涉及灵魂的案件。参见齐延平:《自由大宪章研究》,中国政法大学出版社2007年版,第82页。

⑤ 具有戏剧性的是,坎特伯雷大主教托马斯·贝克特原先是亨利二世的御前大臣兼挚友,亨利二世原本任命贝克特的目的就是为了在教会内部安置亲信,延续威廉一世时对教会强硬的宗教政策,以图更好地控制英格兰教会。然而,让亨利二世始料未及的是贝克特在接任坎特伯雷大主教后,幡然一变,弃奢华而尚俭朴,穿着粗衣布衫,以蔬菜、五谷清水为食,甚至每晚还要替13个乞丐洗脚,俨然一个虔诚的苦修士。更让亨利二世为难的是,贝克特在成为坎特伯雷大主教后坚决辞去御前大臣的官职,并在许多问题上与亨利二世发生争执。参见陈绪刚:《法律职业与法治》,清华大学出版社2007年版,第67—68页。

特忘恩负义,双方斗争日益尖锐。1164年,亨利二世召集教、俗贵族会议,制定了《克拉伦敦宪章》,明确限制教会的司法管辖权,重申了国王对于教会的传统特权。① 该宪章规定:"未经国王同意,任何教士不得离开英格兰,教士选举须在国王的小教堂举行,获选者应先向国王行效忠礼再接受授职;有关圣职推荐和教会庇护权的诉讼,无论发生在教、俗之间,均由国王的法庭处理;教士诉讼不得交给罗马教廷,而应层层上诉于主教、大主教、国王;凡为国王封臣的主教、大主教、教士均应遵从封建法律,履行封建义务;没有国王的同意,不得对国王的属臣处以'禁教令'和开除教籍的处罚。"② 但是,贝克特毫不妥协,坚决反对《克拉伦敦宪章》,认为其侵犯了教会独立的司法管辖权。他们之间的斗争持续了6年。1170年,贝克特被随侍王室的4名粗鲁的骑士刺死。③ "这一行动震惊了英格兰乃至整个基督教世界,以至亨利以裸足步行到坎特伯雷的苦行来表示赎罪(其实,他只是从城郊开始步行),更重要的是,1172年,他在阿夫朗什高地屈从教皇使节,并在大教堂前公开放弃《克拉伦敦宪章》里的那些'侵犯性'的部分。"④ 之后,亨利二世在1173年同意给予教会更大的教职选举权,并在1176年根据于罗马教会达成的新协议的一部分,承诺不将教职空位1年以上⑤,"除了侵犯王家森林或涉及封君封臣义务的案件外,教士犯罪不由世俗法庭审理……杀害教士的凶犯及其预谋者、知情者等皆由王之法官按世俗法律及习惯审决惩处,并永久剥夺其财产继承权,但审理时主教可出席陪审"。⑥

---

① 陈绪刚:《法律职业与法治》,清华大学出版社2007年版,第68页。
② George Burton Adams and H. Morse Stephens, *Select Documents of English Constitutional History*, The Macmillan Company, 1924, pp.12—14.
③ 据伯尔曼考察,这4名骑士之所以在坎特伯雷大教堂谋杀了贝克特,是因为他们听到了亨利二世的抱怨:"无人能使我摆脱这个瘟神般的神父吗?"参见〔美〕哈罗德·J.伯尔曼:《法律与革命——西方法律传统的形成》,贺卫方、高鸿钧等译,中国大百科全书出版社1996年版,第317页。
④ 〔美〕哈罗德·J.伯尔曼:《法律与革命——西方法律传统的形成》,贺卫方、高鸿钧等译,中国大百科全书出版社1996年版,第317页。
⑤ W.S. Mckechnie, *Magna Carta: A Commentary on the Great Charter of King John*, James Maclehose and Sons,1914, p.19. 转引自陈绪刚:《法律职业与法治》,清华大学出版社2007年版,第69页。
⑥ Ch.小杜塔伊:《法国和英国封建王权》,第150—151页;B.莱昂:《英国中世纪宪政与法律史》,第304—305页;W.L.沃伦:《亨利二世》,第531—532页。转引自孟广林:《英国封建王权论稿》,人民出版社2002年版,第250页。

亨利二世与教会关于司法管辖权之争以双方的妥协而告终,但是封建王权与教会的政治冲突并没有因此而彻底消除,终于在约翰王统治时期酿成了更为激烈的冲突。1205年,坎特伯雷大主教休伯特·沃尔特去世,约翰王拒绝承认教皇新任命的大主教斯蒂芬·兰顿。极富手腕的英诺森三世在采取怀柔手段劝导无效后①,发布了对英格兰的宗教禁令,禁止英格兰的一切宗教活动。约翰王不为所动,趁机没收了那些执行罗马教廷禁止令的教士的财产,对他们进行严厉惩罚。这一举措惹怒了教皇,1209年,教皇下令革除约翰王的教籍,并在1212年的谕令中免除了全英格兰臣民对英王约翰效忠的义务,宣布任何跟约翰王交往的人都将被革除教籍。甚至这一时期教皇已经物色了法王腓力二世作为执行这一命令的人选,并向他承诺英格兰的王位以及所有英格兰的土地财产作为其出兵的回报。② 面对如此巨大危险,约翰王由于在国内得不到贵族以及臣民的支持,无奈之下,"约翰王只得于1212年10月派遣六人组成的使团赴罗马教廷谋求妥协,最终在1213年5月成功地与教皇讲和,应允作为教皇的'封臣'。根据双方达成的协议,英王每年要向教皇交纳1000马克年贡和1000马克的'封地'收入;归还其所掠取的教产,同意让兰顿回英就任大主教的圣职;补偿英国教会在这次冲突期间所遭受的损失100000马克"。③ 1215年,在反叛贵族的威胁下约翰王签署的《大宪章》第1条就明确规定:"英格兰教会应当享有自由,其权利将不受克减,其自由将不受侵犯;自由选举是英格兰教会最不可确少的权利。"④尽管我们不能就此认定此时教会在与封建王权的政治斗争中获得了最终的胜利,但是,至少可以肯定的是,封建王权在英格兰从来没有达到统治一切的地位。

---

① 需要说明的是,约翰王在位时期,适逢罗马教皇英诺森三世权力鼎盛之时,他不仅在教会内部拥有专制君主般的权力,独揽大权任命大主教、主教和修道院院长,而且四处干涉大陆世俗事务和世俗权力,使得神圣罗马帝国的皇帝、法国国王、阿拉冈国王、雷翁国王、葡萄牙国王和波兰国王无不匍匐在其脚下。参见陈绪刚:《法律职业与法治》,清华大学出版社2007年版,第69页。
② 陈绪刚:《法律职业与法治》,清华大学出版社2007年版,第69页。
③ B.莱昂:《英国中世纪宪政与法律史》,第307页;J. A. P.琼斯:《约翰王与大宪章》,第43页。转引自孟广林:《英国封建王权论稿》,人民出版社2002年版,第254页。
④ George Burton Adams and H. Morse Stephens, *Select Documents of English Constitutional History*, The Macmillan Company, 1924, p.42.

纵观这一时期的封建王权与教会，他们之间既有相互的合作与妥协，也有始终不断的政治斗争。任何一方都无法彻底战胜对方，成为最后的胜利者。斗争双方为了证明自己的权威都极力需要从对方那里寻找自己合法存在的依据。这种世俗王权与宗教神权的两分，实则是"对国家控制精神价值的权力设立了宪法限制"①，这在很大程度上防止了极权国家的出现，有利于社会走上多元政治权威的宪政道路。

三、英格兰封建王权与教会斗争的特殊性

通过上述对于英格兰封建王权与教会的回顾，我们产生了这样一个疑问：为什么11—13世纪作为中世纪普遍存在的教会在英格兰能够成为牵掣封建王权的宪政力量，而在同一时期欧陆教会却成为社会独领风骚的力量，王权大都臣服于教会之下？

造成这一现象的原因，我们首先联想到的是英格兰独特的地理环境。英格兰地处西欧西北部，不仅远离罗马教廷，而且英吉利海峡的存在一定程度上使得罗马教廷的相关宗教命令较之于欧陆各国很难到达英格兰。但是，更为重要的原因在于，诺曼征服之初，英格兰相对强大的封建王权对教会进行了改革和调整，这在一定程度上防止了罗马教会对其王国事务的干涉。如威廉一世首先大力推行神职人员"诺曼化"政策，逐步让自己的诺曼亲信占据主教、修道院院长的职位。此外，还任命忠诚于自己的兰弗兰克任坎特伯雷大主教，以协助自己管理王国的宗教事务。这样在征服后的短短几年间，不列颠的教会就被威廉控制在自己手中。② 这一点不同于欧陆各国。欧陆各国由于封建王权的软弱，没有能力控制教会，反而还要依靠教会的神圣性维持自身政治上的统治。此外，英格兰封建王权在建立伊始大力扶持教会的发展。如威廉在王国初定，经济十分拮据的情况下，大力支持教会建立气势恢宏的大教堂。"比较有名的有建于1070年的巴特尔大教堂、建于1071年的坎特伯雷的圣奥古斯丁大教堂、修建于1070—1071年的坎

---

① 〔美〕哈罗德·J.伯尔曼：《法律与革命——西方法律传统的形成》，贺卫方、高鸿钧等译，中国大百科全书出版社1996年版，第333页。

② 齐延平：《自由大宪章研究》，中国政法大学出版社2007年版，第70页。

特伯雷大教堂、1072—1073 年修建的林肯大教堂……1090 年修建的诺威奇大教堂等。"①正是因为得到了国王的这些庇护与恩赐,英格兰教会的地位才得以巩固和发展,教会与教士的利益与特权才得以维护和扩张。作为回报,英格兰教会必然会成为封建王权坚定的政治盟友和支持者。这些都是封建王权相对孱弱的欧陆各国所不具备的。因此,在英格兰封建王权与教会之间存在一个特别奇特的现象:英格兰教会可能会反对某一个英格兰国王的统治,但他们并不会旗帜鲜明地对英格兰封建王权进行公然的反叛。因为他们在本质上需要封建王权的存在。

英格兰封建王权与教会的关系不同于欧陆的另一个原因在于英格兰特殊的封建制度。业已提及,作为威廉分封土地的结果,所有教会土地都被认为是国王的封土。同世俗贵族一样,英格兰主教们不仅是国王第一土地保有人,而且还是国王的直属封臣。教会通过再次分封土地,大都成为拥有一定数量次级土地保有人的领主,同样享受着设立封建法庭、行使封建管辖权的领主权力。应该说,中世纪英格兰教会的上述种种特征,在理论上与欧洲大陆的教会并无太大区别。

然而,英格兰相对强大王权影响下的封建制度,使得封建王权与教会之间的关系发生了微妙变化。英格兰封建王权分化教会的努力,最初发生在土地安排的环节。与欧洲大陆教会实行的财产公有制不同的是,英王一开始便让主教之下的圣徒分享土地所有者的权利。根据梅特兰的考察,在当时的"末日审判书"中已经大量出现圣徒是土地所有者(landowner)的记载,如"圣徒保罗保有土地,圣徒康斯肯泰恩保有土地,圣徒派楚克保有默顿伯爵的土地"等。② 这说明,在英格兰,主教虽然是圣徒们的上司和管理者,可以向他们发布命令,安排教堂和圣徒的日常事务,但是主教却从来不能像支配个人财产一样支配主教辖区的土地。因为土地是圣徒的个人财产,而不是教会共有财产,这一点是与欧陆不同的。英格兰封建王权基于此种方式,

---

① J. C. Dickinson, *An Ecclesiastical History of England in the Middle Ages*, London, 1979, Vol. Ⅱ, p.414. 转引自齐延平:《自由大宪章研究》,中国政法大学出版社 2007 年版,第 70 页。

② F. Pollock and F. W. Maitland, *The History of English Law before the Time of Edward* Ⅰ, Cambridge University Press, 1968, Vol. Ⅰ, p.500.

在经济领域割断了教会内部的财产纽带,分化了教会势力,在一定程度上防止了教会对于封建王权侵害的发生几率。

从社群的角度看,秩序是人类群体性生活的第一需要。人类社会的历史不过是寻求最佳秩序的历史。唯有基本的秩序得到起码的保证,人类才可能有所他求。任何国家早期的文明发展史都是围绕着建立秩序而展开的。在人类渴望建立正常秩序的同时,个体对自由的强烈诉求也日渐凸显。这种对于自由的诉求又构成了人类文明发展的另一条主线。这两条主线之间并非是简单的相生相长或此消彼长的关系。人类至今仍在寻找二者最佳的平衡点。如何建立一个强有力的政府,以克服无政府状态,又如何限制政府权力确保自由安全无虞,可以说是人类永恒的主题。[①] 通过上述对于英格兰司法成长历史环境的回顾,我们似乎找到了一条既维持社会发展秩序,又确保自由的途径,即多元化的权力结构。

多元化的权力结构首先告诉我们一国司法的成长是需要一定权力的。从理论上讲,人的生存和发展离不开权力。人的生命、幸福与自由必需的物质资料的保护、人种延续所必需的家庭的安全、人与人之间纠纷的和平解决等等都有赖于权力的介入,否则,不但人的生活质量会降低,而且社会本身也可能会因此而解体,人类将面临一个更加可怕的无序世界。这就是为什么无政府主义是比专制主义更为有害的缘故。因为无政府主义实质上就是无数个独裁者的统治,它比一个独裁者的统治更为任意,人们更加难以预测行为的后果,因而更加不安全。诺曼征服给英格兰带来的相对强大的王权使其避免了欧洲大陆那种长期社会动荡、分裂的状况。在中央权力的推动下,恢复了社会秩序,向近代民族国家一步步靠近。在此背景下,英格兰司法才具有成为一种国家权力的可能,避免欧陆国家司法分散于各个封建邦国或领主的窘境出现。

此外,多元化的权力结构使得司法在多种权力的相互对抗下,有了相对独立化的生存空间。人类需要权力维持应有的社会秩序不是人类所追求的最终目的,人类社会秩序的维护是为了保障人类的自由。因此,为了实现人

[①] 齐延平:《自由大宪章研究》,中国政法大学出版社 2007 年版,第 50—51 页。

类最终的目的,权力是需要受到限制的。限制权力的最佳方式不是通过权力主体自身的道德良心,而只能依靠刚性、客观的外在力量。历史的教训告诉我们,多元权力之间的彼此牵制,是有效防止出现单向、绝对、一元权力出现的合理方式。英格兰封建王权、教会、封建势力以及原始民主遗风的存在,使得任何权力主体都被限定在一个有限的范围内,任何权力主体都无法按照自己单一的原则对社会进行全面的介入。整个英格兰社会在各种权力的斗争与纠缠中,进行着妥协与选择,防止了社会因为权力失衡而引发的危险。与此相反,在中央权力孱弱的欧陆各国,整个社会陷入无序与分裂,弱肉强食取代了和平竞争。在这种状态下,普通民众对统一秩序的渴望以及对地方权贵和教会长期专权下的愤怒,使他们在近代纷纷通过强化、支持王权来建立秩序。然而,他们很快就发现,他们试图摆脱压迫的方式换来并支持的王权并不能对他们的自由给予保障,他们苦心争取来的更像是改装后的新的强制与压迫,旧制度的幽灵在另一个环境中又粉墨登场了。相比之下,英格兰多元的权力结构使得英格兰人民以另外一种更为平缓的方式表达着自己的意愿。封建贵族和教会并没有将他们压迫到必须彻底推翻这种管制的地步,在国王与教会、贵族的斗争中,他们从国王的法庭便可以获得权利的认可和保护,反过来,贵族和教会常常又成为他们免受王权任意侵害的有效屏障。① 因而我们可以说,中世纪英格兰多元权力格局的伟大意义也许正在于,它为那个社会不同的力量和声音提供了存在的空间,在这个空间里他们可以良性地竞争、博弈,这使得英格兰避免走上极端专制主义的道路。更为重要的是,英格兰司法在多元化的权力结构中没有成为任何权力主体的工具,在各种权力相互对抗、制衡中有了生存的空间。

通过上面对于英格兰多元权力格局的描述,笔者只想表明:司法在这样的多元权力结构中才存在独立发展的生长环境,才不致成为一元化权力的工具与附庸。而英格兰特殊的历史机遇和客观的历史条件促成了这种生长环境的产生。

---

① 周威:《英格兰的早期治理》,北京大学出版社 2008 年版,第 49—50 页。

第二章 行政司法化
——英格兰司法的外部结构特征

1066年诺曼征服给英格兰带来的强大王权使英格兰避免了欧陆封建制度的负面影响。然而,这种强大王权所代表的权力却是有限的。权力在英格兰没有按照自身发展演变的逻辑,将触角伸到社会每一个角落,成为一种不受限制的力量。

从理论上讲,权力本身具有侵犯性。当权力主体与权力对象在力量上呈现出巨大不均衡时①,权力就有被滥用的可能。孟德斯鸠曾言:"一切有权力的人都容易滥用权力,这是万古不易的一条经验。有权力的人们使用权力一直到遇有界限的地方才休止。"②麦迪逊也说:"权力具有一种侵犯性质,应该通过给它规定的限度在实际上加以限制。"③当权力主体所具有的控制他人人身和物质资源的能力足够强大时,它的行使是不需要经过权力对象同意的。另外,权力还"倾向于合并与集中"。④

---

① 这种不均衡是权力的有效运作所必需的,如果权力主体在物质和社会能力方面不处于绝对优势,权力的社会目的便难以达到。
② 〔法〕孟德斯鸠:《论法的精神》(上册),张雁深译,商务印书馆2004年版,第184页。
③ 〔美〕汉密尔顿、杰伊、麦迪逊:《联邦党人文集》,程逢如、在汉、舒逊译,商务印书馆1997年版,第252页。
④ 〔英〕伯特兰·罗素:《权力论》,靳建国译,东方出版社1992年版,第115页。

这也就是说，权力不仅通过侵犯权力对象的方法扩充自己，而且还通过相互侵犯来扩张自己。在不同性质的权力之间，权力具有天然的越出已有范围向异质权力扩张的本性，其结果是越强大的权力将日趋强大，最终形成集中一切权力的主体。如果按照权力自身逻辑的自然发展，控制人身的权力、控制物质财富的权力、控制精神的权力最终会集中于一个人或一个集团手中，立法权、行政权与司法权必然会集中起来。[①]

但是，在现实中权力如果想要获得更广泛的服从就必须借助特定的物质载体，否则这种权力仅仅存在于理论分析之中，根本无法操作。权力运行的物质载体大致分为三个部分：税收、军队以及上通下达的官僚队伍。首先，权力的正常运行有赖于税收的稳定与充裕，没有足够财源支持的权力将失去持久的动力。同时，税收的稳固和充裕也是权力运作的前提和保证。其次，权力的扩张和保障都依赖于军队。军队所代表武力不仅是攫取权力和财富最便捷的途径，而且也是权力迫使权力对象服从的关键。最后，权力的有效控制与展开有赖于上通下达的官僚队伍。一般而言，官僚队伍的健全与否直接决定了权力控制力度的大小及其有效性，因此，地方官僚队伍是否建立是评价权力量度的重要标志之一。

如果权力主体在现实中拥有相应的物质载体，那么就能够按照自身发展的逻辑，成为控制社会的主要力量，相应地，社会控制的方式也必然是集中的、威权的。然而，历史的独特性使得诺曼征服后的英格兰缺失了权力运行的物质载体，从而为英格兰司法外部特征——行政司法化的实现提供了可能。

[①] 权力的这一属性可以为我们解释为什么在一个"自然发展"的社会里，如果没有来自社会基层的有力牵制，形成的都是君主制度；也可以解释为什么在帝王权力缺乏有效制约的古代东方，最终形成帝王集立法权、司法权与行政权于一身的权力集中格局；也足以解释为什么随着帝制的发展，帝王的权力日益绝对；也可以理解为什么到了封建社会末期，封建帝王甚至企图成为思想权威等这些历史现象。

第一节　行政司法化特征的形成背景

一、"国王靠自己生活"

在中世纪英格兰流行着这样一个宪政原则:"国王靠自己生活"(King should live on his own)。所谓"国王靠自己生活",是"一个地道的封君封臣制度的概念"。① 根据封君封臣制度,封君除了把土地分封给封臣以外,还有一部分自营地,在正常情况下,封君应该依靠自营地的收入维持生活,只有在封君被俘需要赎身、封君的长子被封为骑士和封君的长女出嫁这三种特殊情况下,封君才能向他的封臣征收协助金。受中世纪封建制度的影响,英王的财政收入被划分为正常和特别两大类。所谓正常收入是指国王作为最大的封建主所获得的收入,主要包括王领收入、司法收入和封建协助金,其中封建协助金有征收次数的限制,司法收入也不是其中的大宗,所以,英王的正常收入主要依靠王领的收入。正常收入应该用于满足国王的正常需要,包括维持王室的生活、官吏的俸禄等日常行政开支,是为"国王靠自己生活"。②

(一)"国王靠自己生活"的起源

据梅特兰考察,"直到诺曼征服后,英格兰才开始真正的税收。原来的国王不像当代政府那样依赖于税收。事实上,直到盎格鲁—撒克逊末期也没有听说过真正的税收,即便在给丹麦人纳贡前也是如此"。③ 即便如此,我们发现英格兰"国王靠自己生活"的传统在诺曼征服前已经存在。

在中世纪早期,国家的行政事务与国王的私家事务混为一体,较为简单,所需开支不大,仅靠英王自己的收入足够对付。但是,随着公元835年

---

① 施诚:"论中古英国'国王靠自己过活'的原则",载《世界历史》2003年第1期。
② 英王除正常收入外,还有特别收入即英王以国家统治者的身份获得的收入,它只有在特殊的情况下才能获得,一般是指在战争时期,英王为了保卫国家而向臣民征收的各种税收,此部分不属于"国王靠自己生活"的范围。
③ F. W. Maitland, *The Constitutional History of England*, Cambridge University Press, 1911, p. 92.

北欧丹麦人的入侵,为了筹集军费抗击丹麦人以及战败后支付给丹麦人的贡金,英格兰从 868 年开始征收丹麦金。当然,此时丹麦金的征收并不是定期和经常性的,只有丹麦人入侵时,该税种才会在全国范围内征收。到阿尔弗雷德统治时期,丹麦金已经变成一种常规税收,成为国王筹集战争经费和缴纳丹麦贡金的稳定资金来源。丹麦金的税率是每海德征收 2 先令。①《盎格鲁—撒克逊编年史》中记载的丹麦金征收超过十次。从 991 年至 1012 年,英格兰总共征收的丹麦金数量从 10000 镑到 48000 镑不等。② 但是,这一税种在当时的英格兰并不被民众所接受,许多征税官在伍斯特郡征收时被愤怒的民众杀死即为明证。国王的征税权不仅在民众那里得不到有力支持,而且在教会那里也屡屡受阻。据史料记载,在盎格鲁—撒克逊统治者皈依基督教后,教会在很多方面都获得了特权,其中就包括免税权。公元 675 年,埃塞尔雷德继承麦西亚王位,派人到罗马去报告自己对米兹汉姆斯特德修道院对国王和主教的一切税收义务,并请求教皇予以认可。在教皇随后的诏书中,就有对教会免税权的规定:我以天主……的名义,责成国王、主教、伯爵或任何人不在彼处享有任何权威,或租赋,或捐税,或军役,任何人亦不得向米兹汉姆斯特德修道院勒索任何形式的服役。③ 公元 963 年,被异教徒毁损的米兹汉姆斯特德修道院得到重建。当时的国王埃德加赐予该修道院免税特权:"我慨赠给称为昂德尔德村庄及归属于该村庄的一切,即 8 个百户区、市场以及货物交易税的征收如此充分的自主权,因而既无国王,又无主教、伯爵、郡守得以享有任何权利,任何人亦不得如此,唯独院长及其吏属得享有之。"④公元 695 年,肯特王国国王威特雷德(Wihtred)在其统治的第五年颁布了自己的法典,称为《威特雷德法典》(The laws of Wihtred)。⑤ 与其他蛮族法典相同,该法典也对盎格鲁—撒克逊人的习惯进

---

① Charles Adams, *For Good and Evil: The Impact of Taxes on the Course of Civilization*, Oxford, 1999, p.159.
② 钱乘旦、许洁明:《英国通史》,上海社会科学出版社 2002 年版,第 36 页。
③ 《盎格鲁—撒克逊编年史》,寿纪瑜译,商务印书馆 2004 年版,第 38 页。
④ 同上书,第 123 页。
⑤ 笔者查阅了《英国历史文献》中记载的盎格鲁—撒克逊时期所有的法典,只有该法典涉及教会免税权的规定。

行了汇编。该法典第一条明确规定,教会免除所有税收。①

这些说明,由于日耳曼原始民主遗风以及教、俗二元化格局的影响,国王并不能随意征税,征税需经过民众的同意,国王只能通过依据其身份的收入维持王室的运转,这样的传统直接为后来"国王靠自己生活"原则的形成奠定基础。

(二)"国王靠自己生活"的内容

诺曼征服后随着王权的加强以及封建制度的完善,国王财政收入大大增加。英王不仅占有广大的王领与大片森林,享有王田与林区资源的丰厚收入,而且还不断突破封建习惯的制约向其封臣超额索取赋税。此外,在国税收入上,英王除了不断增加税种外,还常常实施一些临时性的搜刮。即便如此,"这一时期王室的运转并未像一个政府那样如此依赖于税收。当然并不是国王不希望如此,税权一直是他可望而不可即的权力"②,其收入也是有限,只能依靠自己生活。

据梅特兰考察,这一时期对于国王而言,纯粹的收益主要来自:(1) 王室领地的收入。"诺曼征服后,英格兰国王成为最大的土地所有者,虽然国王时常会有新的封赏,但罚没充公的土地会很快地补充进来。在这一点上,英王与其他大地产者没有什么本质区别。"③根据"末日审判书"的记载,王室领地遍布英格兰全境,土地面积也大小不一,既有巨大的庄园,也有零散的小块土地。这些土地虽然有一些是由王室派人直接耕种和管理,但大多数的王室领地都是由各郡的郡守负责耕种和管理。以"末日审判书"中记载的牛津郡为例,在全部32条记录中,有13条是关于王室领地的,王室在此拥有6个大庄园,拥有该郡1/2的土地,其余土地为6个较大的封建主所有。④ 作为获得耕种王室领地特权的对价,郡守应当每年向财政署汇报两次,并缴纳固定数额的租税,超过固定租税的部分,则归郡守所有。每个任

---

① See Whitelock, *English Historical Documents*, Oxford University Press, 1981, Vol. I, p.396.
② F.W. Maitland, *The Constitutional History of England*, Cambridge University Press, 1911, p.94.
③ Ibid., p.93.
④ Robin Fleming, *Domesday Book and the Law: Society and Legal Custom in Early Medieval England*, Cambridge University Press, 1998, pp.218—221.

职的郡长都同意从本郡相关土地的财政收入中支付一小部分,亲自收集租金,或者出让采邑让别人去耕种,其中的差额就是他的收益。① 固定租税的数额根据王室领地的大小来决定,最大的林肯郡的王领租税接近 1000 镑,而最小的拉特兰郡的王领租税仅为 10 镑。王室领地的租税收入构成了当时英国政府财政的主要来源。那时,英格兰全国土地收入的总额约为 73000 镑,而王室领地的收入就达到 1260 镑,约占总数的 17%。(2) 国王的封建性权利。国王的封建性权利主要包括土地继承时的继承金(relief)、协助金(aids)和免服兵役税(scutage)。② 其中,土地继承时的继承金是根据封建原则产生的。领主占有国王的土地是以其提供军役等义务为条件的,在授封的领主去世后,这种以人身依附为基础的封君封臣关系即行终止,封地应当由国王收回而不得继承。领主的继承人若要继续保有这块封地,应当由国王重新履行分封手续。在这一过程中,通过重新分封而继承封地的人应当向国王缴纳领地继承金。在亨利一世时期,一般领地继承金的数额在 100 镑。而到约翰统治时期,领地继承金的数额被提高到 600 镑。③ 其次,协助金是指当封君处于困境需要帮助时,由领主支付一定数额的金钱以帮助其渡过难关。协助金的征收起初没有定制,当国王遇到困境需要金钱支持时,领主们出于善意自愿缴纳。但到 12 世纪时,协助金的缴纳以封建习惯的方式固定下来。而协助金征收的依据,即为封臣对封君所承担的财政效忠义务。当封君(国王)遇到财政困难时,封臣有义务帮助他渡过难关。但是基于封建习惯,国王并不能随意以财政困难为借口征收协助金,只有出现下列三种情况时,协助金的征收才是合法的:其一,国王的长子或继承人被封爵;其二,国王的长女出嫁需要准备嫁妆;其三,在战争中国王被俘需要缴纳赎金。④ (3) 王室法院的司法收入。随着王室法院司法管辖权的扩展,王室法

---

① W. L. Warren, *The Governance of Norman and Angevin England 1086—1272*, London, 1987, p. 151.

② 由于文章编排体例的原因,关于免服兵役税的具体介绍将在下一节详细介绍。

③ John Tiley, *Studies in the History of Tax Law*, Oxford and Portland Oregon, 2004, p. 211.

④ 根据 1215 年《大宪章》第 12 条的规定,国王征收免服兵役税以及封建协助金必须得到王国的一致同意,这一规定后来也被延伸为征税须经议会同意的宪法原则。具体参见 George Burton Adams and H. Morse Stephens, *Select Documents of English Constitutional History*, The Macmillan Company, 1924, p. 44。

院的财政功能也得到充分发挥。"司法中有大钱"成为一种共识,国王通过收取当事人的诉讼费、在民事或刑事判决中的大量罚金以及出售令状,获取钱财。此外,英王还通过出卖重要权力,如司法管辖权,攫取教会财产以及向其自领地上的封臣摊派税收等方式获取收入。①

尽管国王的上述正常收入为数不少,但是由于其随意支配,国王经常感到囊中羞涩。为了应付这种窘境,英王开始征收直接税。据梅特兰考察直接税主要分为:丹麦金(Danegeld)、犁头税(又称"卡鲁卡奇",carucata)和动产税。②

正如上文所述,丹麦金早在盎格鲁—撒克逊时期就已存在,它是为了筹集军费抗击丹麦人以及战败后支付给丹麦人的贡金而开征的税收。威廉征服英国后,虽然来自丹麦人的威胁已经不复存在,但是他却继续征收丹麦金,税率是每海德土地2先令。这一税率并不是一成不变的,1084年的丹麦金征收依据就是每海德土地6先令,而1096年则进一步上升到每海德土地12先令。威廉每次都可以征收到大约5000镑的丹麦金,这与盎格鲁—撒克逊时期每次10000—48000不等的数额相比,实在是微不足道。到亨利一世统治时期,丹麦金已经从不定期征收变成每年征收一次的常规税种,但是征收的数额则继续下降,以至于必须通过增加征收频率来保持税收总额。③ 亨利二世时期的《财政署档案》中只有两次丹麦金的征收记录,分别在1155年和1161年。而亨利二世此后的几次征收,《财政署档案》则没有记录。究其原因,可能是因为丹麦金数额在逐年减少得情况下,作者认为它已经失去了进入财政档案的意义,因而不作记录。亨利二世时期每次征得的丹麦金只有大约3000镑。④

丹麦金逐渐被废除后,为筹集对外战争的经费,英国王室需要一种新的、面向全王国征收的税种。1194年,为筹集巨额赎金以赎回英王理查德,

---

① F. W. Maitland, *The Constitutional History of England*, Cambridge University Press, 1911, pp. 93—94.
② Ibid., p. 94.
③ John Tiley, *Studies in the History of Tax Law*, Oxford and Portland Oregon, 2004, p. 218.
④ Harriss, *King, Parliament, and Public Finance in Medieval England*, Clarendon Press, 1975, p. 6.

英国开始恢复对全国土地征税,税种名称为"卡鲁卡奇"。但是,这次土地税的征收仍然沿用丹麦金的估税方法,以海德土地为计征单位。直至1198年第二次征收卡鲁卡奇时,计税依据才变成卡鲁卡奇(约合100或120英亩),而当时的税率则为每卡鲁卡奇5先令。1200年,当第三次征收卡鲁卡奇时,又变成以犁队为征收对象,税率为每犁队3先令。① 此后,犁头税的计税依据被固定为上述两种,国王根据需要选择使用。

动产税起源于为十字军东征筹集军费。1166年,罗马教皇号召西欧基督教国家为解放圣地提供协助。英王亨利二世响应教皇的号召,在全国范围内开始征税。此次征税的征税对象为教俗两界所有人的私人财产(如年收入和奴隶等),税率为每镑财产6便士,即1/40的税率。② 由于1207年以后,只以动产为基础,故称为"动产税"、"个人财产税"。当时的动产主要是指奶牛、公牛、谷物、家具和其他能转移的财产。

然而,英王征收上述直接税的过程并不是一帆风顺的。"在直接税的征收过程中,尽管并没有发现12世纪所确立的需要全国国民同意才能征税的法律原则,但是,此时经大多数人同意才能征税的观念已经深入人心。征税被认为是国民个人对国王的赠予,并且不时有高级教士和男爵声称,由于这种征税没有得到他们同意,所以他们拒绝交税。"③随着英格兰王室中央政府机构的膨胀,王室的财政需要与征税需民众同意的矛盾日渐突出,国王随意征税的情况时常发生。到了约翰王统治时期,为了进一步扩大财政收入,约翰不仅加大各种税负的频率和税率,而且还肆意滥用权力,征收罚金。据史料记载,在约翰统治期间于1201、1203、1204和1207年总共征收了4次动产税。1201年征税的税率是1/40,主要是为了满足教皇为收回圣地而提出的财政帮助请求。国王也要将自己的财产,包括领地、收回的土地、监护区,按1/40的税率缴纳,同时他也要求他的伯爵、男爵、骑士和自由民按照相同

---

① Sydney Knox Mitchell, *Taxation in Medieval England*, Archon Books, 1971, p.177.
② Ibid., p.69.
③ F.W. Maitland, *The Constitutional History of England*, Cambridge University Press, 1911, pp.94—95.

的税率缴纳。但是,此后税率则不断攀升,从 1/30 到 1/7,再到 1/4。①

约翰的倒行逆施加上诺曼底的丧失,使他在 1215 年被迫签署了《大宪章》,重申并正式确立了"未经同意,国王不得征税"的宪法原则。《大宪章》第 12 条、第 14 条规定:除传统封建捐税外,任何赋税都必须经过"全国人民普遍同意",为取得"全国普遍人民同意",需召开大会议。② 后来,随着大会议向议会的演变,这两条规定成为议会征税权的法律依据。1225 年,大会议利用英王要求征税的机会,迫使亨利三世重新颁布《大宪章》。到了 13 世纪后期,大会议已演变成为议会。1297 年,国王爱德华一世迫于财政困难,颁布了《大宪章确认书》(Confirmatio Cartarum)。该文件在列举了前两年一系列"非法"税收后,明确规定:"除了传统的封建捐税(prises)、封建协助金(aids)和惯例外,如果没有王国内各阶层的一致同意,国王不得随意征收羊毛税和其他赋税。过去两年中不合惯例的征税方式不得作为以后效仿的先例。"③通过《大宪章确认书》,原 1215 年《大宪章》中有关征税需"全国普遍人民同意"的规定不再是一个模糊不清的概念,而有了明确的内涵,即必须由议会批准,"国王靠自己生活"。④

(三)"国王靠自己生活"的意义

上面对英格兰"国王靠自己生活"的回顾使我们发现,中世纪英格兰的国王由于受到原始民主遗风以及自身力量的限制,不能像东方国家君主那样随意向民众收税,税权一直是英王眼中一种可望而不可即的权力。正是英王的这种窘境使得他不得不通过让渡权力来弥补其庞大的王室开支,因为他根本就没有什么体面的途径来解决财政难题。就这样,国王在让渡特

---

① John Tiley, *Studies in the History of Tax Law*, Oxford and Portland Oregon, 2004, p.221.
② George Burton Adams and H. Morse Stephens, *Select Documents of English Constitutional History*, The Macmillan Company, 1924, pp.44—45.
③ F. W. Maitland, *The Constitutional History of England*, Cambridge University Press, 1911, p.96.
④ 当然,这时并不意味着历史的发展始终如一,英王始终心甘情愿地遵守这样的宪法原则,不会出现反复。正如梅特兰为了避免读者机械理解这一原则补充说:"我们完全可以这样认为,在 1295 年以后,一切未经民众同意的直接税征收都是违法的。这仅限于直接税,因为接下来的历史表明,间接税惯例义务等问题还没有最终解决。"但是,从理论上讲"国王靠自己生活"已经成为英格兰一条不可改变的原则。See F. W. Maitland, *The Constitutional History of England*, Cambridge University Press, 1911, p.96.

许权、司法权等权力获取财政的同时,贵族、教会以及城市商人都在国王的对立面瓦解着他的权力,防止专制王权的产生。另外,他们利用英王每次试图征税的机会,与英王讨价还价,也正是由于他们表面看起来完全自私自利的行为,才收紧了国王的钱夹,进而防止了其扩张权力进行专制统治的可能。这也是为什么即使到爱德华一世统治时期议会形成后,税收开始逐步成为提供王室公共开支的正常渠道时,我们也看不到英格兰存在着全国性税收体系的缘故。因为英格兰税款数额的确定和缴纳,都是需要在议会上,国王通过各阶层代表协商分摊完成的。

从理论上讲,"国王靠自己生活"背后隐藏着中世纪英格兰王权(Crown)与国王(King)相互区别的理念。王权代表着英格兰永久性的统治权,它类似于民族国家产生后"主权"的内涵,它不属于某一个国王,是一个统治权力最终归属于谁的问题。① 而国王仅仅是王权的代表人,是一国主权的象征。"12 世纪末 13 世纪初,英国的政治思想家已经开始区分永久性的王权与任期有限的国王。"② 因此,"国王靠自己生活"意味着正常的王室领地收入、封建性权利收入以及司法收入是依靠着国王本人作为封君的身份而享有的税收,国王仅能依靠这些收入维持其私家王室生活以及官吏的日常开支。而上面提到的其他直接税,如丹麦金、犁头税以及动产税等都是国王以英格兰主权者的身份获得的收入,所以对于它们的征收必须经过全体民众一致的同意,作为王权代理人的国王不能滥用权力随意收税。③ 有关这一点 13 世纪英格兰著名法学家布拉克顿认为:"临时王室领地之所以可以被转让,是因为它们是国王通过行使封君权利而获得的土地,而不是国家公共利益的组成部分,因此不属于王权,只属于国王本人财产,它的转让不受

---

① 主权这一概念发端于西方的政治理论和实践,它是西方中世纪教皇专制统治解体、民族国家兴起的产物。起先它是王权的代名词,主权属于一国的王权代表国王。后来,随着民主宪政运动,主权逐渐与君主的人格相分离,转而与人的特殊的组合体相联结,转而归属于国家或人民。参见周永坤:《规范权力——权力的法理研究》,法律出版社 2006 年版,第 174—214 页。

② 施诚:"论中古英国'国王靠自己过活'的原则",载《世界历史》2003 年第 1 期。

③ 关于此问题详见 F. Pollock and F. W. Maitland, *The History of English Law before the Time of Edward* I, Cambridge University Press, 1968, Vol. I, pp.511—526。

限制"。① 这样的区分避免了国王依凭其封君身份将王权作为自己实现其一己私欲的工具,如古代东方国家的皇帝认为天下都为其一人所有,法王路易十四称"朕即国家"的口号等。同时也为社会各阶层反抗王权的恣意行为在理论上找到了依据。

更为重要的是,"国王靠自己生活"使英王没有足够的财源对整个英格兰进行自上而下的威权治理。尽管英王被认为是同时代欧洲最富有的国王,他也常常通过雇佣一支军队缓解战事,但是雇佣军队本身是需要大量金钱的,而且庞大的王室开支经常使其陷入财政危机。为了筹集军饷,国王不得不求助于富有的臣民,每当战事开启,各阶层总会抓住时机表达对国王的不满,限制国王的种种权力。反观古代东方各国,以古代中国为例,皇帝征税基本上不会受到太大限制,就是农民极度不满,甚至爆发起义推翻政权,换来的也只是新一轮的横征暴敛,统治集团永远不会在内部形成彼此的限制。因此,税收财政的缺失使得英王不可能一开始依照权力扩张的自身逻辑,对社会进行类似于古代东方的集权专制统治,并且这种窘境直接制约了英王在其他方面的建构。

二、国王常备军队的缺失

从理论上讲,为了能使权力对象获得最大程度的服从,权力主体总会不断地寻找最能够满足其权力欲望的控制方式。在诸多控制方式中,军队所代表的强制力无疑是最为简单、有效的方式。因此,诺曼征服后的英格兰如果能够组建一支忠实于王室的常备军队,英王便能够以最简单、最迅捷的方式使王国内其他权力对象臣服,进而建立君主专制,对外进行征服与防御,对内进行全面的社会控制。

然而,由于"国王靠自己生活"的财政传统、教俗贵族对王权的有效制约以及特定的自然地理条件,英格兰国王谋求建立一支常备军的努力直到17世纪英国革命爆发时也未能成功。在这样的背景下,我们才能期待权力碰

---

① F. Pollock and F. W. Maitland, *The History of English Law before the Time of Edward* Ⅰ, Cambridge University Press, 1968, Vol. Ⅰ, p.514.

撞出来的是自由的火花而不是毁灭与仇恨的种子。与之相反,如果武力成为攫取权力和财富最便捷的途径,那么,多元化的政治对话机制就不可能有容身之地,到处都将是赤裸裸的暴力,司法必然成为权力行使的附庸与工具。在英格兰,国王军队最终变成了全民的武装,防御与治安的责任落在了整个乡镇社区的头上,每一个成年男性公民都要求配备相应的武器,承担保卫家园的职责。[1]

(一) 封建骑士兵役制度

诺曼征服之前,国王可以利用的军事力量主要是由各地贵族提供的武装力量。[2] 武装力量主要由农民组成的步兵构成。"随着步兵让位给全副武装的骑兵"[3],自公元 8 世纪开始,一个被称为骑士的武士阶层出现了。[4] 造就一名骑士的费用是极其昂贵的,在公元 1000 年,单单一名骑士的盔甲的价钱就可以买一大块农田。而骑士本人不仅需要自己提供武器装备和马匹,而且还需要负担骑士服役期间对家庭的供养,这便需要有足够的土地为其提供经济来源。[5] 由此,一种特殊的土地保有权类型,即军役土地保有权(tenure by knight service)被衍生出来。很可能,它最初是"在一个充满战争的世界里,以领主与战士的关系为中心发展而来的"。[6] 但是,当越来越多的土地与骑士服役这一事实相联系时,我们也可以说骑士兵役制度是以土

---

[1] 周威:《英格兰的早期治理》,北京大学出版社 2008 年版,第 51 页。

[2] 摩根指出:"英格兰社会就从一开始存在着军事贵族,他们很可能具有某种领地。但在最初的几个世纪里,国王的扈从及'塞恩'与国王的联系比他们与土地的联系还要紧密些。他们要伴随在国王的左右,作为国王的军事活动的见证,在国王的王宫里生活。如果有必要,为国王战斗,万死不辞。"当面临外敌入侵时,国王召集由各地贵族组成的贵族会议,讨论抵抗敌人的问题,在会上分担各自防守责任。参见〔英〕肯尼斯·O. 摩根主编:《牛津英国通史》,王觉非等译,商务印书馆 1993 年版,第 71—72 页。

[3] 〔美〕哈罗德·J. 伯尔曼:《法律与革命——西方法律传统的形成》,贺卫方、高鸿钧等译,中国大百科全书出版社 1996 年版,第 374 页。

[4] 据伯尔曼教授考察,"骑士"最早出现于 8 世纪的法兰克帝国。"对于法兰克军事史上出现了武装的骑兵这一重大事件,人们作出了各种解释。8 世纪在西班牙和法兰克南部进行的各次战争中阿拉伯敌人所作出的榜样就是一个因素。从东部的欧亚部落进口的马镫和马蹄铁看来也起到了某种重要作用。"参见〔美〕哈罗德·J. 伯尔曼:《法律与革命——西方法律传统的形成》,贺卫方、高鸿钧等译,中国大百科全书出版社 1996 年版,第 374 页。

[5] 同上书,第 374—375 页。

[6] 参见〔英〕S. F. C. 密尔松:《普通法的历史基础》,李显冬等译,中国大百科全书出版社 1999 年版,第 105 页。

地为单位进行划分的。在国王向贵族分封新占土地,或者贵族向其侍从再次分封土地的过程中,一般都会规定一定数量的兵役作为保有土地的实质性要件,这些附着骑士兵役的土地也被称为"骑士领"(the knight's fee),而保有此种土地的人则被称作"军役土地保有人"。骑士兵役制度意味着军役土地保有人在接到封主的征召命令后,以骑士的身份按照约定或封建习惯,在一段时期内(一般为40天)到封主指定的地点组成临时性军队,履行兵役。如果他们拒绝履行兵役,封主可以扣押甚至没收其土地。①

诺曼征服后,完备的封建骑士兵役制度在英格兰逐步建立。无论计量单位是骑士的人数还是骑士领的份数,全国每一块特定土地上都附着了确定量的兵役。到亨利二世统治时期我们看到,哪怕是很小的土地也被分配上了特定份额的兵役。② 用梅特兰的话讲:"英格兰的绝大部分土地都是以骑士役的方式从国王处保有的;从某种意义上说,整个王国的土地都是通过骑士役保有逐渐规划起来的。"③

业已提及,由于诺曼征服给英格兰带来了相对强大的王权,这在一定程度上避免了欧陆地方割据的发生,但作为一种矛盾,当时的英格兰并没有完全摆脱封建多元结构的限制。虽然英王通过"索尔兹伯里誓约"确立了"我的封臣的封臣依然是我的封臣"的封建原则,但在现实中,英王在很多时候却无力跳过领主直接向其臣民发号施令。对此,梅特兰通过给出封建兵役结构模型予以证明:"如果A是国王的第一土地保有者,拥有一片应负担提供20名骑士义务的土地;B作为A的次级土地保有者,保有A部分土地,并分担了提供1名骑士的义务,那么虽然对于A而言,B的义务似乎仅限于提供1名骑士,但是作为A地产的组成部分,B保有的土地可能因为A未向国王完全履行兵役而被国王扣押。在这一点上,B的土地实际上要承担A对国王应付之全部兵役义务的连带责任。但另一方面,在履行兵役过程中,B

---

① 周威:《英格兰的早期治理》,北京大学出版社2008年版,第52页。
② F. Pollock and F. W. Maitland, *The History of English Law before the Time of Edward* I, Cambridge University Press, 1968, Vol. I, p.256.
③ F. W. Maitland, *The Constitutional History of England*, Cambridge University Press, 1911, p.25.

仅对 A 负责,而不对国王负责。每当受到国王的召集,骑士们都将集结在他们各自领主的旗帜下,听从领主的指令。虽然国王的处罚可能及于 B,但这被看成是对 B 的领主实施处罚的连带效果,因此 B 与国王之间并不形成任何的个人义务。虽然土地最初都是由国王分封的,但国王不能基于任何关于土地保有的理由直接征召 B 加入战争。另外,如果 A 已经向国王提供了其应负的 20 名骑士的义务,那么,即使 B 不在其中,国王也不应有所微词。一言以蔽之,B 的义务就是听命于领主的安排,在国王的军队中服兵役。"① 因此,即便英王依凭王权通过特定的法令命令骑士服役,也只能在封建军役土地保有的模式下进行。英格兰封建兵役制度的意义就在于,它从根本上防止了国王将骑士作为私人军队的可能,因为骑士的召集必须建立在特定事项的基础上,经直属封臣同意而实现。

此外,作为国王土地的第一保有人,领主亲自征战也是封建骑士兵役制度的一项基本原则。如果说一个领主负担提供 50 名骑士的义务,那么这意味着他必须亲自带领其他 49 人到国王的军队中服役。除了教士和妇女享受不必亲自服役的特殊待遇之外,其他人只有在年老或重病以致无法征战的情况下,才能告请,派遣其他人代为服役。当尚武斗狠的骑士风尚日渐隐退,显贵们开始习惯于安逸的生活时,他们总会想尽办法减少或者逃避兵役。② 1172 年国王从诺曼底的 1500 个骑士军役领中,仅征集到 581 人服役。③ 1196 年 4 月,理查一世曾令宰相(又译"首席政法官")召集所有拥有骑士的总封臣到诺曼底服役,准备来一次远征。但没有一个人带有 7 名以上骑士,有的甚至 1 名也没带。④ 到约翰王时,王能召集到大陆服役的骑士仅在 300—400 名之间。⑤ 因此,即便国王作出了种种努力,诺曼征服之后,

---

① See F. Pollock and F. W. Maitland, *The History of English Law before the Time of Edward* Ⅰ, Cambridge University Press, 1968, Vol. Ⅰ, p. 263.
② 周威:《英格兰的早期治理》,北京大学出版社 2008 年版,第 59 页。
③ T. F. 威尔不鲁根:《中世纪西欧的战争艺术》,北荷出版公司 1977 年版,第 9 页。转引自孟广林:《英国封建王权论稿》,人民出版社 2002 年版,第 345 页。
④ H. G. 里查森和 G. O. 塞尔斯:《中世纪英国的统治方式》,第 83 页。转引自孟广林:《英国封建王权论稿》,人民出版社 2002 年版,第 345 页。
⑤ F. 吉斯:《历史上的骑士》,第 30 页。转引自孟广林:《英国封建王权论稿》,人民出版社 2002 年版,第 345 页。

封建骑士兵役制度却始终是一件极为笨拙的武器。"骑士役封臣每年仅需服役40天,国王和其贵族之间经常就服役的条件问题发生摩擦:他们有义务在诺曼底服役吗?他们有义务到德国服役吗?这些问题在许多著名的事件中不止一次地被提出过,而尴尬的国王也不得不作出让步。"① 按照梅特兰的估计,威廉征服之初,整个英格兰骑士数量最多不超过5000人,整个封建军队只是可数的"一队"武士而已。② 这些为数不多的骑士也许可以用来保卫边疆,或者在短时间内侵扰一下威尔士、苏格兰,但是却不能指望这支军队派到海外投入到一场旷日持久的战争。每到欧洲战事的关键时刻,国王与领主们之间的摩擦就会异常激烈,领主们根据自己的习惯,不断地为国王设置着各种障碍,甚至有时干脆否认有义务满足国王的服役要求。③

(二) 免服兵役税下的骑士雇佣制度

受封建原则的影响,封建骑士兵役制度显然不是一种有效的军备形式,12世纪起出现的土地分化进一步导致兵役计征的复杂化,因此从这个世纪后半期起,封建骑士兵役制度逐渐衰落④,而与之相应的是免服兵役税(scutage)的征收以及骑士雇佣制度的出现。⑤

"亨利二世取消了封建骑士军队,建立了雇佣军制。"⑥ 之所以如此,是因为传统的骑士军队不但数量有限,而且服役期短,难以应付旷日持久战事的需要,况且此时用传统的办法征召封建骑士已经十分困难。然而,建立骑士雇佣军是需要大量金钱的。为此,"1159 年,亨利二世就通过以货币抵偿个人人身役务的方式首次征收了免服兵役税。据说他的目的在于,让自己

---

① F. W. Maitland, *The Constitutional History of England*, Cambridge University Press, 1911, p. 275.
② See F. Pollock and F. W. Maitland, *The History of English Law before the Time of Edward* I, Cambridge University Press, 1968, Vol. I, p. 259.
③ 周威:《英格兰的早期治理》,北京大学出版社2008年版,第59页。
④ "自12世纪初始,受继承、再分封、没收、强夺、买卖等因素的影响,英国的封建土地占有权呈现出分解的趋势,封土制所形成的封建地产渐渐失去原有状态,骑士军役的经济基础开始动摇。"参见孟广林:《英国封建王权论稿》,人民出版社2002年版,第344页。
⑤ 周威:《英格兰的早期治理》,北京大学出版社2008年版,第60页。
⑥ 程汉大:《英国政治制度史》,中国社会科学出版社1995年版,第65页。

的臣民少流血而让雇佣军去外国卖命"。① 免服兵役税最先征收的对象是第一土地保有人,这实际上是一种免除领主本人亲自服役的变通方式。它迎合了一些不愿拿生命冒险领主们的主张,因为他们曾提出希望通过缴纳一笔相当于其应服兵役的钱款来代替服役。②

然而,事实上在没有战事的年份中,国王可能会在带领应召骑士前来服役和缴纳免服兵役税之间进行选择。但是在战事频繁的13世纪,这并不是一种通常的做法,免服兵役税的征收更像是一种被迫的选择。当国王发布命令召集军队、应付战事时,很少会提及用免服兵役税代替服役的做法。在通常情况下,免服兵役税是在领主们不履行其封建骑士义务的情况业已发生,且战争已经结束后,才按照国王确定的比例进行征收。因此,拒绝服役的领主事先无法知悉他们将为自己的行为付出怎样的代价,因为免服兵役税是个未知数。在亨利三世和爱德华一世时代,不服从征集命令的第一土地保有人所支付的款项远高于其应付的免服兵役税。如1230年的战役,每份骑士领相对应的免服兵役税为3马克(相当于2英镑),但是伊文夏姆修道院院长被国王为其所负的4.5份骑士领支付的不是9英镑而是20英镑;柏首尔修道院院长为其2份骑士领支付了10英镑而不是4英镑;威斯敏斯特修道院院长为其15份骑士领支付了100马克而不是45马克。③

此时,我们发现免服兵役税显然已经被转变为一种事后罚金,即作为对领主违背效忠誓言的惩罚。这样一来,第一土地保有人便没有什么选择的余地,对他们而言,要么遵从国王征召的命令,要么准备承担财政署针对他们的行为施加不可预知的罚金。④ 这样看来,免服兵役税对国王第一土地保有人并未产生太大影响,因为它与封建骑士兵役之间没有实质性变化。然

---

① F. W. Maitland, *The Constitutional History of England*, Cambridge University Press, 1911, pp. 275—276.
② F. Pollock and F. W. Maitland, *The History of English Law before the Time of Edward* Ⅰ, Cambridge University Press, 1968, Vol. Ⅰ, p. 268.
③ See Ibid.
④ 周威:《英格兰的早期治理》,北京大学出版社2008年版,第62页。

而,免服兵役税在次级土地保有人那里却产生了截然不同的效果。

前已述及,国王向第一土地保有人征收免服兵役税是基于他们之间直接的封建权利义务关系,而且向国王第一土地保有人征收免服兵役税在实际上并没有导致他们之间产生什么实质性的变革。国王通过上述的安排也许是想传达这样一个信息,即次级土地保有人所负担的兵役是服务于国王的,国王同意他们通过缴纳免服兵役税的方式来履行兵役。因为,英格兰从未向次级土地保有人就征收免服兵役税制定过统一的规定。① 国王有理由主张,领主不得随意向次级土地保有人征收免服兵役税,他们只能向国王证明自己完全履行了封建兵役义务或者为其"不作为"支付了所需的全部罚金,并向国王申请得到专门的免服兵役税征收令状(writ de scutagio habendo)之后,才能凭此令状指示地方郡长,由郡长代为向次级土地保有人征收。② 次级土地保有人有权力决定是选择亲自服役,还是向其领主缴纳免服兵役税不去服役。但是需要强调的是,向次级土地保有人征收的免服兵役税是归领主而非国王所有。这就意味着次级土地保有人可以向领主主张不去服役,而只需缴纳免服兵役税即可,并且他们只有在国王获准征收时,才有缴纳的义务,而不听命于其领主任意的盘剥。"至少到亨利三世时,领主已经无权自行征收免服兵役税了。"③

于是,这就形成了一种矛盾。一方面对于领主而言,不向国王履行兵役就将面临不可测的重罚,因而不得不按照封建约定,到国王的军队中继续服役;但另一方面,次级土地保有人越来越坚信,他们可以向领主缴纳免服兵役税获得自由,他们不应被强迫服役。况且,在实践中,他们即便拒绝了领主的服役要求,其遭受的处罚至多是按照国王法令所规定的比例,缴纳免服兵役税。在这种情况下,领主们不得不另外雇用一定数量的骑士向国王服役。我们也应该注意,13世纪后半期所发生的一个异常隐晦的变化过程,即王国中的第一土地保有人成功地减少了其原来应向国王承担的骑士兵役

---

① See F. Pollock and F. W. Maitland, *The History of English Law before the Time of Edward* Ⅰ, Cambridge University Press, 1968, Vol. Ⅰ, pp. 269—270.
② Ibid., p. 270.
③ Ibid., p. 274.

份额。① 据梅特兰考察，根据 12 世纪的定额，教会应负担 784 份骑士兵役，但是当爱德华一世于 1227 年征召军队时，教会负担的份额减少到 100 多一点，即 13 名骑士和 35 名卫士（2 名卫士相当于 1 名骑士）是国王能够从教会征集到的全部士兵。与之相应，世俗贵族看上去也取得了相同的待遇。如埃塞克斯伯爵休姆菲瑞·德·伯休只负担提供 3 名骑士。格罗塞斯特和赫特福德只提供 10 名骑士。② 因此，骑士兵役份额的减少说明以定额分摊为基本特征的封建骑士兵役体系瓦解了。对于领主们而言，减少骑士兵役份额是无奈的选择，他们已经丧失了对次级土地保有人的控制能力。③

虽然上述情况导致"在国王眼中对于金钱的需要已经超过了对于骑士的需要"④，但是，这并不意味着国王可以从中得到什么好处。因为，免服兵役税并没有给国王带来足够的金钱。"在整个历史中，免服兵役税的征收从来没有成为稳定的、常规性的王室职能，它总共只有 40 次左右，其中相当数量集中在 1190—1240 这 50 年间。"⑤ 另外，雇佣骑士的费用也在日渐增长，这使得国王很快发现，通过征收免服兵役税雇佣骑士的方式不仅难以实现，而且使自己得不偿失。亨利二世时代，按照每份骑士领 2 马克的比例征收免服兵役税所获得的钱款足够国王另行雇佣相等数量的骑士为其服役。但是随着军备标准的提高和货币的相对贬值，如果仍按照旧有的标准征收免服兵役税，其税款组建一支国王需要的军队几无可能。1198 年，雇佣 1 名骑士到诺曼底服役的费用为每天 3 先令；1257 年，大致为每天 4 先令，涨幅达 25%，但是免服兵役税征收的比例却从来没有超过每份骑士领 2 英镑。在与领主的对抗中，国王似乎不具备能够单方面提高免服兵役税收比例的能力。⑥ 1215 年，在贵族的强迫下，在《大宪章》第 12 条中，约翰王明确承认

---

① See F. Pollock and F. W. Maitland, *The History of English Law before the Time of Edward* Ⅰ, Cambridge University Press, 1968, Vol. Ⅰ, p. 275.
② Ibid.
③ 周威：《英格兰的早期治理》，北京大学出版社 2008 年版，第 65 页。
④ F. Pollock and F. W. Maitland, *The History of English Law before the Time of Edward* Ⅰ, Cambridge University Press, 1968, Vol. Ⅰ, p. 276.
⑤ Ibid., p. 252.
⑥ Ibid., p. 253.

"未经同意,国王不得征收免服兵役税"。①

这样的情况使得国王不能强制征兵,国王试图通过征收免服兵役税,建立一支从属于自己的雇佣骑士军队的努力也失败了。

(三) 民团的发展

作为对封建骑士兵役制度的另外一种补充,英王要求所有的男性臣民都必须武装起来,并要求每一个拥有财产的人都应成为一名战士,即便他们并不保有军役土地。民团可以说是骑士雇佣制度之外另一个解决兵源的渠道,同时也是对雇佣军缺陷的一种弥补手段。② 然而,不同的是随着民团的发展,全民武装不再是权宜之计,它逐渐成为中世纪英格兰最常规的军备形式。③

民团(fryd)是具有英国特色的民间军事力量,它源起于盎格鲁—撒克逊时期。当时法律规定,当国王处于危险的时候,每个自由人都有义务为保护国王的安全和王国的安危而战斗。民团这种军事义务没有报酬,自由民根据自己的财产武装自己,民团的征召和指挥由郡守负责。如公元991年,郡守伯特努斯曾率领威塞克斯的民兵抵御过丹麦军队的入侵。伯尔曼也指出:"盎格鲁—撒克逊的国王们依靠的是普遍的征兵制(fyrd 也即'民团')。然而,这些并不是常设的军队,而是用于应付共同的危急情况的后备军。"④ 诺曼征服后,国王仍然沿袭征服前的旧制,在遇到全国战事时,国王可以发布命令,征召各地的兵源,无战事则立即解散。威廉一世平定沃彻斯特乃至大陆缅因等地的贵族反叛,民团发挥了重要作用。此后,威廉二世、亨利二世也多次使用民团平复叛乱。⑤

---

① George Burton Adams and H. Morse Stephens, *Select Documents of English Constitutional History*, The Macmillan Company, 1924, p.44.

② "雇佣军的缺点是显而易见的,他们都是流氓、土匪、亡命之徒,对国家与国王无忠诚可言,只是为钱而卖命,而且多有烧杀抢掠之事,因此,不可作为主要的依靠力量。"See Bryce Lyon, *A Constitutional and Legal History of Medieval England*, Norton, 1980, p.272.

③ 周威:《英格兰的早期治理》,北京大学出版社2008年版,第67页。

④ 〔美〕哈罗德·J.伯尔曼:《法律与革命——西方法律传统的形成》,贺卫方、高鸿钧等译,中国大百科全书出版社1996年版,第374页。

⑤ H.G.里查森和G.O.塞尔斯:《中世纪英国的统治方式》,第83页。转引自孟广林:《英国封建王权论稿》,人民出版社2002年版,第349页。

在亨利二世统治后期的 1181 年,国王颁布了《武装法》(the assize of Act),旨在恢复、重整古代的全民武装形式。① 很显然,亨利二世最初的目的只是要在封建兵役体制之外建立更为有效的防御机制。根据亨利的法令,"每一个人根据自己的地位,都应当配备合适的武器,即便最贫穷的自由民都应至少拥有长矛和盔甲"。② 之后,亨利三世以扩充的形式重新签发了上述《武装法》,并构成了其子爱德华一世《温切斯特法》(Statute of Winchester)的基础。《温彻斯特法》是爱德华一世众多著名立法中的一项。它颁布的日期是 1285 年,因此与亨利二世的《武装法》间隔一个世纪。该法令规定:"每个年龄在 15 到 60 周岁之间的自由民都要依其财产多少进行装备,其中从拥有价值 15 英镑土地和 40 马克动产者到仅配备弓箭者都必须配备无袖短锁子甲、钢盔、剑、刀和战马,所有人被分为五等。这些军队每年两次要由两名选举出来的警务官(constable)负责在各百户区进行检阅。这些武装力量的出现,与其他执行古代监守与瞭望、循声追捕等义务的人密切相连。"③ 至此,以《温切斯特法》为依托,在封建兵役制之外,英格兰出现了一个全民皆兵的武装力量。

虽然根据 1181 年《武装法》的规定,约翰王曾于 1205 年召集民兵准备抵抗法王腓力二世的入侵④,但是这并不意味着全民武装的英格兰就是一个随意由国王征调,进行黩武战争的国家。根据 1285 年《温彻斯特法》,国王不能随意地征召、动员全民进行战争,特别是对外征服。虽然爱德华一世曾要求一些郡挑选定额的自由民远征苏格兰,但是对于《温彻斯特法》是否规定了进攻性职责的争论一直存在争议,而且在大多数情况下,由于没有人愿意或者能够担负军事行动所需要的开支,因此在英格兰也就不存在建立常备军的可能和必要。⑤ 对此,梅特兰指出:"在爱德华二世和爱德华三世时

---

① F. W. Maitland, *The Constitutional History of England*, Cambridge University Press, 1911, p. 276.

② Ibid.

③ Ibid.

④ J. A. P. 琼斯:《约翰王与大宪章》,第 87 页。转引自孟广林:《英国封建王权论稿》,人民出版社 2002 年版,第 350 页。

⑤ 周威:《英格兰的早期治理》,北京大学出版社 2008 年版,第 68—69 页。

期,全国性的征兵动员令(commission of array)被频繁使用。但是国王并不愿意向征召的士兵支付报酬,他们要求应有各郡为征召的士兵提供武器甚至军费开支。由于《温彻斯特法》没有规定各郡应承担的上述费用,于是各郡抗议声不断。1327年,平民院请愿道:根据《温彻斯特法》他们不应当被强求负担军备军饷;除非由国王支付,否则他们也不应当在郡辖区之外承担军事义务。在各方压力下,请愿书以法令的形式予以确认颁布。其内容如下:国王命令,任何男性臣民不应被要求负担超过其从祖辈时代业已继受下来的装备标准;任何人都不应被强令派往所在郡之外的地方执行军务;在必要或者发生敌人突然入侵时,不受上述限制,但同以往一样,军事行动应当置于国家防御的限度之内。"① 爱德华三世时期的这个以请愿书为基础的法令,也一同并入《温彻斯特法》之中,成为其中的一部分。此后,虽然英格兰每逢时局动荡需要征募军队时,《温彻斯特法》并不是总被严格执行,自愿应征与强征混杂其间。但是不管如何,战争一经结束,军队便会立即解散。"16世纪出现的都铎王朝专制主义倾向,也不是依靠任何一支常备军来推行的,这构成了那段历史中最令人瞩目的事情。一两百名由自由民组成的护卫队以及另外一些驻守于要塞的士兵是国王常年供养的全部军队。"② 正如摩根指出的那样:"在该世纪其余的年代里,反对国外入侵和国内叛乱的第一道防线不是正规军而是民兵:他们未经过很好的训练,装备一般,由本地士绅们纠集和领导,通常是一支仓促建成的本土防备力量。这些士绅由国王任命,但不隶属于国王。"③ 其实,真正为英格兰带来军事独裁危险的不是国王,倒是将查理一世送上断头台的克伦威尔(1599—1658年),这位英格兰共和国的缔造者。在他之后,复辟的查理二世利用权力在和平时期维持了5000名正规军。詹姆士二世将这一数量增加到3万,但是一切的危险在1688年光荣革命后成为历史。《权利法案》规定:和平时期在国内征募或

---

① See F. W. Maitland, *The Constitutional History of England*, Cambridge University Press, 1911, p. 277.
② Ibid., p. 278.
③ 〔英〕肯尼斯·O. 摩根主编:《牛津英国通史》,王觉非等译,商务印书馆1993年版,第322页。

者维持常备军,未经议会同意,即为非法。①

我们设想一下,如果在英格兰,国王能够直接越过领主任意召集骑士服役,如果国王能够轻而易举地通过免服兵役税获得大量的金钱雇佣骑士,如果国王能够经常性地利用民团实现一己私利,那么,在英格兰就会拥有一支常备的、忠实于王权的军队,此时暴政离英格兰也许就不会太远了。② 因为当任何一方的野心被各自拥有的军事力量激发时,总会给予他们以强烈的诱惑和极大的便利来谋取一种赤裸裸的征服和统治。然而,正是因为缺少这一利器,英格兰历史中貌似你死我活的主张和反对声浪的背后,各种权力主体只能尝试着制约对方、限制对方,而不是消灭对方,进而实现自身权力的所有主张。同时,在这样的局面下,权力主体才会考虑采取其他的方式,而不是简单暴力的方式,对整个社会进行控制。

三、地方官僚队伍建立的失败

在中国古代皇权专制体制下,享有终极权力的皇帝为了进行专制统治,尤其是加强对地方上的控制,通常会建立一套从中央到地方的官僚队伍,通过对他们的任命和掌控,进而在最大范围内达到对整个社会的全面控制。如秦朝在郡、县之下地方上还设立了乡、亭、里等基层组织,在中央"三公九卿"之外,地方还有郡守、县令、县长、"三老"、亭长、里正等官员。应当说,一套上通下达官僚队伍的建立有助于权力主体将自身抽象的权力在实践中最大化的发挥。然而,这一符合权力内在逻辑属性的结果,在英格兰却没有

---

① 周威:《英格兰的早期治理》,北京大学出版社2008年版,第69页。
② 当然,英格兰独特的地理环境也是长期没有一支常备军的原因之一。如果没有英吉利海峡的天然庇佑,那么英格兰与欧陆国家一样,整日都将面临现实战争的威胁。为了安全,英格兰人可能也会求助于强大的军事力量,这在一定程度上就为专制独裁者们提供了军备扩张的借口,进而人们自然会将军政府看做是自己的保护人,自由会慢慢地流失了。正如汉密尔顿所指出的那样:"这一特别幸运的情况,在很大程度上有助于保持该国至今还享有自由,尽管还普遍存在贪污和舞弊。假如相反,大不列颠位于大陆上,而且由于这种情况,不得不使其国内的军事建制与欧洲其他列强的军事建制共同扩张起来,那么大不列颠在今天多半会同这些列强一样成为个人专权的牺牲品。这个岛国的人民有可能——虽然并不容易——由于其他原因而遭受奴役;但是不可能被其国内通常维持的少数军队的威力所奴役。"参见〔美〕汉密尔顿、杰伊、麦迪逊:《联邦党人文集》,程逢如、在汉、舒逊译,商务印书馆1997年版,第38页。

得到完全的实现。① 取而代之的是,原先作为国王地方代理人的郡长受到了社会的广泛制约,其地位与作用日益被代表地方公众利益的治安法官所取代,国王试图建立地方官僚队伍的努力在早期英格兰并没有实现。

(一) 作为国王地方代理人的郡长

在盎格鲁—撒克逊时期,英国共有大大小小36个郡。这些郡的形成不是人为安排的结果,而是由原先彼此独立的王国并入英格兰王国后逐渐形成的。②"一个大的王国因为有着众多的被分封者而无形中形成了许多相互区别的区域,这就是后来的郡。"③这些被并入英格兰王国的郡并没有丧失其独立的实体地位,在某种意义上讲,它们更像是构成英格兰王国的组成成员,而不是地方的行政单位。这样,原来各个王国的国王成为地方各郡的执政官方伯(the ealdorman 或 earl);各王国的民众大会转变为郡集会(shire moot),既作为一个司法机构存在,也具有政治议事功能。但是,与此同时,"英格兰地方最高的执政长官已经不再由地方选举产生,而是开始由英格兰国王和国民大会(national assembly)共同任命"。④ 考虑到国民大会大部分成员就是由这些地方方伯组成的,因此地方执政官的任命完全不同于我们今天所熟知的国家对于地方官员的任命。这样,古代英格兰的地方方伯与其说是国家的官职,毋宁说是地方的首领或封建初始化阶段的世袭封建贵族。他们掌控着地方司法、行政以及军事大权,其权力几乎不受什么实质性的约束。⑤ 但是,"从非常久远的时代起,一个名为'shire reeve'(郡执行官)的地方官职出现了。一般认为它就是后来地方郡长(sheriff)的前身。他起初好像也一直都是王室官员,由国王任命,代表国王的权威"。⑥

---

① 据程汉大教授考察,直到16世纪枢密院建立前,英格兰都不存在上通下达的官僚体系。参见程汉大、李培锋:《英国司法制度史》,清华大学出版社2007年版,第120页。
② F. W. Maitland, *The Constitutional History of England*, Cambridge University Press, 1911, p. 39.
③ 李红海:《普通法的历史解读——从梅特兰开始》,清华大学出版社2003年版,第99页。
④ See F. W. Maitland, *The Constitutional History of England*, Cambridge University Press, 1911, p. 39.
⑤ 周威:《英格兰的早期治理》,北京大学出版社2008年版,第73页。
⑥ F. W. Maitland, *The Constitutional History of England*, Cambridge University Press, 1911, p. 40.

诺曼征服并没有破坏郡或郡集会,他们只是用自己熟悉的法兰克语"comitatus"代替了原先郡"shire"的称谓,郡集会也被冠之以郡法庭的"county court"名称。① 正如密尔松所言:"如果说有些郡法院是行政管理的产物的话,有些看起来则像是从前的独立王国的管理实体。"②然而,地方方伯的权力过大也为日后其被郡长取代埋下了伏笔。

当秩序基本稳定后,诺曼国王们便开始致力于消除地方方伯对王国稳定所具有的潜在隐患。作为具备诸多职能的地方管理机构的郡法庭,从一开始就被诺曼征服者作为中央加强对地方控制和管理的切入点。王室的第一个措施就是在方伯手下设立郡长(sheriff)一职。"郡守(郡长)原系王廷的寒微小吏,多充王田上的管家(reeve),负责征调租税劳役、主持法庭等。"③虽然我们已经很难确定郡长被设立的精确时间,但是他的出现表明了国王试图在地方建立官僚队伍的努力。

起先郡长的地位虽然低于方伯,但是由于背靠王权,郡长往往掌握实权,俨然是一位实际的地方统治者。④ 作为王室的官员,他负责各种税款的征收、十户联保(frankpledge)的巡查、地方治安和军事武装以及主持郡法庭等。其中最重要的是主持召开郡法庭。他不仅负责法庭成员的召集,受理诉讼,而且还规定诉讼程序以及发布命令。但是,需要强调的是,他并不对案件作出最后的裁判,因为根据英格兰"同侪审判"(Jury by peers)的传统,每当案件需要作出裁判的时候,郡长应将这一工作交给郡法庭的全部出席者共同作出。至于郡长的态度在判决中所具有的分量,《亨利敕令集》(the Leges Henrici)有如下隐讳的记载:如果郡法庭的出席者对裁决有不同意见时,郡长作为法庭的主持人有权采纳他所倾向的意见,但是提出各自意见的

---

① See F. W. Maitland, *The Constitutional History of England*, Cambridge University Press, 1911, pp.40—41.

② 参见〔英〕S. F. C. 密尔松:《普通法的历史基础》,李显东等译,中国大百科全书出版社1999年版,第5页。

③ 参见孟广林:《英国封建王权论稿》,人民出版社2002年版,第60页。

④ F. Pollock and F. W. Maitland, *The History of English Law before the Time of Edward* Ⅰ, Cambridge University Press, 1968, Vol. Ⅰ, p.533.

出席者的爵位和声望都是郡长进行甄别时所必须关注的事情。① 随着郡长地位的稳步上升,原地方最高统治者方伯对郡的影响日渐衰微,成为仅满足于腰悬佩剑荣耀和对郡法庭诉讼收益 1/3 的无偿获得者。②

国王用郡长取代了方伯使其成为地方最高长官,将权力触角伸向了地方。亨利一世以前郡法庭的固定会期十分有限,不可能实际处理太多的法律事务。亨利一世为了加强对地方的控制曾明令规定:郡和百户区法庭将遵循忏悔者爱德华时代的习惯每年召开 2 次,但是如果为了王室事务,需要增加召开次数时,它们将受到召集。③ 这一规定意味着从亨利一世开始,根据国王的要求,郡法庭的召开次数可以不断地增加,以满足国王对地方控制的需要。因而,从这时起郡法庭变得比以往更加能动。我们可以通过这一时期的《亨利敕令集》中,国王经常通过令状指示郡长干预地方事务,印证了这一点。④ 此外,作为国王对地方的常规控制手段,郡长巡审制度(the sheriff's turn)也被建立起来。⑤ 在亨利二世时期,这一进程得到了加强,由于被当做国王的侍从,全郡几乎所有的事项如行政管理、军队、财政、司法以及治安均被纳入郡长的控制之下。在 1166 年的《克拉伦敦诏令》中,亨利二世命令郡长负责对经由每一百户区 12 人和每个乡镇 4 人共同宣誓控告的抢劫、谋杀和盗窃行为进行调查。之后,郡长还被授权征收免服兵役税、征召军队。⑥ 在地方事务中,郡长的角色也随着职能的扩张,逐渐冲破了郡法庭主持人这一传统形象的限制,开始"从英格兰最重要的法庭主持者,慢慢变

---

① See F. Pollock and F. W. Maitland, *The History of English Law before the Time of Edward* Ⅰ, Cambridge University Press, 1968, Vol. Ⅰ, p. 552.
② Ibid., p. 533.
③ Ibid., pp. 538—539.
④ Ibid., pp. 552—553.
⑤ 郡长巡审制是指郡长每年 2 次逐一对郡辖区内的百户区所进行的全面检查。每到一地,相应的百户区法庭都将交由郡长把持。所有在审案件的当事人、联保户主保人、每个乡镇的治安官及其 4 名乡镇成员都必须到席。郡长是代表国王行使权力的法官。See F. Pollock and F. W. Maitland, *The History of English Law before the Time of Edward* Ⅰ, Cambridge University Press, 1968, Vol. Ⅰ, p. 530.
⑥ 周威:《英格兰的早期治理》,北京大学出版社 2008 年版,第 79 页。

成了接受上级中央机关的命令的传达者"。①难怪梅特兰这样评论道:"当郡法庭逐渐丧失它作司法审判的地位,它却慢慢成为政治机构的基础。"②

(二) 对郡长权力的制约

1189年亨利二世去世。之后,不管是热衷于十字军东征的"狮心王"理查一世还是"失地王"约翰,都不约而同地利用其在地方上的代理人郡长横征暴敛,因此,遭到了民众的强烈反对。于是,"郡长不是裁判者,而只是郡法庭的召集者和主持者"这一古老传统在此时得到重申。1194年首席政法官休伯特·沃尔特就曾提出:"自理查第一次加冕礼起,郡长不得在所任职或曾任职的郡充当法官。"③这条规定可以说是1215年《大宪章》限制郡长权力条款的先兆。其后,国王与贵族均对郡长权力进行了限制。据史料记载,在1194—1209年间,郡长或其手下在所辖郡内审理的二十多起案件里充当法官,而到了1213年,作为平息不满的一种手段,约翰王通过总巡回法官先后在14起案件中,对郡长相关行为进行了调查。④与之相应,1215年贵族们借用相同的程序,通过每郡12名骑士组成的陪审团,全面调查郡长的"败坏风习(evil customs)"。⑤需要注意的是,这两次对郡长权力的巡查有着不同的目的和侧重点,其中国王的巡查为的是建立一个高效和忠诚的地方政府,而贵族们则力图按照自己的意愿塑造地方政治。于是,1215年《大宪章》第一次用法律的形式对郡长权力设定了实质性的限制。《大宪章》第24条明确规定:"郡长、治安官、验尸官、监守官等王室官员均无权审理王室诉讼。"⑥1217年,进一步规定:"禁止郡法庭两次集会的间隔不足一个月。"⑦之后,郡长按月召集郡法庭逐渐成为惯例,国王不能随意要求郡长

---

① 参见〔英〕S.F.C.密尔松:《普通法的历史基础》,李显东等译,中国大百科全书出版社1999年版,第6页。

② F. W. Maitland, *The Constitutional History of England*, Cambridge University Press, 1911, p. 43.

③ See J. C. Holt, *Magna Carta*, Cambridge University Press, 1992, p. 299.

④ Ibid., p. 325.

⑤ Ibid., p. 48.

⑥ 周威:《英格兰的早期治理》,北京大学出版社2008年版,第80—81页。

⑦ 参见〔英〕S.F.C.密尔松:《普通法的历史基础》,李显东等译,中国大百科全书出版社1999年版,第6页。

召集。对于郡长及郡法庭这一时期的变化,密尔松教授精辟地说道:"随着国王地方代理人郡长地位的逐渐行政化、科层化,郡长及其郡法庭也日益走向衰落。"①

郡长因《大宪章》的签署,丧失了自行判决的合法性基础,于是,他开始向郡法庭召集人的传统角色回归。一种多数原则在13世纪的郡法庭议程中逐渐被确立起来。② 1226年发生在林肯郡的一个案例表明,郡长已经无权超过《大宪章》所规定的时间随意召集郡法庭。③ 在一般情况下,民众已经习惯性地认为,如果案件在规定的时间没有审结,郡法庭就应该休庭,直到下一个开庭期到来为止,郡长如果随意地调整开庭时间或地点往往会造成民众的反抗。④

不仅如此,郡长作为王权在地方代理人的状况也在悄然地发生着转变。据梅特兰考察,亨利二世时,国王还要求郡长要对其行为向他负责,并接受相应的处罚。但是到了爱德华一世时代,据王室法官亨汉姆(Hengham)说,如果郡法庭作出了错误的判决,那么郡长不应受到处罚,因为判决是郡法庭集体作出的,郡长能够避免偏袒和无知,况且郡长财产也不多,没有支付罚金的能力。⑤ 由此,我们可以看到,此时裁判责任已经明确地落在了郡法庭,而不是郡长身上。合议制的庭审方式在一定程度上也限制了国王利用郡长干预地方郡法庭的企图。同时,合议原则也被广泛地适用于郡长巡查制度。据记载,到了13世纪末期,当郡长巡回百户区时,除了那些乡镇和联保户的代表外,12名自由土地保有人组成的陪审团已经成为必不可少的设置,郡

---

① 〔英〕S.F.C.密尔松:《普通法的历史基础》,李显东等译,中国大百科全书出版社1999年版,第6页。
② 周威:《英格兰的早期治理》,北京大学出版社2008年版,第83页。
③ 关于此案例详见 F. Pollock and F. W. Maitland, *The History of English Law before the Time of Edward* Ⅰ, Cambridge University Press, 1968, Vol. Ⅰ, pp.549—550。
④ 同样的例子在密尔松那里也有论述,"尽管某些法庭会选择在这个与那个市镇间轮流开庭,可是,当约定的地点从中部的一个市镇变成位于该镇另一端的市镇的时候,就会导致人们的抗议"。参见〔英〕S.F.C.密尔松:《普通法的历史基础》,李显东等译,中国大百科全书出版社1999年版,第6页。
⑤ See F. Pollock and F. W. Maitland, *The History of English Law before the Time of Edward* Ⅰ, Cambridge University Press, 1968, Vol. Ⅰ, p.546.

长则必须在陪审团的"协助"下才能履行职权。① 只有陪审团有权决定是否接受或补充当事人陈述中的遗漏。郡长必须根据陪审团签字确认的陈述状,决定签发对重罪疑犯的逮捕令,或者以国王的名义宣布那些轻微违法者以判处罚金的形式进行宽大处理。②

除了郡法庭出席者通过集体合议的方式对郡长权力进行限制外,国王也对郡长采取了一系列限制措施。如在任命方式和任期上,由于郡长一般都是地方上的大户,在被任命时要向国王宣誓效忠,而且随时可能被解职;郡长的任期也被限制为 1 年。更为重要的是,他每年都要前往威斯敏斯特向中央财政署作财政汇报;而且后来国王又在各郡设立 4 名验尸官(coroner),名为协助,实际上在很大程度上是监督和制约郡长,这一点在刑事诉讼中体现得尤为明显。③

之所以国王会对原先所倚仗的地方代理人郡长进行限制,是因为随着 12 世纪中期以后郡长权力在地方的增强,国王已经越来越感觉到郡长可能如同以前的方伯一样成为地方上的头面人物与之相对抗。这一点我们可以从亨利二世在位期间首席政法官(justiciar)杰弗里·德·曼德维尔(Geoffrey de Mandeville)对其的劝告中予以证明:"殿下,如果不加以控制(unchecked),这些地方郡长将会篡夺国王的权力。"④

总之,由于郡长势力对于王权的威胁以及国王巡回审和陪审制的发展,从 13 世纪中后期起郡长逐渐在地方上衰落了。郡长在地方上的衰落意味着国王希望通过郡长控制地方的努力基本落空,同时也意味着一种控制地方的新官僚设置努力即将展开。

---

① 一般情况下,郡长巡查的内容涉及以下 3 个方面:(1)核查联保制的执行情况;(2)受理对重罪疑犯的控告,郡长可以决定对疑犯实施逮捕、监禁或保释,但是无权对案件进行审判,案件只能交由总巡回法庭或者履行提审囚犯委任令的特别巡回法庭进行审理;(3)负责审理那些通过交纳罚金便可结案的轻微侵害案件。See F. Pollock and F. W. Maitland, *The History of English Law before the Time of Edward* Ⅰ, Cambridge University Press, 1968, Vol. Ⅰ, p.559.
② 周威:《英格兰的早期治理》,北京大学出版社 2008 年版,第 84 页。
③ 李红海:《普通法的历史解读——从梅特兰开始》,清华大学出版社 2003 年版,第 101 页。
④ J. H. Baker, *An Introduction to English Legal History*, Butterworths, 1990, p.18.

（三）治安法官的产生

治安法官滥觞于 12 世纪的治安维持官（keeper of peace）。① 12 世纪末随着王国的混乱与动荡，英王常会委派个别重要人物担负特殊使命，维护社会稳定，后来地方上的杰出人士为国王所倚重，常委以治安、军事等权力，至爱德华三世前期形成治安维持官制度。爱德华三世后期，治安维持官完成了向治安法官的演变。

早在 1200 年起，郡骑士便不时地被委派进行治安管理。骑士们的主要职责是协助（很可能是监督）郡长履行维持治安、逮捕罪犯以及征募民团等职责。在 13 世纪贵族战争期间，他们正式以治安维持官的身份走上前台。如 1265 年 6 月爱德华王子以国王的名义颁布法令，要求全王国的治安维持官采取措施镇压叛乱，恢复王国秩序。② 此时的治安维持官多从郡中骑士阶层中任命。1285 年著名的《温彻斯特法》颁布，法令授权治安维持官（custodes pacis）每年两次巡查居民的武备情况，监督法令的实施。③ 1287 年对治安维持官的任命具有标志性的意义。爱德华一世于该年前往加斯科涅筹备战事，为了保证他离开英格兰期间的社会秩序，国王第一次正式委任了一些地方治安维持人承担治安职责。这一临时性的措施，后来逐渐成为一种固定有效的治安模式，治安委任令开始通行于全国。国王通常会正式颁发治安委任令，或者至少会发布公告督促他的臣民在他离开英格兰期间，对维护和平秩序勤勉尽责。④ 作为治安法官的前身，"当治安维持官根据 1300 年特许条例，被委任听审并裁决有关违反《大宪章》及《狩猎场宪章》（the Charter of the Forests）行为的控告时，潜在的司法权能才开始逐渐形成"。⑤ 14 世纪后半期，治安维持官被正式任命为治安法官，并领受每审期每天 4 先令的报酬。"1388 年的一项制定法规定，治安法官每年主持开庭 4 次——这就是

---

① C. A. Beard, *The Office of Justice of the Peace in England*, The Columbia University Press, 1904, p. 57.

② Ibid., pp. 20—21.

③ George Burton Adams and H. Morse Stephens, *Select Documents of English Constitutional History*, The Macmillan Company, 1924, p. 78.

④ See Anthony Musson and W. M. Ormrod, *The Evolution of English Justice: Law, Politics and Society in the Fourteenth Century*, Macmillan Press, 1999, p. 84.

⑤ Ibid., p. 50.

至今仍在延续的治安法官季审法庭(Quarter Sessions of the justices of the peace)的起源。这一制度很快随着议会的发展变得流行并兴盛起来。"① 至此,"治安法官同时也成了劳工法官——用我们的话说,他们不仅拥有司法权,还享有了行政权"。"治安法官的季审法庭越来越取代旧的郡法庭成为了郡内真正的管理机构;旧的郡法庭正逐渐消退为一个单纯受理小额民事纠纷的裁判所。"②

以治安法官取代郡长是国王的无奈之举,因为如果让出身贵族的郡长控制地方政权,贵族之间的战争会带来王国的混乱和无序,从更深的意义上讲,这也意味着国王自上而下建立地方官僚队伍努力的失败。③ 之所以如此,首先是因为治安法官已经不能像原先的郡长那样被国王所任意摆布,成为其控制地方的工具。在各郡,治安法官虽然是以"国王的法官"的名义行使其职权,但是他们同时又是由地方提名并经议会任命的。在地方事务上,治安法官拥有极高的权威,但其权力却始终被代表公众利益的陪审团所分享。④ 季审法庭适用陪审制度,相应地治安法官的行为必须要受到社会各方的监督,因此他们不得不时刻守住自己的良心,体现公众的利益,而不是做国王权力在地方的代言人。

另外,从治安法官的来源上看,他们虽然要由大法官以国王的名义通过盖有国玺的印鉴的委任状予以任命,但是他们基本上都世代居住于任职的郡内,熟悉当地的风土人情与法律习惯,是地方家境富裕、经济独立的乡绅或小贵族阶层。如当时的一项法令规定:必须拥有年收入 20 英镑(大约相

---

① F. W. Maitland, *The Constitutional History of England*, Cambridge University Press, 1911, p. 206.
② Ibid., p.208.
③ 此时,国王将地方控制交给大都由乡绅和骑士组成的治安法官之所以是无奈之举,是因为,国王认为为了维护王权将地方交给贵族是不可行的,贵族之间的战争会给王国带来混乱和无序,甚至会引发欧陆国家那种贵族与国王之间的战争。加之上面提到郡长的种种缺陷使国王明知不能再对其委以重任。此外,更为重要的是,中央的财政根本无力支撑国王自上而下建立地方官僚队伍的政治野心,并且崇尚自由的英国民众也无法接受那种科层化官僚的统治。合适的人选需要具有对王室的忠诚,地方治理上的经验,拥有一定的财产且在民众中具有一定的威望。地方的乡绅与骑士无疑是唯一可善加利用的。同时地方的乡绅与骑士也渴望通过国王的正式委任实现其个人和群体的利益。在这样多方因素的作用下,国王通过治安法官控制地方的方式形成了。
④ 周威:《英格兰的早期治理》,北京大学出版社 2008 年版,第 89 页。

当于中世纪一块骑士采邑）的自由土地保有人才可担任治安法官。① 这样相对独立的身份使他们不必依靠国王的俸禄而自食其力，这就在一定程度上防止了其处处唯国王命令马首是瞻状况的出现。他们或者为了自己的利益或者为了地方公众的利益，在身份上游离于国王官僚与地方自治民官之间，致使国王试图完全控制地方的努力一次次遭受失败。

总之，这些来自于"民间"的治安法官使得代表王权命令、政策乃至法律与社会大众之间保持紧密联系，使地方公众的利益在一定程度上得到了表达。

面对中世纪封建制度的"离心力"，用地方官僚政治取代封建割据的方式成为人们解决王权与其他地方权威紧张关系，结束分裂，构建统一秩序的通常手段。在英格兰，由于郡长本身的缺陷以及社会多元利益对其的制约，国王试图构建金字塔式的官僚体系失败了。国王对地方的治理不能再依靠咄咄逼人的地方长官，将其权力的触角进一步扩张，相反只能依靠代表公众利益的治安法官"间接地"控制着整个社会。这样的局面不得不促使国王抛弃权力扩张本身的逻辑和方式，而选择另外一种更加和缓、内敛的方式达到对整个社会的控制。

第二节　国王行政司法化的进程

由于权力具有天然扩张性，一旦权力主体拥有相应的物质资源，那么权力就能够按照其自身的逻辑发展成为控制社会的主要力量。与之相应的结果就是，行政权在行使中吞噬其他权力，成为权力的主要表现形态。司法权必然成为行政权的附庸，司法只是执行行政权的一种工具，司法仅在功能意义上而存在。如司法在中国古代"性质上是专制皇权的附庸，形式上与行政完全重合"。②

---

① 程汉大、李培锋：《英国司法制度史》，清华大学出版社2007年版，第163页。
② 方立新：《传统与超越——中国司法变革源流》，法律出版社2006年版，第3页。

第二章 行政司法化

然而,英格兰国王由于需要"靠自己生活",没有完全听命于自己的常备军队,加之建立地方官僚队伍的失败,因而,英王不能像古代东方国家那样将行政权凌驾于其他权力之上,按照"命令——服从"的模式进行统治。因而,司法行政化的逻辑结果在英格兰没有产生,相反,一条具有"行政司法化"特征的司法控制模式被英格兰所选择。①

英格兰国王行政司法化的进程主要是通过建立、完善司法体系实现的。

一、亨利二世时期确立的巡回审判制度

英格兰由于缺少能够确保王令上通下达的地方官僚队伍作为制度依托,国王对于地方的控制不是从直接设立中央常设机构,而是从建立一支巡游的法官队伍开始的。因为中央权威必须具备能够将其治理扩展到王国各地的能力,将国王的意志渗透到臣民个体的意识之中,"而早在12世纪,人们便已经意识到这一任务能够通过巡游王国的法官队伍来完成"。②

其实,巡回审判制度起源于诺曼王朝之初,威廉一世就有经常派遣御前会议成员到地方听讼的习惯。③ 不过,作为中央向地方派遣的审判机构,巡回法庭是在亨利一世时出现的。需要强调的是,亨利一世时期出现的巡回法庭不仅带有很大的随意性,而且受命来到地方的钦命大臣也大多是国王临时所差遣的宠臣。④ 如卡内冈教授所言,在亨利一世时期"御前会议的一些成员被偶尔派出沿一定郡县外出巡游以主持法庭诉讼——主要是刑事和森林案件,并监督和辅助地方法庭的工作。此时整个王国还没有像后来的

---

① 本书之所以将英国司法的外部结构特征总结为"行政司法化",一方面源于自己长期的思考,另一方面也受到国内学者周威的启发。他在《英格兰的早期治理》一书中,将早期英格兰的国家治理模式提炼为"普通法司法治理模式",以说明早期英格兰司法创新在国家治理过程中所扮演的重要作用。这里笔者对其深表感谢。

② See Anthony Musson and W. M. Ormrod, *The Evolution of English Justice: Law, Politics and Society in the Fourteenth Century*, Macmillan Press, 1999, p.42.

③ 例如大约在1074年间,为处理伊利修道院的地产被不法分割的诉讼,威廉王就派遣了库斯坦主教杰弗里、林肯伯爵瓦尔塞奥夫、林肯郡守皮科特等组成的执法团前去处理。参见孟广林:《英国封建王权论稿》,人民出版社2002年版,第333页。

④ 参见孟广林:《英国封建王权论稿》,人民出版社2002年版,第333—334页。

总巡回制度那样被分为若干个巡回区,以使这种巡回业务能覆盖全国"。①直到12世纪70年代,亨利二世司法改革时,巡回审判才被纳入制度化的轨道。

亨利二世继位后的头10年把主要精力都放在了恢复斯蒂芬内乱所带来的破坏,因而,国王对社会的控制与他的祖辈没有太大区别,只有很少的王室官员被零星地派遣到王国各郡收集信息,如卡内冈教授描述道:"亨利二世统治的头些年也是偶尔派出一名贵族主持一次巡回审——艾塞克斯的亨利在英格兰南部,莱斯特的罗伯特在白金汉郡。"②然而,这一状况在1166年有了实质性的变化。为了加强对地方的控制,1166年亨利二世颁布了《克拉伦敦诏令》(the Assize of Clarendon)。该诏令第1条要求每个百户区的12名以及每个村庄的4名最守法的人组成陪审团,他们被授权对怀疑犯有重罪的人向国王的法官或郡长提出控诉。据此,王室法官获得了巡回王国审理刑事案件的权力。③ 为了实施《克拉伦敦诏令》,从国王库里亚中很快分离出第一个总巡回法庭(the General Eyre),理查德·德·卢西(Richard de Lucy)和杰弗里·德·曼德维尔(Geoffrey de Mandeville)被任命为第一任总巡回法官。④ 总巡回法庭于当年巡回王国东半部,受理那些被陪审团控告的案件和纠正非法侵占土地的行为,但由于曼德维尔在途中去世,这样第一次巡回被迫于1166年10月中止。由于总巡回法庭能够迎合民众的利益,显示出良好的制度成效,因此,在1168—1170年的第二次巡回审中,国王制定了更为详细的安排,若干个巡回法庭被分派至王国各个地方。一直到1175年前,几乎每年都会进行一次巡审,派出的巡回法庭一般维持在3

---

① 〔比〕R.C.范·卡内冈:《英国普通法的诞生》,李红海译,中国政法大学出版社2003年版,第25—26页。

② 同上书,第27页。

③ 《克拉伦敦诏令》第1条这样规定:"为了维护和平与正义,上述的亨利国王在他的所有男爵的建议下规定,从每个百户区中挑出12名最守法的公民以及每个村庄中挑出4名最守法的公民,由他们经宣誓后在各郡与各百户区中调查自国王登基以来,在他们所在的百户区或村庄中是否有被指控或明显地涉嫌从事抢劫、杀人、盗窃或者窝藏这些罪犯的人。同时,这项调查应当被带至国王的巡回法官或者郡长们面前。"See George Burton Adams and H. Morse Stephens, *Select Documents of English Constitutional History*, The Macmillan Company, 1924, pp.14—15.

④ 这里需要注意的是,"Eyre"在古法语中是"行程、行进"的意思,这里特指被派出巡回各郡的法庭,它与后来特别委任巡回法庭统称的"Itinerant court"有所不同。

个左右①,以至于卡内冈教授激动地说道:"1168 年总巡回审重新开始,这一年开始出现了对全国的系统巡回,一个持续达数世纪之久的英国司法的长久特征出现了!"②然而,需要我们注意的是,在初始阶段巡回审判制度还呈现出许多非制度化特征,如理查森在描述这一时期的巡回法庭时写道:"这里没有固定的巡回路线,即便是其中一些在后来被确定下来,也仅仅是基于从前松散的尝试;在巡回审判制度的发展历程中,每一个选择都是不断取舍和完善的一环。"③

经过 1166—1175 年近 10 年的成功尝试后,1176 年 1 月《北安普顿诏令》(the Assize of Northampton)正式颁布,王国被正式分为若干个巡回区。在紧随其后的北安普顿会议上,亨利二世任命了 18 名总巡回法官,他们共分为 6 组,每组 3 人,巡视全国。1179 年复活节(Easter)之后的会议上,又重新任命了 21 名总巡回法官,他们在首席政法官理查德·德·卢西的领导下,分为 4 组巡回全国。④ 至此,"巡回审成为英格兰政府一项永久的特征,它使国王的权力到达了各郡,并在近一个世纪里迅猛发展"。⑤

这里需要特别强调的是,总巡回审判制度虽然名义上属于司法的范畴,但是这项制度在这一时期的英格兰更多地被国王用来执行有关行政的事务。如在 1166 年《克拉伦敦诏令》颁布伊始,巡回法庭仅依据巡回审判的委任令,依照国王的命令审理郡法庭在审案件(ad omniaplacita)。⑥ 随后国王颁布的《巡回规条》(capitula itneris)要求地方所有与规条内容一致的事项都应该接受总巡回法官的质询,并且法官有足够的空间去解释所巡回事项的内容,他们可以把几乎所有被认为与王室利益相关的事项都纳入到总巡

---

① 参见周威:《英格兰的早期治理》,北京大学出版社 2008 年版,第 94 页。
② 〔比〕R.C.范·卡内冈:《英国普通法的诞生》,李红海译,中国政法大学出版社 2003 年版,第 27 页。
③ See Ralph V. Turner, *The English Judiciary in the Glanvill and Bracton 1176—1239*, Cambridge University Press, 1985, p.23.
④ 周威:《英格兰的早期治理》,北京大学出版社 2008 年版,第 95 页。
⑤ See Ralph V. Turner, *The English Judiciary in the Glanvill and Bracton 1176—1239*, Cambridge University Press, 1985, p.23.
⑥ See F. W. Maitland, *The Constitutional History of England*, Cambridge University Press, 1911, p.137.

回审判的管辖下。难怪有学者评价道:《巡回规条》上下均"流溢出对国王自身利益超乎一切的关注"。① 此外,据特纳考察,总巡回审在 1170—1175 年间一直为国王处理大量的行政事务,如 1170 年针对郡长的调查,1172 年为征讨爱尔兰的战事而征缴免服兵役税等。1173—1174 年政府的日常工作被一场叛乱所打断,总巡回审又承担起全国范围内征税的任务。② 普通法学者贝克对总巡回审的性质这样评价道:"总巡回审不仅是一个法院,它更像是一种监督地方政府的方式,在某种意义上是一个巡回的政府。"③

上述的事实表明,亨利二世时期建立的巡回审判制度是国王树立中央权威,加强对地方控制的有效途径之一。它成功地将国王的权威散布到王国各地,拉近了国王与臣民的距离。每当总巡回法官到来,地方所有的机构都将中断它们的工作,所有的社区代表、主要的土地保有人都将集结于巡回法官周围,接受国王钦差的监督和检查。④ 在某种意义上讲,亨利二世建立的巡回审判制度是中央获取地方真实情况的重要信息途径,同时使国王在"悄然无声"中,渐进地、和缓地控制了王国。对此,密尔松这样评价道:"这一制度必然导致了一种趋势,那就是将各种问题从旧体制的底层转移到上层来,以便让国王直接统治他的臣民,使臣民可以直接到国王那里寻求公平和正义。"⑤

亨利二世确立的巡回审判制度是英国司法外部结构特征——行政司法化最为重要的表现,同时开始了英王行政司法化努力的先河。之所以这样讲,是因为在一定意义上,巡回审判制度是国王在地方建立代理人制度失败后的替代控制方式。它是在地方没有被纳入国王权力体系的前提下,国家社会控制模式自我合理化的结果。巡回审判的对象不仅仅是直接的案件当事人、某个地方官员,而是整个地方社区,因为不仅全部社区的代表要出席

---

① See Anthony Musson and W. M. Ormrod, *The Evolution of English Justice: Law, Politics and Society in the Fourteenth Century*, Macmillan Press, 1999, p.43.
② See Ralph V. Turner, *The English Judiciary in the Glanvill and Bracton 1176—1239*, Cambridge University Press, 1985, pp.19—20.
③ J. H. Baker, *An Introduction to English Legal History*, Butterworths, 1990, p.19.
④ 周威:《英格兰的早期治理》,北京大学出版社 2008 年版,第 99 页。
⑤ 参见〔英〕S.F.C.密尔松:《普通法的历史基础》,李显东等译,中国大百科全书出版社 1999 年版,第 21 页。

巡回法庭,而且法律责任常常也要由社区整体来承担。在这一点上,巡回法庭充当了地方与中央联系的纽带与桥梁。①

总巡回审的制度意义在于,它较之于地方代理人制度,则表现为一种国家权力对地方的有限干预。因为总巡回法庭的职能无论多么庞杂,毕竟只是一种"流动性"的机构设置,因此也就不可能像常设的地方政府机构那样,对辖区内的日常事务进行全面的监管或控制,并且客观上"很好地解决了因征服而建立的帝国的所有关键性问题,即如何在不花费很大成本的情况下将中央的政治权力施加到地方,并且不会产生足以对抗中央权威的地方权力中心"。② 他们短暂地被国王派出巡回地方,收集中央政权需要的信息,将中央权力施加于地方当局之上,然后回到国王身边。这样英王不必供养大量与王室官员相脱离的地方行政官。更重要的是,他并不需要担心这些官员会成为地方分裂势力。另外,巡回审判方式意味着英王在统治方式上已经开始选择以裁判者的身份,通过对具体行为进行评判的行政司法化方式,向地方行使权力。这种中立、被动、和缓以及有限的司法控制方式,有别于那种权力自上而下科层制的运行方式。

因此,我们可以说,自亨利二世确立起来的巡回审判制度代表着英格兰统治者开始以行政司法化的社会控制模式治理社会。这种模式同时也为人类在自上而下通过官僚科层,推行禁止性命令或行政指令之外,提供了另一种的选择。

二、理查一世时期出现的普通诉讼法院

亨利二世通过确立巡回审判制度将国王的权威和恩惠传播到地方,国王通过司法化的方式践行着原本可以通过单纯行政措施控制社会的目的。由于总巡回审判的快捷有力,使得底层民众对于它的需求迅速膨胀。为了迎合民众的需求,同时也为了对社会控制程度的进一步加强,英王开始尝试在中央设立常驻性的司法机构。正如贝克教授评论的那样:"原来变动不居

---

① 周威:《英格兰的早期治理》,北京大学出版社2008年版,第99页。
② 〔美〕马丁·夏皮罗:《法院:比较法上和政治学上的分析》,张生、李彤译,中国政法大学出版社2005年版,第100—101页。

的国王是王国行政的中心,此时法庭的建立意味着是一种集权。"①

御前会议(Curia Regic)作为盎格鲁—撒克逊时期贤人会议(witenagemot)的延续②,是早期英格兰集多种权能于一身的中央王室政府。但是,需要我们注意的是,御前会议并不是一个固定于某地的常驻机构。由于早期英格兰真正意义上的官僚体系并未建立,国王本人不得不经常地巡视各地,威慑各领主,以求对地方进行控制。加之,在约翰王丧失大陆土地之前,英王也不得不跨海而治,在国王留居大陆期间,作为国王法庭的御前会议必须始终追随国王左右,因此早期中央政府常常处于游动状态,很难对英格兰各项政务实施经常性的控制。为此,自12世纪起,存在这样一个趋势,即一部分行政官员(administrators)开始驻守于国王的威斯敏斯特宫廷,在国王外出巡视或者离开王国时,负责处理日常事务,其中最主要的是财税和王室财产管理工作。亨利一世时代,财政署(the Exchequer)第一个从御前会议中分离出来。③ 财政署的主要职能是负责政府岁入的收缴、保管以及核算,同时也是英格兰最早(1130年)开始记录书面卷档的部门。④ 一直到12世纪中叶的格兰维尔时期,财政署名义上仍是一个财政管理机构,而不是一个司法机构。⑤

除了亨利二世时期确立的总巡回审外,英王设立的第一个行政司法化控制社会的固定常驻机构是普通诉讼法院(the Court of Common Pleas)。业已提及,亨利二世确立的总巡回审对于社会的控制是"流动性"的,而不是常设性的固定机构。即便是总巡回审最繁忙的10年即1179—1189年,巡回法庭也只能是在数周前,国王先向郡长颁发令状,然后再巡回各郡。因而,不可避免造成的结果就是,每当总巡回审结束,民众即使需要得到国王的"恩惠"也只能等待下次巡回审的到来。为了满足民众随时投诉的需要,更

---

① J. H. Baker, *An Introduction to English Legal History*, Butterworths, 1990, p. 22.
② 根据普拉克内特教授的考察,中世纪英格兰的御前会议可能来源于王室的内务机构或盎格鲁—撒克逊时期的贤人会议。具体参见〔英〕西奥多·F. T. 普拉克内特:《简明普通法史》(英文影印本),中信出版社2003年版,第138页。
③ J. H. Baker, *An Introduction to English Legal History*, Butterworths, 1990, p. 21.
④ Ibid.
⑤ 程汉大、李培锋:《英国司法制度史》,清华大学出版社2007年版,第36页。

为了更好地控制社会,国王设立了第一个固定的行政司法化机构,即普通诉讼法院。

关于普通诉讼法院的产生,西方学界有许多不同的说法。其中梅特兰将其追溯到亨利二世时期的1178年7月。亨利二世从诺曼底返回英格兰时,以18名巡回法官数量太多以至于国王负担太重为由,重新任命了5名王室私臣(private familia),即2名教士3名俗人,陪同他亲自巡回全国,听审民间的怨声。当亨利返回大陆属地后,这些被任命的王室官员留在威斯敏斯特财政署中继续履行其工作。① 据此,梅特兰认为普通诉讼法院在亨利二世时期形成。梅特兰这一观点曾得到了许多英国法律史学者的认同,如乔利夫、亚当斯、利恩以及卡内冈等。然而,自20世纪40年代起,G.O.塞尔斯、H.G.理查逊和B.肯普等人依据发现的档案材料指出,1178年法案只是亨利二世采取的一种权宜之计,那时由5名小会议成员组成的普通诉讼法院仅仅昙花一现,因为在此后的近20年内,编年史家只是偶尔才提到它,足见那时期这个法院还不是一个地位稳固的常设法院。② 他们认为,普通诉讼法院是在12世纪90年代从财政署派生出来的。③

在笔者看来,作为一个专门的机构,普通诉讼法院的轮廓是在理查一世时代(1189—1199年)变得清晰起来的。1189年理查一世继位后曾常年忙

---

① Ralph V. Turner, *The English Judiciary in the Glanvill and Bracton 1176—1239*, Cambridge University Press, 1985, p.21.
② 程汉大、李培锋:《英国司法制度史》,清华大学出版社2007年版,第34页。
③ 这里他们将普通诉讼法院认为是从财政署派生出来的观点,笔者认为是值得商榷的。首先是因为,从案件的来源上看,早期普通诉讼法院的司法职能不应被当做财政署自然发展的衍生物或结果,而是应将其看做是国王为弥补总巡回审不足的一种考虑。其次,更为重要的是,很多普通诉讼法院法官都曾是御前会议的成员,拥有王国中最显赫的地位,他们直接从国王那里接受命令,在职能上对财政署没有任何的依赖,在很大程度上财政署官员与王室法官就是一种平行设置,所以不大适合将他们降为财政署的官员。之所以上述学者会产生上述观点,主要依据在于两者的办公地点以及开庭时间是一致的。但是普通法学者特纳却认为普通诉讼法院在常设的威斯敏斯特的财政署中工作,仅仅是因为财政署所在之处是王宫中最适合办公的地方。另外,虽然最初案件审理的开庭期与财政署的会期完全相同,即每年的复活节与米迦勒节两次,但是这样的选择似乎也说明不了什么问题,因为在信仰基督教的国度里,选择在主要的宗教节日作为开庭的时间往往是通常的做法。因此,在这里我们没有必要特意在财政署与普通诉讼法院之间建立实质性的关联,同时也没有必要从一开始就在二者之间划清界限,因为在英格兰接受国王授权的是具体的人而非特定的机构,如亨利二世时期的财政大臣同时也是王室的法官。参见周威:《英格兰的早期治理》,北京大学出版社2008年版,第177—178页。

于欧陆的战事,亨利二世时代所采取的许多措施都陷入停顿状态,如这一时期的总巡回法庭主要忙于战事资金以及国王赎金的筹措,无暇顾及司法事务。同时,由于民众对于国王司法需求的日益膨胀①,为此,"在英格兰首席政法官休伯特·沃尔特的主政下,位于威斯敏斯特的普通诉讼法院开始直接受理诉讼,成为其发展的最为关键时期"。② 从前,巡回法庭是那些希望适用亨利二世创设新制度的民众诉求的地方,但是现在位于威斯敏斯特的普通诉讼法院也为他们提供了相同的机会,"任何人只要不辞辛劳、自担旅费来到威斯敏斯特,就可以不必等待巡回法庭再次来到他所在的郡"。③ 对于理查一世时期普通诉讼法院的情况,学者特纳评论说:"虽然它的开始是暗淡的(dim),完全遮蔽(overshadowed)在财政署和总巡回审判制度之下。但是,在沃尔特的主政时期,它逐渐清晰。位于威斯敏斯特财政署的普通诉讼法院,已经成为自由民在亨利二世时代诉求总巡回审的替代者。"④1194年,普通诉讼法院已经出现了审判记录(plea roll)。⑤ 此外,普通诉讼法院从12世纪90年代起已经开始在希拉里节(Hilary term)和圣三主节(Trinity term)新增两个开庭期⑥,与财政署的运作有了明显的区别。

其实,对我们来说,真正重要的也许并不是上述机构的前身究竟是什么,而在于它的建立开创了一个新的习惯和做法,英格兰的普通民众至少从此以后在国王巡回审判之外,有了一个寻求司法救济的固定场所,同时国王也可以通过这个固定场所进一步扩展具有行政司法化特征的社会控制模式。

---

① 周威:《英格兰的早期治理》,北京大学出版社 2008 年版,第 118 页。
② Ralph V. Turner, *The English Judiciary in the Glanvill and Bracton 1176—1239*, Cambridge University Press, 1985, p.68.
③ Ibid., pp.68—69.
④ Ibid., p.68.
⑤ Ibid., p.66.
⑥ 根据学者特纳考察,希拉里节和圣三主节至迟已经在 1188 或 1189 年开始开庭审理案件了。现存最早的圣三主节开庭期档案记录日期为 1195 年 6 月 15—25 日,而 1196 年,希拉里开庭期中判处的罚金已经是一笔可观的收入了。See Ralph V. Turner, *The English Judiciary in the Glanvill and Bracton 1176—1239*, Cambridge University Press, 1985, p.69.

三、约翰王和亨利三世时期形成的王室法院

如果说理查一世时期逐渐清晰的普通诉讼法院是国王在巡回审之外在中央设立的第一个固定的行政司法化社会控制机构的话,那么,约翰王和亨利三世时期逐渐形成的王室法院则是这一进程的继续。约翰王和亨利三世时期中央王室法院的进一步完善主要是通过王座法院与普通诉讼法院之间关系的独立、财政法院逐渐从财政署中的分离以及首席政法官官职的撤销等三个方面完成的。

应该说,王座法院(Coram Rege or the Court of King's Bench)的产生与普通诉讼法院的出现之间有着直接的联系。业已提及,1178年亨利二世委任5名御前会议成员专门审理普通诉讼,这一被称为"the bench"的司法团体出现后,国王御前会议中负责普通诉讼之外司法工作的王室官员逐渐形成另外一个称为"国王跟前"(coram rege)的法院。① 作为王座法院前身的"国王跟前"(coram rege)法院在约翰王统治时期得到了迅速的发展,出于建立个人专制统治的目的,"在1209—1214年一度成为唯一的中央法院,因为那时普通诉讼法院的司法活动被约翰强行停止"。② 当然,在1216年约翰去世一直到1234年亨利三世重建王座法院前,王座法院在近20年时间里完全处于中断状态。不过,总体而言在约翰王时代以及亨利三世早期负责普通诉讼的"the bench"与专门审理与国王利益有关的"coram rege"是完全重合在一起的③,并且"coram rege"也没有彻底从御前会议中分立出来,两者在人员构成上还存在一定的重复。

1234年夏天,亨利三世罢免了权臣斯蒂芬·希格雷夫(Stephen of Segrave)。④ 与此同时,他重建了王座法院,并设置了单独的王座法院案卷(co-

---

① J. H. Baker, *An Introduction to English Legal History*, Butterworths, 1990, pp. 21—22.
② 程汉大、李培锋:《英国司法制度史》,清华大学出版社2007年版,第39页。
③ 王座法院管辖案件的理论,来源于国王是王国"和平与安宁"之源。国王一方面要维护和平与秩序,同时又要给予臣民以公正与正义,因而在英格兰国王保留了一定的司法权。
④ Ralph V. Turner, *The English Judiciary in the Glanvill and Bracton 1176—1239*, Cambridge University Press, 1985, p. 243.

ram rege rolls)与普通诉讼法院的案卷(de banco),并且开始明显区分两者。① 当事人如果被传唤到普通诉讼法院,会被告知要求其来到"位于威斯敏斯特的我们的法官跟前",如果被传唤到王座法院,则会被告知"无论我们在英格兰何处都须来到我们跟前"。尽管如此,这一时期王座法院仍然尚未最终形成,霍兹沃斯引用巴德温(Baldwin)教授的观点指出,当亨利三世于1242和1252年两次不在国内时,所有与王室利益有关的案件不是在王座法院中接受听审,而是改由国王的咨议会(coram consilio)对案件进行审理。这说明持有国王跟前诉讼的法院还不是我们通常所说的王座法院,而仅仅是仍然执行立法、行政与司法功能的、无区别的国王御前会议的一项延续。②

直至亨利三世统治末期,王座法院才终于发展成为一个完全独立的王室法院。③ 学者霍兹沃斯将其原因总结为三点:其一,这一时期普通法的诉讼程序趋于定型而且就有了很强的技术性,如果王座法院法官想将某一正在普通诉讼法院或其他更低级别法院审理的案件或已经审结的案件移送至本法院中复审,则必须使用纠错令状或错误判决令状,同时在复审中还必须遵循这些令状所要求的诉讼程序,这样就使王座法院的庭审活动与不适用这些程序的御前会议区分开来。其二,在内战结束后的亨利三世时期,侵害令状(the writ of trespass)开始得到普遍应用。王座法院获得大量经由这一令状提起的刑事或准刑事案件的管辖权,在审理这些案件时,王座法院法官自然须遵守普通法程序,由此,进一步增强了王座法院庭审活动的专业性因素。其三,自1234年起,首席政法官一直未有人担任。到1268年罗伯特·德·布鲁斯被任命为"在国王面前受理诉讼的首席法官"(ad placita coram rege tenenda),这意味着王座法院这一专门负责审理国王跟前诉讼案件的普通法法院开始具有了自己的首席法官。④

前面说到,直到12世纪中叶的格兰维尔时代,财政署名义上仍是一个财政管理机构,而不是一个司法机构。但是随着垄断性财政司法权的确立,

---

① J. H. Baker, *An Introduction to English Legal History*, Butterworths, 1990, p.23.
② See W. S. Holdsworth, *A History of English Law*, Methuen, 1956, Vol. I, p.204.
③ Ibid., p.205.
④ Ibid.

财政署的内部组织也发生了相应的变化。财政署被分成了上、下两部分,即财政诉讼署(the Exchequer of Pleas)和财政核算署(the Exchequer of Acount and Receipt),分别行使司法和财政两种不同职能。虽然此时布拉克顿并不承认财政署(这里指财政诉讼署)已经作为一个单独的法院与其他两个法院以及巡回法院有何相似之处。① 但是,霍兹沃斯认为,《布里顿》(Britton)和《弗莱塔》(Fleta)②两部著作已经明显地透露出,到13世纪结束时,财政署中的司法部分正从其管理部分中分离出来,同时有其他证据显示,这一司法部分开始具有与另外两个法院相似的外形特征。其理由在于,一方面1236—1237年在财政署已经出现了大量的诉讼案卷,特别在之后的1267—1268年有了很大的发展。另一方面,自1234年起,同时兼有司法与行政职能的"财政署男爵"(Baron of Exchequer)被"首席男爵"(capitalis baro)③所取代,专职于司法事务。④ 因此,他认为在亨利三世统治末期财政法院已经逐渐与其他两个普通法法院一样,成为国王中央王室法院的组成部分。

我们知道,首席政法官(chief justiciar)是诺曼征服以后国王为加强王室政府事务管理而设置的一个重要官职。⑤ 由于首席政法官总揽一切管理、财政以及司法大权,这一官职的存在客观上阻碍了中央王室法院的建立。另外,随着1204年后国王在大陆上的领土逐渐丧失,国王很少离开英格兰,由此直接导致这一官职重要性的降低。1234年,亨利三世在罢免了首席政法

---

① W. S. Holdsworth, *A History of English Law*, Methuen, 1956, Vol. I, p.231.
② 《布里顿》是一部关于英国法的专著,写于爱德华一世时期,是用法律法语写成,作者身份不明,主要借鉴了布拉克顿和弗莱塔的著作。其目的在于将爱德华一世时期制定的法律编纂起来,是王室法院职业律师的实用书,首印于约1530年,标准版本为1865年F.M.尼古拉编辑的版本。参见薛波主编:《元照英美法辞典》,法律出版社2003年版,第176页。《弗莱塔》是一本有关英格兰古代法律的著作。相传为一法官或律师约于1290年被困于伦敦弗利特监狱时作,并因改监狱而名为Fleta。参见薛波主编:《元照英美法辞典》,法律出版社2003年版,第561页。
③ 财政署的最初官员可能是贵族男爵,但是后来所任命的官员并非都是男爵,但称谓仍予以保留,这也是为什么财税法院不像其他普通法法院的法官被称作justice,而是被称作baron的原因,如财政法院的首席法官被称作是chief baron,而不是chief justice。
④ W. S. Holdsworth, *A History of English Law*, Methuen, 1956, Vol. I, pp.231—232.
⑤ Chief justiciar也被学者常翻译成为"宰相"或"摄政大臣"。设立这一官职是因为当时整个诺曼王国领土遍及海峡两岸,国王经常停留在欧洲大陆,为此威廉一世经常委任一名亲信充任此职。1099年威廉二世将摄政大权交给弗兰巴德后,首席政法官一职逐渐成为常设官职。参见孟广林:《英国封建王权论稿》,人民出版社2002年版,第292—293页。

官斯蒂芬·希格雷夫后就再也没有任免过这一官职。梅特兰在分析首席政法官职位撤销与中央王室法院关系时曾指出,"1232年,亨利三世免去了休伯特·德·伯格(Hubert de Burgh)首席政法官职务以后,亨利在外国势力的影响下又任命希格雷夫为首席政法官,但是2年后由于贵族阶层对外国势力涉足英格兰事务的反抗,希格雷夫被解职。亨利开始尝试着没有首席政法官的统治。从此,中央王室法院都有一个属于自己的首席法官。这标志着中央王室法院开始践行着行政的作用"。①

首席政法官官职被撤销的意义在于,它标志着早期英格兰司法和行政职能的分离。② 从此,法庭的首领不再受一个行政官员的领导,而受自己首席法官的领导。③ 因为在此之前,首席政法官一直是王室政府这架行政机器的首领,涉足王国的全部政务,几乎无所不能,即使身在其外,也通常会通过签署所有的司法文书来保持他在威斯敏斯特的地位。④ 所以,首席政法官的消失使得中央王室法院只处于国王一人之下,王室其他大臣没有资格插手司法事务,这为后来英格兰司法独立的发展起到了一定作用。

可以说,首席政法官职位的撤销标志着约翰王和亨利三世时期王室法院建立的完成,同时也意味着国王行政司法化的努力得到发展。

四、爱德华一世时期统一司法体系的建立

爱德华一世时期(1272—1307年)是英格兰行政司法化努力最终形成阶段。在这一阶段原先无所不能的总巡回审,逐渐被一个个专职于司法审判的新巡回体系所取代,并且逐渐与三大王室法院密切合作,共同构筑起一个统一的司法体系。

亨利二世时期确立的总巡回审不仅践行了国王对于各地的控制与管

---

① F. W. Maitland, *The Constitutional History of England*, Cambridge University Press, 1911, p. 133.
② Ibid.
③ 需要注意的是,普通诉讼法院首席法官被称为"the chief justice of the Common Pleas",王座法院的首席法官被称为"the chief justice of the King's Bench",而财政法院的首席法官被称为"the chief Baron of the Exchequer"。
④ Ralph V. Turner, *The English Judiciary in the Glanvill and Bracton 1176—1239*, Cambridge University Press, 1985, p. 193.

理,而且也为普通民众提供了便捷的司法救济,使他们省去前往威斯敏斯特的劳顿之苦和旅资之费。然而,"作为一套增加王室税收和监督公共义务的控制方式,总巡回审判以及所具有的高效率使它成为一个极端不受欢迎的机构"。① 总巡回审法官每到一处,借调查、讯问刑事案件或其他与国王利益有关事项之机,向当地民众征收高额的罚金或赋税,如1168年,总巡回审对那些没能很好履行十户联保责任的郡区,都处以沉重的罚款。② 由此,民众对总巡回审怨声载道。1198年,民众抱怨它是导致整个王国陷入贫困的祸因;1233年科尼什人(Cornishmen)为了逃避总巡回审甚至躲入了丛林,乃至最后在14世纪民众发出了杀死所有总巡回法官的呼声。③ 在举国上下一片反对声中,英王被迫减少总巡回审的使用频率,如理查一世时期平均每2年举行一次总的巡回审,而整个约翰王时期仅举行过两次,其中第二次仅巡回了王国领域的一半。到亨利三世时期进一步压缩为每7年巡回一次。爱德华一世时期,随着议会的兴起,总巡回审趋于停止。④

总巡回审的衰落并不意味着巡回审判体系的消亡,因为在英格兰与显赫的总巡回审并存的还有另外一种类型的巡回审判方式,即特别委任巡回审。特别委任巡回审(Assize or Itinerant),是指巡回法官每次出巡的任务或其职权范围都由专门的书面委任状加以确定,而不再像以前那样是概括性或是综合性的。⑤ 鉴于该种巡回审每次出巡都有专门的书面委任令状限定其具体管辖的案件,因此与全能的总巡回审(General Eyre)相比,更像是一个纯粹的司法设置。特别委任巡回审在很长一段时间里比较模糊,总是在总巡回审的光环下若隐若现,当然,我们不能简单地认为二者是前后相接的制度产物。梅特兰认为亨利二世时期创设的新近侵占之诉(the assize of Novel Disseisin)、收回继承地之诉(the assize of Mort D'ancestor)和圣职推荐权

---

① W. S. Holdsworth, *A History of English Law*, Methuen, 1956, Vol. I, p.271.
② A. T. Carter, *A History of English Legal Institution*, Butterworths, 1906, p.68.
③ J. H. Baker, *An Introduction to English Legal History*, Butterworths, 1990, p.19.
④ 根据普通法学者考察,英格兰历史上最后一次总巡回审发生在1337年,并且巡回的目的已经不是司法事务而是为了税收。See Anthony Musson and W. M. Ormrod, *The Evolution of English Justice: Law, Politics and Society in the Fourteenth Century*, Macmillan Press, 1999, p.94.
⑤ 李红海:《普通法的历史解读——从梅特兰开始》,清华大学出版社2003年版,第126页。

之诉(the assize of Darrein Presentment)是特别委任巡回审的开端。① 虽然这个观点在英国法律史学界有待商榷②,但是可以肯定的是,这一时期已经有一些专门处理财产占有之诉的巡回法官被派出。如特纳指出:"在总巡回审的两个巡审期之间(ad omnia placita),一些王室法官经常会在特定的地区,针对特定类型的案件进行巡审。"③1215 年《大宪章》第 18 条规定:"新近侵占、收回继承地、圣职推荐权等诉讼的巡回审判,只能在案件发生地的郡举行,其方法如下:由我或我不在国内时由我的首席政法官,派遣两名法官每 4 年分赴各郡,与各郡推选出的 4 名骑士,在指定的日期于郡法院所在地举行上述的巡回审判。"④1217 年在《大宪章》的确认中,将上述巡回审的次数改为 1 年 1 次。到亨利三世统治末期,特别委任巡回审被限定为每年 2 次,一种名为特别委任令(special assize commissions)开始通行。根据这种特别委任令,王室法官可以在特定的郡内,审理所有类型的土地诉讼,召集陪审核实证据。1273 年,特别委任巡回审开始了第一次系统化的巡回审,并且这一时期它们有着相当灵活化的巡回路线。到了爱德华一世时期的 1292 年,一个新的巡回审判系统建立,与之相应,4 条固定的巡回线路被确定。⑤

与上述民事领域的特别委任巡回审相并列的刑事领域,还存在刑事听审巡回审(the Commission of Oyer and Terminer)和清审监狱巡回审(the Commission of Gaol Delivery)两种特别委任巡回审。在刑事听审巡回审中,国王通过刑事听审委任状授权两个或三个王室法官到各郡去审理特定与"国王的诉讼"有关的案件。1292 年,刑事听审巡回法官甚至被授权去调查

---

① F. W. Maitland, *The Constitutional History of England*, Cambridge University Press, 1911, p. 138.

② 如霍兹沃斯就认为特别委任巡回审开始的时间是在 1215—1217 年的《大宪章》对上述三种诉讼确认后。学者特纳指出亨利三世统治的后期才是特别委任巡回审的开始时间。See W. S. Holdsworth, *A History of English Law*, Methuen, 1956, Vol. I, pp. 276—277.

③ Ralph V. Turner, *The English Judiciary in the Glanvill and Bracton 1176—1239*, Cambridge University Press, 1985, p. 68.

④ George Burton Adams and H. Morse Stephens, *Select Documents of English Constitutional History*, The Macmillan Company, 1924, p. 45.

⑤ Anthony Musson and W. M. Ormrod, *The Evolution of English Justice: Law, Politics and Society in the Fourteenth Century*, Macmillan Press, 1999, p. 46.

清审监狱巡回法官所犯的各种不法行为。① 与刑事听审巡回审不同的是，清审监狱巡回审不是依靠控诉陪审团来提起刑事重罪案件，而是在刑事案件中押送、递解各类囚犯以及负责对他们的刑事审讯。大约在 13 世纪初，国王开始通过清审监狱委任状授权一些地方权贵在各自的巡回区内递解囚犯，审理关押在监狱中的嫌疑人。与刑事听审巡回审相比，其地位和处理案件的广泛性都差一些。② 为了处理因 1294 年总巡回审中断而积压下来的刑事案件，根据 1305 年《特殊刑事案件调查委任条例》(the Ordinance of Trailbaston)，在 1305—1307 年沿着 5 条巡回路线，在刑事和侵害之诉领域进行了第一次系统化的特别委任巡回审判的尝试。③

在爱德华一世时代，随着特别委任巡回审对于总巡回审的取代，特别委任巡回审也逐渐与中央王室法院密切合作，融合成为统一的司法体系。其实这一融合趋势在亨利三世时期就已经有了征兆。据特纳考察，这一时期各组巡回法官的首领通常由来自王室法院的高级法官担任。巡回审经常意味着王室法院某个审期的中断，因为王室法院的职业法官将离开威斯敏斯特，率领一支兼职法官巡回全国。④ 尽管这个时期王室法院与巡回法院之间不存在上下级之分，但威斯敏斯特的法官会不时中止巡回法院在各郡审理的某些土地争议。巡回法官会得到指令，要求将法律与程序适用中出现的新问题留在稍后解决。通常"让当事人到威斯敏斯特出庭"是对这些案件作出的结论。⑤

作为两大司法体系融合的标志性文件是 1285 年爱德华一世颁布的《初审条例》(the Statute of nisi prius)。该条例明确规定，与以前命令郡长派送陪审员到威斯敏斯特直接参与审理不同，受案的王室法院会指令郡长，除非在规定审理日期前，初审巡回审法庭到达该郡，否则他应于某日召集陪审员到威斯敏斯特。条例还规定初审巡回审判每年 3 次，但有时也有每年 2 次

---

① W. S. Holdsworth, *A History of English Law*, Methuen, 1956, Vol. I, p. 274.
② F. W. Maitland, *The Constitutional History of England*, Cambridge University Press, 1911, p. 140.
③ Anthony Musson and W. M. Ormrod, *The Evolution of English Justice: Law, Politics and Society in the Fourteenth Century*, Macmillan Press, 1999, p. 48.
④ See Ralph V. Turner, *The English Judiciary in the Glanvill and Bracton 1176—1239*, Cambridge University Press, 1985, pp. 197—198.
⑤ Ibid., p. 198.

的,而对北部4郡则每年1次。① 在此期间,巡回法庭将在令状确定的日期前到达,并对案件作出审理,除此之外,该法庭无权对令状以外的其他案件进行裁判,因为只有威斯敏斯特的王室法院才有权作出判决。②

1285年《初审条例》的制度意义在于,首先它使普通民众不必再承受路途遥远、花费钱财之苦,将陪审员从英格兰各地带到威斯敏斯特对案件进行审理。③《初审条例》使各郡陪审员只需要在初审法官面前就能作出裁决,避免了此前强迫陪审团来到威斯敏斯特花销巨大的弊端。

更为重要的是,《初审条例》的颁布意味着新的巡回审判体系与中央王室司法体系有机地结合在一起。以《初审条例》为依据,负责民事案件巡回审的巡回法官每年3次到各郡中进行人身侵害案件的巡回审,由当地民众组成陪审团在巡回法官面前裁决案件的事实,然后由巡回法官将陪审团的裁决带回威斯敏斯特,交由王室法院法官作出最后的判决。④ 后来鉴于初审制度的便捷与高效,一些制定法又将其扩展至几乎所有案件。同时,爱德华一世还规定2名巡回法官中,至少应有1名是三大普通法法院中的法官。⑤ 这样一来,王室法院与新巡回审判之间建立了有效的联系,一个统一的司法体系被建立起来。为此,学者普拉克内特评价道:"通过这一制度,王室法院可以有规律地在各郡巡回司法,将威斯敏斯特法院与各地的司法需要建立起直接的联系。"⑥

---

① See F. W. Maitland, *The Constitutional History of England*, Cambridge University Press, 1911, p. 139.

② 周威:《英格兰的早期治理》,北京大学出版社2008年版,第129页。

③ 众所周知,由于1215年《大宪章》第17条规定普通诉讼法院不再随国王在国境内巡游,而应该永久设置在某个固定的地点。由此,这使得寻求国王法院司法救济的当事人必须来到位于威斯敏斯特的王室法院。另外早期普通法规定案件审理必须在国王法官面前进行,这样就使得不仅案件当事人,而且案件中由当地居民组成,以确定案件事实的陪审团也必须一起来到威斯敏斯特。在当时交通不便的情况下,这样的花费是惊人的。

④ 据特纳考察,之所以如此是因为从巡回法官的角度出发,许多案件不是他们不愿意就地进行判决,而是因为法律的不确定性以及当事人在当地所具有的特殊地位,迫使他们将陪审团裁决意见带回威斯敏斯特与其他王室法官商讨后再进行判决更为明智。同时,这一进程也是英国之所以能在这一时期形成统一普通法的关键。See Ralph V. Turner, *The English Judiciary in the Glanvill and Bracton 1176—1239*, Cambridge University Press, 1985, p. 198.

⑤ F. W. Maitland, *The Constitutional History of England*, Cambridge University Press, 1911, p. 139.

⑥ 〔英〕西奥多·F. T. 普拉克内特:《简明普通法史》(英文影印本),中信出版社2003年版,第167页。

第三节 行政司法化特征的宪政意义

英格兰司法体系的建立使得国王对于社会的控制开始以一种司法的方式进行。这种具有司法化特征的行政权力行使范式,不像单纯靠行政手段那样依据"命令——服从"的逻辑,积极主动地干预社会,而是以被动、消极的司法程序履行控制社会的职能。这种方式不能主动地行使权力,只能等到有人把案件提交审理时才有机会真正介入社会生活,因此,统治者权力的发挥机遇与影响范围都受到极大的限制。

比照中国古代的司法行政化传统,英国的行政司法化传统的特点将更显突出。"中国传统的司法,没有近现代以来我们所熟知的司法所应有的那些属性,只有古代政治的那种行政隶属、行政控制、行政服从、行政决断的属性。"①也就是说,在古代中国,司法权完全被行政权所吸收和掩盖,司法仅仅是行政活动的一个环节,充当行政机关的附庸,司法本身不具有独立性。②与之相反,英格兰的"行政司法化"传统不仅完成了国王控制社会的行政目的,而且赋予英格兰司法相对独立的可能,防止了国家由于行政权力过大而形成"权力国家"的可能。同时,国王通过行政司法化的司法,一方面以一种"非直接对抗"的方式遏制了封建"离心力"的扩张与威胁,维护了社会的稳定;另一方面,这种有限、被动的司法在向地方渗透国王权力的过程中,客观上并没有肆意破坏地方自治的传统。这样,原本以行政目的出现,作为国王控制社会手段的司法,慢慢成为一种限制国王的力量,使国王在不经意间"作茧自缚"。不仅如此,这样的司法在客观上有利于尊重个体的自由与权利选择,从根本上促成宪政的生成。正如学者波兰尼所说:"与后来欧陆民

---

① 范忠信:"中国司法传统与当代中国司法权力潜规则",载中国法律史学会编:《中国文化与法治》,社会科学文献出版社 2007 年版,第 132 页。
② 所以通常我们在描述这一类型的司法时,只能称其为"功能上的司法"。因为这类司法权行使的真正主体是行政机关,司法权依附于行政权解决纠纷,在功能上客观地起到了司法所应有的作用。

族国家主要通过行政长官的设立进行治理相比,这种通过王室司法的治理,是一种连续性、低调的治理,是一种有节制的干预政策。"①

一、有利于司法相对独立②,使王权"作茧自缚"

本章开始曾提到,权力本身具有侵犯性,当权力主体与权力对象在力量对比上出现不平衡时,统治者就会通过行政权的行使控制社会,这是因为,"作为国家权力之一的行政权力同样具有国家权力的本性——天生具有侵犯性"。③ 按照正常的统治逻辑,通过行政权以"命令——服从"的方式控制社会将是任何统治者理想的首选方式。如果按照这样的发展逻辑,行政权的主动性、扩张性、侵犯性将成为国家介入社会的主要方式。与之相应的是,国家的其他权力将从属于行政权之下,成为执行行政命令的一种工具。例如,在中世纪欧陆的法国,由于封建制的影响,各个小诸侯国的权力是通过侵夺、武力以及战争得来的,他们治理社会的方式就是赤裸裸的暴力,司法在他们眼中就是其权力高压下的工具。④ 更不用说古代中国司法本身就是专制统治下的工具或教化民众的说教场所,仅仅在"功能意义上"存在。虽然也存在中央的司寇、廷尉、大理寺卿、刑部尚书,地方的司法参军、司户参军、提点刑狱使、提刑按察使等一系列所谓的专职司法官员,但是他们不具备独立的司法身份,仅仅是各级执政长官的司法性行政副官,体现为一种行政服从关系。因此,在这样依照行政逻辑展开的方式里,司法即使存在也仅仅是作为附属于行政权的工具,不可能获得真正的独立。

然而,英格兰多元权力结构下的社会控制方式使司法有了独立的可能。

---

① Sugarman, Law, Economy and State in England, 1750—1914,转引自李猛:"除魔的世界与禁欲者的守护神:韦伯社会理论中的'英国法'问题",载《韦伯:法律与价值》("思想与社会"丛书第1辑),上海人民出版社2001年版,第201页。
② 这里之所以称"司法的相对独立"是因为,虽然在中世纪英格兰司法有了一定独立性的表现,但是由于它毕竟还是一个封建国家,国王还是国家一切权力的来源;同时这时的英国还不具备司法独立的思想理论,英国司法的完全独立一直到1701年,《王位继承法》的出台,参见程汉大:《英国法制史》,齐鲁书社2001年版,第334—366页。
③ 王学辉、宋玉波等:《行政权研究》,人民检察出版社2002年版,第12页。
④ 〔比〕R.C.范·卡内冈:《英国普通法的诞生》,李红海译,中国政法大学出版社2003年版,第10—11页。

行政权以及行政机构的滞后发展,使得国王不得不选择司法这样一种有限、内敛的方式作为替代。从理论上讲,司法的有限性意味着它作用于权力结构中任何一方的强度是有限的。它只是人们解决纠纷的平台①,而不具有立法权与行政权那种主动推行某种特定价值的功能,只能通过对具体案件的判断来行使其全部的权力,为当事人双方提供对等的机会。此外,司法的内敛性意味着,它在一定程度上能够抑制着权力的扩张。因为,就权力的主要分工而言,立法权在于通过立法积极主动地推行某种法律价值,使之法典化、模式化和权威化,使法律价值在形式上处于立法者所期望达到的状态;行政权则是通过直接的"命令—服从"式的行政行为来实施立法者所推行的这种法律价值,促使其由观念层面转化为现实层面;而司法权则是通过对推行和实施法律的过程中所产生纠纷的处理来维护这种法律价值。从立法到行政再到司法的过程,就是一个从创设价值到推行价值,再到寻求价值救济的完整过程,而在这一过程中,司法权毫无疑问属于最后一个环节,对整个社会秩序的稳定来说,事实上充当着"防洪堤"的作用。因此,它不具有立法权和行政权那样"主动出击"的特征,仅仅处于一种"被动防守"的位置,以一种事后裁断和救济的方式,来完成维护社会秩序的使命。

  英格兰的统治者正是通过行政司法化的方式为司法提供了一个制度化的平台,国王需要通过司法去实现自己控制社会的目的,所以英格兰统一的司法体系,从开始的总巡回审到后来的三大王室法院的建立再到最后特别委任巡回审的建立,无不体现着国王的迫切要求。司法在国王权力的支持下得到了发展。但是,国王权力支持下的司法并不是国王施展其个人恣意行为的工具,因为他选择司法作为控制社会的手段本身就意味着他没有足够的力量进行专制统治,否则他完全没有必要选择司法而可以直接通过行政手段实现。既然国王选择司法作为国家控制的手段,那么,他就必须承受司法有限性、内敛性的内在特征限制,以一种被动、消极的姿态出现在社会面前。

---

① 当然司法程序本身还具有许多独立性价值,如自主性、公正性等,这里只是强调司法程序形式性的一面。

或许英格兰司法在一开始的运作过程中还不时受到国王权力的干涉,例如,1219年国王的咨议会(king's council)出于政治原因推翻了巡回法院的一项判决①,但是,存在良好生长环境的英格兰司法,在发展过程中获得了相对的独立性。此时,英格兰不断涌现王室法院与国王行政机构相互斗争的例子。安茹王朝改革后,相对独立的司法也开始对王权中某些个人因素进行限制,国王的法官已经开始对国王的擅断与普通法之间的区别有了明确的认识。如奈杰尔之子理查德说:"林区有自己的法律,据说不是以王国的普通法为准,而是以国王的专断的敕令为基础;因此,依据林区法律所作出的裁决并非绝对是'公正'的②,而只是林区法律意义上的'公正'。"③英格兰相对独立的司法就在一定程度上限制了国王个人专制权力的行使,客观上对国王的统治起到了"作茧自缚"的作用。正如卡内冈教授描述的那样:"统一化与专业化一道也带来了自己的问题。通过将争讼提交一个专业团体解决,国王就创设了这样一种制度,当依据物种发展的规律,这种制度要发展出它自己的特点和传统,并准备避开王室的监管。它是作为'习惯与正义'的守护者来反对'恣意与武力'的,哪怕后者来自于国王。"④

可以说,英格兰司法行政司法化特征是其司法发展较之于其他国家形成时间早、独立化程度高的重要原因,同时其发展过程中的"作茧自缚"效果为英格兰专制权力的限制起到积极作用。

二、有利于社会秩序在平稳中控制,尊重社会个体选择

由于受到封建主义以及盎格鲁—撒克逊时期政治传统的影响,征服后的英格兰国王面对的是一个由封建贵族、教会以及地方公共势力等构成的多元权力格局。他们的存在构成了国王对社会进行全面控制的潜在制约。

---

① Ralph V. Turner, *The English Judiciary in the Glanvill and Bracton 1176—1239*, Cambridge University Press, 1985, p.276.

② 这里需要指出的是林区法院(forest courts)的法律是普通法体系之外的法律,它代表了国王的专制意志,因为林区法院建立本身就是国王个人特权的体现。

③ 〔英〕约翰·哈德森:《英国普通法的形成》,刘四新译,商务印书馆2006年版,第249—250页。

④ 〔比〕R.C.范·卡内冈:《英国普通法的诞生》,李红海译,中国政法大学出版社2003年版,第10—11页。

由于在很长一段时间内,英王没有能力攫取大量的财富去组建一支听命于自己的常备军队和地方官僚队伍,因而,不能简单地通过行政力量削弱多元权力格局的制约,实现对整个王国的行政化控制。因为任何触动显贵们敏感神经的专横要求,都会遭到他们坚决而有效的抵抗。于是,英王通过司法,以一种消极、被动的方式,在悄然不觉中实现了其通过行政权力所不可能完成的任务。

国王对于其他权力主体的控制主要是通过司法管辖权实现的。因为司法管辖权在中世纪不仅是一种政治权力,而且更被视为一种财产权力。例如,梅特兰就认为:"司法管辖权是一种与土地保有相联系的财产性权利或财产权的客体,可以收益、转让和继承。"① 英王对于司法管辖权的控制不是通过直接的武力或暴力,而是通过以下一些司法方式实现的。

首先,在对待封建贵族司法管辖权上,英王一开始就不是完全按照纯粹的封建管辖原则对王国进行治理。虽然与欧陆国家一样英格兰也被划分为大大小小的封建领地,相应地,地方主要的事务由封建领主管辖着,但是,英王借助盎格鲁—撒克逊时期就已经存在的郡法院、百户区法院,在众多第一土地保有人之间以及他们各自的封臣之间,建立了横向联系,要求他们与封建领主法院一起共同治理王国的地方事务。这一巧妙的司法策略很大程度上限制了彼此割裂的封建次级体系的形成。这大概是英格兰与欧陆国家在地方设置上最为显著的差别。因为欧陆国家在封建化的过程中,各地方公共设施大都被封建领主法院所取代。这样共存并列的司法机构设置,在内部冲击并瓦解着封建贵族权力。此外,国王通过在中央王室法院提供理性的审理方式、向封建领主法院颁发权利令状(writ of right)以及大陪审(grand assize)的方式,以一种"平等竞争"的司法方式使原属于封建地方司法管辖权范围内的案件,大量地流向国王那里。②

其次,在对待教会司法管辖权上,国王通过司法程序的合理化设置以及

---

① F. Pollock and F. W. Maitland, *The History of English Law before the Time of Edward* Ⅰ, Cambridge University Press, 1968, Vol. Ⅰ, p.527.
② 关于国王如何侵蚀封建领主法院的司法管辖权,参见李栋:"试论英国早期国王司法管辖权的扩张",载何勤华主编:《多元的法律文化》,法律出版社 2007 年版,第 381—404 页。

陪审制度的公信力保障,逐步将王国中发生的重大教会和教俗争端吸引到王室法院进行解决。例如涉及教会自由教役地产(alms)的诉讼本应作为教会内部事务由教会法院对其进行管辖,但是亨利二世通过设立地产性质诉讼令(assize of utrum)的司法手段,将判断争议土地性质的程序环节争取到了王室法院一边,要求当地知情人士组成陪审团在巡回法官面前作出裁判。① 这样一旦判决土地不属于教会自有地产,那么国王就获得了案件的管辖权。

最后,在对待地方公共司法管辖权上,英王通过1166年及1176年发布了《克拉伦敦诏令》和《北安普顿诏令》,以巡回审的方式限制了地方公共法院的司法管辖权。② 此外,国王通过向民众颁发移审令状(writ of pone)或误判令状(writ of false judgment)的方式将案件从郡法院转移到王室法院。③ 当然,国王利用自己是"王国正义之源"的古老传统,通过扩大"国王之诉"的外延④,将地方公共法院刑事案件的管辖权统揽于自己怀中。至此,"在两个多世纪的时间里,国王法院通过多种途径,逐步削弱、蚕食地方公共法院和封建法院的司法管辖权,最后终于把全国司法置于自己的直接或间接控制之下"。⑤

---

① F. Pollock and F. W. Maitland, *The History of English Law before the Time of Edward* Ⅰ, Cambridge University Press, 1968, Vol. Ⅰ, pp. 144—145.

② 两个诏令规定将抢劫、杀人、盗窃、伪证罪和窝藏罪等案件的审理权授予巡回法院,属于国王司法管辖权所应审理的范围。郡和百户区法庭只保留对轻微刑事案件的审判权。具体参见《克拉伦敦诏令》第1、4条,《北安普顿诏令》第1、3条。George Burton Adams and H. Morse Stephens, *Select Documents of English Constitutional History*, The Macmillan Company, 1924, pp. 14—15,20—21.

③ J. H. Baker, *An Introduction to English Legal History*, Butterworths, 1990, p. 27.

④ "国王之诉"的范围在盎格鲁—撒克逊时期的《伊尼法典》中,仅适用于国王的住所。威廉一世在审理一桩重大土地争讼案件时将其范围扩大到所有通往国王的道路的掘沟、砍树和杀人行为。梅特兰描述了扩大后的"国王之诉"的内容,具体包括:"破坏国王亲手或通过令状建立起来的和平秩序;丹麦金;藐视国王令状或其训令;杀死或伤害王室臣仆;叛逆及违反效忠义务;藐视或对国王出言不逊;未经国王许可修筑城堡;被逐于法外;应处死刑之盗窃;谋杀;伪造货币;纵火;破门而入;伏击;急于应征入伍而被罚款;接纳被逐于法外者;预谋袭击;抢劫;违反社区治安;侵占国王土地或钱财;私占埋藏物;侵占失事之船舶;拾得海上漂流物;强奸;林区犯罪;贵族继承金问题;在王室或王廷发生斗殴;破坏军队秩序;疏于维修城堡或桥梁;急于应征入伍;容留被革除教籍者或被逐于法外者;违反担保义务;临阵脱逃;判决不公;未予司法救济;故意歪曲国王法律。"See F. W. Maitland, *The Constitutional History of England*, Cambridge University Press, 1911, pp. 107—108.

⑤ 程汉大、李培锋:《英国司法制度史》,清华大学出版社2007年版,第25页。

通过上述的过程,可以明显感到,国王对于其他权力主体的控制不是通过血雨腥风的斗争,而是运用一些司法技艺,如设立地产性质诉讼令这样"控制前提"的方式;利用理性审判"平等竞争"的方式;颁发权利令状、大诏令等"对事不对人"的方式,在潜移默化中达到了控制其他权力主体的目的。这样的方式防止了各权力主体之间"你死我活"的争斗甚至战争,杜绝了胜利者在胜利后施行"暴政",吞噬社会的可能。因为经过动乱、革命后所建立的国家并不一定就是民众权利、自由的"理想国",克伦威尔后的独裁统治以及法国大革命后的动乱就是明证。

但是,需要特别强调的是,国王通过司法方式取得的胜利,不能简单地被理解为王权的"权力强夺",认为这时王权已经成为社会控制中具有决定性的力量。因为领主、教会以及地方公共势力所失去的利益,国王并未将其完全掌控在自己手中。例如,领主法院所丧失的权力并没有被国王法院的裁判所独占,国王并不能依据自己的意志随意地支配理论上属于自己的法院,因为国王司法中陪审制度所体现的"同侪审判"(judged by the peers)才是决定权力天平倾斜的砝码。英格兰这种消极并富有智慧的司法技艺促成了社会秩序的积极变革,为权力主体的斗争提供了制度化的平台。

此外,英王通过司法,而不是行政手段控制社会,直接带来的一个结果就是:司法的控制永远不可能像行政手段那样,以执行某种特定目的而主动地作用于社会,因为国王所依凭的司法在本质上是一种被动、消极、中立的权力。因而,国王是否能够取得对于其他权力主体的胜利或者说社会民众能否拒绝其他权力主体的控制而选择国王,最主要的原因就是,国王所提供的这种司法是否优良并被他们所接受。例如上面提到,生活在各个庄园中的民众之所以会选择各种占有之诉(possessary action)的令状①,将诉讼从领主法院移送到国王那里,是因为国王法院提供的陪审团和其他裁断案件的方法更容易被他们所接受。其实,这样就在无形中将整个社会控制方式的选择权交给了普通民众,由他们作为制度选择的主体在并行的各种权力主

---

① 这里的占有之诉并不是一种诉讼格式,而是一系列诉讼格式的总称,其核心代表就是新近侵占之诉(the assize of Novel Disseisin)、收回继承地之诉(the assize of Mort D'ancestor)和以进占令(the writ of entry)所开始的占有之诉。

体提供的控制方式选项中,选择出最有利于保障其自由与权利的方式。反过来,国王为了能在这场悄然无声的"战争"中脱颖而出,就必须考虑到其制度选择的合理性与可接受性。社会个体的选择就在这样的博弈中得到了尊重。

三、有利于保持地方自治传统,防止国家对社会的全面干预

英格兰司法的行政司法化特征使国王权力的行使不断受到合理性、正当性的检验。国王权力在这样的运行环境中,虽然可以维持其对社会的整体控制,但是,国王绝不是主导公共权力的唯一支配性力量。因为他虽然可以对地方进行有效的监控,但是始终不能不顾地方领主、贵族及其地方公共势力的意志,进行个人无所顾忌的专制统治。在某种意义上讲,通过行政司法化方式逐步控制英格兰社会的国王代表了统一大共同体的中央集权力量,而在国王司法控制方式下逐渐丧失其权力的地方领主、贵族及其公共势力则构成了代表了分散小共同体的地方自治力量。

一般来说,大共同体与小共同体在一个国家里存在一个相互博弈的过程,如果一个国家代表大共同体的中央集权力量过于强大,中央通过行政权力就可以直接控制或渗透到地方小共同体的自治力量,进而取代小共同体成为社会的主宰。例如,中国古代自秦汉以降,作为大共同体的国家就已经开始主宰了整个社会,其影响力甚至直接到达底层民众个人。① 这种状态的国家极易形成专制,很难从内部自生自发的形成宪政主义制度。相反,如果一个国家代表地方自治力量的小共同体能够保持一定的力量,那么就能够在一定程度上避免走向专制的可能,并在很大的程度内维持整个国家的稳定与安宁,为宪政主义的生成提供良好的环境。正如学者秦晖指出的那样:"历史上但凡小共同体发达的社会,共同体内部矛盾极少能扩展成社会爆炸。在村社、采邑或札德鲁加(家族公社)活跃的前近代欧洲,农民与他们的

---

① 正如学者秦晖描述的那样,"秦王朝动员资源的能力实足惊人,2000万人口的国家,北筑长城役使40万人,南戍五岭50万人,修建始皇陵和阿房宫各用(一说共用)70余万人,还有那工程浩大的驰道网、规模惊人的徐福船队……这当然不是'国家权力只达到县一级'所能实现的"。参见秦晖:"传统中国社会的再认识",载《战略与管理》1999年第6期。

领主发生的冲突如果在小共同体内不能调解,也只会出现要求国家权力出面调解的现象而不是推翻国家权力(王权)的现象。"①

具体到英格兰,行政司法化的控制社会方式使得代表中央大共同体的王权只能以一种相对平和的方式作用于代表地方自治力量的小共同体,国王所能控制的地方权益仅仅是司法、治安以及部分财政,地方的很多权益仍然掌握在地方手中。王权对于地方的影响不是也不可能是全方位的,而仅仅是几个重要方面,并且在程度上也是有所限制的。这样造成的结果就是:代表大共同体的王权不能直接地作用于社会个体,王权必须顾忌小共同体的限制力量,从而普通民众避免了和强大国家权力直接的对抗。因为王权推行社会控制的方式是被动、消极的司法权,而不是仅仅执行其行政命令的行政权。相反,如果大共同体的膨胀连小共同体的存在都不容,那么社会民众权利就更无生长余地了。

因而,笔者认为,英格兰宪政主义传统中的地方自治因素之所以存在,原因就在于英格兰司法外部结构中这种行政司法化特征。王室通过司法方式对于地方的控制,在某种程度上就是保留了上述所提到的地方自治小共同体的存在。王室对于地方的控制最主要的方式只能是利用郡法庭和巡回法庭,通过与郡内领主等阶层的协商合作和地方民众信息的获取,共同治理地方。这种司法控制社会方式一定程度上保持了英格兰地方自治的传统,避免了英格兰走上其他国家那种由于国家行政权的强大,行政权全面干预社会的道路。因而,与其说国王通过司法对于地方实现的是一种控制,毋宁说国王对于地方事务是一种参与。这也是为什么许多学者将中世纪英格兰的地方统治称为"半自治"的缘故。②

同时,英格兰地方自治传统的维系,日后有力地促成了宪政主义的生成。"英国的自由,首先植根于其自由的地方政治制度之上。"③一方面地方民众积极参与地方公共事务的处理,不仅熟悉了各种选举程序与方法,协助

---

① 秦晖:"传统中国社会的再认识",载《战略与管理》1999年第6期。
② 陶云松、刘心勇、郭宪纲:"中世纪英国二元政体结构初探",载《世界历史》1988年第4期;李培锋:"中世纪前期英国的地方自治形态",载《史学月刊》2002年第6期。
③ J. A. R. Marriott, *English Political Institutions*, Oxford, 1925, p.245.

了地方官员运作地方政府,而且更为重要的是,他们在此过程中培养了参政议政的能力与习惯。学者帕尔莫甚至指出,英格兰宪政中的重要组成部分——议会——就来源于地方自治传统中的郡法院。"议会部分地建立在地方法院的基础上,而议会的发展使得郡法院具有选举代表的作用。起初,这一作用相对于郡法院的其他功能而言是不重要的,但是后来它却成为郡法院最为重要的功能。"①普通法学者霍兹沃斯也认为:"英国地方政府建立在地方联合体(communities)之上,而不是建立在主权国家(sovereign state)的代理人之上,这一点构成了英国地方自治的独特性;同时,我们后来的代议制议会也在很大程度上源于这种地方自治体系。"②

另一方面,英格兰地方自治的存在,在很大程度上限制了中央集权化的倾向,限制了英国王权向绝对化方向的发展。在中世纪后期,随着民族国家的日渐形成,中央对地方的控制越来越强,如此时的欧陆就形成了绝对主义王权,而同时期英国都铎王朝时的王权却具有非常鲜明的有限性,出现"都铎悖论"。③ 其中一个重要原因就在于,地方自治传统对于专制王权的制约。这一点可以从英国宪政学者莱昂的论述中得到充分证明:"这种未在欧陆形成的中央与地方政府的关系是对为什么中世纪英格兰独自发展起成功的宪政政府的一个解释。"④

四、有利于司法宪政属性的实现

司法作为解决社会纠纷的活动从发生学的角度讲,是与社会相伴相生的,是人类文明的表达方式之一。在产生国家以后,国家为了维持社会秩序,行使国家权力,增强其统治的合法性依据,必须要借助司法来进行治理。这样一来,司法就成为国家与社会之间沟通的方式之一,在二者之间架起了

---

① R.C. Palme, *The County Court of Medieval England*, Princeton, 1982, p.263.
② W.S. Holdsworth, *A History of English Law*, Methuen, 1956, Vol.II, p.405.
③ "都铎悖论"是英国史学家邓纳姆提出的概念,指的是在都铎王朝时期,英国的王权与法律的权威同步提高,专制和法治趋向并行不悖,结果,原本相互排斥的两种对立因素奇妙地结合在一起这一不合逻辑的现象。参见程汉大:《英国法制史》,齐鲁书社2001年版,第231—282页。
④ Bryce Lyon, *A Constitutional and Legal History of English Medieval England*, London, 1980, p.407.

一座桥梁。

一个良好的司法制度能够通过一种制度化的途径消除享有一定权力的组织或国家与社会个体权利之间的紧张关系,使他们通过一种非对抗性的制度程序进行对话,寻求各种矛盾的解决。它不仅是每个人权利诉求的途径,而且能够保障每个利益集团的利益,是社会多元利益集团的调节器。因此,一国司法如何在国家机关的权力判断与社会成员的自由选择之间寻求平衡,是判断其优劣的关键。在这个意义上讲,以享有一定政治权力的组织或国家与社会个体之间的关系是我们研究司法的"元立场"。

同时,宪政主义精髓在于限制国家和政府的权力,保障社会中每个人的基本自由与权利。宪政不仅意味着要对国家权力进行法律上的限制,而且更意味着对民权与自由给予充分的保障。宪政的产生逻辑在于:人类为了稳定的秩序,为了更好地生活,"不致在无谓的斗争中把自己和社会消灭"①,人们选择了国家。由于国家从其产生的那一天起,就具有一种对社会天然的扩张性,如日本学者猪口孝所说:"在国家形成时期,国家曾致力于确保从社会筹集的资源,不断试图扩大它对社会的统治力量和渗透力量。"②所以,如何能够既把国家权力控制在一定的范围内,又能确保社会正常、有序的发展,成为人类历史上长期思考的一个根本性问题,宪政作为一种调整国家与社会之间紧张关系的方式,就在这样的背景下产生。

在上述的理论梳理中,我们发现司法与宪政在产生的逻辑起点与归宿上是一致的,它们都是在"国家与社会"的大背景下进入人们的研究视野的。司法存在目的在于,如何能在国家权力判断与社会个体自由选择之间寻求一种平衡,保持一种必要的张力,使每个人的权利诉求有一个宣泄、修复、补救的平台,不至于被吞噬于强大的国家权力之中。与之相似的是,宪政所追求的制度意义在于,如何通过制度和法律去限制与规范国家权力这个"必要的恶",进而使国家权力为社会个体的自由与权利服务,使国家权力与社会个体利益保持一种良性的平衡。

---

① 《马克思恩格斯全集》第21卷,人民出版社1982年版,第194页。
② 〔日〕猪口孝:《国家与社会》,高增杰译,经济日报出版社1989年版,第1页。

因此，在理论上讲，司法与宪政在根本上是共通的。司法的许多内在属性和特点是与宪政相契合的。

首先，司法的被动性有益于保护个体处分权利的自由。申言之，司法权是司法机关对当事人之间的纠纷作出终局性裁判的权力。司法裁判以享有一定权力的组织或国家强制力为后盾，当事人对生效的司法判决必须执行，否则享有一定权力的组织或国家将采取强制措施强制当事人执行，这一过程也被称为"合法暴力"。为了防止享有一定权力的组织或国家垄断这种"合法暴力"，进而对社会个体自由与权利进行侵害，就必须赋予纠纷中的社会个体有选择纠纷解决方式的权利，即社会个体愿意通过司法裁判解决纠纷时，便向司法机关提起诉讼，当他们不愿意通过司法裁判的方式解决纠纷时，便可放弃法律赋予他们的诉讼权利，享有一定权力的组织或国家的司法机关不能强迫社会个体行使诉讼的权利，强行或主动地介入社会个体之间的纠纷。可见，司法的被动性能够保护社会个体自由处分纠纷的权利，防止政府权力的任意扩张。

其次，司法在处理纠纷上的多方参与性，能够在一定程度上保证个体权利的实现。司法过程中的多方参与，为社会个体在组织或国家权力面前提供了一个充分对话和交涉的机会，这样可以使最终的裁判结果建立在对案情的全面和理性分析的基础上，一定程度避免了享有一定权力的组织或国家恣意裁判的发生。正如科恩所说："民主的兴旺发达倚仗其公开性，秘密是民主的敌人。"同时，司法运作方式上的多方参与性，使社会个体的意志在形式上得到了尊重，容易使司法裁判的过程营造出民主化、客观化的氛围，保证了司法机构的中立性，使个体权利在受到侵害时找到救济的途径。

再次，司法的独立自主性有利于制约和监督组织或国家的权力的行使，防止他们因滥用权力而侵害社会个体的权利。具体而言，由于法具有二重性，即它一方面必须要与权力结合才能发挥作用，另一方面由于权力常有动辄被恣意滥用之危险，为避免权力者独断造成偏颇，法必然要与权力相对立。有鉴于此，如何设置避免这一矛盾的机制是人类社会探寻的目标之一。历史实践证明，实行分权、使司法权具有独立自主性成为人们的选择。让政治权力的运行纳入到司法权管辖的范围，使享有一定权力的组织或国家也成为纠纷中的当事人,这些都是司法权独立自主性与宪政的契合所在。另一方面,司法的独立自主能够在享有一定权力的组织或国家与社会个体之间形成一个"隔离带",司法判断的客观性要求司法机构远离作为"当事人"的其他国家权力机关并与之保持独立,在国家与社会之间树立起屏障,使社会个体都能取得与国家平等适用法律的权利,防止国家权力对于个体权利的侵害。

最后,司法在处理纠纷的终极性能够使由于纠纷而导致的社会失范、失衡状态重新回到规范、均衡的状态。这是因为宪政对于社会个体自由的保护不是在无政府状态下实现的,它需要为社会营造出良好的秩序,避免社会不公状态长期存在。此外,司法裁判的终极性意味着裁判一经按照程序作出应当具有稳定性和确定性,只有这样才能使社会个体在进行司法裁判之前产生一定的预判。如果司法裁判朝令夕改,反复无常,那么个体之权利不能确定,社会的安定也得不到保障。

既然在理论上司法具有契合于宪政的属性,司法如果能够按照其自身的属性发展,将有利于宪政的生成。那么,问题的关键就转变为,司法如何才能按照自身的属性进行发展?

无疑,本章前面所描述的英格兰司法外部结构中的行政司法化特征正是对这一问题的具体回答。如果本书第一章英格兰多元权力结构还属于对英格兰司法生长的历史环境理论分析的话,那么,这一章则是英格兰司法之所以获得独立发展的具体描述。英格兰司法就在国王一次次的巡回审以及中央王室法院理性的审判中,在与地方领主、贵族以及地方公共势力的一次次博弈中,找到并维护了自身的内在属性。因为对于国王来说,只有通过消极、被动,按照自身属性发展的司法,才能被其他权力主体所接受,进而才能完成对社会的控制。

同时,在英格兰"司法行政化"传统影响下,司法内部结构中的制度设计、制度运行以及所体现出的制度理念才能按照自身内在属性的发展逻辑,向契合于宪政的方向发展。

第三章　自由、权利的保障与救济
——英格兰司法的内部结构特征

英格兰司法之所以在中世纪具有相对独立性，按照自身逻辑发展有赖于司法外部结构中的行政司法化特征。同时，在行政司法化特征的直接影响下，司法内部结构在具体的法院制度、审判制度、法官制度以及律师制度与当事人之间关系等方面都有很大程度的发展。具体而言，英格兰司法在制度设计上，不断受到合理性、平衡性的影响；在制度运行过程中，逐渐体现出限权与开放的特性；在制度理念上明显地具有对自由、权利保障与救济特征。

可以说，正是有了司法外部结构中行政司法化的前提，英格兰司法在内部结构上才有了进一步发展的空间，司法本身所具有的专业性知识和独立的品性才能够得到实现，正如贺卫方先生所说："司法的独立最根本的源泉在于其自身的力量。"① 反过来，只有"自身力量"逐渐增强的司法，才能赢得社会和其他权力部门的尊重与敬畏，获得足够的权威，成为具有神圣性的力量。而具有权威性和神圣性的司法才能免于国家权力

---

① 贺卫方：《司法的理念和制度》，中国政法大学出版社1998年版，第7页。

的侵犯,规范并限制国家权力对于社会个体自由与权利的侵犯,真正成为"社会正义的最后一道防线"。

第一节　制度设计:合理性、平衡性

一般而言,司法的制度设计主要指的是其内部法院制度、审判制度、法官制度以及律师制度的设置、结构、性质与任务等方面的规定。① 因而,下面关于英格兰司法的内部制度设计,也是围绕着这几个方面展开的。通过研究我们发现:英格兰在内部制度设计上,始终是围绕着合理性和平衡性展开的,他们在创建或者改进某一具体司法制度时总是把是否行之有效、是否更为合理、是否合乎正义作为取舍的最高标准,通过不断地经验积累,在实践中检验、衡量各项制度设计。

一、法院制度中的体现

(一) 王室法院:便捷、有效的救济途径

英格兰国王对于社会的控制是通过司法完成的,国王所建立的司法体系之所以能够完成这样的使命,除了依凭相对强大的王权以及自身消极、被动的属性外,其内部所体现出的合理性与平衡性也是我们不容忽视的重要因素。对此,卡内冈教授这样说道:"中央法院之所以在英格兰国王亨利二世时已如此受欢迎,很大程度上是基于当事人对那儿能够获得更为公正的司法期待。"②

王室法院的建立不是一蹴而就的,在其建立之前,国王司法权的行使主

---

① 当然国内有学者认为司法的内部设计还应包括检察制度、侦查制度、公证制度、仲裁制度以及司法援助制度等,显然将司法制度的制度设计内容包上述方面,是这些学者从广义上理解司法所致。因为广义的司法指的是,"国家司法机关和法律授权的专门组织处理诉讼案件和非讼事件的执法活动,包括审判、检察、侦查、劳改、律师、调解、仲裁、公证八项制度"。参见鲁明健主编:《中国司法制度讲义》,人民法院出版社1987年版,第1页。在这里,笔者从狭义上理解司法,认为司法就是指法院或法官的审判活动,仅包括法院制度、审判制度、法官制度以及律师制度。

② 〔比〕R.C.范·卡内冈:《法官、立法者与法学教授——欧洲法律史篇》,薛张敏敏译,北京大学出版社2006年版,第132页。

要通过集众多职能于一身的御前会议实现。由于御前会议中的小会议总是跟着国王到处巡视全国,行踪不定,这就给普通民众的投诉带来极大不便。如1158年,一个名叫理查德的当事人为了一个案子到诺曼底取得了王室令状,但由于国王正在大陆进行战争,理查德只得耐心等待审理。战争结束后,国王又巡视全国,最后国王指定两名法官审理了这个案子,这时距理查德开始提起诉讼已有5年之久,他共花费188英镑8先令8便士,这还不包括法律咨询费、邮差费以及送给国王和王后的礼金。还有一位当事人的案子是他父亲提起的,直到11年后的亨利二世时期才得到审理。①

可见,亨利二世时期开始逐渐建立起来的王室法院虽然是英王控制社会的一种主要方式,但是也不能排除其具有为民众提供更便捷司法救济的积极因素。虽然梅特兰认为国王之所以会组建王室法院是因为中世纪普遍流行的格言"司法是最大的财富"(justitia est magnum emolumentum),认为攫取财富才是其最终动机。② 但是,如果我们将1166—1171年从那些被惩罚者的动产所得的王室收入312英镑与因非法入侵而处的200英镑罚金的总和512英镑与亨利二世一年财政收入的3500英镑相对比,就会发现王室司法所能给国王带来的收入是多么的微不足道。③ 因此,为普通民众提供更为便捷的司法救济是王室法院合理性的第一个表现。

另外,王室法院建立的合理性还体现在,它能为民众提供一种更为有效的司法救济。欧陆由于王权的相对孱弱,国王很难像英格兰国王一样建立一套完整的王室法院。受到封建制度的影响,欧陆为数众多的地方公共法院都落入领主之手,成为领主司法权的重要组成部分。如在德国,由于群龙无首,国家四分五裂,国家权力的重心都在各个分散的公国,纵观全国没有一个受到普遍认可、具有崇高威望的法院,整个司法体系就是由一些区域性

---

① Bryce Lyon, *A Constitutional and Legal History of English Medieval England*, London, 1980, p. 281.

② F. W. Maitland, *The Constitutional History of England*, Cambridge University Press, 1911, p. 108.

③ 〔比〕R. C. 范·卡内冈:《英国普通法的诞生》,李红海译,中国政法大学出版社2003年版,第133页。

与地方性的法院拼凑而成的。① 10、11 世纪的法兰西,地方公共的法院设施也大都被封建法院所取代。② 在这样缺失王室法院的环境里,民众只能屈从于各自所属的领主法院。而在英格兰,王室法院的逐渐完善不仅与封建领主法院展开了管辖权的"竞争",而且在很大程度上避免了由于地方公共法院式微所带来的民众救济途径的单一的弊端,更为有效地保障了普通民众的权利。

(二)巡回法院:"将国王正义送到家"

由于亨利二世确立的总巡回审不是一个常设机构,当总巡回审结束,民众即使需要国王的"恩惠",也只能等待下次巡回审的到来。为此,固定于威斯敏斯特的中央王室法院建立起来。更为重要的是,1285 年《初审条例》的颁布使中央王室法院与巡回法院连接起来,真正"将国王正义送到家"。

当巡回法官要巡回某郡时,凡是从该郡投诉于王室法院而尚未审理的案件均自动停止诉讼程序,转而由巡回法院从当地民众中召集陪审团就地审理。如果是民事案件,在陪审团对事实问题作出裁决后,巡回法官便将庭审记录和裁决意见一起上报,由原先受理该案的王室法院通过全院庭审方式,对法律适用问题进行讨论后,再作判决。如果是刑事案件,则由巡回法官就地判决。③ 这样一来,案件得到了公正的审理。"因为从受案的巡回法官角度出发,许多案件是他们不愿意就地进行裁判的,或是因为当地法律的不确定性,或是因为当事人所享有的特殊地位。"④因而,许多民事案件带回到威斯敏斯特与其他王室法官共同商讨后再进行裁决,显然更容易保证案件审判的公正性。同时,刑事案件就地直接审判,可以使陪审员不必花费大量的时间与金钱前往威斯敏斯特,有利于降低诉讼成本,减轻当事人的诉讼负担,因而体现了中央司法体系的合理性与平衡性。

---

① 〔比〕R.C.范·卡内冈:《法官、立法者与法学教授——欧洲法律史篇》,薛张敏敏译,北京大学出版社 2006 年版,第 82—83 页。

② 〔美〕哈罗德·J.伯尔曼:《法律与革命——西方法律传统的形成》,贺卫方、高鸿钧等译,中国大百科全书出版社 1996 年版,第 381 页。

③ W. S. Holdsworth, *A History of English Law*, Methuen, 1956, Vol. Ⅰ, p.278.

④ Ralph V. Turner, *The English Judiciary in the Glanvill and Bracton 1176—1239*, Cambridge University Press, 1985, p.198.

另外,英格兰国王巡回法院建立的合理性还在于,它能对地方行政官甚至郡长进行有效的制约和监督。如 1202 年林肯郡巡回法院的案卷就记录了这样一个案件:"林肯郡的低级别官员扣留了一个异乡人,给这个异乡人带上枷锁,因为该异乡人不能找到任何保证人。这个异乡人'双脚下垂',直到临死前都还没有得到救助。这些官员被质问有什么正当理由对这个异乡人使用枷锁,他们回答说是奉某个已死之人之命。林肯镇的地方官和法医完全拒绝接受这一解释,这些官员被关押起来。后来,巡回法院也以同样的方式对更高级别的官员,包括对郡长的行为进行了监督。"① 巡回法院在限制和监督地方行政官员的同时,地方普通民众的利益得到了保障。从这个意义上讲,巡回法院由此成为民众与王室政府进行联系的主要场所。"它提供了一个对地方事务进行复议的渠道。地方官员的活动受到调查。"② 民众可以通过巡回法院将自己的诉求求助于国王,为他们权利的伸张提供了多种的选择。

(三) 地方法院:王权对于封建领主权在地方上的横向制约

除了中央司法体系外,英格兰地方法院的存在也体现出一定的合理性与平衡性。威廉一世入主英格兰伊始,便求助郡法院和百户区等地方公共设施,在庞杂的国王直属封臣及其他们各自的封臣之间,建立横向联系,要求他们共同分担地方事务的治理。在王权的支持下,地方公共法院保留了下来,国王的地方代理人郡长取代了地方的方伯。这一进程意味着,郡法院、百户区法院从人员构成到运作方式,都开始与纯粹的地方封建法院有了明显的不同,避免了加洛林王朝之后,法兰西地方公共法院被封建领主法院控制情况的发生。例如,在英格兰,维持秩序、制止犯罪等刑事案件的管辖权基本上都是由地方公共法院行使的,地方领主对刑事案件管辖权的主张只能通过从国王那里购买特许权或以其他方式将百户区法院据为己有来实现,并不像欧陆国家那样,当然地成为地方唯一的权威机构。因而,王权支持下的地方公共法院,防止了领主对于地方利益的全面侵犯,在权力的横向

---

① 〔英〕约翰·哈德森:《英国普通法的形成》,刘四新译,商务印书馆 2006 年版,第 136 页。
② 同上。

分享中,民众的权益间接地得到了保护。对此,哈德森教授评价道:"郡法院和百户区法院在王室控制下得以幸存可谓是盎格鲁—撒克逊英格兰的一项重要法律遗产。"①

另外,14世纪以后,随着地方公共法院的逐渐衰落,由治安法官组成的季审法院(Quarter Session)逐步取代了地方公共法院在地方上的职能。由于季审法院每个季度只开庭一次,因此,在实践中无法应对突发案件的紧急需要。为此,1542年议会通过法规,允许治安法官在两次季审法院之间随时召开非正式的特别法庭,处理特殊事务,由此导致了小治安法庭(Petty Session)的产生。这样一来,小治安法庭不仅使紧急的突发事件得到良好的应对与处理,而且由于其程序简易、无须陪审团,因而,地方相关案件处理的诉讼效率得到了显著提高。

(四) 特权法院:专制权力"发泄"的制度化途径

中世纪英格兰除了古老的地方公共法院、封建领主法院以及亨利二世开始建立的中央司法体系之外,还存在某些直接依据国王特权建立起来的特权法院(prerogative courts)。如森林法院(forest courts)、北方法院(council of the North)、威尔士边区法院(council of Wales and the Marches)、星座法院(court of Star Chamber)、恳请法院(court of request)以及四个与财政事务有关的特权法院。

在传统的观念中,众多特权法院的建立被认为是都铎时期王权专制的表现形式,是都铎王权施行专制最得力的工具。应该说,这样的评价基本是符合史实的。如1634年,清教徒威廉·普林因写了一本反对舞台戏剧、讥讽查理一世和王后的时评短文,被星座法院判处终身监禁,罚款3000英镑,还被割掉两只耳朵,脸上烙字,戴枷示众。② 四个与财政事务有关的特权法院也总是把维护国王的意志与利益奉为大职。对此,梅特兰评价道:"一个由强制实施一项政策的政客组成的法院,而不是一个由适用法律的法官组

---

① 〔英〕约翰·哈德森:《英国普通法的形成》,刘四新译,商务印书馆2006年版,第51页。
② G. R. Elton, *Tudor Constitution*, *Documents and Commentary*, Cambridge University Press, 1960, pp. 195—200.

成的法院。"①

但是,如果我们能够从特权法院建立的背景出发、从英格兰法院制度设计的合理性、平衡性出发、从特权法院存在背后所蕴藏的制度意义出发,它将展现给我们另外一番图景。

首先,从特权法院的建立背景上看,它们在法理上是存在依据的。在英格兰司法体系建立以前,御前会议享有王国内的司法权,后来随着王室法院逐渐从御前小会议中分化出来,小会议在亨利三世时已经逐渐转化为国王的咨议会(council),日益成为国王的建议和执行日常管理事务的中央行政机构。② 但是,由于国王此时仍是"王国正义之源",所以咨议会作为王权的御用工具仍享有除中央王室法院之外"剩余的司法权"(residuary jurisdiction)。这与古代中国皇帝任意地干涉司法案件并缺失法理基础的情况,在性质上是截然不同的。另外,特权法院的存在是客观政治环境所必然要求的。亨利五世之后的50年是英格兰历史上比较混乱和动荡的时期。从1455年到1485年,兰开斯特家族与约克家族为了争夺王位进行了长达30年的战争。在内战中崛起的都铎王朝统治者面对这样一个王权式微、政局动荡的残局,必须迅速地强化中央集权的力量,扭转社会的混乱,恢复正常的法律秩序。如北方法院、威尔士边区法院的设立就是为了削弱在"红白玫瑰战争"中贵族、领主日益膨胀的司法权,因为这一时期被豪强权贵控制的普通法法院已经无力在审判中坚守着"正义的最后防线"。

其次,从制度设计的合理性与平衡性上看,特权法院的产生在某种意义上是对普通法法院弊端的一种补救。由于"红白玫瑰战争"的影响,豪强权贵经常威胁、利诱、操纵陪审团,干扰普通法法院正常的审判活动,冤假错案层出不穷,根本谈不上什么维护民众利益。此时不适用陪审,简单灵活的特权法院为地位低下的普通民众提供了救济。以审理民事案件的恳请法院为例,在这里,农民可以控告自己的庄园领主,雇工可以控告自己的雇主,一般

---

① F. W. Maitland, *The Constitutional History of England*, Cambridge University Press, 1911, p. 263.
② 在亨利三世时期,御前会议开始逐渐演化为议会的前身御前大会议和近代内阁的前身御前小会议。

村民可以控告强行圈占公有荒地的土豪劣绅和基层官员,而不必担心他们的势力以及可能对案件结果的左右。另外,星座法院也像恳请法院一样受到普通民众的欢迎。卡内冈教授描述说:"星宫法院在诉讼程序上,比普通法法院更为强硬,对诉讼的介入也更为直接,它显得异常活跃与大众化,其中一个原因是,它不会受到那些被操纵和恫吓的陪审团的妨碍,而当时陪审团正被视为诉讼中的羁绊。"①因而,特权法院在制度设计上的便捷性迎合了那个时代普通民众的需要。甚至有学者认为:这一时期的特权法院"看起来已经成为一个极受欢迎和成功的法院。"②

最后,从特权法院存在背后所蕴藏的制度意义上看,特权法院虽然是依据国王个人特权而存在的,甚至在特权法院中国王及其官员的意志常常左右案件的判决结果。但是,特权法院建立本身,就是一种有利于宪政的制度设计。因为它通过一个制度化的框架,将王权的个人恣意范围放在了有限的司法机构之中,而不是通过一个完全听命于他的行政机构。因为在"红白玫瑰战争"后,国王加强中央集权,稳定社会秩序是符合历史发展需要的,他完全没有必要通过一个制度化的司法机构去实现这一紧迫目的。例如古代中国大乱过后,皇帝总会身体力行地处理所有重大的政务与案件,史书言秦始皇"躬操文墨、昼断狱、夜理书,自程决事,日悬石之一"便是明证。③ 英格兰国王之所以这样,或许是受到英格兰行政司法化传统的影响,或许是因为特权法院更能有效地对权贵进行打击,但是不管怎么样,这样制度化的设计不至于使王权的恣意过度地膨胀,同时,也为后来民众以及普通法法院对其的指责提供了明确的目标。因为既然国王选择特权法院来实现其特权,那么这一被动、有限的司法机构能否实现国王的目的,判断权最终还是掌握在国王手中。这也是为什么到后来国王的森林法院、北方法院、威尔士边区法院甚至星座法院被废除的根本原因所在,因为这时的特权法院已经不再是

---

① 〔比〕R.C.范·卡内冈:《法官、立法者与法学教授——欧洲法律史篇》,薛张敏敏译,北京大学出版社 2006 年版,第 116 页。
② 〔美〕马丁·夏皮罗:《法院:比较法上和政治学上的分析》,张生、李彤译,中国政法大学出版社 2005 年版,第 125 页。
③ 《史记·秦始皇本纪》。

一个"法院"了,而仅仅是专制王权下的"行政机构"。

（五）衡平法院：僵化法律的"调节器"

与上述的特权法院一样,英格兰法院制度中衡平法院（又称"大法官法院",court of chancery）及其前身大法官庭也是作为国王特权在司法中的体现而出现的。① 但是,这并不意味着它仅仅是为了实现国王特权而生,它的产生更多地体现出英格兰法院制度所具有的合理性与平衡性。

一方面,大法官庭设立之初在性质上,是一个为普通民众提供法律救济的专门机构。在古代英国,"国王是正义之源",当民众在地方法院或封建法院得不到合理救济时,他们就会向国王请愿,祈求国王的司法干预。王室法院以及特权法院建立的法理依据都在于此。14世纪以后,随着普通法日趋僵化,越来越多涉及现有令状起诉范围之外的衡平案件,在普通法法院投诉无门。于是,民众再一次求助国王的"剩余司法权"。国王咨议会中掌管国玺（Great Seal）的大法官由于精通法律,因此逐渐和一批官员一起从咨议会中分离开来。对此,专门研究中世纪咨议会案例的鲍德温教授说："在经济事务之外,议会和咨议会没有时间和精力处理其他事务,大法官院的司法权被建立了起来。"②

另一方面,大法官法院设立之初,是为了加强与普通法法院的联系,共同解决民众向咨议会提出各种请愿日益增多的问题。③ 因为大法官不仅是咨议会的主要成员,而且掌管着进入普通法法院大门的"唯一钥匙"④,任何提交普通法法院的诉讼都必须从大法官庭签发的起始令状开始。作为普通法法院与咨议会纽带、桥梁的大法官法院,需要经常和普通法法院一起去商量和解决现有令状僵化而引发民众请愿增多的问题。对此,"一方面,大法官和大法官法院的其他官员常常出席普通法法院,或与这些法院的法官商量诉讼事宜,另一方面,他们不时要求普通法法官出席大法官法院,以至于

---

① 大法官庭（chancery）在国内也常被译为"中书省"或"中书法庭"。参见马克垚：《英国封建社会研究》,北京大学出版社 2005 年版,第 77—79 页。
② W.S. Holdsworth, *A History of English Law*, Methuen, 1956, Vol. I , p.403.
③ Ibid., p.401.
④ H.G. Hanbury and D.C.M. Yardley, *English Courts of Law*, Oxford University Press, 1979, p.93.转引自程汉大、李培锋：《英国司法制度史》,清华大学出版社 2007 年版,第 58 页。

在 15 世纪普通法法官抱怨因为被召去帮助大法官和其他官员而把普通法法院的事务给耽误了。"①普通法法院认为,以强大王权为后盾、以自由裁量权为手段的大法官法院更方便给予民众及时的救济,甚至普通法法院法官凯茨比在 1464 年称"衡平法是国王普遍的法律",以示大法官庭与普通法法庭的和谐。

不仅如此,衡平法院在内在程序与功能上,也体现出对于民众权利的保护以及对国王个人恣意行为的限制。第一,在起诉形式上,与普通法法院起诉要求申请相应诉讼程序令状不同,民众在衡平法院起诉不需要申请起始令状,只需用请愿书、冤诉状甚至是口头的申诉形式即可。第二,在证据的提供上,普通民众不需要像在普通诉讼法院那样,"凡主张皆应有证据",而只需要向衡平法院提出其认为被告某些行为违法的指控即可。因为衡平法院实行纠问式诉讼,奉行"不否认即承认"的原则。第三,在案件受理上,衡平法院没有休庭期,没有开庭地点限制,始终向当事人随时随地敞开大门,甚至大法官在家中都可以受理诉讼。这些方式使得底层民众的权利救济变得容易起来。对此,夏皮罗教授这样评价道:"它提供了一套不同的救济方法并对偶尔出现的因严格适用法律规则的字面含义而产生的不公正进行救济。衡平法院被证明是一个受到极大欢迎的法院。"②此外,衡平法院在功能上对国王的行为拥有一定限度的司法审查权。③ 它可以以违反法律为由,启用"不执行程序",宣布取消国王的某一特许状,还可以根据当事人的请愿书,要求国王把非法夺取的臣民财产归还原来的主人。

这里笔者对于衡平法院产生以及自身合理性与平衡性的强调,并不是"削足适履"地片面夸大其在英格兰法院制度设计中的作用。毕竟,衡平法院的审判方法过于灵活,判案标准过于抽象模糊,道德、良心、正义等形而上的价值概念难免不被别有用心的人利用,成为专断的借口。但是,不容否认

---

① R. P. Meagher and J. R. F. Lehane, *Equity: Doctrines and Remedies*, Butterworths, 1981, pp. 5—6. 转引自程汉大、李培锋:《英国司法制度史》,清华大学出版社 2007 年版,第 69 页。
② [美]马丁·夏皮罗:《法院:比较法上和政治学上的分析》,张生、李彤译,中国政法大学出版社 2005 年版,第 121 页。
③ 程汉大、李培锋:《英国司法制度史》,清华大学出版社 2007 年版,第 59 页。

的是,衡平法院的存在本身就是英格兰各种法律制度得以延续和发展,避免王权走上专制道路的关键所在。

一方面,普通法逐渐僵硬化,使得普通法法院已经无力回应法律稳定性与灵活性之间的内在矛盾。"法律必须稳定,但又不能静止不变。因此,所有的法律思想都力图协调稳定必要性与变化必要性这两种彼此冲突的要求。一般安全中的社会利益促使人民去探寻某种据以彻底规制人之行为的确定基础,进而使一种坚实而稳定的社会秩序得到保障。但是,社会生活情势的不断变化却要求法律根据其他社会利益的压力和种种危及安全的新形式不断作出新的调整。因此,法律秩序就必须既稳定又灵活。"① 如果没有一种机制在普通法法院僵硬的规则与不断变化的社会形势之间作出"调和",那么,普通法法律制度将不可避免地被体现为一种专制"意志"的罗马法或国王的专制意志所摧毁。因为国王既然不能通过法律的手段去回应社会,只好求助于个人的权威。② 可以说,衡平法院的产生正是充当了法律内在矛盾在英格兰的"调和者"。卡内冈教授站在比较法的视角评价说:"普通法的一些明显的不足自中世纪后期以来得到了衡平法院衡平管辖权的弥补,而后者在外表上则带有浓厚的罗马—教会法色彩——这也是普通法早熟性质付出的代价。"③ 其实,这也是为什么在 1641 年议会取消星座法院,本来可一并将衡平法院裁撤,却没有这样做的原因。因为衡平法院对于英格兰法律体系的有益"补救",已经使它成为英格兰不可或缺的一个特殊司法机构。正如吉尔达特所说:"很清楚,大法官法院在做普通法法院没有做或不愿做的工作。没有这些工作,人们的权利不能够被很好地保护。"④

另一方面,衡平法院制度化设计本身虽然也是国王意志的一种体现形式,但是它毕竟不同于赤裸裸的极端专制。因为衡平法院依凭的道德、良

---

① 〔美〕罗斯科·庞德:《法律史解释》,邓正来译,中国法制出版社 2003 年版,第 2 页。

② 其实,这个问题也恰好说明了衡平法院、特权法院的产生背景。当然,这样的选择也是与赤裸裸的权力干预不同的。关于这个问题下文将详细说明。

③ 〔比〕R. C. 范·卡内冈:《英国普通法的诞生》,李红海译,中国政法大学出版社 2003 年版,第 135 页。

④ W. Gelart, *Introduce to English Law*, Oxford University Press, 1991, p.24. 转引自程汉大、李培锋:《英国司法制度史》,清华大学出版社 2007 年版,第 72 页。

心、正义等原则,毕竟不同于无需申明理由的圣谕、命令、敕令。况且,衡平法院的这些道德原则后来不断受到"遵循先例"原则的规范,逐渐确定化、制度化。衡平法官到后来也不可能再像其先辈那样仅凭"良心"进行裁判。可以说,作为一种制度设计的衡平法院,其宪政意义在于,它既为国王专制的趋势提供了一个正式"发泄"的渠道,又将这种"发泄"控制在司法的范围内。梅特兰下面的一段话恰好印证了这一点:

> 早期中世纪的刑法能够被保存下来,因为星宫法庭能弥补其不足;早期的私法亦能留传至今,也是因为衡平法为其做了补充;陪审制能够被保留、发展和美化,也正是因为其他审判方式给了它一个合适的角落。这样我们过去的法律保持了其连续性,它安然度过了极富批判性的16世纪,现在又要直面17世纪的专制了。星宫法庭和衡平法庭对我们的政治自由是极大的威胁;培根就曾对詹姆士国王说,衡平法庭是行使其绝对权力的法庭。但如果考虑一下其他国家的情况,我们会有充足的理由认为,如果没有了这两者,我们早期的那些无法自我适应新形势的法律将会完全垮台,它们将不可避免地为罗马法和专制让路。如果我们说衡平法挽救了普通法,星宫法院挽救了宪政,那么即使在这样的悖论中,这句话也是不无道理的。①

我们一直认为普通法之所以能够在14世纪开始免受"罗马法复兴运动"的冲击,原因在于普通法在这之前已经形成,并且有一套普通法法院组织、一批普通法法律职业者为其保驾护航。当然,这些因素的确在普通法形成、发展的过程中扮演了至关重要的角色。然而,英格兰法院制度内部的自我调试和革新,无疑也为应对这一"冲击"起到了不可估量的作用。

二、审判制度中的体现

英格兰审判中制度设计的合理性与平衡性,主要体现在案件的起诉程

---

① F. W. Maitland, *A Sketch of English Legal History*, by J. F. Colby edited, Putman's Son's, 1929, pp.125—128. 转引自李红海:《普通法的历史解读——从梅特兰开始》,清华大学出版社2003年版,第25—26页。

序、案件裁决方式以及对错误判决的救济方式等几个主要方面。

（一）案件的起诉程序

就案件的起诉程序而言，普通法形成之前，权益受到侵害的普通民众向法院提起诉讼不需要向大法官庭申请起始令状，只需要在法庭上向法庭主持人（贤人会议为国王或其代理人，郡法院、百户区法院分别为郡长、百户长，领主法院为领主或其管家）公开陈述诉由，对被告提出指控即可。作为限制，原告必须向法庭郑重宣誓，保证自己在法庭所说的一切准确无误。法庭主持人受理案件后向被告规定具体的时间和地点，并要求其应诉答辩，如果被告拒不出庭或面对指控保持沉默，法庭据此可以判决被告败诉，"放逐法外"（outlawry）。① 在那时，如何保证被告及时出庭应诉是司法审判面临的最大困难。为了保障诉讼的顺利进行，英格兰在起诉的制度设计上并没有像其他早期国家一样，主要依靠被告的亲属负责上述事宜，而是通过十户区制度（tithing）以及保人制度（borh）这些非血缘化的管理措施，防止亲属负责制下难免出现的亲亲相护弊端。如在十户区制度中，每十户居民编为一组，成员相互担保，如果其中有成员被起诉，其他十户区成员有责任将其交付法庭审判，否则，法庭将对该十户区成员处以罚款。同时，对于本十户区内受到侵害的成员，其他成员也相应负有集体保护的义务。在公共权力缺失的早期英格兰，这样一种起诉程序无疑客观上保证了案件的顺利进行，为原告可能遭受破坏的权益提供了保障，具有一定合理性。

如果说盎格鲁—撒克逊时期和诺曼早期的英格兰，诉讼的启动还没有民事与刑事之分，起诉还属于民众个人行为的话，那么，随着英格兰司法体系的逐步建立，截止到金雀花王朝时期，刑事案件与民事案件的启动已经有了明显的区别，起诉也不再仅仅是民众个人的事情。1166年《克拉伦敦诏令》规定，王室法官或郡长在每个百户区召集12名、每个村庄召集4名守法

---

① "放逐法外"源于撒克逊时代的"utlagatus"，即剥夺法律资格与地位，不受法律的保护。最初是针对那些杀害了他人，而不赔付偿命金给受害人亲属的人的处罚。在普通法中，对于那些藐视王室法庭，拒不到庭或者逃避司法的人被处以此罪名。早期被"放逐法外"是相当严厉的处罚，被"放逐法外"的人被称为"狼头"。任何人可以像杀死狼一样杀死他。在英国该项罪名直到1938年才被正式废除。

人士宣誓作证,来调查询问他们亨利二世即位以后本地发生的一切抢劫、谋杀、盗窃以及窝藏等犯罪,以便对当地的犯罪予以指控。这一规定实际上建立了控诉陪审团(jury of indictment),亦即我们常说的大陪审团(grand jury)。这些在王室法官或郡长前宣誓作证的本地人士取代受害民众,肩负起在刑事领域对于嫌犯的控诉职能。随后,1176 年《北安普顿诏令》第 1 条又扩大了控诉陪审团检举犯罪的种类。[①] 至此,在英格兰刑事诉讼基本上是由大陪审团向法院提起,或者由个人通过自诉(appeal)形式提起,但自诉请求也必须经大陪审团认定后才能正式向法院提出。

此外,民事诉讼则开始由原告向国王申请司法令状提起。民众的民事权利(主要涉及土地权利和人身权利这两大方面)若受到侵害,必须首先在国王大法官处申请到相应的令状,在特定诉讼程序正确选择下才能获得法律救济。上述起诉程序变化的合理性在于,一方面国家"公权力"对于刑事案件的介入[②],使得刑事受害者不再以个人"孤零零"的力量面对犯罪嫌疑人,大陪审团的控诉增强了刑事受害者的力量,有利于打击犯罪,维护社会普通民众的安全。另一方面,普通民众在申请不同令状,选择不同诉讼程序的过程中,虽然存在一定的不便和负担,但是,却在客观上培养了民众的权利意识。

不仅如此,英格兰起诉程序在这之后的发展过程中还体现出一定的民主性。如大陪审团的刑事起诉程序对 14 世纪以后治安法官"一边倒"式的预审结果起到了复核、纠错作用。起先,基层的刑事案件嫌疑犯由地方十户区负责。14 世纪以后,地方治安改由治安法官负责。1555 年玛丽女王制定的《刑事法规》赋予了治安法官对刑事案件预审的权力。由于治安法官所主持的预审采用口头方式,不允许律师参加,加之其主要目的是为了寻找到足够证据以证明指控成立,因而,治安法官扮演的角色不是一个中立的调查者,而是偏向于原告一方,结果导致偏向原告的预审结果比比皆是。但是,

---

[①] George Burton Adams and H. Morse Stephens, *Select Documents of English Constitutional History*, The Macmillan Company, 1924, pp.20—21.
[②] 这里所说的国家"公权力"的介入并非类似于今天的检察制度,而是一种国家主导,具体由民众参与的控诉制度,下文将对此问题进行说明。

由于大陪审团是由郡长选任的,他们大都由了解案件有关事实地方乡绅所组成,他们在审批治安法官移送的预审结果时纠偏了大量的错案。资料证明,1660—1800 年间,萨里郡大陪审团驳回的可判死刑的财产侵害案占 11.5%,不够判死刑的案件占 17.3%,谋杀案占 14.9%,杀婴案占 27.4%,伤害案占 25.8%,强奸案占 44.4%。①

需要强调的是,上述提到由国家"公权力"介入,在英格兰由大陪审团指控犯罪的做法与欧陆国家是截然不同的。在欧洲大陆,对刑事犯罪提起指控一直由一位王室的代理人负责,称为"财务检察官"(procurator fiscal),或叫做"国王的专门代理人"(the king's procurator)。通常他向法庭提起对犯罪嫌疑人的指控,通过宣读"公诉状"(réquisitoire),像出庭律师一样,表明自己的控诉意见,试图说服法官判被告有罪。卡内冈教授认为:"他不是出庭律师,而是代表国王、握有大权的官员,他的一言一行,都代表着国家权力。诉讼的另一方,是被告及其辩护人,站在他们面前,检察官就如巨人面对着小矮人,顿感底气倍增,振振有词!"②而英格兰对犯罪嫌疑人的指控,是由审判地的大陪审团进行的。陪审员与犯罪嫌疑人一样都是普通民众,他们仅仅是依据案件的表面证据进行裁判,代表案件发生地的公众利益,而不是充当国家权力在地方上的执行者。这样的差别至少说明在英格兰刑事起诉程序中,犯罪嫌疑人面对的不是强大的国家权力而是与之密切相关的底层社会力量,这种情形一定程度上避免了因为诉讼地位的悬殊而导致的失衡,犯罪嫌疑人的权利在证据制度未充分发展的中世纪,得到了一定程度的保护。如后来欧陆的刑事指控制度随着专制王权力量的上升,逐渐成为秘密审讯、刑讯逼供的温床。英格兰的大陪审刑事控诉制度在小陪审制以及"人身保护令"的配合下一直延续到1933 年。

(二)案件的裁决方式

案件裁决方式的合理性与平衡性主要体现在原始审判制度的衰退以及

---

① J. Langbein, *The Origins of Adversary Criminal Trial*, Oxford University Press, 2003, p.45. 转引自程汉大、李培锋:《英国司法制度史》,清华大学出版社 2007 年版,第 316—317 页。

② 〔比〕R.C.范·卡内冈:《法官、立法者与法学教授——欧洲法律史篇》,薛张敏敏译,北京大学出版社 2006 年版,第 35 页。

陪审制度的不断完善两个方面。

在人类通过理性方式裁决案件之前,将上天、上帝以及一些超自然因素引入审判程序是通常的做法。在英格兰一些非理性化的裁决方式也在法庭审判中成为主导。那时的审判并不是通过勘验证据、法律推理等理性方式,对双方争议的问题作出裁决,判定被告有罪还是无罪,而是裁定由哪一方当事人、采用什么方式对其陈述的内容进行验证(proof)。验证的结果直接决定审判的结果,在某种意义上讲,案件的裁决过程就是验证过程。

通常的验证方式主要包括证人誓证(trial by witnesses)、共誓涤罪(compurgation)、神明裁判(ordeal)以及司法决斗(trial by battle)。[1] 虽然这些验证方式在我们今天看来是野蛮、荒谬甚至是不可理喻的,如地产纠纷或某些刑事案件的是非曲直居然要通过刀剑、棍棒、拳脚甚至牙齿的决斗得出[2],但是这些原始的裁决方式,在那个文化知识极端贫乏、宗教思想盛行的时代也是十分自然的事情。

它们存在的制度价值在于,一方面使早期英格兰的审判在一种相对公开的环境下进行,防止了"幕后交易"、"暗箱操作"的可能。如神明裁判通常都是在当地民众围观下,由教士在布道、弥撒和演唱赞美诗的环境下进行的。卡内冈教授对这种公开程度这样赞叹道:"这构成了乡村生活的重大事件,当时并没有今天这么丰富的娱乐和消遣,我们可以想象前往参观神明裁判将会是怎样一个宏大的场面。"[3]另一方面,它们的存在使审判在一种"第三方"力量的判断中进行,以一种双方当事人都能够接受的神圣方式作出,增强了公力救济的可信性程度。如12世纪后期一则司法决斗案例说明了

---

[1] 关于这几种原始的案件裁决方式可详见 F. W. Maitland, *The Constitutional History of England*, Cambridge University Press, 1911, pp. 115—120; W. S. Holdsworth, *A History of English Law*, Methuen, 1956, Vol. I, pp.302—311;〔比〕R. C. 范·卡内冈:《英国普通法的诞生》,李红海译,中国政法大学出版社2003年版,第82—85页;〔英〕约翰·哈德森:《英国普通法的形成》,刘四新译,商务印书馆2006年版,第84—89页。

[2] 需要强调的是,在上述非理性的案件裁决方式中,司法决斗在盎格鲁—撒克逊时期并没有使用过,此种方式是由诺曼人引入英格兰的。See F. W. Maitland, *The Constitutional History of England*, Cambridge University Press, 1911, p. 120.; W. S. Holdsworth, *A History of English Law*, Methuen, 1956, Vol. I, p.308。

[3] 〔比〕R. C. 范·卡内冈:《英国普通法的诞生》,李红海译,中国政法大学出版社2003年版,第82—83页。

这一点。"两个被判令进行决斗的人会面了,其中一个要比另一个高大强壮许多。那个壮汉抓住那个弱小者,把他高高举过头顶,准备狠狠地扔在地方。这个被悬在空中的小个头对着上天振奋起精神,口中发出一句简短的祷告词:'救救我吧,圣明的受难者托马斯。'性命之忧迫在眉睫,祷告的时间仅在须臾之间。有多个证人在场:那个壮汉,就像被那个神圣的名字震慑住了一样,突然在他举着的人下面瘫作烂泥,被击败了。"①最后,它使得地方治安得到了稳定,杜绝了"以牙还牙,以眼还眼"时代人们因为争端而引发的无休止争斗。因为选择6个或12个助誓人(compurgators)在相对狭小的社区内证明当事人是否清白以及验证一只手是否感染等和平方式解决争端,显然是统治者更愿意看到的,他们不愿意也没有能力通过向地方投入更多的人力、物力去平息"王国的安宁"。教士的仪式、民众的广泛参与以及上帝公正的信念,已经足够确保争端的解决。"这些因素的共同作用使得具有潜在危险性且可能以其他形式溃烂、发炎并进而威胁治安的地方性疾患得以化解。"②

然而,原始案件裁决方式的有限合理性不足以应对历史的发展,民众、教会和国王都逐渐对其产生了不满。证人誓证逐渐丧失了举证功能,因为后来的所谓证人不再是案件的知情人,仅仅是支持当事人誓言的宣誓助手(oath-helpers)。共誓涤罪也演变为一种形式,公证人往往只关注当事人的人品表现,致使某些善于伪装的罪犯有可能蒙蔽公证人的眼睛,有时公证人可能被当事人收买操纵,或慑于当事人的权势,或害怕遭到报复,而让罪犯逃脱应有的惩罚。司法决斗也逐渐失去民众的信任,因为司法决斗到后来明显有利于骑士和那些雇佣得起最出色决斗替手(champions)的富人。③ 如11世纪末,位于阿尔河(river Aa)河口的圣·欧麦尔——佛兰德尔郡(county of Flanders)南部的一个繁荣的港口——商人行会(merchant gild of Saint-

---

① 〔英〕约翰·哈德森:《英国普通法的形成》,刘四新译,商务印书馆2006年版,第88页。
② 同上书,第87页。
③ 最初在司法决斗中可以雇佣替代者的范围仅仅是教士、妇女、病人、20岁以下的未成年人或60岁以上的老人,到后来一切民事案件都可以采用司法决斗,雇佣替代者进行决斗的范围也扩展到所有当事人。决斗替代者甚至成为了一种职业。

Omer),在其内部形成了一种相互援助的制度,在其成员(brethren)卷入司法决斗之时允许其雇佣最好的决斗替手。① 教会与国王也开始对神明裁判表现出极大的反对和怀疑。"同样是基督教会保佑和执行了数世纪之久的同一神明裁判,现在则被神学家们揭批为极端邪恶的做法,他们说要求不断显灵实际上是玩命,即使是为了拯救无辜的嫌疑犯。他们猛烈抨击这些魔鬼的诱惑(tentamenta diabolica),决定应该由将之予以根除。"② 卡内冈教授的《从威廉一世到理查德一世英国的法律诉讼》(*English Lawsuits William Ⅰ to Richard Ⅰ*)中记载了,英王威廉二世对50人在林区犯罪接受神明裁判而无罪释放的不满:国王得到报告,说是在神明裁判后的第三天所有这些被定罪的人聚在一起,显示他们的手都未被灼伤,据说国王惊呼道:"这算哪门子事啊?上帝是公正的吗?让那些今后仍相信这种把戏的家伙们见鬼去吧。我即刻发誓,应当根据我的而不是上帝的判决行事,上帝在回答每个人的祷告时忽而偏袒这一方忽而又偏袒那一方。"③ 接着,在1166年《克拉伦敦诏令》第14条和1176年《北安普顿诏令》第1条中,亨利二世规定,那些被指控犯有严重罪行并成功通过冷水神判(因而应被认为是清白的)者如果许多守法民众曾公开表示其名誉不佳,则他们依然会被逐出英格兰。④

现在的问题是,旧的案件裁决方式衰退后,该如何填补?对此,英格兰选择了与欧陆罗马—教会法诉讼程序决然不同的陪审制度。⑤ 它是与上述非理性证据制度的决裂,将案件的裁决诉诸人的知识、洞察力和调查。"在这里,审判以两个截然不同实体为基础:法官引导审判进程,并最终作出判决;陪审团则对关键的正当与非正当、罪与非罪的问题作出裁断。邻里社区

---

① 〔比〕R.C.范·卡内冈:《英国普通法的诞生》,李红海译,中国政法大学出版社2003年版,第89页。

② 同上书,第87—88页。

③ 〔英〕约翰·哈德森:《英国普通法的形成》,刘四新译,商务印书馆2006年版,第86页。

④ George Burton Adams and H. Morse Stephens, *Select Documents of English Constitutional History*, The Macmillan Company, 1924, pp.16—17,20—21.

⑤ 罗马法学家和教会法学家们创制的关于证据的规则和方法。他们在12世纪后半期和13世纪创设的精深的罗马—教会法程序征服了欧洲大陆的法院,并为其民诉和刑诉程序打上了深刻的烙印。其裁决案件的主要方式是,一名独任法官或几名法官组成的合议庭,同时决定事实问题和法律问题,他们亲自或通过委任他人主导询问、展开调查,并作出最终的判决。

民众的声音,即'当地的真相'(truth of the land),要在法官的指导下被听取,但这一意见对法官也是有拘束力的。实际上,它的拘束力同神明裁判是一样的,只是'民众的声音'(vox populi)取代了那终局性的为普通人所无法理解的神的声音(vox Dei)。"①

接着,1215年第四次拉特兰宗教会议(fourth Lateran council)的决议②,加速了民众对于新型案件裁决方式,即陪审制的接受。陪审制较之于旧证据制度在三个方面具有合理性:首先,它使裁断限于一个明确的事实问题,有助于问题的澄清,正义的实现。如学者斯坦顿女士编译的一则案例印证了这一点:"罗杰的遗孀贝拉起诉斗士厄纳尔德、他的兄弟威廉和彼德,以及厄纳尔德的儿子威廉殴打并伤害了她,但她最后撤诉了……法官征求了陪审员们的意见,陪审员们说,贝拉被打伤成这个样子,所有的被告人都应被关押起来。"③其次,与古代神明裁判以及"令人怀疑结果"的证人誓证和面临伤残、死亡风险的决斗相比,陪审采用了一种更为理性、更可预期的证据制度。如格兰维尔所说:"12名骑士的宣誓证明的要比一名通常是雇来而并非证人的决斗替手的话更有分量。旧证据制度所得到的结果是令人怀疑的,因为正义很少能够通过决斗来达到。"④最后,陪审制对于原始审判方式的改变,使得概括答辩逐渐让位于陪审制下的特别答辩,后者刺激了法律问题与事实问题的结合,推动了普通法的发展。因为不管神明裁判还是司法决斗,两者都是当事人证明自身证言或判断双方证言真实性的方式,上述方式判断的主要依据就是"神的声音或意志",并不涉及案件具体的事实问题。相反,陪审制下所依靠的"当地民众声音"才是对案件事实问题的关注。王室法官也只能是通过地方民众对事实问题的判断而不是"神的判断",结合

---

① 〔比〕R.C.范·卡内冈:《英国普通法的诞生》,李红海译,中国政法大学出版社2003年版,第90—91页。
② 该决议发出禁止教士参与神明裁判的禁令。这实际上等于废除了神明裁判,因为神明裁判是必须教士在场参与的。据梅特兰考察,在约翰王统治时期之后,英格兰的司法卷档中再也找不到一件使用神明裁判判决的案件。See F. Pollock and F.W. Maitland, *The History of English Law before the Time of Edward* Ⅰ, Cambridge University Press, 1968, Vol.Ⅱ, p.132.
③ 〔英〕约翰·哈德森:《英国普通法的形成》,刘四新译,商务印书馆2006年版,第185页。
④ 〔比〕R.C.范·卡内冈:《英国普通法的诞生》,李红海译,中国政法大学出版社2003年版,第105页。

当地的习惯,发展普通法。

英格兰案件裁决方式的合理性与平衡性不仅体现于上述提到陪审制较之于原始审判制度的诸多优势上,而且还体现在陪审制发展过程中的自我调试上。

首先,民众申请陪审的费用不断降低。据卡内冈教授考察,"随着陪审频繁地被采用,其费用也在不断地降低。1179 年就已经达到了最低的半马克(在 1180 年的记录中我们发现了亨利二世统治时期该项费用的最高额 27 马克),到 1181 年,1 马克的银币是主流价格,而 1175 年时则依然高至 10 马克"。①

其次,审判陪审团(jury of deliverance),亦即小陪审团(petty jury)出现。刑事陪审制产生初期,大陪审团既负责案件的起诉,又负责案件的审理。不难想象,这种集控诉与审判职能于一身的制度往往容易"先入为主",判决结果时常对被告不利,因而被告拒绝陪审的事件经常发生。大陪审团的制度缺陷使得其面临危机,如果不及时补救,它的命运也会和原始审判方式一样,遭到取缔,兴许罗马—教会法诉讼程序将会主宰整个欧洲。然而,智慧的英格兰人通过将大陪审团中控诉陪审团与审判陪审团分开化解了危机。13 世纪中期以后法律允许被告在审判开始之前,对自己所不信任的大陪审团成员提出异议,要求其回避,被要求回避的成员必须更换。据史料记载,1258 年亨利·布拉克顿就注意到,被告人可以反对恶意或虚假的起诉人;13 世纪末,约翰·布里顿(John Britton)也说,如果陪审员成员中有他的敌人或觊觎他财产的人,他可以申请回避;1305 年,爱德华国王以及后来的爱德华二世,都曾经以被告人朋友的身份,要求法官提供一个没有起诉陪审团参加的审判陪审团。② 随着被告人申请起诉陪审团成员在审判陪审团中回避的频率越来越高,14 世纪 40 年代下议院(平民院)曾两次通过制定法确认此项权利。"在 1351—1352 年间,对起诉陪审团参与审判的反对情绪已

---

① 〔比〕R.C.范·卡内冈:《英国普通法的诞生》,李红海译,中国政法大学出版社 2003 年版,第 92 页。

② Leonard W. Levy, *The Palladium of Justice: Origins of Trial by Jury*, Ivan R. Dee, 1999, p. 22.

经如此强烈,以致法律不得不规定,在反叛和重罪案件中,如果起诉陪审员遭到被告人的挑战,他就不得参与案件的裁决。后来,1352年爱德华三世颁布法令,规定起诉陪审团成员不得参加审判陪审团。"① 于是,小陪审团就脱离了大陪审团,并逐渐发展成从各郡进行随机抽选的机制。大陪审团仅仅负责审查案件的初步资料,决定是否向法院起诉。小陪审团就案件事实问题进行审理,对被告作出是否有罪的裁决。大约在14世纪后期,大陪审团由23人组成,小陪审团由12人组成成为定制。

再次,证人与陪审员分离。在实行小陪审团审判刑事案件的初期,陪审员往往既是关于事实问题的审判员,又是案件知情的证人。陪审员应从当事人的邻里乡亲中被选出的早期规则就蕴涵着对陪审团证人性质的期望和肯定。"布拉克顿和布雷顿都曾指出,陪审团必须采取最佳手段以获得真相,并且在他们之间进行讨论。如果他们仍然无知,其阵容将为那些更为了解真相的人所加强。"② 这样,早期的陪审员不仅有权利在法庭上通过听取当事人的陈述了解案件的情况,而且还有权并有义务在庭审前主动向有关人员调查取证。③ 后来,随着社会生产力特别是城市的发展,人口流动性增大,案情日益复杂化,要想找到知晓某一具体案件情况的12个人越来越困难,加之陪审员不再从案发地点的民众中挑选,而是从全郡范围内随机抽选,结果因"信息不足"以致无法对案件作出准确判断随即成为陪审团经常面对的难题。另一方面,人们逐步认识到,由知情证人组成的陪审员往往容易先入为主,带有偏见,影响最终事实判断的公正性。于是,将证人与陪审员逐渐分离成为英格兰审判过程中的一种趋势。1361年英格兰立法规定,证人必须在公开的法庭上提供证据,而不是私底下向陪审团传达事实。④ 这一规定意味着,如果证人私下向陪审员提供信息,陪审员就成了案件的侦查

---

① W. S. Holdsworth, *A History of English Law*, Methuen, 1956, Vol. Ⅰ, p.325.
② Ibid., p.333.
③ 对此,梅特兰印证说:"的确,这是陪审团成员的义务。他们有义务在接到传召后立即就他们出庭时必须发表意见的那些事实进行调查。他们必须搜集证据,必须对证据进行权衡,必须在裁决时阐明结论。"See F. Pollock and F. W. Maitland, *The History of English Law before the Time of Edward* Ⅰ, Cambridge University Press, 1968, Vol. Ⅱ, pp.624—625.
④ W. S. Holdsworth, *A History of English Law*, Methuen, 1956, Vol. Ⅰ, p.334.

者,而在法庭上则是向法官提供传闻证据的证人;当证人必须在公开的法庭上向陪审团提供证据时,这时候陪审团就更像法官而不像证人。另外,前面提到1352年法令规定的被告人有权要求知情陪审员回避也在一定程度上促使了证人与陪审员的分离。正如霍兹沃斯教授所指出的那样:"陪审团脱掉其证人服装的过程是在个人可以申请陪审员回避的法律制度的帮助之下实现的。无论是福蒂斯丘还是科克都提到无数个人可以申请陪审员回避的案例;而所有的回避事例都是以陪审团的司法功能为基础的;实际上,在14世纪时,证人已经与陪审团区别开来:证人可以是未成年人,而且也不能被申请回避。"①至此,早期的知情"证人陪审团"完成了向不知情"审判陪审团"的转变。小陪审团真正成为一个超然于诉讼双方之外客观中立的裁判机构。②

最后,陪审团一致裁决原则的修正。据17世纪普通法学者马修·黑尔考察,陪审团一致裁决原则可以追溯到13世纪布拉克顿时代。他说:"的确,在亨利二世、亨利三世乃至爱德华一世时代,如果有陪审员表示不同意见,法官会在原陪审团的基础上增加与多数意见相同数目的陪审员,然后由这一群体中12名较老的陪审员作出裁决。但是这一方式早已经是老古董了,最多也就延续到布拉克顿时代,因为从那时起,全体陪审团组成时就宣誓,要么作出一致裁决,要么不作任何裁决。"③陪审团一致裁决原则最初的制度意义在于保证案件审判的及时与公正。然而,要使12名陪审员在案件事实判断上不产生任何分歧,达到完全一致并非易事。为此,英格兰法官要么采取1367年"罗伯特'无罪'抗辩案"确立的方式④,让陪审团乘坐马车到各城镇转,直到他们达成共识;要么采取饥饿、寒冷、黑暗等手段在陪审室逼迫陪审员尽快达成一致意见。很快,这些变相的游街和软禁方式,致使原本体现民主的一致裁决原则经常成为法官压制陪审团的工具,结果反而影响了陪审团设立之初的合理性。如1668年,首席法官凯利奇囚陪审团违抗自

---

① W. S. Holdsworth, *A History of English Law*, Methuen, 1956, Vol. I, pp. 336—337.
② 程汉大、李培锋:《英国司法制度史》,清华大学出版社2007年版,第270页。
③ Sir Matthew Hale, *A History of the Common Law of England*, Edited and with an Introductio by Charles M. Gray, The University of Chicago Press, 1971, Chapter XII.
④ 〔英〕丹宁勋爵:《法律的未来》,刘庸安、张文镇译,法律出版社1999年版,第44页。

己的指示而对陪审员处以罚款和监禁。① 这一时期,议会曾经提出了一个旨在保障陪审团独立裁判权的议案,结果未能通过。不过,"巴谢尔案"(Bushell's Case)的出现解决了这一问题。"巴谢尔案"是由贵格派(Vaughan)的一次宗教集会引起的。② 1670年,三四百贵格派教徒在自己惯用的宗教场所举行活动,布道师佩恩进行了布道演讲。伦敦当局以莫须有的"暴民非法集会"罪逮捕了奎克尔、佩恩和米德,并交付伦敦市刑事法庭审判。在庭审中,由于起诉机关伦敦当局拿不出有说服力的证据,陪审团拒绝裁定被告有罪。尽管法官们将陪审员关在陪审室里两天两夜,不给饭吃,不给水喝,不提供任何方便,但陪审团始终坚持被告无罪。法官们恼羞成怒,决定给予陪审团成员每人罚款40马克的惩罚,而且在他们交出罚款之前将其拘押在监。12名陪审员在陪审长巴谢尔的领导下拒交罚金,并向普通诉讼法庭申请得到人身保护令状。普通诉讼法庭的首席法官沃恩受理了此案,宣布巴谢尔等人无罪,立即释放。沃恩在宣布判决书的同时,还列举了三条法官不应有惩罚陪审团权力的理由:第一,由陪审团查清和认定事实,对嫌疑人是否有罪作出裁决,是诉讼过程中重要的一环,如果让陪审团处于随时遭受法官处罚的阴影中,陪审团存在还有何意义?第二,陪审团比法官了解更多的案件事实。第三,陪审团如果不遵照法官的意愿将会受到惩罚会导致这样一个荒谬的结果,即如果陪审团不服从法官的意见,将受到处罚,如果服从法官意见,则有可能作出不公正裁决。③ "巴谢尔案"使得陪审团的独立裁决权得到了保障,陪审团此后不必在法官的逼迫下作出完全遵从于他们的一致裁决。机械化的陪审团一致裁决原则逐渐得到了修正。

(三) 错误判决的救济

英格兰审判制度设计上的合理性与平衡性还体现在对错误判决的救济

---

① 程汉大、李培锋:《英国司法制度史》,清华大学出版社2007年版,第287页。
② 贵格派是从英国国教中分化出来的一个分支,最初在理论和实践上都较为激进,被政府视为一个威胁社会稳定的危险力量。但是,自从斯图亚特王朝复辟以后,贵格派的要求和行为日趋温和,他们的一切活动都严格局限在法律的范围之内。然而,这时的议会和政府却大力推行国教独尊主义政策,对一切不信奉国教者实行限制和镇压政策。
③ W.S. Holdsworth, *A History of English Law*, Methuen, 1956, Vol. I, pp.345—346.

方式上。①

在早期知情"证人陪审团"时期,当事人如果不服陪审团裁决,认为其作出的判决存在错误,可以依程序提出抗诉。不服陪审团裁决的当事人可以申请撤销陪审团裁决令状(writ of attaint),一个由 24 人的大陪审团就会被召集起来审理小陪审团裁决的有效性。如果大陪审团的裁决与小陪审团的裁决相反,不仅小陪审团的裁决被撤销,而且陪审团成员会丧失民事权利并受到其他惩罚。据霍兹沃斯考察,申请撤销陪审团裁决令状萌芽于 1202 年;1275 年国王已经将这样的令状扩展到不动产诉讼案件的裁决中;1327 年它又被扩展到过错侵权案件;1360 年它延伸到所有不动产案件和私人诉讼案件中。①

前已述及,在 14 世纪证人与陪审团区别开以后,当独立的证人出现于法庭,陪审团只是根据证人提供的证据进行裁断,这种令状逐渐被废弃。此后,当事人如果对陪审团的裁决有异议,可以直接向法院申请重审(Certiorari)。一开始英格兰的法律还对当事人提出重审的条件规定得十分苛刻,只有在陪审员审判过程中与对方当事人有过交往,致使陪审团裁决令人怀疑的情况下才能进行。

然而,在 17 世纪普通法法院与衡平法院争夺司法管辖权的推动下②,普通法法院放宽了上述申请重审的条件,像损害赔偿金额过高、裁决结论与证据不相吻合、法官有误导陪审员行为等均可成为申请的依据。一时间申请重审的案件数量大幅度上升,结果出现了重审数量多于起诉案件的奇特现象。③

此外,民众对于陪审团错误裁定的救济还可以通过中止判决(arrest of judgment)来实现。当事人通过该种方式寻求救济只能根据庭审中法律上的技术错误提出。在陪审制建立初期中止判决主要适用于庭审记录中一些

---

① W. S. Holdsworth, *A History of English Law*, Methuen, 1956, Vol. I, p.340.
② 在 17 世纪两大法院体系争夺司法管辖权的过程中,衡平法院经常以颁发禁令(injunction)的方式,禁止当事人执行普通法法院显失公平的判决。许多案件因此流向了衡平法院。在此情形下,普通法法院通过放宽申请重审的条件,完善自身的纠错机制,挽回了逐渐流失的司法管辖权。
③ 程汉大、李培锋:《英国司法制度史》,清华大学出版社 2007 年版,第 291 页。

不具有实质意义的细微纰漏,如侵权案件中未写明侵害人"使用暴力和武器"字样等。

通过上述的描述,我们发现英格兰审判制度中对错误判决的救济,在制度设计上体现出方便于民众进行司法救济的特征,并且这种司法救济是每一个民众都可以通过正常的司法程序得到的。申言之,只要民众认为其判决存在问题,并在符合相应抗诉条件的情况下,就可以得到救济。每一个民众在错误判决的救济过程中都可以扮演主导性的角色。这种救济方式不需要"官方"进行特别的"恩准",只要符合正常的程序和条件就可以进行。

与之相反,在古代中国"官方"意志成为了民众能否在错误判决中得到救济的主导因素。录囚制度、复审制度以及复奏制度的主导权无一不是牢牢地掌握在皇帝或上级司法机关的手中。普通民众若认为判决不公,希望得到救济,必须得到"官方"的"恩准"。因为在古代中国法律中,没有规定民众对于错误判决救济的具体条件和程序,即便是存在登闻鼓、邀车驾、上表等直诉制度,其决定权也是由"官方"所操控。以中国古代最能体现对错误判决救济的复审制度(又称"复核制度"、"逐级审转制")为例。明清以后,除了"州县自理辞讼"即民事案件和轻微刑事案件(总之是笞、杖刑以下犯罪案件)以外,其他所有案件(徒刑、流刑、死刑案件)都必须逐级向上呈报。其制度设计初衷并不是为社会每一个民众提供及时的救济,而是为了加强集权专制,将审判权牢牢地监控在统治者手中。因为在具体案件中,即使被告不上诉,也必须将案件呈报上级官府、皇帝复核。因而,这是一种官方主导对错误判决救济的模式,它的出发点决定了其必然不是把民众的权利救济作为制度的出发点。①

英格兰司法正是在法官与陪审团、普通法法院与衡平法院的博弈中,对错误判决进行了普遍的救济。

---

① 当然我们也不能排除在不同历史时期,个别有作为的统治者的确利用录囚、复审以及复奏等制度平反了许多冤狱,保护了一些普通民众的利益,具有一些"人本主义"色彩。但是,这种自上而下主导救济的模式不能保证社会中每一个人成为其制度的受益者。相反,这种救济模式救济的人数越多越说明这个时期集权专制越强大,民众离真正的救济距离越远。

三、法官制度中的体现

(一) 中央王室法官:职业化与世俗化

在 12 世纪中叶以前,英格兰不存在专门以司法为业的专职法官,从地方法庭、封建法庭到中央法庭法官均由主持人和参审官(suitors)共同组成。① 在法庭上,出席者一律平等,所有参审官既是起诉人,也是审判官。即使百户长、郡长、领主以及国王也仅仅是各自法庭参审官的召集者、审判过程的主持者以及作出判决的执行者。

早期这种"大众法官"的制度合理性在于:第一,它使判决在一种公开的环境中作出,有利于保证判决的公正性。如出席郡法庭的"大众法官"就包括,郡内的主教、修道院院长、伯爵、男爵、骑士与自由土地保有人以及百户长和每个村镇 4 名自由土地保有人代表和每个城市的 12 名市民代表。② 这些参审官代表了郡内的各种政治力量,斯塔布斯甚至夸张地说道:"这包括了当地议会(local parliament)的所有要素——这个政治实体中的所有成员就像后来议会中的三个阶层。"③在这种公开、透明的环境下,不同的参审官为了维护自身利益与声誉,其作出的判决的公正性是可以得到保证的。据学者哈德森考察,确曾有原告在领主自己的法院对领主提起诉讼。如果没有对"大众法官"判决公正性的信心,他们是不会起诉的。④ 第二,它在一定程度上避免了早期英格兰法院成为专制权力的工具。如早期的参审官可以集体休庭的方式抗议百户长、郡长等地方权贵干扰审判的行为。据说,萨默塞特郡长罗杰·德·弗尔德有一次试图强迫法院作出有利于一方当事人的判决,结果大部分参审官愤而退庭,使审判陷于中断。⑤ 不仅如此,在中央

---

① "suitors"一词来源自拉丁文"sequere",原意为"跟随",它起源于那些跟随并参加国王的巡游法庭的贵族与官员们所享有的权利和特权。在盎格鲁—撒克逊时期,它主要是指有义务参加百户区法院、郡法院、领主法院以及国王法院并负责作出最后判决的诉讼参与人。
② W. S. Holdsworth, *A History of English Law*, Methuen, 1956, Vol. I, p.69.
③ Ibid.
④ 〔英〕约翰·哈德森:《英国普通法的形成》,刘四新译,商务印书馆 2006 年版,第 53 页。
⑤ E. B. Fryde and E. Miller, *Historical Studies of the English Parliament*, Cambridge University Press, 1970, Vol. I, p.273. 转引自程汉大、李培锋:《英国司法制度史》,清华大学出版社 2007 年版,第 9 页。

国王的法院中参审官所作出的判决也是王权所不能随意摆布的。840年麦西亚国王伯特沃夫被迫按照贤人会议"参审官"的判决退还没收的教会土地,威塞克斯国王埃德加面对当事人的减刑要求所表现出来的无可奈何,以及1052年贤人会议对戈德温案件的重审与改判,都说明由"参审官"集体作出的判决能够超越于国王个人意志之上,法院不是权力随意支配的场所。第三,它为后来陪审团审判在英格兰的产生和发展提供了有力支撑。应该说,12世纪中叶以前这种参审官集体决定案件判决结果的做法,反映了日耳曼原始民主习惯中"同侪审判"的传统。这种保留一些司法非专业性因素的做法,直接影响了后来审判陪审团就事实问题进行裁决的产生和发展。

尽管这些早期的"大众法官"在英格兰历史上具有一定的积极意义,但是它仅适用于案件数量较少的早期英格兰。自亨利二世起,随着中央王室法院的建立,案件数量激增,案件的不断增多迫使专业化的王室法官开始逐渐代替全体作出判决的参审官。①

业已提及,为扭转斯蒂芬时期因王位争夺而导致的社会无序状态,自1166年起,亨利二世开始派遣巡回法官在全国范围内实施巡回审判活动。与前朝相比,这一时期王室法官的巡回审判活动不仅趋向于常规化,而且他还将威廉一世所采用过的宣誓调查程序改造成陪审团审判原则,并将其运用于司法实践当中,作为王室法院确认事实的主要方式。这直接导致王室法院中原有参审官制度的迅速衰微,于是,这时的王室法官不仅具有主持庭审活动的权力,而且还获得了基于陪审团确认的事实问题作出最后判决的权力。王室法官的司法判决权力在1176年的《北安普顿诏令》第7条中得到了明确的说明:"法官们依据国王或代行国王职权人的令状决定所有依附于国王或王权、涉及数额在半个骑士领地(knight's fee)及以下的诉讼与权利,除非该案案情重大,或者法官们向国王或代行国王职权的人汇报他们难

---

① 这是因为,在英格兰参审官出席各种法庭的费用是自理的,案件的增多意味着花费的增多,许多支付不起路费的参审官纷纷选择逃避出庭。如梅特兰的一段描述印证了这一点:"让我们自己描述一下其土地位于德文郡北岸的小地产主的情况。他必须每月出席郡县法院一次;每月一次,即是说,他必须不辞辛苦到达埃克塞特,而我们总不能为他提供一匹坐骑。即便法庭在一天之内将案件审理完毕。他也得离家至少一周,并且他得自付差旅费用。"See F. Pollock and F. W. Maitland, *The History of English Law before the Time of Edward* Ⅰ, Cambridge University Press, 1968, Vol. Ⅰ, p.538.

以作出最后决定,以至于须国王亲自听审才能解决。"①作为这一历史进程的外在表现,1178年亨利二世专门指定5名王室官员负责审理普通自由民之间的诉讼案件。虽然这时出现的5人法官小组还并非真正意义上的职业法官,但是他们已经与原先的参审官有了明显的区别。正如普拉克内特教授指出的那样:

> 国王法院迅速增多的案件需要增加男爵去处理,即使旧有的制度继续得以维持。1178年解决的方案被发现,即建立一个5人小组。起先,他们充当着整个库里亚次级委员会(sub-committee)的角色,但是当大量案件出现在他们面前,同时他们又成功处理这些案件的时候,他们很快被当成新型法庭的真正法官。甚至当这一装置仅带来暂时救济时,当事人仍可以求助于它的母体——国王本人,当法官们"被委任听审那些带至国王跟前的诉讼案件"时,同样的过程再一次得以重复……法官与参审官在逻辑上已经区分得十分明显。②

尽管如此,真正促使王室法官取代参审官,并具有较强职业化特征的是理查一世与约翰王时期休伯特·沃尔特的改革。休伯特·沃尔特是1193—1198年的大法官和1199—1205年的首席大法官,坎特伯雷的吉尔维斯称他"精通王国的所有法律"。③1194年沃尔特上任后恢复了亨利二世晚期已经废止的专门处理普通诉讼的5人司法小组,并将其固定在威斯敏斯特。同时,他还恢复了亨利二世以来不规则的总巡回审,并使之进一步规范化。他将全国分为8个巡回区,每个巡回期派遣王室法官处理《巡回规条》中所委任的各项事务,其中大多是司法审判事务,这大大加强了王室法官的职业性。学者特纳甚至说沃尔特所委任的这些总巡回法官是"通向职业法官席的第一步"。④

---

① George Burton Adams and H. Morse Stephens, *Select Documents of English Constitutional History*, The Macmillan Company, 1924, p. 22.
② 〔英〕西奥多·F.T.普拉克内特:《简明普通法史》(英文影印本),中信出版社2003年版,第234页。
③ 〔英〕约翰·哈德森:《英国普通法的形成》,刘四新译,商务印书馆2006年版,第148页。
④ Ralph V. Turner, *The English Judiciary in the Glanvill and Bracton 1176—1239*, Cambridge University Press, 1985, p. 76.

受沃尔特司法改革的影响,一些王室法官开始长期担任法官职位,除专门从事司法审判外,很少兼任其他管理事务。据统计,理查一世时期约有100人从事司法审判工作,其中有14人经常出现于卷档之中……有8人是从亨利二世开始从事司法工作一直持续到理查一世,其中的迈克尔·贝雷特、高德弗瑞德·德·卢西、理查德·费尼茨·尼尔三人在王室法院经历了整个理查一世统治时期。① 其中帕特沙尔的西蒙担任法官长达26年,跨越了理查一世和约翰王两个时期,并且在他担任法官期间几乎没有从事司法审判之外的其余王室管理事务,因此学者布兰德认为他是"第一位作为职业法律专家的王室法官"。② 之后,1215年《大宪章》第24、45条的规定标志着王室法官职业化的确立。第24、45条规定:"除熟识王国法律并志愿遵守者外,国王不得任命任何人为法官(justiciars)、军事与司法长官(constables)、郡长或法庭事务官(bailiffs)。并且,除王室法官以外,"郡长、军事与司法长官、王室财产管理官(coroner)及其他国王家臣不得受理国王诉讼"。③ 这些规定将那些不具有专业法律知识的人排除在法官职业之外,反映出专业性已成为法官就职的首要条件。到1259年,亨利三世规定,审理民事案件或其他案件的巡回法官也应当由职业的法律专家担任。④

与王室法官专业化过程相伴,越来越多世俗人士开始取代教会僧侣出任王室法官,王室法官的世俗化进程加强。

理查一世之前,教会僧侣出身的法官无论在数量上还是在影响力上都占据绝对的优势。梅特兰曾评论道:"亨利二世在法律领域最伟大、最持久

---

① Ralph V. Turner, *The English Judiciary in the Glanvill and Bracton 1176—1239*, Cambridge University Press, 1985, p.77.

② Paul Brand, *The Origins of the English Legal Profession*, Massachusetts,1992, p. 27. 与布兰德观点有所不同,普拉克内特认为帕特沙尔的随从马丁·德·帕特沙尔与他的同事拉雷(Raleigh)被认为是"现代法官职位的开端",其依据是马丁·德·帕特沙尔从1217年开始持续担任王室法官职务,而且他的判决具有相当的权威性,甚至其死后60年还有当事人请求看其卷宗来寻求先例。参见〔英〕西奥多·F.T.普拉克内特:《简明普通法史》(英文影印本),中信出版社2003年版,第235页。

③ George Burton Adams and H. Morse Stephens, *Select Documents of English Constitutional History*, The Macmillan Company, 1924, pp.46,48.

④ W.S. Holdsworth, *A History of English Law*, Methuen, 1956, Vol. I, p.277.

的胜利,就是让教会高级教士成为他的法官。没有什么能与主教和教士相比。"① 到理查一世时期,王室法官中教会僧侣所占的比例达到了最高值,"国王法院经常由坎特伯雷大主教,2名其他主教,2或3名副主教,2或3名即将升任主教的僧侣以及仅有的2或3名俗人(laymen)担任"。② 造成这一现象的原因首先是,在中世纪教会僧侣是为数不多有知识的阶层,只有他们能够使用拉丁文书写王室令状及其他书面文件。③ 其次,财政上的考虑也是国王从教会僧侣中选任法官的重要原因。由于僧侣们在担任世俗事务之前就享有相当丰厚的教会圣俸,这样就为国王省下一大笔财政开支。这也是为什么国王总是竭力任命自己的官员充任那些空缺圣职的原因。最后,教会僧侣们所掌握的法律知识也是国王所看中的。如理查一世时期的许多僧侣出身的法官都曾专门学习过法律。理查德·费尼茨曾在伊利学习过法律,高德弗瑞德·德·卢西先在伦敦后去国外学习过法律,理查德·贝瑞甚至曾经去罗马法复兴发源地意大利波伦那大学学习过教会法与罗马法。④

然而,13世纪以后随着国王与教会矛盾的日益加深、拉特兰宗教会议的影响以及特有令状制度下普通法知识的增长与复杂化,教会僧侣在王室法官中的数量与地位也随之降低,一批出身世俗的法官逐渐成为王室法院中的主要力量。

1208年教皇英诺森三世为了惩罚约翰王所作出的各项损害教会利益的行为,下达禁教令,并于次年革除了约翰的教籍。这一系列举措使许多担任王室法官的教会僧侣被迫离开了世俗的法官职位。为了维持王室法院的有效运作,国王在帕特沙尔的西蒙、波特纳的詹姆斯等世俗贵族的帮助下,从俗人出身的王室官员以及世俗贵族中新任命了大批法官,甚至在威斯敏斯特为当事人充当代理人(attorneys)的罗格·赫斯凯尔也被任命为王室法

---

① F. Pollock and F. W. Maitland, *The History of English Law before the Time of Edward* Ⅰ, Cambridge University Press, 1968, Vol. Ⅰ, p.132.

② Ibid.

③ "在英格兰,使用自己的本土语言——英语——进行审判的这一天,直到18世纪前半期,才姗姗来迟。"参见〔比〕R.C.范·卡内冈:《法官、立法者与法学教授——欧洲法律史篇》,薛张敏敏译,北京大学出版社2006年版,第47页。

④ Ralph V. Turner, *The English Judiciary in the Glanvill and Bracton 1176—1239*, Cambridge University Press, 1985, p.95.

官。据学者特纳统计,在约翰统治的 16 年间,有 90 人担任过王室法院法官,其中 15 人任职在 10 个法庭期以上,而这 15 人当中只有 4 名是教会僧侣。① 可见,教会僧侣在王室法官中的数量随着王权与教权的斗争,逐渐减少。此外,受拉特兰宗教会议的影响,越来越多的教会僧侣开始远离可能作出流血判决的法官职位。因为普通法刑罚措施中大量以流血为特征的切肢刑和死刑与基督教教会理论及教会法是直接相冲突的。

最后,随着 13 世纪以来新型王室令状的不断签发,王室法院诉讼程序日趋复杂、技术性日益增强。这直接导致的结果就是,即使是具有较高文化程度的教会僧侣,也难以在没有经过专门训练的情况下进行审判。因为普通法这种围绕法庭实践所进行的专门训练,明显不同于罗马法或教会法那种以理论知识传输为特征的传播方式。这极大地阻碍了教会僧侣对于普通法知识与诉讼技巧的掌握。据霍兹沃斯考察:"在爱德华二世统治时期,在所有的 19 名王室法官中,只 8 名或 9 名出身于僧侣,其余的全部出身于有实践经验的出庭律师(barristers)。……1316 年以后,除了斯坦恩顿的赫维(1326 年曾任法官)外,再也没有任何教会僧侣出任过王室法官。"②至此,王室法官全部由世俗人担任,英格兰王室法官世俗化过程完成。

王室法官的职业化、世俗化意味着,在中世纪英格兰就已经具备了一批拥有专门法律知识与经验,排斥罗马法与教会法在英格兰传播的法官。一方面,王室法官的职业化使得其自身逐渐由早期法官的"综合性"特征,向"司法性"特征转变。如早期各种法庭中的法官在身份上并不仅仅是审理司法案件的法官,他们可能还是教会的主教、王室里的行政官员或具有贵族身份的伯爵等。身份上的"综合性"致使他们在审理案件时,通常不是依据法律作出判决而是通过集体讨论作出。另外,早期法官身份上的"综合性",使得他们或多或少地会将"综合性"中的行政因素、财政因素、利益因素带入到了各自的审判之中,司法审判极易沦为实现其他目的工具。如全能的总巡回法院给民众带来的并不只有"恩惠",具有宽泛职权的法官还为民众带来

---

① Ralph V. Turner, *The Judges of King John: Their Background and Training*, Speculum, 1976, p.454.

② W.S. Holdsworth, *A History of English Law*, Methuen, 1956, Vol. I, p.197.

了"敲诈勒索"。而法官的职业化使得他们在长期的司法审判中能够形成一套属于法官自己掌握与理解的语言、知识、思维与技能。这些独特的语言、知识、思维与技能,在一定程度上能够防止由于权力膨胀所导致法官身份异化的可能。另一方面,王室法官的世俗化在一定程度上排斥了普通法对于罗马法与教会法内容的全面借鉴与吸收,同时,一种以"学徒制"为主要特征的法律传播方式在英格兰得以实现。这种特别强调实践训练的传播方式,紧紧地将职业化法官的选任限定在长期接受法律学徒训练的人群中间,杜绝了法官任意由国王行政官员担任的危险。

(二) 大法官:判案依据从"良心"到规则

大法官(Lord Chancellor)在衡平法院产生之前,原是国王的御前大臣,掌管国王的御玺,负责向普通民众签发在普通诉讼法院诉讼的起始令状。在衡平法院产生后,其成为衡平法庭中的最高长官。随着1474年大法官庭与咨议会的分离,大法官第一次开始以自己的权威行使衡平司法权。

与普通法法院中法官审理案件依据先前判例所宣示的法律原则不同,早期衡平法院中的大法官在审理案件时以公平、正义和良心来判案。如15世纪中叶,一个当事人曾说大法官审理案件的法律是"良心法"。① 虽然说早期大法官审理案件所依据的"良心",在一定程度上弥补了由于普通法僵化而导致对民众权利救济的失位。但是,大法官过分依据缺乏确定性的"良心"也招致广泛诟病。对此,普通法法院法官约翰·塞尔登讥讽说:"就像大法官的脚长一样,换个大法官就得换套规则。"②1452年,普通法法院首席法官福蒂斯丘参加大法官院的一次案件审判时以批评的口吻说:"我们是来讨论良心,而不是法律的。"③一时间,普通法法官和律师攻击大法官的主要理由就是,大法官的审判方法过于灵活,判案标准过分抽象模糊,大法官往往可以随意摆弄公平、正义、良心等概念,造成个人专断。英格兰大法官面对这样的指责,修正了早期只依据"良心"审判的方式,开始逐渐寻求规则化的衡平法律体系解决矛盾。大法官制度的合理化、民主化主要是以神职人员

---

① W. S. Holdsworth, *A History of English Law*, Methuen, 1956, Vol. Ⅳ, p.453.
② J. H. Baker, *An Introduction to English Legal History*, Butterworths, 1990, p.126.
③ Ibid., p.124.

世俗化、专业化与衡平法的规范化为表现。

在1529年亨利八世推动英国宗教改革以前,英格兰大法官基本上是由高级教士担任。如1135年任命的大法官奥兰德是林肯大主教,1155年任命的大法官托马斯·贝克特也担任过坎特伯雷大主教。据统计,从1380年到1488年所有的大法官都出身于高级教士。截止到亨利八世大法官沃尔西兼红衣大主教倒台,约有160个教士担任过这一职务。由于16世纪早期以前大法官基本上由教士充任,因此他们更多地受到教会法的影响。他们经常从教会法中寻找理论的支持,这一时期他们普遍接受的教会法准则就是,上帝法是上帝意志的体现和正义的化身,是统治世界最高的法、永恒的法。上帝法与几乎跟他同义的自然法和理性法支配着所有国家一切人为法。由尘世之人制定的法律如果与神圣的上帝法相抵触将是无效的。① 正是因为教会法中蕴含了许多自然法与理性法的准则,因而早期教士出身的大法官审理案件时才过多地通过公平、正义、良心等原则判案。如16世纪英格兰著名的法哲学家、教会法学家克里斯多夫·圣·日耳曼(Christopher St Germain)在《神学博士与普通法学生的对话》(*Dialogues between a Doctor of Divinity and Students of the Common Law*)中就指出:

> 衡平法中所附的哲学理由,应该从教会法中寻找,而依据教会法,由于人的生活条件是无限变化的,创造所有包含这些条件的那种一般性法则是不可能的。因此,如果要想防止非正义现象的出现,那么,衡平法就是必要的。但是,无论花多大的功夫,想创造出一种依据法则来实现政府的体制是不可能的,因为人类的生活是无法穷尽的。因此,基于良心的裁决具有重要的意义。②

然而,随着1534年亨利八世《至尊法案》(Act of Supremacy of Henry Ⅷ)的出台,英王代替教皇成为英国教会最高的首脑,王权至尊使英王将其权威由世俗领域扩展到精神领域。王权至尊的确立直接导致了大法官的世

---

① C. J. Bartlett, *The Special Relationship: a Political History of Anglo-American Relation*, Longman, 1992, pp.119—136. 转引自胡健:"衰亡还是重生——英国大法官的历史演进",载《比较法研究》2005年第6期。

② 何勤华:《西方法学史》,中国政法大学出版社2003年版,第285页。

俗化。1529年随着世俗官员托马斯·莫尔(Tomas More)继任大法官一职,高级教士垄断大法官一职的历史被打破,越来越多的普通法专家或律师开始占据这一职位。① 在亨利八世和伊丽莎白时期,历届大法官都是由世俗官员担任,只是在爱德华六世和玛丽统治时期,教会人士加德纳和希思才短暂地担任过大法官一职。据学者霍兹沃斯统计,从都铎王朝后期的1558年到斯图亚特王朝前期的1649年,仅有8年时间大法官一职被没有接受过普通法教育的克里斯多夫·哈顿(1587—1591年任职)与主教威廉姆斯(1621—1625年担任)所担任。② 可见,这一时期大法官任职人员世俗化过程基本完成。至此,英格兰大法官逐渐开始由毕业于律师会馆的专业律师构成,而不是深受教会法影响的教士。这一变化促使这些出身于普通法教育背景的大法官,开始逐渐修正早期大法官们单纯依靠"良心"判案的做法,通过对众多繁杂衡平案件的整理,使衡平法逐渐规范化。

确切地讲,衡平法的规范化是从大法官托马斯·莫尔开始的。他指出:"任何主观的衡平,在法律体系中是没有位置的。"③于是,从大法官莫尔开始,许多处理衡平案件的原则被提炼出来。当然,这也与当时普通民众向大法官法院申请救济案件的大幅增加有关。"在16世纪90年代许多律师开始记录大法官法院的审判;1617年培根任命了一名官方记录员(official reporter),记录他在法庭中的审判。大法官庭的案例在1660年后被规律地记录。判决的理由被逐渐提炼为衡平的原则体系。截止到1676年大法官们已经否认仅仅将个人内在的良心作为衡平法原则的这种观念。"④"衡平观念开始坚固为法律。良心和道德与普通法一样被规则统治着。无论在契约还是侵权案件中,大法官正常地遵循着法律。……先例是衡平原则所坚守的法律,大法官开始遵循着确定的规则判案。"⑤衡平法的规范化使得大法官重新得到了人们的信赖,同时这也有助于他们形成独立的职业群体,而不

---

① J. H. Baker, *An Introduction to English Legal History*, Butterworths, 1990, p.123.
② W. S. Holdsworth, *A History of English Law*, Methuen, 1956, Vol. V, p.226.
③ J. H. Baker, *An Introduction to English Legal History*, Butterworths, 1990, p.126.
④ Ibid., p.127.
⑤ Ibid.

仅仅是"国王座下的雄狮"。正如学者勒内·达维德描述的那样:"自16世纪,大法官不再是国王的听忏悔者,也不是教会人士,而越来越经常地是一个法学家。它以真正法官的身份审查呈交给他的请愿书。"①

从中我们发现,正是由于大法官自身的不断合理化,使得其从早期依据"良心"判案到后来依据"规则"判案。这一过程,既弥补了普通法僵化所导致民众救济的缺失,又防止了衡平理念发展成为法官任意摆弄,实现其他利益的工具。这种恰当的变化,反映出英格兰司法在制度设计上的巧妙。司法对于民众的救济在英格兰从来不是从一个极端到另一个极端,它总能在现有制度内部通过合理化的变革,在一种相对平衡状态中完成。

（三）治安法官:非专业化中的司法正义

在英格兰法官制度的设计中,除了在中央有一批具备专业法律知识的普通法法官和大法官,在地方还存在许多非专业化的治安法官。前已述及,治安法官滥觞于12世纪的治安维持官(keeper of peace),是作为国王在地方建立官僚体系失败的替代物出现的。爱德华三世时的一项法令,使早期的治安维持官完成了向治安法官的转变。1361年《治安法官法》规定,英格兰各郡都将委派1名贵族、郡中3或4名最有声望者以及一些熟识法律的人维持和平。他们有权追捕、逮捕、惩治犯罪,并且有权听讼和判决发生在郡内的重罪和非法侵入案件;1363年他们被要求一年开庭4次。② 15世纪,治安法官在各郡普遍地建立起来,有关治安法官的任职资格与财产限制也得到了明确的规定,其地位已经超越于郡长之上。如1461年国王命令治安法官监督郡长。在都铎王朝统治下的16世纪,治安法官不断被国王赋予地方社会管理的新权力,治安法官得到全面发展。如爱德华六世与玛丽一世时期就曾颁布了与治安法官相关的39个法令;伊丽莎白统治时期颁布了79个。③ 学者霍兹沃斯甚至将伊丽莎白时期的治安法官描述为"杂役男仆"

---

① 〔法〕勒内·达维德:《当代主要法律体系》,漆竹生译,上海译文出版社1986年版,第307页。
② W. S. Holdsworth, *A History of English Law*, Methuen, 1956, Vol. I, p.288.
③ G. R. Elton, *The Tudor Constitution: Documents and Commentary*, Cambridge University Press, 1962, p.454.

(the man-of-all-work)。17世纪,治安法官虽然在内战与克伦威尔独裁时期有过短暂的衰退,但是总体上在都铎王朝基础上继续发展。

治安法官制度最大的特点就在于非专业化。治安法官的选任不像中央王室法官与大法官那样从受过专业法律训练的律师中挑选,治安法官大多出身于地方的乡绅、小贵族或神职人员,法律专业知识并不是其选任的必要条件。爱德华三世以后的许多英王不断重申1361年的规定,强调从地方选择治安法官的重要性。如理查二世有关任命治安法官的法令规定,治安法官须从郡中最有威望的人中任命。1414年亨利五世规定,英格兰各郡的治安法官应该是各郡最有分量的人。由此可见,充任治安法官的条件并不是看其是否具有专业的法律知识,而是看其在地方的重要性。此外,是否拥有一定的财产也是充任治安法官的重要条件。亨利六世时期,对治安法官的任职资格有了财产限制。1439年法令规定,治安法官必须拥有每年20英镑的土地财产收入。未达到上述要求的治安法官,在任职一个月内给予警告,一个月后仍没有被免职的,处20英镑的罚金。① 虽然在普通法法律教育黄金时期的16世纪,有部分治安法官曾在律师会馆或大学中接受过一定法律训练,但其中多数人的学习时间极其短暂,还不能算是法律职业者。因此,治安法官作为业余法官的非专业性特征仍然十分明显。

治安法官之所以在选任上强调非专业化的因素,在笔者看来,其原因主要包括以下三个方面:其一,国王出于财政上的考虑。前已述及,由于英格兰国王需要"靠自己生活",其税收控制权被议会所掌控,因而国王没有足够的财政去维持庞大地方官僚的开支。而治安法官由于其工作主要是义务性的,没有固定的报酬,国王不需要专门为其增加财政开支。根据1388年理查二世时期的《剑桥法令》,治安法官参加季审法庭期间每天只有象征性的4先令津贴,且仅限制在开庭的3天,而且这一微薄的津贴只有8名治安法官可以领取,其中贵族充任治安法官是不得领取的。② 其二,国王出于政治上的考虑。治安法官是国王为了维持地方秩序,抑制地方郡长和贵族势力

---

① Thomas Skyrme, *History of the Justices of the Peace*, Chichester, 1994, p.125.
② James R. McVicker, *The Seventeenth Century Justice of Peace in England*, Kentucky Law Journal, vol.24, (1935—1936).

的制度设计。实践中,治安法官一职有力地完成了这一使命。通过治安法官,中央基本达到了控制地方的目的,而且避免了与贵族之间的直接冲突。从策略与治理手段上看,治安法官是王权与地方乡绅权的联合。如果说治安法官的成长构成了对中央权威的威胁,那么也是英格兰未在早期形成官僚制,而采取与乡绅协作的结果。其三,原始民主遗风的延续。英格兰之所以选取非专业化的地方乡绅作为治安法官,在某种意义上是延续了原始民主遗风中"同侪审判"的传统。这一制度性的选择,保证了受到国家刑事指控的犯罪嫌疑人得到与他处于同等地位民众的审判,从而真正实现个人与国家在法庭上,进行平等对抗,这一英吉利民族公正审判的理念。

英格兰法官队伍结构中大量非专业化治安法官的存在,其制度的意义在于:通过非专业的身份以另一种方式实现了司法正义。

首先,经济的富有、身份的独立有助于治安法官在审判中不受其他外在因素的干预,形成一股相对独立的司法力量。大部分由地方乡绅组成的治安法官由于各自在地方具有较多的财富和较高的地位,所以他们在从事治安法官职责时更多地把个人在地方上的荣誉作为追求目标,这就在客观上避免了贪污腐败现象的发生。同时,由于地方乡绅独立的身份,使得他们并不总是将君主的意志奉为圭臬。如詹姆斯一世统治时期,国王通过枢密院向治安法官传达,让他们在地方征税。许多治安法官都表示了反对。肯特郡治安法官称这样的要求既不符合他们的意愿,也不符合法律。德文郡的治安法官则认为这样的做法会贻害子孙。沃里克郡治安法官清楚地表明,他们拒绝向国王缴税是代表郡的意见,他们仅在议会的同意下才这么做。许多郡也表明了类似的看法。① 从这个意义上讲,治安法官对君主在地方上的专制行为具有一定遏制作用。正如学者霍兹沃斯指出的那样:"治安法官具有普通法的思想,他们强烈地认识到国王的政策必须从属于'议会至上'原则。只要他们遵循法治,就可以独立、自由地治理地方。"②

其次,治安法官的存在在中央政府与地方民众之间提供了沟通的桥梁。

---

① Thomas Skyrme, *History of the Justices of the Peace*, Chichester, 1994, pp. 299—300.
② Ibid., p. 306.

治安法官的非专业化并不意味着他们对于英格兰法律一无所知,相反,由于治安法官主要来自生于地方、长于地方的乡绅,他们熟悉各自地方的风俗与习惯。而英格兰的普通法正是在地方风俗与习惯汇总、提炼的基础上形成的。因而,由这些非专业地方乡绅组成的治安法官恰好将地方他们所熟知的风俗与习惯融入普通法之中。另外,由地方乡绅充任的治安法官往往也是议会下院的重要组成人员,他们在议会中还扮演着法律制定者的角色。一份关于伊丽莎白一世时期下议院组成人员的资料显示,在全部的 2603 名议员当中,治安法官占总人数的 83.1%。[1] 这一数据表明,治安法官在议会中占据主导地位,下议院的许多立法是治安法官推动的结果。通过上述方式,治安法官一方面将民间关于司法正义的观念带到了中央,"更新"着王国的法律,防止了法律游离于社会之外,走上纯国家化的歧途;另一方面,中央通过治安法官将国家的法律与政策传达到地方,避免地方割据势力的产生,有力地维护着英格兰地方自治的传统。对此,梅特兰以骄傲的口吻说:"治安法官是纯英国式的,可能是我们政府组织中最为奇特的部分",并在取消该制度的 1880 年不无惋惜地感叹道:"他们是廉价的、纯正的、富有效能的;但他们死了;他们注定要成为时代精神变化下某种理论(指司法专业化理论)的牺牲品。"[2]

最后,非专业治安法官的存在使英格兰法官制度具有了公众参与性。我们知道,由非专业人士参与司法在其他国家的司法制度中并不少见,如陪审制中的公众参与性在资产阶级革命以后就被许多国家所借鉴。但是,由非专业人士组成法官进行单独的审判,这一独特做法在其他国家并不多见。[3] 与陪审团审判一样,英格兰的治安法官制度给予民众参与法律执行的机会。它强调了这样一个事实,英格兰的法律可以被明智的未经专门训练的人所理解。它防止了民众这样一种错误的观念,即法律是神秘的,仅属于

---

[1] 刘新成:《英国都铎王朝议会研究》,首都师范大学出版社 1995 年版,第 66 页。
[2] Radcliffe and Cross, *The English Legal System*, Butterworths, 1977, p.360.
[3] 当然,有人会提出古希腊时期民众的集体审判以及日耳曼各部族的"同侪审判"也属于民众参与审判的范畴,但是,笔者这里之所以只强调英格兰治安法官的民众参与性,是因为英格兰由非专业人士充当法官是发生在职业法律阶层已经产生之后,作为与职业法官相并行的"二元法官制度"而存在的。在这一点上,英格兰治安法官的民众参与性可谓是"独树一帜"的。

那些专业人士,与他们并没有多大关系。对此,学者托马斯·斯尔基姆声称:"通过公民的参与,业余治安法官制度反映了非司法人员对司法的参与这一英国传统。这种业余治安法官的制度使公民确信法律是自己的法律,而且它是由像自己一样的公民来加以实施的,它并不属于律师所有的深不可测的领域。"①此外,与陪审员被动的挑选不同,治安法官是公共精神的志愿者,他们主动地参与到司法活动中。这种将公众参与设计进法官制度的做法,不仅有利于民众权利的保护,而且民众对于司法的参与客观上也有利于提高法律在民众心中的地位。

四、律师制度中的体现

随着统一司法体系、令状制度以及职业法官的出现,英格兰司法制度中的职业律师制度也得到了较早的发展。特别值得一提的是,英格兰职业律师制度在制度设计过程中,通过自身不断地合理化,逐步由早期法律代理人(attorneys)与代诉人(narratores)发展成为由事务律师(solicitor)与出庭律师(barrister)构成的"二元律师结构"。

(一)法律代理人与代诉人:早期民众权利的维护者

据学者布兰德考察,在13世纪上半叶以前,英格兰已经明显地出现了法律代理人(attorneys)与代诉人(serjeants)两种职业律师。② 其中,法律代理人的主要职责在于,作为当事人的全权代表而参加司法诉讼;法律代诉人则是替当事人在法庭上作出各种陈述。正如霍兹沃斯所说:"如果你通过代理人出席法庭,他代表你。但是你出席法庭时同时取得一名代诉人的帮助,他以自己的学识、能力与热情来支持你的诉讼。通过代理人出庭是一回事,但是承认代诉人作出另外的法庭陈述又是另外一回事。"③总体而言,早期

---

① 〔英〕马赛尔·柏宁斯、克莱尔·戴尔:"英国的治安法官",李浩译,载《现代法学》1997年第2期。

② 这里需要说明的是,早期的代诉人除了这里用"serjeant"表示外,还可用"narrator"、"advocate"、"counter"和"pleader"来表达,它们之间的意思大致相同,只是出现的时间、场合略有不同,如"serjeant"一词就出现的较晚,直到亨利三世时期的1236年才正式使用该词。See Paul Brand, *The Origins of the English Legal Profession*, Blackwell Publishers, 1992, pp. 43—49.

③ W. S. Holdsworth, *A History of English Law*, Methuen, 1956, Vol. II, p. 311.

英格兰法律代理人与代诉人的制度设计和发展基本上是围绕方便民众诉讼展开的。

就法律代理人而言,其制度设计的合理性与平衡性体现为:首先,当事人聘请法律代理人的范围逐渐扩大。一般而言,使用代理人在国王法院从事司法事务,一开始只是国王本人才可享有的特权。后来,国王开始将这一特权作为一种恩惠赏赐给特定的个人。直到格兰维尔时代,这一作为国王恩赐特权的做法才转变为一项普通的规则。① 普通民众只需要按照相关的规定,就可以委托一名代理人为其从事法律诉讼活动。如发生在12世纪60年代的一则围绕塞劳教堂的案例印证了这一点。在此案中,原告修道院院长拜特尔就委派一名名叫奥斯伯特的僧侣作为他的代理人,而被告哈蒙·帕克齐则以他的儿子吉奥弗里作为代理人。②

其次,当事人申请法律代理人的条件逐渐宽松。早期普通民众获得委托法律代理人的权利,并不意味着其不受任何限制。相反,当事人只能在特定案件,符合特定程序和条件的情况下才能委托法律代理人。如果当事人在国王法院中委托法律代理人,"代理人一般需要在法庭的法官面前经当事人亲自委托。除非该代理人被法官所熟知,否则他也被要求亲自到场"。③ 如果当事人在法庭外委托法律代理人必须有相应的理由,例如"当事人正因处理国王的事务而身赴海外,当事人是国王直接领有的修道院院长或当事人年事已高、不适于长途旅行等"。④ 同时,当事人还得履行在国王大法官处申请签发令状的程序。然而,从亨利三世时期开始的一些变化,使得当事人委托法律代理人变得容易起来。1219年,委托代理人的行为可以在普通诉讼法院的一名法官面前不拘形式地作出。13世纪60年代早期,普通诉讼法院的任何法官都可以独自认可地方性的委托代理人行为。到了亨利三世统治末期,普通诉讼法院中的高级法官(senior justice)可以授权某

---

① Paul Brand, *The Origins of the English Legal Profession*, Blackwell Publishers, 1992, p.43.
② Ibid., p.44.
③ Ibid., p.43.
④ F. Pollock and F.W. Maitland, *The History of English Law before the Time of Edward* I, Cambridge University Press, 1968, Vol. I, p.213.

些特定的个人受理在该法庭诉讼的当事人委任法律代理人的事宜,并且他们还可以在国王的其他法庭的法官面前接受委托代理人的行为,特别是未提前授权的情况下。到了爱德华一世统治时期,民众委托法律代理人的条件和程序已经变得更为自由了。① 另外,当事人如果在法庭外要委托一名法律代理人,只需要在国王处购买许可状即可,而不再需要上述特定的理由。

最后,被委托为法律代理人的身份逐渐法律化。在当事人委托法律代理人伊始,委托的对象几乎全部都是当事人的亲朋好友或管家。如《亨利一世法》(The Leges Henrici Primi)就显示,以当事人的朋友或亲戚作为法律代理人在12世纪早期是一种很常见的情况。② 如早期的档案资料显示:"妻子可以选择丈夫作为自己的代理人,偶尔丈夫也可以选择妻子作为自己的代理人;父母可以选择儿子作为代理人,甚至女儿有时也被选择……修道院院长也常委托本院的僧侣或教士担任代理人。"③然而,在当时使用法律代理人对当事人来说是存在风险的,因为法律代理人的出庭等同于当事人的出庭,代理人在法庭上所说所做的一切均代表当事人的意志,是具有法律效力的。如果法律代理人一旦作出错误的言论,当事人是不得撤回的。因此,法律代理人是否具有一定的法律知识,越来越成为当事人所认真考虑的问题。另外,当事人委托具有一定法律知识的人充当法律代理人,要比委托业余人士所花费的费用相对低一些。④ 于是,一些懂得法律知识的人士逐渐取代了当事人原先的亲朋好友或管家。根据布兰德教授对普通诉讼法院案件档案的记录,在1260年至少有8位可以称为"职业"法律代理人。他们是科切斯特的理查、伊斯特的约翰、约翰·费尼茨·威廉、哈普雷的约翰、斯卡特斯克福的威廉、沃德沃斯的约翰、奥班的罗吉纳德和沃摩斯都的罗伯特。⑤

作为早期英格兰律师制度设计的另一主体,法律代诉人的制度设计的合理性与平衡性主要体现于:首先,法律代诉人是为了保障当事人在诉讼中

---

① Paul Brand, *The Origins of the English Legal Profession*, Blackwell Publishers, 1992, p.45.
② Ibid., p.10.
③ Ibid., p.73.
④ Ibid., p.69.
⑤ Ibid., pp.65—67.

的权利而产生的。① 我们知道,早期英格兰法律代诉人的出现与盎格鲁—撒克逊时期法律形式主义特征有很大关系。因为当事人在法庭上的一言一行都必须遵守相应的程序与规范,稍有不慎,哪怕仅仅是一次口误,也有可能导致败诉的后果。因此,早期的当事人为了防止出现上述情况而导致败诉,其出庭时往往会带上一些亲朋好友,以便在诉讼过程中,特别是作出陈述之前先与他们进行"协商",倾听一下他们的"建议"(advice)。这些早期诉讼中为当事人提供建议的亲朋好友就是最早的法律代诉人。到12世纪早期,早期代诉人在法庭上获得了代替当事人陈述、答辩的资格,并且他们在法庭上的所言所行,在当事人予以承认的情况下,获得了法律效力。这也意味着,如果法律代诉人在法庭上的陈述与答辩出现失误或说得太多,当事人可以通过纠正或不予承认,作出弥补。如《亨利一世法》就规定:"当任何人的一项建议在法庭中被提出的时候,最好的方式是预先让建议人作出陈述,当事人保留对其修正的权利,这样可以在建议人说得太多或遗漏一些内容时,作出补救。因为一个人对他人的案件比对自己的案件更具洞察力(perceptive);同时,在一般情况下如果当事人自己作出陈述,他将不能作出任何修改,但如果由其他人(法律代诉人)代为陈述,这一陈述可以被当事人修正。"② 由于法律代诉人能够极大地维护当事人在法庭上的权益,因而,在12、13世纪使用法律代诉人进行诉讼受到当事人的普遍欢迎。如发生在1228年的一桩地产诉讼,就印证了当事人使用法律代诉人的优点。③ 可见,在总体上法律代诉人的制度设计是为维护当事人在诉讼中的权利

---

① 关于英格兰代诉人的起源,大致存在两种说法,一种是布伦纳教授坚持的,认为法律代诉人起源于7世纪的法兰克王国,后来由诺曼人带到了英格兰;另一种是克兰奇教授认为的,法律代诉人是英格兰自身的制度,早在盎格鲁—撒克逊时期就存在。阿尔弗雷德大帝时就存在许多相当于后来代诉人"pleader"的"forespeca"。不过布兰德教授认为,没有充足的证据证明"forespeca"就是以后代替当事人在法庭上作出陈述的法律代诉人。See Paul Brand, *The Origins of the English Legal Profession*, Blackwell Publishers, 1992, p.11.
② Ibid., p.10.
③ 1228年当事人库克汉姆的威廉在一桩土地争诉中就否认了其法律代诉人约翰·德·普兰兹的法庭陈述意见,及时维护了自己的权利。案情大致是这样的:法律代诉人约翰在起诉状陈述中声称当事人威廉的先祖在亨利国王(即约翰国王的祖父)时期就占有本案纠纷的地产。这明显是个错误,因为约翰王的祖父并非是亨利。对此,当事人威廉修正了约翰的起诉状,提出其先祖占有地产的行为是在亨利国王时期,该国王(亨利一世)是现任国王祖父的祖父。Ibid., p.48.

而出现的。

其次,当事人使用法律代诉人的严格限制逐渐得到解除。尽管法律代诉人的制度设计受到民众广泛欢迎,但在12世纪早期以前,当事人在诉讼中使用法律代诉人是受到严格限制的。一般而言,原告是无权使用法律代诉人在法庭上为其作出陈述的,他们在诉讼中只能自己当庭陈述或提出抗辩。被告也仅限于民事案件和一般刑事轻罪案件才能使用法律代诉人,如《亨利一世法》中特别指明,遭到重罪指控的被告无权与自己的亲友协商,也无权使用法律代诉人在法庭上作出陈述。然而,12世纪中叶以后情况发生了变化,在亨利二世统治时期原告获得了在法庭使用一名或多名法律代诉人的权利。① 从13世纪早期开始,有明确的证据表明,当时的国王法院已经认可当事人在诉讼程序中的任何阶段都有使用法律代诉人为其利益进行辩护的权利。②

最后,法律代诉人的职业化程度不断提高。与上面提到的法律代理人一样,早期的代诉人也大多是由当事人的亲朋好友充任,如来自1253年的证据表明,大多数的诉讼当事人在国王法院仍雇佣非职业的法律代诉人。③然而随着英格兰司法制度的全面发展④,越来越多的人开始专职成为法律代诉人。据学者布兰德的考察,在爱德华一世时期法律代诉人的职业化程度得到了很大提高。以普通诉讼法院为例,在托马斯·维兰德(1273—1278年任职)出任首席法官之前,至少有12名或14名法律代诉人经常活跃于法庭之中;从其任职的1278年夏天起到1284年末,至少有12人担任过法律代诉人;从1285年到1289年底,至少19人或23人担任过代诉人。从13世

---

① 如早期的编年史学者就记载地方骑士彼得·德·卡莱尔在亨利二世时期就曾作为修道院院长的法律代诉人"pleader"出庭陈述。See Paul Brand, *The Origins of the English Legal Profession*, Blackwell Publishers, 1992, p.47.

② Ibid.

③ Ibid., p.64.

④ 在亨利二世时期司法变革的影响下,英格兰的司法制度逐渐复杂化、技术化。令状制度所带来的正式、严格的诉讼程序代替了原先口头诉讼中的随意与灵活;原始证据制度的衰退使得针对案件事实的进一步诉讼辩论变得极其必要;法庭中诺曼法语以及令状书写中拉丁文的使用,使得当事人越发感到力不从心。这些都直接促使了法律代诉人的产生。

纪 90 年代起,法律代诉人的人数一直维持在 30 人左右。① 职业化程度的提高使得早期的法律代诉人开始慢慢形成一个相对封闭的群体,这对后来英格兰普通法独立品格的培养、宪政革命的推动,都起到不可估量的作用。

虽然早期的法律代理人与代诉人在发展过程同样存在诸多的不足,但总体而言他们的制度设计始终是以维护民众利益为出发点的。如早期的一些代诉人在从业过程中为了承揽业务,不惜采取诽谤对手、挑拨词讼等不正当方式使当事人蒙受损失。但是很快,英格兰律师制度就通过自身的合理化、民主化方式进行了自我纠正。1275 年爱德华一世颁布《威斯敏斯特一号法令》(the Statute of Westminster Ⅰ),首次对法律代诉人在国王法院中的执业行为予以明确的规定:任何被指控实施欺诈与共谋行为(无论是欺骗法庭还是欺骗案件当事人)的法律代诉人,如果指控罪名成立,将被投入监狱一年零一天,并且永久吊销其从业资格。一些与之相类似的过错行为也将被处以监禁。如果情节严重,国王还将对其处以更为严厉的制裁。此后,国王还颁布了 1292 年的《共谋法令》(the Statute of Conspirators)以及 1300 年的《关于大宪章的确认和执行的条例》(the Articuli Super Cartas),禁止或避免代诉人引起没有必要的"错误"(false)诉讼。②

(二) 出庭律师与事务律师:近代社会需求的回应者

由于早期英格兰的法律代理人与代诉人深受民众的欢迎,14 世纪以后越来越多的人开始加入这一行业,法律代理人与代诉人制度得到了迅速的发展。专门培养法律代诉人的四大律师会馆(Inns of Court)与训练法律代理人的预备律师公会(Inns of Chancery)相继产生,法律代理人与代诉人之间的区别越来越明显。加之,这一时期英格兰诉讼案件的增多,以出庭律师与事务律师为代表的近代律师制度,逐渐取代了早期的法律代理人与代诉人。在某种意义上讲,出庭律师与事务律师出现、发展的过程本身,就是英格兰律师在制度设计上回应近代社会需求的过程。

---

① Paul Brand, *The Origins of the English Legal Profession*, Blackwell Publishers, 1992, pp. 70—71.
② Ibid., pp. 120—121.

就出庭律师(barrister)的产生发展而言①,其内在的合理性和平衡性就体现在:一方面,出庭律师的出现适应了 16 世纪以来诉讼案件增多的社会需求。据学者布鲁克斯对 1490 至 1640 年间王座法院与普通诉讼法院判决摘要卷宗(docket rolls)的研究和统计,王座法院受理的诉讼案件由 1490 年的 500 件增加到 1640 年的 8537 件;普通诉讼法院受理的案件也由 1490 年的 1600 件激增到 1640 年的 20625 件。② 案件的增多意味着,社会需要更多的律师出庭为当事人进行法律服务。然而,早期律师会馆对于法律学徒出庭资格有着严格的数量控制。③ 据学者普雷斯特统计,1510 年至 1519 年四大律师会馆一共只有 10 名学徒获得了法庭辩护资格。格林、内殿和中殿三大律师会馆直到 1560 年才有学徒出庭辩护的记录。④ 面对诉讼案件激增的社会需求,律师会馆作出了及时的调整,开始逐渐对一些资历较浅的外席律师(utter barristers)也赋予了出庭辩护权。一时间出庭律师的数量得到了很大的提高,如 1630 年至 1639 年四大律师会馆就有 515 名学徒获得了出席辩护资格。1590 年至 1639 年四大律师会馆共有 2293 人获得这一资格。⑤

另一方面,出庭律师的发展避免了御用状师对于中央司法诉讼的独占垄断权。早期的出庭律师的业务范围一般仅局限在巡回法院、各郡季审法院以及城市法院,他们是不能在中央三大王室法院以及代表国王进行诉讼的。只有那些从业满 10 年以上的优秀出庭律师在成为御用状师(serjeant-at-law)后才可享有上述权利。因此,御用状师是早期出庭律师中的精英,他们垄断了在中央进行司法诉讼的权利。由于御用状师的数量非常少⑥,这使他们在发展过程中逐渐养成了自视清高、孤傲固执以及古板僵化的特点,严

---

① 这里的出庭律师"barrister"也可翻译为诉讼律师或辩护律师,国内一些学者也将其翻译为大律师或巴律师。据学者贝克考察,"barrister"一词直到 1466 年才被正式使用。

② Christopher W. Brooks, *Lawyer, Litigation and English Society Since 1450*, The Hambledon Press, 1998, pp. 9—11.

③ 早期的律师会馆既是出庭律师的教育机构,又是他们的行业管理机构。一名法律学徒(apprentices)要想成为一名出庭律师必须在某一律师会馆学习 7 年以上,再经过律师会馆主管委员会(benchers)批准后才能获得出庭辩护的资格。

④ Wilfrid R. Prest, *The Rise of the Barristers: A Society History of the English Bar 1590—1640*, Clarendon Press, 1986, p. 7.

⑤ Ibid.

⑥ 如 1567—1571 年内殿会馆在所有毕业的 24 名出庭律师中仅有 2 名成为了御用状师。

重阻碍了16世纪中叶以后诉讼"大爆炸"的时代要求。有人评价他们说:"在16—17世纪,许多御用状师在价值观念和行为方式上仍然没有走出中世纪。"① 但是,出庭律师在取得中央王室法院的出庭权后,很好地解决了御用状师上述出现的问题。1590年通过"布劳顿诉普林西恩案",法官们默示了普通出庭律师在中央王室法院出庭辩护的资格,1623年一项法令明确确认了此项权利。出庭律师自身的不断完善,使当事人在王室法院中的诉讼有了更多的选择,避免了中央王室法院仅仅成为御用状师们的"私人舞台"。

与之相联系,近代英格兰律师制度的另一支,即事务律师(solicitor)则是在弥补早期法律代理人制度不足的基础上产生和发展的。② 事务律师最早产生于当事人或法律代理人所雇佣帮助完成诉讼辅助工作的人员。他们与早期的法律代诉人不同,仅仅只是当事人或代理人的助手和雇工。16世纪中叶以后,事务律师与法律代理人在身份上已经有了明显的区别。③ 前已述及,在13世纪以前,当事人委托法律代理人需要国王特别的授权许可,专业化的法律代理人逐渐被民众视为法院的官员。按照当时的法律规定,他们只能在授予其资格的普通法法院代理当事人的诉讼。④ 这样的禁业限制客观上阻止了法律代理人的发展,如普通诉讼法院授权的法律代理人就不能在王座法院代理当事人的诉讼。

然而,法律代诉人的这一制度缺陷,很快就在16世纪以后遇到了发展的"瓶颈"。一方面,诉讼案件的增多,使得社会对法律代理人的需求激增。⑤ 不同法院为了回应社会对于法律代理人的需求,增加法院收益,不得不聘用大量的事务律师回应社会。另一方面,由于早期英格兰法律代理人只能在普通法法院执业,这一时期兴起的衡平法院与特权法院,不得不在事务律师中选任其诉讼代理人。⑥ 这在客观上促进了事务律师的快速发展。

---

① 程汉大、李培锋:《英国司法制度史》,清华大学出版社2007年版,第202页。
② 这里的事务律师"solicitor"又被翻译为初级律师或"沙律师"。
③ 据霍兹沃斯考察,1557年内殿会馆的一项规定已经明确区分了事务律师和法律代理人;1574年枢密院也作了同样的区分,1614年的一项法令正式确认了两者的区别。See W. S. Holdsworth, *A History of English Law*, Methuen, 1956, Vol.Ⅵ, p.450.
④ Ibid., p.453.
⑤ Ibid., p.455.
⑥ Ibid., p.453.

在上述两方面影响下,出庭律师逐渐取代了早期普通法法院中的法律代理人,成为与出庭律师相并列另一支独立的律师力量。由此可见,事务律师的制度设计本身,就是英格兰律师制度自身回应社会时代需求的一种积极的自我调试。

(三)"二元律师结构"的制度意义

英格兰的律师制度自中世纪起就出现了"二元律师结构"的特征。从早期的法律代理人与代诉人到近代以来的事务律师与出庭律师,无不深刻地体现出这一点。这种"二元律师结构"制度的特征就在于:律师被明显地分为两种类型,他们有着不同的职能、培训方式以及管理机构。他们在诉讼中不仅存在明显分工,而且在相互独立的前提下能够相互配合,满足社会不同的法律服务需求。

在早期法律代理人与代诉人时期,英格兰律师制度的"二元律师结构"特征就初见端倪。法律代理人的主要职责在于:其一,代表当事人到庭。作为原告的法律代理人,确保被告到庭是必要的,如果被告不到庭,代理人需出庭向法院申请缺席审判。在被告或其代理人到庭后,原告的法律代理人还要确保案件进入庭审阶段。其二,检查庭审记录。庭审结束后,法律代理人需代表当事人检查庭审中的卷宗记录,如果存在错误或遗漏,可以提出质疑。其三,负责申请起始令状。在爱德华一世后,法律代理人逐渐开始承担为当事人申请起始令状的职责。当文秘署下发的令状到达诉讼当事人时,代理人还应将这一令状送达相应的郡长。其四,委托法律代诉人。法律代理人与当事人一样在诉讼中,有时还具有替当事人委托代诉人的责任。同时,在听取本方代诉人的法庭陈述后,还具有是否承认其陈述内容的权利。其五,质疑陪审员资格。在实行陪审团审判后,代理人还有权代替当事人在陪审团作出裁决前,质疑陪审员的资格。相较而言,法律代诉人的职责较为单一,只需出庭代表一方诉讼当事人进行法庭陈述和辩论即可。另外,在陪审团作出实施裁决后法官作出法律判决前,如果双方当事人达成和解协议,代诉人还有责任向法官申请和解许可,并拟定和解协议条款。

到了出庭律师与事务律师时期,"二元律师结构"已经确定下来。这时的当事人已经不能再像早期那样直接聘任出庭律师,必须通过事务律师进行。通常的做法是,事务律师接受当事人的委托,在准备好必要的证据和文件后,再代表当事人聘请出庭律师出庭陈述或辩护。另外,出庭律师的报酬不能直接向当事人收取,只能通过事务律师代为收取。这样就使得出庭律师在诉讼过程中,一般不直接接触当事人。衡平法院在1629—1630年的一项法令规定:"与事务律师不同,出庭律师不能直接起诉和收取诉讼费用。"①据学者哈瑞森与罗格·诺思的考察,这一开始于伊丽莎白时期的明确区分,在17世纪末被彻底地固定下来。②

英格兰律师制度设计上的这种"二元律师结构"首先避免了律师在诉讼过程中的"当事人化"。由于出庭律师不直接与当事人接触,所以当事人在案件中一些过分"个人感情化"的观点和情绪一般较少能够影响出庭律师。这样保证了出庭律师能够在一个较为客观的环境下进行分析、陈述和辩护。这对于陪审团正确认定事实,法官正确适用法律都是有利的。其次,这种"二元律师结构"有利于提高律师的法律技能。出庭律师与事务律师的分离,使得二者只需将所有精力投入到各自的分工中即可,不需花费太多精力考虑那些并不属于自己的诉讼职责。如起诉时令状种类的申请、庭审中事实问题与法律问题的区分,都是极富专业化的技能,它需要事务律师与出庭律师长时间的训练与研磨。因此,"二元律师结构"有利于其在各自的职责内,顺利地完成诉讼。最后,"二元律师结构"有利于其在各自内部形成彼此的认同感。在共同的职业技能、训诫标准以及职业操守的影响下,共同抵御外部其他权力的侵蚀。如早期的律师会馆在某种意义上讲,就是出庭律师的自治组织。这种律师行业的自治性保证了其在诉讼审判过程中的独立性,这无疑对后来英格兰自由与宪政的发展增加了砝码。

通过上述对英格兰司法制度内部结构中制度设计的描述,我们发现一种合理性、平衡性的精神始终蕴涵其中。一方面,英格兰的各项司法制度并不是始终如一、固定不变的。当某项制度出现问题时,英格兰司法制度在内部总能在一种较为合理的方向上,进行自我调整。另一方面,英格兰司法制

---

① W. S. Holdsworth, *A History of English Law*, Methuen, 1956, Vol. Ⅵ, p.440.
② Ibid.

度在制度内部的合理化调整,并不是在一种彻底抛弃旧制度,采用某种全新制度的方式下完成。相反,它的合理化调试过程,总是在一种平衡性精神的指导下进行的。它在保留原来制度设计的基础上,克服其已经出现的弊端,在结合时代发展的需求下,通过"旧瓶装新酒"的平衡方式寻找新的出路。如法院制度、审判制度、法官制度以及律师制度无不体现出这一点。这种制度设计上的合理性、平衡性特征,很大程度上保障了英格兰司法制度的稳定。

第二节　制度运作:开放性、限权性

英格兰司法内部结构中的制度运作主要是通过令状制度和陪审制度完成的。① 令状制度不仅是英格兰提起民事诉讼的开始程序,而且还决定着民事案件在审理过程中所应当遵守的诉讼形式(form of action)。② 另外,陪审制度作为英格兰司法制度运作的另外一个重要组成部分,决定着几乎所有案件的实施裁决,并直接影响法官最终作出的法律判决。通过下面的研究,我们发现,令状制度与陪审制度在司法运作过程中,很多时候能够体现出开放性、限权性的特征。这些特征不仅使司法权在民众心中获得了足够的权威,而且民众权利在这样的制度运作过程中得到了保护。

一、王室令状与令状诉讼中的体现

(一) 王室令状:从偏听到兼听

令状(writ)一词来源于拉丁文 breve,本身是指简短之物,亦可引申为信件、简短的书面命令和通知。中世纪早期的欧洲,国王和教皇经常以令状的

---

① 当然,法官在司法审判中,针对事实问题的裁决过程也属于司法制度运作的范畴。基于文章结构的考虑,关于这一问题本书将在第四章将其与法律职业共同体在司法适用中所体现出的"技艺理性"放在一起进行说明。
② 这里所说的令状主要指的是起始令状(original writ),即普通民众在普通法法院提起一起对人或对物诉讼所必需的一种令状形式。普通法上的令状除此之外,还有司法令状(judicial writ),这是一种在诉讼过程中为授权或强制一方当事人采取某些必要的步骤而签发的令状,又称为中间程序令状(writs of mesne process)。

形式发布或传达命令。① 与欧陆其他国家一样,英格兰早在盎格鲁—撒克逊时期就已经开始使用令状。据学者哈莫尔的观点,英国令状的起源可以追溯至阿尔弗雷德(Alfred 871—899)时期。她认为在阿尔弗雷德时期就已经存在与令状非常类似的国王书面的指令形式。她的证据是,阿尔弗雷德大帝曾在圣奥古斯丁的《独白》(St Augustine's Soliloquies)中插入这样的文字:假如你收到了领主的命令(rendgewrit)和印章(insegel),慎重地考虑一下你是否能说,你凭这个文件没有了解他的意思或者他的意愿。这段话描述了某个领主的命令被送到某人那里的事实。哈莫尔认为这里的命令和印章代表了令状。② 然而,需要指出的是,这一时期英格兰所使用的令状与欧陆国家的令状是不同的。以墨洛温与加洛林时期法兰克王国的令状为例,首先两国令状在外部形态上存在明显差异,英格兰令状的外部形式为附有舌状物印章的狭长的羊皮纸,而法兰克并没有采取这样的表现形式;并且,英格兰令状在表达方式上具有某种规律性,而法兰克统治者发布的特许证并没有形成某种类似的特征。其次,两国令状在格式上不同。英格兰令状的固有形式是表达某种问候,首尾格式一般是 N. to N. greeting 形式,而法兰克的墨洛温王朝和加洛林王朝的特许证虽然也有一定的格式,但明显的是它们缺乏问候(greeting),例如它们会有这样的表达形式:N. Rex Francorum viris inlustribus,而没有问候。③ 但是可以肯定的是,在诺曼征服前,令状的适用在英格兰是存在的。

诺曼征服后,威廉一世及其后继者们继承了这一制度。与盎格鲁—撒克逊时期一样,这一时期的令状仅仅是国王直接命令相关人为或不为某种行为,管理国家的行政工具。如威廉二世时期发布一个要求伊尔格之弟拉努尔夫将艾尔温镇长和沃尔特·德·博梅持有索垂土地的一半授予胡贝尔

---

① 〔美〕哈罗德·J. 伯尔曼:《法律与革命——西方法律传统的形成》,贺卫方、高鸿钧等译,中国大百科全书出版社1996年版,第547页。

② R.C. Van Caenegem, *Royal Writs in England from the Conquest to Glanvil*, London, 1958, p. 14.

③ Ibid., pp. 113—119.

修道院院长的令状就说明了这一点。① 这种令状的特征一般是,一方当事人在认为自己的权利和公正受到侵害的情况下,直接向"安宁与正义之源"的国王寻求救济,国王在只听取一方陈述与请求的情况下,通过带有强制命令性内容的令状,恢复或纠正另一方当事人的不法行为。应该说,早期这种带有行政执行性特征的令状,在一定程度上能够起到迅速制止违法行为,维护社会秩序与公正的作用。

但是,这种偏听当事人一方所作出的令状,存在很大弊端,甚至国王针对同一案件会发出两个彼此之间互相矛盾的令状。以朗福德磨坊案为例:在威廉任法瑞提乌斯(Faritius)修道院院长时,他已经将这个磨坊卖给了阿宾登(Abingdon)修道院,但是后来威廉又向国王抱怨阿宾登修道院强占了这个磨坊,听到这样的表述,国王发出令状要求郡长使威廉重新占有这个磨坊。不久之后,阿宾登的一个僧侣代表团到国王面前从相反的方面讲述这件事,并且使国王相信他们才应该拥有这个磨坊,于是国王又发布令状命令郡长使阿宾登修道院重新占有磨坊。② 对此,卡内冈教授在抱怨这种单纯的行政救济性令状时说:"不面对庭审,在没有进一步预备程序的情况下就预先下了结论,授权恢复对土地的占有",这难免会因国王受到欺骗或误导而签发错误的令状,由此导致真正的权利与公正受到侵害,因此,在一定情况下,"这是一种警察措施,一种随意性很强的技术。它不进行及时通告,完全是单方的武断行为,其结果只能导致非正义和决策的自相矛盾,最终可能会导致比它所要处理的不公更大的不公"。③

为了避免上述行政性令状在实践中出现的矛盾与不公,从亨利一世时开始令状在许多内容上悄然发生了变化。"英国国王及其臣下当然也意识到,基于一方陈述而签发令状,势必导致冲突、不公平及他们力图反对的混乱无序。他们在迅捷、权威的行政命令(但有导致不公的危险)和全面的司

---

① 〔美〕哈罗德·J.伯尔曼:《法律与革命——西方法律传统的形成》,贺卫方、高鸿钧等译,中国大百科全书出版社1996年版,第548—549页。
② R.C. Van Caenegem, *Royal Writs in England from the Conquest to Glanvil*, London, 1958, p. 200.
③ 〔比〕R.C.范·卡内冈:《英国普通法的诞生》,李红海译,中国政法大学出版社2003年版,第46页。

法程序(又可能过于琐细和拖沓)之间挣扎。他们发现自己面对的又是行政效率(jussio)和司法公正(jurisdictio)之间的古老选择,并最终认识到通往正义之门是没有捷径的。办法之一是不要再通过行政性的救济命令干预法律事务,而完全将之留给法院,……使其为必要的司法保障所围绕。确保依令状中确定的程序规则对案件事实、双方诉答及证据要素进行公正审理。"①

变化之一就是,国王开始在令状中加入某种检查措施和特定的调查方法,在查明案件真实情况符合原告单方面陈述后,再执行行政性的命令。其经典表述是:"如果在 N 郡郡法庭通过宣誓咨审(sworn inquest)表明 A 针对 B 提出的主张被确认,那么立即赋予 A 对争议土地的完全占有。"②如斯蒂芬在给沃尔特·菲茨·吉尔伯特以及迈尔顿的执达官的令状中就这样说道:"如果伦敦圣马丁的教士们能证明迈尔顿的奥斯瓦尔多未经判决且不正当地剥夺了他们对迈尔顿的自治市保有地的占有,那么我命令你们立即使之恢复占有。"③

另外的一个变化就是指令令状(praecipe)的出现。在这种令状中,国王给予被指控人一个选择权,他要么立即执行令状中给予权利请求人以补救行政命令,要么来到国王法院或某一指定的地方公共法院跟前,说明他不这样做的理由,并接受司法审判。其模式相当简单:"我命令你返还土地,否则出庭说明你不这样做的理由。"④如在 1150—1154 年的一则依常规格式签发的令状中,斯蒂芬命令瓦伦的威廉伯爵保证坎特西尔的里丁的僧侣们平静地保有土地,并交回他从那里取走的财物;如果他有什么请求,那么就请前往王室法庭面前,那里会为他主持公道。⑤

上述的变化说明,这一时期的令状已经不再是偏听一方当事人陈述而签发的行政命令,而开始慢慢向指示有关郡长或当事人调查案情、陈述事实

---

① 〔比〕R.C.范·卡内冈:《英国普通法的诞生》,李红海译,中国政法大学出版社 2003 年版,第 49—50 页。
② 同上书,第 50 页。
③ 同上书,第 50—51 页。
④ 同上书,第 66 页。
⑤ 有关这一时期指令令状的案例还有 1112—1121 年、1101—1106 年亨利一世发出的另外两个令状证明。参见〔比〕R.C.范·卡内冈:《英国普通法的诞生》,李红海译,中国政法大学出版社 2003 年版,第 67 页。

的司法启动程序转变。很明显,这时的国王希望通过上述令状内容形式的改变,通过"兼听"去获取关于案件的全部信息,以避免"偏听"一方意见而签发执行性令状所可能导致的不公正。

到了亨利二世时期,令状的司法功能逐渐地被发掘出来。以保护土地权利与占有为代表的权利令状(writ of right)与占有诉讼令状(possessory assize)逐渐增多,令状已经被用来作为诉讼启动的必要程序。亨利二世时期国王的一则令状说明了这一点:"国王向郡长问好。甲向我控告乙自我上次旅行去诺曼底期间,不公正地和未经审判地抢占了他在某某村庄的自由持有地。因此,我命令你,如果甲保证他提起的权利请求真实可靠,你务使被从该土地上占取的动产得以返还,并以和平的方式将该土地和动产保持到复活节之后的星期天。同时你务使12名自由的和守法的邻人查看该地产,并将他们的名字签于此令状之上,由合适的传唤人将他们于复活节后的星期天传唤到我或我的法官面前,做好确认的准备,以抵押品和可靠的担保人作保证将乙或他所在小区的行政官(如果不能找到他)传唤到,然后开始审理,确认事实。并应有传唤人、本令状和担保人的姓名、证人等等。"①很显然,在这份国王的回呈令状(returnable writ)中②,国王不再专横命令某人为某种行为或不为某种行为,而是指示有关当事人或郡长应采用什么方式向国王法庭起诉,法庭应如何传唤被告出庭,应遵循什么程序进行案件审理等一系列司法程序。以至于学者伯尔曼说道:"亨利二世把'如何如何做'之类的命令式的王室令状转变成以下形式:'传唤到我的法官面前审问以决定争议的问题——那里有此令状',换言之,令状是设计用来引起一个司法

---

① 〔美〕哈罗德·J. 伯尔曼:《法律与革命——西方法律传统的形成》,贺卫方、高鸿钧等译,中国大百科全书出版社1996年版,第549页。

② 据笔者考察,回呈令状(returnable writ)是与权利令状(writ of right)相对的一种令状种类,它们同属于起始令状(original of writ)。与国王将令状签发给领主法院,指示它为原告主持正义,恢复原告对土地占有及相关权利享有的权利令状不同,回呈令状不是签发给领主法院,而是签发给郡长,要求他传唤一定数目的见证人,在让他们宣誓说出案情后,在指定的日期将其与被告传唤到国王的法院。同时将所有通过此令状传唤的人以及见证人的名字刻在令状上,连同令状一起交还给王室法院的法官。王室法官据此来审理纠纷和诉讼。这也就是说,权利令状案件的审理是由领主法院进行的;回呈令状案件的审理是由王室法院或在王室法官跟前审理。需要说明的是,占有诉讼令状、指示令状和侵权令状(writ of trespass)一起构成了在王室法院启动诉讼的三大回呈令状。

诉讼程序的。"① 很快，作为司法诉讼启动程序的令状增多起来，大量普通自由民涌向文秘署申请签发令状，这一过程直接促成了后来令状的规范化与格式化。令状彻底完成了由"偏听"一方的行政命令向"兼听"双方诉讼陈述、开启诉讼程序的转变。

这是一个体现出"开放性"的过程，国王听取一方当事人陈述后单独作出判断的权力，此时已经交给了王室法院、领主法院。被指控人以及他所委托的法律代诉人获得了在"公开"法庭辩解的机会。可以说，司法化的令状使每一个当事人的权利，获得了更为公开化的保障。

（二）令状诉讼：程序对于权力的限制

早期英格兰基于不同令状所引发的令状诉讼主要分为，对物的令状诉讼和对人的令状诉讼。对人与对物令状诉讼的主要区别在于：救济请求是否涉及土地。如果涉及土地则归为对物的令状诉讼，如果涉及金钱或动产的诉讼则归为对人的令状诉讼。② 由于土地在中世纪是人们安身立命的根本，所以在当时大量的令状诉讼是围绕着对物诉讼的几大令状展开的。

在早期普通法中，引起对物诉讼的令状主要是权利令状、占有诉讼令和指令令状这三大类。其中占有诉讼令由新近侵占诉讼令（assize of Novel Disseisin）、收回继承地令状（assize of Mort D'ancestor）、地产性质诉讼令（assize of utrum）和圣职推荐权令状（assize of Darrein Presentment）四个具体的令状组成。在格兰维尔时代，由权利令状与占有令状引起的权利诉讼和占有诉讼，占整个民事诉讼的90%。囿于篇幅所限，下面笔者只将其中具有代表性的权利诉讼和占有诉讼中的新近侵占诉讼拿出，进行说明。

与回呈令状不同，权利令状所引起的权利诉讼是在领主法院进行的。

---

① 〔美〕哈罗德·J.伯尔曼：《法律与革命——西方法律传统的形成》，贺卫方、高鸿钧等译，中国大百科全书出版社1996年版，第548页。
② 其中，对人的令状诉讼主要包括债务诉讼、收回被非法占有动产诉讼和违约诉讼。债务诉讼由债务令状（writs of debt）引起，债务令状因原告主张某项款项为其财产而颁发；收回被非法占有动产诉讼由非法占有动产令状（writs of detinue）引起，该令状因原告主张某项动产为其财产而颁发；违约诉讼因契约令状（writs of covenant）引起，该令状适用于被告违反任何已盖印章的契约行为，并且必须是被告的义务已被载入已盖印章的契约中，才能提起该诉讼。

权利令状在产生之前,依据封建原则自由土地保有人可以在其所属的领主法院,针对与封地有关的权利争议进行权利诉讼。申言之,封臣可以对其封地主张权利,继承人可以对其祖上封地的继承主张权利,寡妇可以对寡妇地产主张权利,而其他权利人也可以对土地的相关权益主张权利。① 从中可以看出,在权利令状产生之前,人们进行诉讼并不需要任何必需的前提程序,权利诉讼几乎可以在领主法庭随时启动。然而,由于领主法院自身的一些缺陷②,自由土地保有人希望国王能够介入他们的诉讼,以便更好、更快地使他们获得司法救济,因为在英格兰普通民众的心中,国王是"安宁与正义之源"。当然,国王也希望通过介入领主法院的诉讼,扩大自己的司法管辖权。于是,亨利二世时期权利令状得以产生。

权利令状是一种由大法官签发的用以开始权利诉讼的令状。权利令状的产生直接导致没有权利令状,领主法庭不可能进行权利诉讼原则的形成,亦即"没有国王的权利令状,任何人都不必为他自由持有的土地而应诉"。慢慢地,获取一张权利令状已经成为人们开始诉讼的一个前提:如果一个聪明的原告重视这个案子,他就会在控告他的对手之前获得一份权利令状。否则他的诉讼就存在诉讼污点,其结果是没有任何人有责任回答这个诉讼的任何问题。于是,这一规则被确定下来,即无论谁在任何地方法庭控告一个自由地产保有者,都必须要得到一张王室权利令状。③

通过权利令状在权利诉讼所确立的原则,一方面使得涉及土地的权利诉讼必须以权利令状的获得为前提,否则任何人不会为涉及其自由地产的案件应诉。这种将特定程序权利放在土地实体权利之前的保护方式,为日后英格兰法律传统中"程序先于权利"的法律传统打下基础。另一方面,它在一定程度上保证了领主法院司法审判的公正。这是因为,如果领主法院

---

① 李红海:《普通法的历史解读——从梅特兰开始》,清华大学出版社2003年版,第208页。
② 我们知道,依据封建原则,领主法院只能审理领主与封臣之间以及封臣们相互之间的纠纷。在权利令状产生之前,在权利诉讼中如果一个当事人不承认其与另一方当事人宣誓效忠的是同一领主,那么该领主法院是不能进行权利诉讼的。参见〔英〕S. F. C. 密尔松:《普通法的历史基础》,李显东等译,中国大百科全书出版社1999年版,第129—140页。
③ R. C. Van Caenegem, *Royal Writs in England from the Conquest to Glanvil*, London, 1958, pp. 223—225.

不能妥善地处理好其与封臣或封臣们之间的诉讼,那么领主法院将丧失对于权利诉讼的管辖,而转由国王控制下的郡法院审理。① 《格兰维尔》中的一则权利令状印证了这一点:"国王向威廉伯爵致意。我命令你毫不迟疑地彻底维护某甲对位于米德尔顿的一千英亩土地的权利,某甲声称他每年向你支付一百先令,因而才从你那里占有了这片土地并得以免除各种劳役,但是这片土地被威廉之子罗伯特扣押了。如果你不维护某甲的权利,德文郡的郡守将会这样做,我不愿在这个问题上再次听到权利遭受漠视的控诉。"② 与此同时,当事人也可以通过申请权利令状,在郡法院对不向领主宣誓效忠的封臣进行起诉,维护自己的权利。

新近侵占诉讼令作为回呈令状中最为重要的令状之一,滥觞于亨利二世针对斯蒂芬时期非法侵占土地行为增多,而在全国范围内进行的,旨在打击重罪与非法侵占土地行为的刑事调查。随着巡回审判被确立为一种长期稳定的制度,非法侵入土地成为卷宗卷筒(the Pipe Rolls)中的常规事项。原先那种对非法入侵土地的刑事指控,现在已经变成了所有自由地产保有人通过支付一笔适中的费用购买新近侵占诉讼令就可以轻易启动的、已近完备的民事诉讼了。③

1179 年以后出现的新近侵占诉讼,基本上都是由被侵占人向国王大法官购买的新近侵占诉讼令引起的。这意味着,"任何人在不经法院裁定,被非法剥夺了自由保有(freehold)的土地,如果他在规定的期限内获得了由国王签发的令状,那么他就会得到法律的帮助"。④ 它是一种完全不依赖所有权的侵占之诉,"在这种诉讼中甚至被告自己的所有权也不能成为抗辩的理由。由此一位封臣可受到保护,免受他的领主强行侵夺……诉讼中原告只须证明先前的占有成立和这种占有被非法侵夺。"⑤ 通过这个诉讼,任何人

---

① 之所以这样说,是因为国王可以通过巡回审和移卷令(writ of pone)的使用,将郡法院审理的案件上移到王室法院进行审理。
② 〔英〕约翰·哈德森:《英国普通法的形成》,刘四新译,商务印书馆 2006 年版,第 216 页。
③ 〔比〕R.C.范·卡内冈:《英国普通法的诞生》,李红海译,中国政法大学出版社 2003 年版,第 55 页。
④ John Beames, *A Translation of Glanville*, Littleton, 1980, pp. 334—335.
⑤ 〔美〕哈罗德·J.伯尔曼:《法律与革命——西方法律传统的形成》,贺卫方、高鸿钧等译,中国大百科全书出版社 1996 年版,第 558 页。

在他自由保有的财产受到非法侵占时,在新近的一段时间内,他都可能恢复对该财产的占有并获得赔偿。这表明如果一个人在没有一份判决的情况下,被不公正地逐出了他自己的自由地产,那么他可以通过王室令状而得到救济。他可以要求地方长官召集一个由12个自由民组成的陪审团来察看土地,并判断被告是否在规定的期限内非正当且不经法院判决剥夺了原告的自由使用权。如果回答是肯定的,那么就恢复原告对土地的占有。《格兰维尔》中的一则案例印证了这一变化:

> 国王向郡长致意。N.向我控告说,自打我上次前往诺曼底,R.不公正地、并且未经法院判决便侵占了他位于某村庄的自由持有土地。因此,我命令你,如果N.向你提供担保以保证将诉讼进行下去,你应务必恢复他对这块土地以及在它之上的动产的占有,并确保他和他的动产处于和平之中,直至圣灵降临节。在此期间,你应保证该地产由12名自由和守法的邻居去查看该土地,并将他们的名字写于此令状之中。通过合适的传唤人传唤到我或我的法官面前,准备制作一个确认结果。并责令上述的R.提供担保物或可靠的担保人,传唤他、在他未找到时传唤他的财产管理人到场听取确认结果,上述人等姓名,见证人姓名。①

1179年后所确立的新近侵占诉讼原则,其制度意义在于:它一方面迅捷地保护了民众的土地合法占有;另一方面,它在一定程度上限制了领主甚至国王对于民众权利的任意侵害。对此,梅特兰对新近侵占诉讼这样评价道:"我们可以从两方面阐释这一问题,其一是看它在私法上产生哪些变化,其二是看公法上产生哪些变化。(1)侵占诉讼作为一个明显不同于所有或最佳权利的事物,将被一个不同寻常的、迅速的司法救济所保护。(2)自由土地的侵占诉讼,无论它持有的是哪一级领主的土地,均可获得国王的保护。"②

---

① John Beames, *A Translation of Glanville*, Littleton, 1980, pp. 335—336.
② F. Pollock and F. W. Maitland, *The History of English Law before the Time of Edward* Ⅰ, Cambridge University Press, 1968, Vol. Ⅱ, p. 146.

首先，在私法方面，新近侵占诉讼较之于前面提到的权利诉讼，它的制度优势在于：它能够对新近发生的"不公正地并且未经审判地"（unjustly and without a judgment）侵占土地行为予以迅速的司法救济。因为在新近侵占诉讼中，被告人不允许进行冗长的答辩，也不允许提出在权利诉讼中意在拖延时间的各种托词。[①] 被告在诉讼中只需要针对陪审团提出的问题，回答"是"或者"否"即可。因为新近侵占诉讼保护的仅仅是现实的占有，而不是确认当事人双方谁享有更大的权利，在新近侵占之诉判决后，如果被告人对判决结果不服，他还可以提起权利诉讼寻求对自己的救济。因而，新近侵占诉讼是一个旨在迅速保护当事人土地占有的诉讼。

其次，在公法方面，它限制了领主、国王对于普通民众权利的任意侵害。我们知道，依据封建原则，领主以一定的封建义务为条件将自由土地的占有授予封臣。当其所属封臣没有履行自己义务时，领主有权通过自己的力量强行收回封臣占有的土地。在实践中，出现了大量领主任意侵占封臣土地的事情。然而，在新近侵占诉讼被采用后，领主或国王的这一行为遭到了禁止。因为领主的侵占行为必须在"公正地且接受审判地"情况下作出，否则其行为将受到国王及其法官的惩罚。这其实就意味着，在新近侵占诉讼之中暗含着权力须依法行使、行为合法与否的判断权归属法院等宪政内涵。因为领主剥夺土地占有行为是否合法的关键就在于，其是否经过法院的判决。这样一来，法律程序置于了权力之上，这在客观上就限制了领主以及国王（全国最大的领主）不经法院判决随意剥夺封臣土地占有的恣意权力行为。1208年，法院就曾以亨利二世按照自己的意志，而未经公正地判决剥夺了罗尔德土地为由，判决现任国王约翰应当恢复罗尔德对自由土地的占有。[②] 英格兰令状诉讼所确立的上述原则，后来直接影响了1215年的《大宪章》，如作为后世"正当法律程序"起源的第39条，就是受到令状诉讼影响的直接体现。

[①] 〔英〕约翰·哈德森：《英国普通法的形成》，刘四新译，商务印书馆2006年版，第209页。
[②] R. C. Van Caenegem, *Royal Writs in England from the Conquest to Glanvil*, London, 1958, pp. 265—266.

二、陪审制度中的体现

陪审制度不仅用"民众的声音"取代了原始审判模式下"神的声音",而且其不断合理性与平衡性的内在发展,也使得自身的独立性逐渐增强,成为英格兰民众心中自由权利的堡垒。对此,1785年伟大的普通法法学家布莱克斯通在牛津大学发表演讲时说:"由陪审团审判过去曾被认为而我相信以后也会被认为是英国法律的光荣……这是任何一个臣民都可以享有或期望享有的特权。除非他的12个邻居或与他地位平等的人一致同意,否则他的财产、自由或人身不受侵犯。"①然而,我们真正关心的问题在于:是什么使陪审制在英格兰获得了如此高的荣耀?陪审制背后所蕴涵的制度内涵是什么?

在笔者看来,陪审制之所以成为布氏笔下"自由之堡垒"的根本原因在于:民众的参与使得陪审制具有了开放性特征。这种民众参与下的开放性特征,使得陪审制在审判过程中不仅内含了双重的权力制约机制,而且其依据良心裁决,反对双重归罪的制度运作过程,很大程度上限制了国家对于司法的全面干预,避免了纠问式诉讼在英格兰的产生。

(一)作为民众参与机制的陪审制

关于英格兰陪审制的起源,在普通法学界大致有三种观点。② 一种观点认为英格兰陪审制起源于本土的盎格鲁—撒克逊时期。它的来源有两个,一是来源于民众大会的民众集体裁判制度,二是来源于早期盎格鲁—撒克逊时期人们所采用的共誓涤罪(compurgation)制度。③ 然而,对于这一观点普拉克内特教授很快就提出了批评。他指出:"民众大会中的裁判者

---

① 〔英〕丹宁勋爵:《法律的未来》,刘庸安、张文镇译,法律出版社1999年版,第39—40页。
② 另外,还有学者认为古代雅典的陪审制度是英格兰陪审制的起源。持这种观点的代表人物是史密斯。他认为,古代雅典的陪审制度经由古罗马传承后,通过罗马帝国对不列颠的征服带到了英格兰,随后经过盎格鲁—撒克逊时期各国王的采纳而留传至今。See D. G. Smith, The History and Constitutional Contexts of Jury Reform, *Hofstra Law Review*, Vol. 25 (Winter 1996), p.393.然而,这其实是一种误解。因为古代雅典的陪审员事实上是集事实审和法律审于一身的裁判者,这和后来辅佐专业法官判案,只负责事实审的陪审员不是一回事。
③ 〔英〕西奥多·F. T. 普拉克内特:《简明普通法史》(英文影印本),中信出版社2003年版,第108页。

(doomsmen)并不对事实作出判断,他们只是将法律运用于已经通过其他机制查明的事实并宣布裁判结果的人。另外,'助誓者'(compurgators)并不是应公共官员要求而参加诉讼,向法庭就争诉事实提供的证言的人,他只是对一方当事人陈述真实性提供誓言的人。"[①]另一种观点认为,陪审起源于法兰克加洛林王朝的咨审调查(inquisitio),诺曼人将其带入了英格兰。[②] 这一观点的由来,主要得益于 19 世纪末德国学者海因里希·布伦纳(Heinrich Brunner)一篇名为《宣誓裁判的起源》(Entstehung der Schwurgerichte)的论文。该文认为,早在 9 世纪早期,查理大帝的儿子虔诚者路易(Louis the Pious)就要求,将来王室权利的调查不再通过证人举证的方式进行,而应召集当地最具信誉的人通过宣誓的方式作出陈述。[③] 此外,法兰克国王们还将这一咨审调查方式运用在其他许多方面,如诉讼过程中对于事实问题的确证、王室官员是否对国王有不当行为以及地方财政的调查等。很快,诺曼底的"行政天才们"毫不犹豫地采纳了这一制度。[④] 接着,诺曼人将其带入了英格兰,并使之保存了下来。对此,梅特兰甚至说:"如果不是诺曼征服中,威廉一世将这一制度带到英格兰的话,这一制度可能早已消亡,并成为考古学家们研究的对象了。"[⑤]应该说,布伦纳的这一观点得到了大多数普通法学者的赞同。[⑥]

然而,近些年来由于普通法研究的不断深入,有关陪审团起源的问题又

[①] 〔英〕西奥多·F.T.普拉克内特:《简明普通法史》(英文影印本),中信出版社 2003 年版,第 108 页。
[②] 〔比〕R.C.范·卡内冈:《英国普通法的诞生》,李红海译,中国政法大学出版社 2003 年版,第 94 页。
[③] 〔英〕西奥多·F.T.普拉克内特:《简明普通法史》(英文影印本),中信出版社 2003 年版,第 109 页。
[④] 〔比〕R.C.范·卡内冈:《英国普通法的诞生》,李红海译,中国政法大学出版社 2003 年版,第 95 页。
[⑤] F. Pollock and F.W. Maitland, *The History of English Law before the Time of Edward* Ⅰ, Cambridge University Press, 1968, Vol. Ⅰ, p.141.
[⑥] 其中,学者霍兹沃斯也认为:"尽管陪审制可能会有更多的起源,但是它却肯定是诺曼国王引进的制度。"See W.S. Holdsworth, *A History of English Law*, Methuen, 1956, Vol. Ⅰ, p.313. 此外,学者伯尔曼也认为:"从公元 8 世纪起,法兰克皇帝和国王就曾传唤邻居调查团,让他们巡回王室法官提出的问题……诺曼人从法兰克人手中接过了这种方法,并将其传入英格兰。"参见〔美〕哈罗德·J.伯尔曼:《法律与革命——西方法律传统的形成》,贺卫方、高鸿钧等译,中国大百科全书出版社 1996 年版,第 549—550 页。

有了第三种观点。这一观点的提出者是近年来普通法研究的领军人物,来自根特大学的卡内冈教授。卡内冈教授提出了一种试图折衷前两种观点的综合理论。他认为布伦纳教授的观点总体上是正确的,但是忽视盎格鲁—撒克逊时期地方已经存在陪审制的本土习惯也是错误的。① 因为在诺曼人引入陪审制前,盎格鲁—撒克逊时期的英格兰已存在陪审制。"978—1008年间(可能是997年)艾塞尔雷德旺蒂奇法典(Wangtage Code of Aethelred)的第三章清晰地记录了如下内容:每郡12名乡绅在郡长的率领下前往法庭,手持圣物宣誓,他们既不指控任何无辜者,也不隐匿任何有罪者。"② 此外,卡内冈教授还用大量的资料说明通过陪审团查证的方式早在诺曼征服之前,在英格兰就已经有所运用,如早在忏悔者爱德华统治的 1053—1055年,在拉姆西和托尼两个修道院之间发生了一场土地诉讼。双方对这块土地各自持有的份额发生了争执。随后,当事人双方主动提出由当地居民组成陪审团来解决,由 5 个年长的俗界人士组成的陪审团裁决拉姆西修道院占 2/3,托尼修道院占 1/3,并确立了边界。③

不管怎么样,在英格兰真正将陪审制运用于司法事务的是亨利二世。1164 年在《克拉伦敦宪章》(Constitutions of Clarendon)第 6 条和第 9 条中,首次看到了关于控诉陪审团与民事纠纷中陪审团的规定。其中第 6 条这样写道:"除非当着主教的面由可靠且合法的控告人和证人提供指控,任何俗界人士都不应被控告,以便副主教不致失去他应当享有的权利。如果有人被认为应当承担罪责却没人愿意或者不敢提出控告,根据主教的请求,郡长应当责令来自左右邻里的 12 个人在主教面前发誓后根据他们的良心讲出事实真相。"④第 9 条这样写道:"如果教士和俗界人士间就有关土地是否属于教会保有还是世俗保有发生纠纷,则案件应当由国王的首席法官根据 12 个熟悉法律的人当着王室法官的面,作出该土地是教会保有还是世俗保有

---

① 〔比〕R. C. 范·卡内冈:《英国普通法的诞生》,李红海译,中国政法大学出版社 2003 年版,第 102 页。
② 同上书,第 96—97 页。
③ 同上书,第 98—99 页。
④ George Burton Adams and H. Morse Stephens, *Select Documents of English Constitutional History*, The Macmillan Company, 1924, p.12.

的裁决后进行裁判。"①紧接着,他又在1166年的《克拉伦敦诏令》第1条中确认了控诉陪审团的产生。"为了维护安宁与正义,国王亨利在一些贵族的建议下要求,案件的调查将由百户区里12个、每个村镇4个最合法的人进行,这些人将发誓说他们会说出事实真相以及在他们的百户区或村镇是否有人被控告或者被怀疑是抢劫犯、杀人犯、盗窃犯或者窝藏犯。"②后来,在1176年的《北安普顿诏令》第1条中控诉陪审团得到了再次的确认和巩固。③ 另外,在1179年复活节会议上,亨利二世通过敕令规定,以后所有有关自由保有的土地案件,将交由巡回法官召集的12名邻人组成的宣誓陪审团进行审理,并由他们决定哪一方对争议土地享有更充分的权利,以此来取代以前的司法决斗。至此,民事案件中的审判陪审团和刑事案件中的控诉陪审团在亨利二世时已经诞生。

虽然上面笔者简单地描述了陪审制的起源以及在英格兰的诞生过程,但是这些都不是本书所要重点考虑的问题。因为真正使笔者产生思考的是:上述各种陪审制起源的观点以及亨利二世确立陪审制的过程,虽然各不相同,但是他们争论的背后其实隐含了一个共同的东西,即他们都强调陪审是需要外行的底层普通民众参与的。那么,为什么陪审需要这种外行普通民众的参与?这是本书所关心的问题。因为它不仅可以解释为什么英格兰会产生并延续这样一种独特的司法运作方式,而且还能够指明其制度的生命与意义所在。

在前面的两章我们曾经提到,由于国王要"靠自己生活",没有属于自己的常备军,并且远没有建立起完善的地方官僚体系,因而,英王没有能力直接地去面对地方上的各种具体事务。另外,由于受到封建制的影响,地方权

---

① George Burton Adams and H. Morse Stephens, *Select Documents of English Constitutional History*, The Macmillan Company, 1924, p.13.
② Ibid., pp.14—15.
③ 需要注意的是,这时的控诉陪审团并不裁断被告人是否有罪,其功能与其说是裁判,毋宁说是检举。正如伯尔曼所言:"1166年的《克拉伦敦诏令》规定,在巡回法官到场时,宣誓的陪审员应对全部犯有谋杀、盗窃、抢劫罪的嫌疑人或窝藏犯有上述罪行的人以及犯有伪造货币和纵火罪的所有嫌疑人提出指控。然后对所有这些嫌疑人立即通过冷水裁判法予以审判。"参见〔美〕哈罗德·J.伯尔曼:《法律与革命——西方法律传统的形成》,贺卫方、高鸿钧等译,中国大百科全书出版社1996年版,第553页。

贵的势力,是国王对地方采取任何措施时所必须忌惮的。国王任何贸然侵害地方权贵传统权利的行为,都可能引起一场灾难。因此,由普通民众广泛参与的陪审制,在某种程度上就是国王权衡上述因素后对地方进行控制的选择。一方面,选择民众参与的陪审制,是国王依靠地方自治传统进行地方治理的一种表现。在地方国家机构缺失的情况下,陪审团在某种程度上承担了那些在其他地方通常是由公共部门履行的职能。因为陪审员在地方不仅要了解并负责陈述案件的事实,而且还要针对事实问题作出裁判,甚至在有些时候还得负责判决的执行,因为他们一般都是地方具有一定影响的人物。如果国王不依靠这些地方上的力量,那么,我们有理由相信国王的司法体系可能会轰然倒塌。对此,哈德森教授感叹道:"这些来自地方的协助对王室政府来说是至关重要的。"①另一方面,选择民众参与的陪审制是国王扩张王权,打击地方权贵的一种和缓手段。作为与巡回审配套的一项制度设计,陪审制通过合理化的审判方式使国王与地方权贵的"司法竞争"中获得了主动。次级土地保有人有机会以陪审员的身份与国王一起抵制地方领主的滥权行为,获得正义的救济。同时,国王借助民众参与的陪审制以个案参与的隐蔽方式冲破了地方权贵势力,防止了国王与地方极端对抗局面的出现。

因此,笔者认为英格兰陪审制最大的特征在于:作为一种民众参与机制而存在。

(二)内含双重权力制约机制的陪审制

一般而言,学界在论及英格兰陪审制度时都以一种赞许的口吻,认为陪审制的采用意味着原本由法官一手独揽的司法裁判权一分为二,由法官与陪审团共同行使,这有助于克服法官的偏私与专断。② 这是一种分权机制,有利于防止司法腐败的发生。正如学者查尔默斯所说:"对于事实问题的厘

---

① 〔英〕约翰·哈德森:《英国普通法的形成》,刘四新译,商务印书馆2006年版,第153页。
② 关于这一点,英国普通法学者福蒂斯丘、科克、黑尔、布莱克斯通和斯蒂芬莫不是这样认为,虽然他们也承认陪审制存在自身的缺点。如陪审团只是12名普通人,可能存在种种偏见、知识局限、政治倾向等不足,而且所作出的判决不必说明理由。See W. S. Holdsworth, *A History of English Law*, Methuen, 1956, Vol. I, pp. 347—348.

清,通过陪审制要远远优于一个法官。我对陪审团考察的越多,他们的裁决就越值得我尊重……他们拥有发现欺蒙诈骗行为的特殊本领。"①

应该说,学者对陪审制内含分权机制的认识是相当重要的。传统的司法裁判权被明确地分割为,认定事实的司法权和适用法律的司法权,两者分别由陪审团和法官掌握行使。据普拉克内特教授考察,从爱德华一世统治时期开始,法律问题就与事实问题在英格兰就已区别开来。②

一般而言,通过分权以达致权力制衡进而消除和防止专制是宪政的根本目的。陪审制内部法官与陪审团的相互制约显然是与这一宪政要求相一致的。一方面,陪审团的司法裁判权在很多方面受到法官的限制。如陪审团就事实问题作出裁决前,法官须引导陪审团如何进行诉讼程序。首先向陪审团评价当事人双方提交的证据,然后向他们指明案件事实的要点,最后提出本案的主要矛盾和怀疑点供陪审团有目的性地认定事实问题。另外,法官对陪审团超出指示所作出裁决的撤销权也构成了其对陪审团的限制。另一方面,陪审团在独立认定事实的过程中也构成了对于法官的制约。如陪审团可以独立于法官之外认定事实或确定赔偿额。法官对案件进行法律适用作出判决所依据的事实必须由陪审团作出。这样一种相互制约的关系并没有使得陪审团与法官交恶,相反他们更多地表现为一种合作关系。如陪审团在英格兰的存在客观上有助于法官的独立。学者霍兹沃斯指出:"法官在很早的时候就对陪审团给他们责任的减轻十分感激。黑尔和斯蒂芬都强调过这一点,它不仅可以减轻法官的责任,而且可以使法官在作出指示时保持一种真正的司法的态度。因此,这有助于维护法官的尊严;因为,如果法官能保持司法的态度,无论陪审团的裁决是什么,都不会导致对法官个人的厌恶。"③所以,托克维尔在面对英格兰陪审制中法官与陪审团的相互制约时,入木三分地评论道:"看似削弱法官权力的陪审团,却在事实上赋予了

---

① W. S. Holdsworth, *A History of English Law*, Methuen, 1956, Vol. I, p. 348.
② 〔英〕西奥多·F. T. 普拉克内特:《简明普通法史》(英文影印本),中信出版社 2003 年版,第 129 页。
③ W. S. Holdsworth, *A History of English Law*, Methuen, 1956, Vol. I, p. 348.

法官无上的权威。"①

然而，在笔者看来，上述由陪审团和法官分享司法裁判权仅仅是在司法审判领域中或者说在司法体制内，体现了陪审制内含的分权机制。陪审制所内含的分权机制，在"国家与社会"这对更为深层的关系中也有体现。由于理论上每个公民都可以成为陪审员，那么行使司法裁判权的陪审团成员不是国家科层式管理下的官员，而是来自于社会各个阶层的民主性组织。由社会普通民众所组成的陪审团代表了一般的社会意志，他们通过参与司法审判的形式客观上实现了对国家司法审判权的制约与监督。如果我们把陪审制前一种的分权机制称为内部制约，那么，陪审制中这种作为整体社会民众对国家司法活动的制约，可称为陪审制的外部制约。陪审制是一种内含双重权力制约机制的宪政制度，其中陪审制的内部制约仅仅是其分权机制的外在表象，而真正体现陪审制民主宪政价值则是它的外部制约。这是因为：

首先，陪审制使国家与一般社会民众之间的紧张关系在司法领域中得到了改变。一方面，在陪审制下，国家不再是不可质疑的司法裁判权主体，它受制于社会；代表国家的法官也不再是高高在上的正义化身，它的权力受制于社会成员，因为社会的每一位公民都有可能成为平等的审判者。② 普通民众对于司法审判权的参与防止了司法蜕变为国家行使权力的工具。另一方面，社会普通民众对于司法审判权参与的热情也在陪审制下得到了规范。陪审制下法官对于法律问题的最终裁断，防止了社会普通民众司法民主化的良好初衷走向它的反面。如古代雅典时期苏格拉底的审判的悲剧，就是社会普通民众独占司法审判权的讽刺结果。③ 于是，国家与社会普通民众之

---

① W.S. Holdsworth, *A History of English Law*, Methuen, 1956, Vol. I, p.348.

② 需要说明的是，这里笔者将法官看做是国家意志的代表者和执行者。当然也有人反对将法官仅仅看做是国家意志的代表，认为法官与陪审员一样都来自于社会。但是，笔者坚持认为，法官一经任命，其社会地位就会发生变化，他不可避免地便是国家权力集团中的成员，其行使的司法权便是政治国家中权力的一部分，他个人的意志就会受到国家特定的目的要求。相反，陪审员由于来自于社会，其行使的权力被认为是一种社会性的权力。

③ 有关苏格拉底审判的悲剧以及反思，参见梁治平：《法辨——中国法的过去、现在与未来》，中国政法大学出版社2003年版，第168—181页；任强：《法度与理念》，法律出版社2006年版，第55—70页。

间对于司法审判权的各自扩张倾向在陪审制下,得到了一定的平衡。正如哈泽德教授在谈到历史中英格兰法官和陪审员的作用时,认为法官和陪审员都是正义的代言人,却各自代表不同的正义模式,二者都不可偏废,"法官是历史源自王权实在法或'国家'法律的媒介,……与之相反,陪审团是'社会'即陪审团所代表的全体公民的媒介"。①

其次,陪审团通过司法审判将社会大众的价值观、正义感和判断力注入国家司法过程之中,防止司法权走上"纯专业化"、"纯国家化"或"纯官僚化"的歧途。陪审团倾向于通过保持同日常生活的紧密联系而使法律变得易于理解。对此,学者霍兹沃斯详细地描述了这个过程产生的主要原因和过程:

> 如果一个智者受任裁判争议,他并不会仅仅满足于裁决个案,而是为类似案件的裁决构建一套理论。当案件发生时,这些理论会接受其他智者不断的讨论、怀疑和发展。其中的好处不仅在于在法庭上完成裁决争议的任务,而且在于新理论的建构、对于冲突案件之间的调和,以及对于旧观念的解构和批评。整个的结果是一系列经过仔细建构、长期考虑的规则,只是使得一种确定的结果在未经认真考察之前无法立即获得罢了……几百年来,陪审团制度一直将法律的规则置于同时代普通社会民众的常识这一试金石下进行考察,使得法律规则更加合理。相比之下,不适用陪审团的衡平法院所创设的规则就多少显得有些突兀。②

不仅如此,陪审团通过司法审判将外部的观念与活力(outside sense and outside animation)带入了普通法体系。③ 正如英国议长博格豪特指出的:"它的作用在于将社会外部的观念和活力与国家内部的法律始终保持联系。没有人能够完全代表外部社会的所有观念……因为广博的外部社会观念存在于众多社会个体之中。"④社会中的个体就是通过陪审制将其所有的社会观念与活力融入法律之中。因为陪审团的成员是从社会各个阶层中选出

---

① 〔美〕哈泽德等:《美国民事诉讼法导论》,张茂译,中国政法大学出版社1999年版,第17页。
② W. S. Holdsworth, *A History of English Law*, Methuen, 1956, Vol. I, pp. 348—349.
③ Ibid., p. 349.
④ Ibid.

的,因此陪审团作出的裁决就不同于法官个人的决定,陪审团裁定可以通过每一个陪审员反映出社会的普遍价值观念,反映出社会上的民意对某一行为是支持、同情还是否定、谴责。

最后,实践中陪审员通过对具体案件的司法参与,限制了王权对于社会普通民众权利的任意扩张。有关这一点,在陪审制初见端倪的13世纪初期就有所体现。一名叫彼得的大领主勇敢地指出他的父亲在亨利二世时获得的在帕姆的一块封地被国王强制剥夺了。法院受理了彼得的诉讼,并下令调查在国王剥夺之前彼得对那块领地是否享有合法占有权。最终,陪审团支持了彼得的请求,并指出虽然他们不能确定亨利二世对那块领地剥夺的理由是什么,但可以肯定的是他依据的是个人的恣意。[1] 不仅如此,陪审团的作用在17世纪英格兰政治风云急剧变幻的年代,在对王室权力扩张的抵制过程中,表现得更为明显。1681年索尔兹伯里伯爵安塞里·安谢利·库伯因叛国罪被起诉。国王的律师们要求陪审团公开听证。首席法官佩伯顿勋爵对陪审员说:"陪审员们,你们已听见国王律师们要求公开听证过程的意见了,这样免得外面思想不端之人对国王说长道短。因此,我们不能拒绝国王律师们的这一动议,希望你们各就各位,听取给予你们的证据。"但陪审员们并不同意,在短暂的商量后对法庭说:"法官阁下,陪审团的意见是他们应当秘密询问证人。这一直是我们祖先和先辈的传统。他们认为不公开听证是他们的权利,因为他们有义务保守国王的秘密。如果在法庭上公开听证,他们将无法保守秘密。"接着,佩顿勋爵向陪审员解释说:"出于方便的考虑,法官们允许陪审团秘密听证。但这里面并不包括什么权利的成分。毫无疑问,最初所有证据都当庭听取。陪审员是法庭的官员,他们通过法庭开展调查。此前,证据当然得在法庭上听取,证人们也是一直在法庭上宣誓,从来没有采用过其他方式。先生们,为了你们好,同时也为了国王好,我必须告诉你们,你们的裁决应与证据相符,你们不得私下行动。这样对你们有好处,国王也希望如此。现在我告诉你们,如果国王要求我们这样做,并且这种事情本来就没有什么大不了,我们应该如国王所愿。你们拥有如同私

---

[1] J.C. Holt, *Magna Carta*, Cambridge University Press, 1969, p.77.

下听证时同样的自由权利,你们想问则问,我们不会给你们限制时间……至于讨论和裁决过程你们可以私下进行。但是很显然,对国王和你们最好的办法就是公开听取证人证言,以便人们都能知道他们说的什么。"在随后的又一次开庭时,首席法官补充说:"同样的事情在上次庭审时僵持和讨论了很久,所有的法官都持同一意见:你们应当服从。从我的经验来看,只要国王愿意,他可以让它秘密进行。我也没听说过这种事情采用过公开听证。但我知道,只要那些为国王起诉的人想要公开听取证人证言,我从未听说他们被拒绝过。"最后,法官对陪审员们说了一句意味深长的话:"先生们,我希望你们考虑你们的誓言,认真权衡事情的轻重。"陪审员们在公开听取了证人证言后,再次否决了指控。据说当索尔兹伯里伯爵被宣布无罪释放时人们爆发出的"欢呼声持续了一个小时"。[1]

总之,通过陪审制普通民众得以直接参与司法权的行使,不仅使一部分司法权力始终保留在社会之中,而且在外部限制了政府或国王。在杰弗逊看来,这种司法参与权比人民的立法参与权更富有宪政意义,他指出:"人民最好是在立法机关被忽略,还是在司法机构中被忽略? 如果要我来决定,我会说,将人民置于立法机关之外会更好些。法律的实施比之法律的制定重要得多。"[2]正是基于这种认识,18世纪的英国议长卡麦登认为,陪审制是英国宪政的"真正基础",他说:"没有它,整个(英国)政体就会化为灰烬。"[3]

(三) 依照良心裁决,反对双重归罪的陪审制

业已提及,中世纪英格兰的陪审团在很多方面受到法官的掣肘,但由于英格兰司法审判在很早的时候就存在着事实与法律的区分,因而在司法实践中,陪审团针对案件事实问题作出裁决时,不受任何约束。作为一项制度,陪审团一直是依照良心作出裁决的。[4]

---

[1] See John Kinghom, The Growth of the Grand Jury System, *Law Magazine and Quarterly Review*, Vol. 6(1881), pp. 371—373.
[2] 〔美〕博西格诺等:《法律之门》,邓子滨译,华夏出版社2002年版,第491页。
[3] R. M. Jackson, *The Machinery of Justice in England*, Cambridge University Press, 1953, p. 481. 转引自程汉大、李培锋:《英国司法制度史》,清华大学出版社2007年版,第302页。
[4] 陪审团以自己的良心对案件作出裁决,是指陪审团在判决案件时既不受法官的约束,也不受任何行政官员以及议会或国王颁布法律的约束。

之所以出现这一结果的原因,可能是由于普通民众对于英格兰法律的陌生。我们知道,在中世纪英格兰法律都是用拉丁文书写的,当时除了教士外,几乎没有人懂得拉丁文。英格兰议会下院直到1415年才用英文颁布了第一部法案。直到1485年以前,法律都是用拉丁语或法语写的,一般人别说看不懂,就是念给他们听,也不一定能听懂。另外,我们从中世纪英格兰陪审员宣誓的内容中可以印证上述的观点,即陪审员无须按照制定法的规定进行裁判,而只需凭借自己的内心价值进行判断。按照学者苏迈斯的说法,英格兰大陪审团的宣誓内容是:"你们必须坚持不懈地查究、重视无欺地描述因指控而呈现在你们面前的事物、问题、事件,以及与本案有关的其他问题和事件;国王的顾问、你们的同行以及你们自己,都必须保守秘密。你们对任何人因为你们的喜好或友谊或爱情或利益,以及任何诸如此类的希望,而对他怀抱好感。在任何事情上,你们都必须充分运用你们的知识,说出真相,全部真相,别无其他,只有真相。愿上帝帮助你们。"[1]此处的宣誓内容同样适用于小陪审团。因此,在英格兰,无论是民事案件还是刑事案件,法官的指示、国王的制定法都不能规定陪审团的义务,而只有这一誓言引导陪审员应该如何履行自己的义务。

陪审团依照良心作出裁决的形式,就是通过不断地在同一类案件中宣告被告人无罪从而否定某一法律的效力。这一制度通常被称为"陪审团取消法律"(jury nullification)。有时候陪审团会通过退庭后秘密审议制度作出没有证据支持的无罪裁决,去规避他们不喜欢适用于该案的法律。在某种程度上说,依照良心而不是僵死的法律成为陪审团寻求公平正义鲜为人知的方式。对此,学者威格摩尔这样写道:

> 法律和正义不可避免地处在经常性的冲突之中。我们向往正义,并且我们认为,实现正义应当通过法律。但如果我们通过法律不能实现正义,我们就谴责之。这就是现在陪审团起作用的场合。退庭后进入保密状态的陪审团将会调节法律的一般规则,以实现具体案件的个别正义。如此这般,臭名昭著的法律的严格规则便被避免了,而人民对

---

[1] Lysander Spooner, *An Essay on the Trial by Jury*, Cambridge University Press, 1852, p.90.

于法律的满意心态得以保全。陪审团要做的就是这些。它提供给我们的是法律的灵活性,而这对实现正义和获得人民的支持是至关重要的。须知,法律的这种灵活性是审理法官永远不可能给出的。法官必须写出他的判决理由,宣布法律,并认定事实。对于这些要求,他不得在公开的记录上偏离一丁点。陪审团以及陪审团评议室的秘密性,乃是人民司法的一个不可或缺的组成部分。①

此外,法官对于陪审团依据良心作出的裁决必须接受,不能随意推翻它。关于这一点,英国历史上著名的普通法学者曼斯菲尔德爵士早在1784年就指出:"在任何案件中,法官都有责任告知陪审团如何正确行使权力,尽管他们有权错误地行使权力,而究竟是正确还是错误行使他们的权力则完全取决于上帝和他们的良心。"②

陪审团依据良心作出裁决的制度意义不仅在于,它可以通过民众关于公平、正义的判断标准,纠偏或许已经僵化或有悖民众权利的法律,而且更为重要的是,它使得司法真正成为社会民众权利与自由的坚实"堡垒"。对此,学者李桑德·斯伯纳指出:"司法的运作和法律的执行决定了一个国家的国民是自由的还是遭受压制的。如果司法的运作必须屈从于立法者的意志,这个政府就是专制的,其人民则是被奴役的;相反,如果司法的运作是根据自然衡平和正义的原则,即最终根据体现为人类的一般良心、并由人类良心来启迪的原则而作出,那么,在这样的体制下,人民就是自由的。"③此外,密尔松也认为陪审员依据良心而抛弃野蛮的法律,这使正义在整个中世纪得到了体现。④

中世纪英格兰陪审制除了可以通过良心裁决保障民众自由、权利外,其内含的反对双重归罪原则同样有效地防止了政府对于民众权利的侵犯。虽然学者莱维认为在英国15世纪末的《年鉴》中就可以找到反对双重归罪原

---

① 转引自汤维建:"英美陪审团制度的价值论争英美陪审团制度的价值论争——简议我国人民陪审员制度的改造",载《人大法律评论》2000年第2辑,中国人民大学出版社2000年版。
② Sir Patrick Devlin, *Trial by Jury*, Cambridge University Press, 1978, p.87.
③ Ibid., p.88.
④ 〔英〕S.F.C.密尔松:《普通法的历史基础》,李显东等译,中国大百科全书出版社1999年版,第470页。

则的微光,其中已经提到"痛苦不可两次施加于一人"①,但是,真正确立此原则的是陪审制。据学者德夫林考察,1534 年英格兰法律规定,如果陪审团作出针对国王的不真实的裁决,就要受到惩罚。这种惩罚经常由星座法院来行使,法官个人也经常行使。② 这样一则法令的出台意味着,如果陪审团作出释放被告人的裁决,虽然陪审团可能遭到国王法院或法官的罚款或监禁,但是已经被无罪释放的当事人不会再遭受到新组成陪审团的审判。如在 1602 年的一个案例中,陪审团将一个杀人犯无罪释放,结果其中 3 名陪审员遭到罚款和监禁。但是这个案件最终也仅终止于惩罚陪审员,被告人无罪释放的裁决仍然得到了执行。③ 由此,反对双重归罪原则在陪审制的具体适用过程中得以产生。

虽然这一时期此制度并未通过明确的法律确定下来④,但是不管怎样,反对双重归罪原则的产生是与陪审制存在密切联系的,并且这一制度直接保障了英国民众的自由。如果没有这一制度,政府就可以无数次地对同一公民就同一事实提出指控,直至其达到目的为止。即便所有的陪审团都拒绝对被告人定罪,只要政府拥有不断起诉的权力,公民的自由就不可能得到有效的保障。因为政府可以将公民无限期地关押下去,直至其身心俱毁。

(四) 保留古老弹劾式诉讼模式的陪审制

一般而言,弹劾式诉讼模式是人类诉讼的最初形态。在国家尚未充分建立,国家暴力缺席的年代,诉讼一般被认为是纯粹私人之间的争斗。在这种状态下,法院对案件的管辖一般都是出于当事人的主动选择而不是来自国家的权威;法院的判决仅仅具有道德上的说服力而不具有当然的执行力;诉讼过程实行两造对抗、言词辩论的形式或者采取非理性的方式。这种诉讼模式的核心特征在于,诉讼实行当事人主义。⑤ 当事人主义的制度意义就在于,它

---

① Leonard W. Levy, *Origins of the Bill of Right*, Yalu University Press, 1999, p.203.
② Sir Patrick Devlin, *Trial by Jury*, Cambridge University Press, 1978, p.76.
③ Ibid.
④ 据学者莱维考察,英国正式确立"反对双重归罪原则"是在 1696 年。1696 年王座法院规定:只要被告人已经被无罪释放,就不得对"同一事实"再"提出任何指控"。See Leonard W. Levy, *Origins of the Bill of Right*, Yalu University Press, 1999, p.204.
⑤ 所谓当事人主义就是诉讼由当事人主导进行,法官不主动提起诉讼,不主动调查证据,也不主动询问证人,他对于哪一方能够胜诉漠不关心。当事人自己在诉讼中必须充分注意保护自己的权利。

使得诉讼在一种三方平衡的结构中进行。法院中立地居中裁判,两造双方各抒己见,法院不替任何一方当事人主动地提起诉讼、调查证据以及询问证人。应该说,在这样的诉讼模式下,两造双方更容易在诉讼中维护自己的权利。

然而,随着国家权力的逐渐强大,国家开始以积极主动的姿态出现在纠纷处理过程中。法庭中的法官不仅主动受理案件,并且主动调查证据,主动询问证人,积极地追求案件事实真相;对于伸张正义而言,法官比当事人还要积极,因为法官同时肩负保卫国家安宁、维护社会秩序的重任。于是,以职权主义为特征的纠问式诉讼模式①,在悄然间开始取代古老的弹劾式诉讼模式,成为各国诉讼审判中的主宰。据学者莱维考察,1199 年教皇英诺森三世在一则教令中首次授权法官在传统的弹劾式诉讼之外,运用纠问式诉讼(per inquisitionem)。② 很快,在教会法院的示范和带动下,大陆各国的世俗法院也纷纷采用了纠问式诉讼。"截止到 16 世纪中期左右,罗马教会的纠问式诉讼在欧洲大陆已经随处可见。"③然而,在同一时期的英格兰仍然坚守着古老的弹劾式诉讼模式。学者史蒂芬对中世纪英格兰弹劾式诉讼模式这样描述道:"审判是短暂而严厉的,他们直接奔向各自的主题,并且尽管被告人由于外行而处于不利地位,但是他却被允许进行任何辩护——只要他愿意。他的注意力集中在每一个针对他的论点上,并且如果他真的有什么需要作出回答,他完全有机会有效地、具体地作出回答。尽管有时候他也会遭受虐待或侮辱,但是这样的情形毕竟很少见。"④

这里需要引起我们思考的是,为什么从 13 世纪起欧陆各国在罗马教会式诉讼模式的影响下,纷纷走向了纠问式诉讼,而英格兰却能够仍然坚守着古老弹劾式诉讼的特征?

对此,西方学者普遍认为陪审制的采用是英格兰能够继续保留古老弹劾

---

① 所谓职权主义就是在诉讼中,法官依职权主动受理案件,主动调查证据,询问证人,并自如地影响案件的结局。诉讼不仅是当事人自己的事情,而且也是整个国家的事情。诉讼的结局不仅关系当事人自身的利益,而且也是整个国家的事情。
② Leonard W. Levy, *The Palladium of Justice: Origins of Trial by Jury*, Ivan R. Dee, 1999, p.27.
③ John H. Langbein, *The Origins of Adversary Criminal Trial*, Oxford University Press, 2003, p.129.
④ John H. Langbein, *Prosecuting Crime in the Renaissance*, Harvard University Press, 1974, p.40.

式诉讼的真正原因。如学者莱维就指出:"由陪审团进行公开审判以及法官只握有极小权力的设置拯救了英国的刑事诉讼程序,使它没有滑入纠问式诉讼的泥潭。法庭对所有在意其审判或与审判有利害关系的人以及对审判感到好奇的人开放,这种设置的确与众不同;但真正重要的是,陪审团的权威不仅解决了各种案件,而且保留了弹劾式诉讼制度。"① 这里笔者也赞同此观点。

一方面,陪审制下的陪审团审判是一种包含了普通民众参与的"国民审判",它区别于单纯由国王法官充任的"国家审判"。因为由一批与当事人具有同等身份的人组成的审判组织,他们在诉讼中不会主动地替任何一方当事人寻找证据、询问证人,他们的职责仅仅在于,针对双方当事人的陈述和举证就事实问题作出判断,保证了两造双方在诉讼中,充分、对等地行使诉讼权利。可以说,这是一种当事人诉讼精神的体现。相反,一旦积极主动的职权主义在诉讼中占据主导地位,两造双方中的被告人就可能单独地直面国家和对方当事人,诉讼结构中平衡的三方结构就变成了二对一的失衡结构。原因其实很简单:在纠问式诉讼模式下,国王的法官不可避免地会成为诉讼的一方,因为个人权利的伤害同时也意味着国家利益或安宁的被破坏,因而,这时的国王法官必须为一方当事人"挺身而出"主动地维护受损的权利。陪审团所代表的"国民审判"在一定程度上防止了国家对于诉讼当事人权利的侵犯,在审判中为当事人诉讼权利起到了很强的保护作用。据劳森教授统计,由于陪审团的存在,在1573—1624年间,男性被无罪释放的比例高达38%,女性被无罪释放的比例更是高达59%。②

另一方面,陪审制许多内在的运作机制,杜绝了其走向纠问式诉讼模式。第一,由12个或更多平民组成的陪审团不可能进行大规模的证据调查。尽管他们也曾经这样尝试过,但是这种尝试很快就在1303年的"休果案"中被证人出庭制度所取代。③ 在法庭上陪审员很少向证人发问,与其说

---

① Leonard W. Levy, *The Palladium of Justice: Origins of Trial by Jury*, Ivan R. Dee, 1999, p.45.
② J. S. Cockburn and Thomas Green, *Twelve Good Men and True: The Criminal Trial Jury in England 1200—1800*, Princeton University Press, 1988, p.151.
③ Julius Stone, *Evidence: Its History and Policies*, Butterworths, 1991, p.19. 转引自程汉大、李培锋:《英国司法制度史》,清华大学出版社2007年版,第269—270页。

是出于公正的考虑,毋宁说是出于效率的考虑。如果12个人每个人都向证人发问,那么法庭审判将变得拖沓冗长。所以,一般而言在审判中陪审团都会让当事人自己充分地陈述事实,让当事人自己对证人进行直接询问和交叉询问,只有在当事人充分努力之后,陪审员还有什么不明白的时候,陪审员才对证人进行发问。在这样的运作机制下,双方当事人在庭审中的主动性和积极性得到了充分的发挥。第二,在陪审团审判的情况下,当事人不会对陪审团产生任何依赖的感觉。在陪审制审判中,由于决定事实的是与被告人一样普通甚至更加普通的平民,或者在一定历史时期内是与被告人地位平等的贵族,因而当事人不可能对这样的事实法官产生神一样的信任与期待。与之相反,当他们遭受不幸时,他们宁愿选择一个聪明的律师,也不会幻想一个类似于包公那样铁面无私、明察秋毫的"青天"。如果他们要获得胜诉,就必须凭借自己的力量,他们必须说服陪审团相信自己的主张,必须让证人出现在法庭上。

总而言之,在陪审制下陪审团从未向任何当事人许诺主动要替他们"申冤",也从未向任何机构许诺要保卫个人生命财产安全和国家的安宁与社会的稳定。他们只需按照自己的良心来裁断案件。除了自己的良心,他们不对任何人,也不对任何机构负责。陪审团审判制度内在地反对对这个团体的依赖。它的审判方式内在地导致了当事人主义的延续,从而避免走向纠问式诉讼模式。

第三节 制度理念:自由、权利的保障与救济

理念就是认知,它本是心理学上的一个概念,专指人对其认识对象所持的一种情感、态度及其认同方式。这里英格兰司法制度理念指的是,英格兰司法制度设计与制度运行背后所集中追求的一种具有稳定性的价值取向。申言之,这种司法理念潜孕于其制度设计合理性、平衡性以及制度运作限权性、开放性之中,是我们从中提炼、概括的结果。之所以这样讲是因为,在很多时候英格兰"许多重要的措施其实都是为了应付新的情况而不得已采取

的'临时'策略,而这些时刻则刺激产生了一些重要的制度"①,但是,如果我们细心体会"这些为应付新情况而不得已采取的'临时'策略",就会发现这其中蕴涵着一些具有稳定性的制度理念。

笔者认为,英格兰司法无论是制度设计上所体现出的合理性与平衡性,还是制度运行中表现出的限权性与开放性,都是以英格兰民众自由、权利的保障与救济为根本出发点的。关于这一点普通法学者卡内冈就曾提出过明确观点,即"普通法司法制度就根源于这些毫无关联或关联极微弱的救济、诉讼程序和诉讼开始令,而这一切又是为了保护各种利益,及为矫正那些最困扰社会、最值得注意的各种非法行为而设计的"②。

正如上文描述的那样,中世纪的英格兰法院系统错综复杂,不仅在地方存在着各种地方性法院,而且在中央除了普通法法院外还存在诸如星座法院、衡平法院等特权法院。不仅如此,从威廉一世起出现的教会法院更加增添了这种复杂性。这种看似庞杂、混乱的法院设置虽然在19世纪英国司法改革前遭到了边沁等人的攻击,但是,从总体上看,它们对民众自由、权利的保护更多地起到了积极作用。正如普通法学者哈德森所言:"各种常设法院可供人们进行诉讼之用,有些法院近在咫尺之间,这种局面或许反而有利,并且或许确曾有助于鼓励人们将纠纷提交法院解决,维护自由与权利。"③

由于英国是一个崇尚经验、注重传统和讲求实效的国家,所以每当社会产生某种司法需求时,便立即有各种不同的法院组织建立起来。如诺曼征服之初,英王并没有强制性地取缔盎格鲁—撒克逊时期地方上已经存在的百户区和郡社区的法庭,而是在保留其设置的基础上,通过王室法院的设立以及处理其与直属封臣或直属封臣之间领主法院的设立,为民众提供更多的权利救济场所。1108年亨利一世发布的一道令状这样写道:

> 凡我臣民均应知晓,本王许可并命令,从今以后本王治下的所有郡法院和所有百户区法院均应像在爱德华王时代一样,在相同的地点并

---

① 〔比〕R.C.范·卡内冈:《英国普通法的诞生》,李红海译,中国政法大学出版社2003年版,第42页。
② 同上书,第42—43页。
③ 〔英〕约翰·哈德森:《英国普通法的形成》,刘四新译,商务印书馆2006年版,第63页。

按相同的任期而不是其他方式履行职务。我不希望我的郡守因其自己的需要和利益而另搞一套。至于我自己,如果我愿意,如果本王的利益需要,我将按照我自己的喜好召集法庭。如果将来在我自己的主佃户之间发生有关土地分配或土地扣押的纠纷,就由我自己的法院审理。但是如果纠纷发生在本王治下的任何男爵的属臣之间,应由郡法院管辖。……我希望并命令按照本王这番要求参加郡法院和百户区法院的郡内民众依据爱德华王时期的方式行事。①

通过亨利一世的这则令状,我们发现,英王并未对地方的郡法院和百户区法院表现出任何敌意,他并没有一味地强调用"我自己的法院"或"共同领主的法院"代替它们。相反,该令状乐意看到所有这些法院恰当地发挥各自的作用,为民众提供及时、有效的救济。此外,比亨利一世更早些的威廉一世在11世纪70年代早期或中期发布一则命令②,决定引进独立的教会法院,至少在百户区法庭的层次结束盎格鲁—撒克逊时期将所有争议(即使是那些涉及教会和教职人员事务)交由郡长、地方贵族(earl)和主教共同出席的普通法庭来解决的传统。虽然前面提到这一举措有国王加强王权的"嫌疑",但是它却在客观上为普通民众在世俗法院之外增添了救济途径。针对英王在诺曼征服后上述一系列举措,卡内冈教授描述道:"诺曼诸王允许英国人保留自己的法律和法庭,但国王也不能要求其诺曼随从放弃自己的封建法庭;他们还迫使教会法庭如欧洲大陆那样只能处理教会事务;亨利一世不想通过取缔郡、郡长这些值得信赖的传统机构来建立自己的新式官员,以专门处理遍及全国的与国王有关的诉讼(crown pleas)。"③

或许是英王已经意识到此时的法院设置是如此的含混不清,抑或是此

---

① 〔英〕约翰·哈德森:《英国普通法的形成》,刘四新译,商务印书馆2006年版,第35页。
② 该命令的具体内容是:任何主教或副主教从今以后不得在百户区法院审理与主教教区的法律有关的案件;他们也不得将任何有关精神戒律的案件交给俗人判决。在任何一个案件或违法行为中,按照主教区的法律传唤的任何人都应前往主教选择和指定的地方,并在那里回答与其案件或违法行为有关的问题。被传唤者不应根据百户区法院的法律,而应按照教会法和主教教区的法律对上帝和他的主教作出公正之举。参见〔英〕约翰·哈德森:《英国普通法的形成》,刘四新译,商务印书馆2006年版,第60页。
③ 〔比〕R.C.范·卡内冈:《英国普通法的诞生》,李红海译,中国政法大学出版社2003年版,第19页。

时各种的法庭记录留下了许多法庭拖沓、犹豫以及犯下低级错误的印象，普通民众寻求国王司法救济的需求越来越多。于是，英王在"我不要再听到有人抱怨说不公平"的理念下①，从亨利二世起历代英王通过努力不仅在威斯敏斯特建立了三大普通法法院为民众救济提供"固定的"平台，而且还通过一整套巡回审判系统将"国王的正义"送到了每个普通民众的"家门口"。不仅如此，正如本书在前面所论述的那样，特权法院、衡平法院的建立与完善无不体现着为普通民众自由、权利提供救济、保障的客观效果。

另外一个对英国法院体系庞杂、混乱的批评理由是其内部缺乏必要的层级关系。这也就是说，在中世纪英格兰法院体系内部不存在类似于我们今天法院"金字塔式"的科层结构，各种法院之间不存在严格意义上的隶属关系。如在地方上，郡法院并不是百户区的上级法院。"百户区法院和郡法院的管辖权有很多相同之处。郡法院和百户区法院可以在不同阶段对同一案件予以管辖。王室令状有时一视同仁地将郡法院和百户区法院作为适于审理土地纠纷的法院，也有令状却又只指明由百户区法院审理某些案件。"②当事人既可以在所属的百户区法院起诉，也可以越过百户区直接在郡法院起诉，二者法院之间的差别不是层级上的，而是受案范围上的。正如普通法学者梅特兰所言："我们不应把百户区法院看成是郡法院的下级法院，因为没有一件诉讼案件可以因主张审判不公而从百户区法院上诉到郡法院。"③

英格兰法院"金字塔式"科层结构的缺失，直接导致"上诉制度"在中世纪英格兰是一个陌生的词汇。以至于卡内冈教授坦言：

  在法律程序的发展过程中，大陆法（无论是罗马法还是现代的大陆法）意义上的上诉制度，在历史上的普通法中竟一直被忽略。……在古典时代的普通法中，并不存在现代意义上的"上诉"制度，事实上，该制

---

① 〔比〕R.C.范·卡内冈：《英国普通法的诞生》，李红海译，中国政法大学出版社2003年版，第21—22页。
② 〔英〕约翰·哈德森：《英国普通法的形成》，刘四新译，商务印书馆2006年版，第50—51页。
③ F. Pollock and F.W. Maitland, *The History of English Law before the Time of Edward* Ⅰ, Cambridge University Press, 1968, Vol. Ⅰ, p.557.

度在英格兰的引进,是 19 世纪才有的事了。……历史上的普通法中,只有两种制度,是与今天的上诉制度有些相似之处的。一个是针对法庭或陪审团所作的错误判决的指控制度,另一个是为避免错误发生,而对案件记录进行查阅与监督的制度(即纠错令状 writ of error 和调卷令 writ of certiorari),在这两种制度中,不论是案件的法律适用问题还是事实证明问题,都不在审查的范围之内。①

"上诉制度"的缺失意味着,中世纪英格兰位于威斯敏斯特的中央王室法院并不是地方法院与封建领主法院的上级法院,地方法院与封建领主法院仅仅就是整个英格兰的地方初审法院系统。它与 13 世纪以后欧陆国家的状况完全不同。我们知道,13 世纪以后欧陆各国在引入罗马—教会法之后,法院体系的科层结构就日渐明显起来。如卡内冈教授所说:"上诉制度的引入,是一个政治事件,它代表着下级法院对上级法院权威的服从,而这正是权力政治的核心问题。法国国王成功地建立了巴黎高等法院(Parlement of Paris)作为上诉法院,正是因为法兰西王国政治上的统一,导致了过去的地区统治者对国王的臣服,这当然也包括他们的法院对皇家法院权威的臣服。因此,对各省初审法院所作的判决不服,而后上诉到巴黎高等法院,也就成为再寻常不过之举了。"②在英格兰由于中央王室法院的建立并没有旨在像欧陆各国那样建立一种下级法院必须臣服于中央的"最高法院",相反,正如我们前面几节提到的那样,中央王室法院的建立是以一种"竞争者"的姿态,通过良好的司法救济措施,吸引普通民众将案件投诉于中央。在某种意义上讲,英格兰中央王室法院只是在客观上为民众权利与自由的救济提供了更为强有力的保障。因为在中世纪英格兰所有的中央王室法院与地方郡法院、百户区法院后来的李审法院以及封建领主法院一样,都是作为初审法院出现在普通民众面前的,民众如果觉得自己受到不公正待遇,根本不需要逐级请示才能获得更高级别法院的救济,他们可以直接选择

---

① 〔比〕R.C.范·卡内冈:《法官、立法者与法学教授——欧洲法律史篇》,薛张敏敏译,北京大学出版社 2006 年版,第 5 页。

② 同上书,第 6 页。

任何他认为合适的法院寻求救济。特权法院以及衡平法院也是在普通法法院不能提供及时、有效救济时产生的。

其实英格兰中央王室法院之所以能够得到普通民众的支持,在英格兰历史上具有重要的地位,很大程度上就是因为它能够直接为民众提供权利与自由的救济与保护。相比之下,无论是稍后的巴黎高等法院,还是更后德国的帝国枢密法院,之所以常被学者所诟病①,其中的原因也许部分就在于它们并不是初审法院而只是中央威权象征的终极上诉审法院。

再如,审判制度中大、小陪审团的分离表面上看是中世纪英格兰司法不断合理化、平衡化的结果,但是制度本身不会自动地合理化、平衡化,即便大陪审团集控诉与审判职能于一身是如何的不合理,而真正推动这一变化的是英格兰司法对民众自由、权利保障与救济的理念。这一点我们可以从大陪审团与小陪审团分离后,在 16 世纪初期的表现得到印证。大陪审团在 1352 年专职于控诉犯罪后,由于郡内所挑选的陪审员或因为被当事人情感所击溃或因为收受贿赂,常常使一些明显应绳之于法的人逍遥法外或使一些无辜之人经受诉讼之累。一时间,大陪审团不负责任的情况泛滥。为此,英王亨利八世本着保障、救济民众自由与权利的理念,下令法官们有权按照自己认为合理的方式改选大陪审团成员,郡长得按照法官们更改后的名单召集大陪审团。这则法令的前言这样写道:"郡长和他的下属们的不诚实行为对国王的子民们实施了很多压迫。通过将一些偏向郡长和他的下属的人选为陪审员从而使一些根本清白的人受到错误追诉;有时也使一些重罪因为这些偏袒的陪审员的行为得以隐瞒,从而达到强迫罪犯交付罚金,向郡长或者其下属行贿的目的。"②正是在对自由、权利保障与救济的理念下,大陪审团才会在不断的发展过程中克服缺点与不足。不仅如此,正如前文所描述的那样,中世纪英格兰审判制度在证人与陪审员分离、陪审团一致裁决原则的修正以及当事人申请更换陪审员等多方面都体现了这一理念。由此,

---

① 如意大利学者莫诺·卡佩莱蒂就认为巴黎高等法院就是专制王权的代表,通过它无法真实地捍卫普通民众的自由与权利。参见〔意〕莫诺·卡佩莱蒂:《比较法视野中的司法程序》,徐昕、王奕译,清华大学出版社 2005 年版,第 168—169 页。

② George J. Edwards, *The Grand Jury*, Ams Press Ins, 1973, p.41.

当事人在审判中通过这些制度维护了权利与自由,使诉讼结构中作为行使司法权主体的国家与双方当事人的三方关系结构得到了维系与平衡,避免了欧陆或古代中国纠问式诉讼下三方诉讼结构关系的失衡。因为在失衡状态下,当事人在诉讼结构中并不具有主体身份,他们在一种上下服从的等级状态下,只能配合控诉方或审判方完成整个诉讼,无法在平等对抗下维护自己的权利与自由。

此外,自由、权利的救济与保障理念也是司法制度运行所体现出的限权性与开放性的根本出发点。以前面提到的占有诉讼令中新近侵占诉讼令的形成为例。在1166年亨利二世颁布《新近侵占诉讼令》之前,在英格兰,当某人的自由持有土地被非法侵占,并且在其所属的领主法院得不到有效司法救济时,当事人可以请求国王主持正义。国王如果同意受理,他将以恩赐的形式签发一个纯粹执行性的命令来强行恢复当事人的占有。据卡内冈教授考察,这一做法在盎格鲁—撒克逊时期就颇为盛行,诺曼国王们沿袭了这一传统。如1077年威廉一世曾发布支持圣埃德蒙修道院院长伯里的令状,命令理查德·菲特兹·康特以及另外一位不知名的郡长一起去恢复伯里的哥哥被尤斯塔斯伯爵的家人侵占的土地。[①] 从这一时期国王处理非法侵占自由土地保有人土地的令状我们可以看出,虽然国王为恢复当事人的土地占有采取了偏听偏信且武断专制的手段,但是,不可否认的是,他是为了维护当事人的权益。正是基于这种对普通民众自由、权利保障与救济的理念,当国王发现这种"偏听偏信且专横"的救济方式在实践中带来了大量的不公以及相互矛盾的结果时,为避免上述明显的不公与矛盾,从亨利一时起国王开始不断修正这类令状。如亨利一世在位时曾发给巴德温·德·瑞德沃斯一则令状,要求其恢复温彻斯特主教已遭他人侵占的、位于宾斯德的某块土地的占有,在命令的后面附带有国王试图开始一项调查以弄清为何教会遭到侵占以及是谁实施了侵占的内容。[②] 从中我们看到,国王对于此类令状在救济方式上已经发生了变化,他开始在弄清事实的基础上兼顾双方当事人

[①] R. C. Van Caenegem, *Royal Writs in England from the Conquest to Glanvil*, London, 1958, pp. 261—317.

[②] Ibid., pp. 273—274.

的权利。这一变化在斯蒂芬以及亨利二世的早期进一步发展,国王在此类令状中,开始规定某种旨在弄清事实的检查措施和某个明确的司法调查方法作为执行恢复土地占有令状的先决条件。如斯蒂芬发给伦敦及埃塞克斯地方法官理查·德·卢西和埃塞克斯郡长莫里斯的一则涉及教士们在迈尔顿湿地的令状这样写道:"召集了解迈尔顿、邓吉(Dengie)及塞斯特堡(Thurstable)这些百户区真相的守法臣民,经过宣誓来查证是否直到沃尔特·菲茨·吉尔伯特前往耶路撒冷那一天,伦敦圣马丁的教士们依然占有他们在迈尔顿的湿地。如果查证属实,我命令你们立即使之恢复占有。"① 亨利二世统治前期,发给私人当事方、地方法官或郡长(及其副手)、开设法庭的封建领主,或某些城镇的执法官及市政委员会成员的令状,经常采用如下格式:"如果原告A能够通过某种指定或未指定的举证方式证明他被非法剥夺了占有,那么使之恢复占有。"②

在1166年,亨利二世颁布《克拉伦敦诏令》以及《新近侵占诉讼令》之后,国王在新近土地侵占诉讼中,旨在保障和救济双方当事人权利的方式基本确立下来。根据国王诏令,由郡长和百户区长官召集本地的12名守法自由人到巡回法官面前,经宣誓后回答法官提出的问题,他们需要回答的问题一般是:"你是否知道在你们百户(村庄)中自某天以来有人不公正地和未经判决地侵夺了其他人的土地占有,如果有,谁是侵占者?"在陪审团确认或否认非法侵占土地事实后,再发出维护、救济当事人权利的令状。不仅如此,在1176年《北安普顿诏令》颁布及其之后的10年,此类诉讼中保障和救济双方当事人权利的方式得到了进一步的完善。亨利二世通过《北安普顿诏令》所确认的总巡回审,将提供固定救济方式的巡回审与支持自由人恢复其土地占有的国王干预以及运用陪审团处理土地争讼的传统实现了融合。所有自由土地占有者均可通过交纳一笔数目适中的费用在国王大法官处获得一张新近土地侵占令状,就一定期间内发生的土地侵占行为在国王法院获得快速的救济。因为在此之前,国王为保护双方当事人合法的土地占有

---

① 〔比〕R.C.范·卡内冈:《英国普通法的诞生》,李红海译,中国政法大学出版社2003年版,第51页。

② 同上。

而签发的令状,是以恩赐的形式作出的,并不是任何人都可自由地获得这种恩赐。

通过上述对于新近侵占诉讼令形成的描述,我们可以清楚地看出,无论是新近侵占诉讼令从形成初期旨在保护、救济一方当事人"偏听其武断"的行政命令,到后来成为兼顾双方当事人权利的司法救济方式,还是它从国王赏赐给一方当事人的"恩赐",到每个当事人都可享有的正常救济手段,无不反映出一种保障、救济当事人权利与自由的理念。对此,卡内冈教授在介绍王室令状与令状诉讼这一章标题时曾这样概括道:"我命令你们公正地恢复占有(Praecipio ut juste resaisias)。"①

应该说,司法制度设计的合理性、平衡性以及制度运行中的限权性、开放性并不是中世纪英格兰司法所独具的属性,这些表面特征在其他国家的司法制度中也是存在的。如古代中国西周听讼实行的"五听"、宋代"狱司推,法司检断,各有司存,所以防奸"的鞫谳分司以及明清时期的"会审"等制度,也在不同程度上体现了上述特征。因为任何一国的司法制度都会随着时间的发展而不断合理化与平衡化,另外,司法所内在的程序化特征必然会使一国司法制度或多或少地体现出一些限权性与开放性的特征。

然而,问题的关键不在于,我们能从一国司法制度中找出多少体现上述特征的具体制度,而在于促使一国司法制度不断具有上述特征的背后终极的推动力是什么。因为统治者为了实施专制统治一样可以使其司法具备上述特征,将其更好地变为实施专制的工具。如隋唐时期所确立的"三司推事"制度,虽然从表面上看,大理寺卿的审判权在刑部尚书和御史中丞的干预下得到了限制,多方的参与有助于案件的公正处理,但是它却在另一方面反映出皇权为了控制司法权,通过更多部门的参与使司法权牢牢地掌握在自己手中,防止大理寺对于司法审判权的独占。所以,表面上具备上述特征的司法制度不一定就是有助于宪政的制度,反而可能是专制实施的幌子。而通过前面的论述,我们发现:在外部结构上具备行政司法化特征的英格兰

---

① 〔比〕R.C.范·卡内冈:《英国普通法的诞生》,李红海译,中国政法大学出版社2003年版,第37页。

司法,在一定程度上获得了相对独立性。英格兰司法在制度设计所具有的合理性、平衡性特征以及在制度运行中所包含的限权性、开放性特征,其终极推动力都来源于英格兰对自由、权利保障与救济的理念。

如果我们不用今天大陆法系科层式的思维片面看待司法的话,中世纪英格兰看似庞杂、混乱的法院设置、杂乱无章的令状制度以及外行参与的审判制度,其实反映出普通法下对于自由、权利救济的另外一种理念,即英格兰在司法制度设计时不是通过事先已经设计好的一整套"完美的"具有逻辑性的体系,从整体上列举或者其他方式明示当事人的权利与自由,而是以对权利与自由的救济、保障为中心,随时为受到伤害的当事人出面干预、救济。即便这种因随时干预、救济而产生的各种司法制度不符合逻辑性、体系性等方面的要求,但是却真实、及时、广泛地维护了当事人的权利与自由。因为在英格兰,国王"不要再听到有人抱怨说不公平(Ne inde clamoem audian pro penuria rect)"。①

---

① 〔比〕R. C. 范·卡内冈:《英国普通法的诞生》,李红海译,中国政法大学出版社 2003 年版,第 1 页。

第四章 "法律职业共同体的胜利"
——英格兰司法对宪政的直接推动

上述对英格兰司法内、外部结构特征的描述与分析只是在理论层面说明，英格兰司法如何契合于宪政。宪政不仅意味着要对国家权力进行法律上的限制①，而且更意味着对民权与自由给予充分的救济与保障。② 那么，英格兰司法如何在社会实践中直接推动宪政的确立，是本章论述的重点。

笔者认为，作为司法主体的法律职业共同体，是英格兰司法作用于宪政的直接推动力。学者泰维尔因在《1688—1689 的英国光荣革命》中曾说，在某种程度上讲，17 世纪英格兰宪政革命的胜利就是整个法律职业共

---

① 如美国学者麦基文认为："在所有相继的用法中，宪政有着亘古不变的核心本质：它是对政府的法律限制；是对专制的反对；它的反面是专断，即恣意而非法律的统治。"参见〔美〕麦基文：《宪政古今》，翟小波译，贵州人民山版社 2004 年版，第 16 页。另一美国学者斯科特·戈登在追溯西方国家的宪政历史时，也从制约政府强制性权力的角度，认为宪政就是"国家的强制性权力受到了约束这种观念"。参见〔美〕斯科特·戈登：《控制国家——西方宪政的历史》，应奇等译，江苏人民出版社 2001 年版，第 5 页。萨托利也认为，宪政"意味着一个基本法，或者一系列基本的原则以及一组相互之间联系紧密的制度安排，它可以制约绝对权力并保障'有限政府'"。参见〔美〕萨托利："宪政疏义"，载《市场逻辑及国家观念》，生活·读书·新知三联书店 1995 年版。

② 需要说明的是，近些年随着西方宪政理论的发展，宪政理论从强调对政府、权力的限制，转向到新宪政理论下强调对个人自由与权利保护的宪政价值目标追求上。参见〔美〕斯蒂芬·L. 埃尔金、卡罗尔·爱德华·索乌坦编：《新宪政论——为美好的社会设计政治制度》，周叶谦译，生活·读书·新知三联书店 1998 年版。

同体的胜利。"……光荣革命第一次并极为重要地确立了法治原则。它是普通法法律职业者的胜利,因为是他们遏制了国王试图将特权凌驾于法律之上的努力。"①

第一节　法律职业共同体的形成与"普通法心智"观念

自亨利二世统治起,随着英王行政司法化的努力,包含王室法院系统与巡回法院系统在内的统一司法体系被建立起来。与之相应,专职司法体系的建立意味着诉讼审判制度的复杂化。以起诉为例,在亨利二世司法变革以前,起诉都是以口头进行的,没有严格的格式要求。《亨利一世法》(The Leges Henrici Primi)从来没有提到当事人因起诉陈述不符合特定格式而导致诉讼被法庭拒绝的事例。② 然而,在此之后,起诉的程序规则逐渐复杂化。仅起诉时当事人可供选择的令状就有五百多种,稍有不慎就会导致败诉。因为每种令状代表着不同的诉讼格式。复杂的诉讼审判制度催生了一批以法律为业的法律人产生。对此,普通法学者约翰·哈德森有着精辟的总结:"越来越多的专职法官和专家法官执行着更加精确的法律规则和更为复杂的法律程序,这就要求诉讼当事人具备更高的法律专业知识。提出抗辩,尤其是提出异议则需要高超得多的技巧。这就鼓励人们聘用专家顾问和专业抗辩人在法庭上操办自己的案件。……司法制度、诉讼代理及抗辩方面的这些变化为13世纪末期法律职业的出现奠定了基础。"③据学者布兰德考察,"截止到13世纪最后25年(爱德华一世统治时期),我们有理由相信一个初生的英格兰法律职业阶层已经存在"。④ 更为重要的是,他们在司法活动中逐渐形成"普通法心智"观念,反过来加强了职业共同体的稳固。

---

　　① Michael Landon, *The Triumph of the Lawyers: Their Role in English Politics 1678—1689*, Alabama University Press, 1970, p.9.
　　② Paul Brand, *The Origins of the English Legal Profession*, Blackwell Publishers, 1992, p.4.
　　③ 〔英〕约翰·哈德森:《英国普通法的形成》,刘四新译,商务印书馆2006年版,第246—247页。
　　④ See Jonathan Rose, The Legal Profession in Medieval England: A History of Regulation, *Syracuse Law Review*, Vol.48 (1998).

一、英格兰法律职业共同体的形成

学者阿贝尔曾经说过:

> 早期法律秩序通常能在没有通过适当训练而获得实体法规与诉讼程序知识的专家们的情况下得以维持。但是,当社会变得愈来愈复杂时,法律规范也变得愈来愈具有抽象性和普遍性,因为只有这样它们才能协调组成社会的各种集团得利益与价值。由于同样的原因解决纠纷或对其可能的解决方式提出建议的工作变得更为困难,更需要专门的训练。①

这时,几乎所有的社会都会出现一个界限相对明确的法律人阶层。根据美国学者埃尔曼的分类,从事法律工作的法律人阶层大致可分为五组:

> 第一组人员由那些对法律冲突予以裁判的人组成;其中最重要的是法官和治安官(magistrates),另外还有仲裁人、检察官、在准司法机构以及行政法院中工作的官员等等。第二组是代理人,即代表所有当事人出席各种类型审判机构审判的人员。代理人可以是个人,亦可为团体。在刑事诉讼和行政诉讼中,由地方检察员或国家检察官以及类似人员代表公共利益。第三组人员是法律顾问,通常他们并不出席法庭;这些人员包括英国的事务律师、法国的诉讼代理人、苏联的法律顾问以及在许多国家中都有的公证人。在那些审判机构依赖作为专家证人的法律学者的国家中,法律学者组成了第四组职业人员。另外,法律学者的最普通职能,即培养新一代法律家也赋予他们作为法律专家的重要特征。第五组人员是一种各国极不一致,然而其重要性却在不断增加的人员,即受雇于政府机构或私人企业的法律职业者。②

这时,几乎所有的社会都会出现一个界限相对明确的法律人阶层。在

---

① R. Abel, A Comparative Theory of Dispute Institution in Society, *Law and Society Review*, Vol. 8(1974).转引自〔美〕H. W. 埃尔曼:《比较法律文化》,贺卫方、高鸿钧译,清华大学出版社2002年版,第86—87页。

② 同上书,第88页。

中世纪英格兰，这样的专业化区分也不例外。

1066年诺曼征服后，英王威廉一世及其后继者利用其相对强大的王权，通过一系列扩张国王司法管辖权措施，逐渐确定了国王司法管辖权，并在此过程中逐步建立了包括中央三大王室法院系统与巡回法院系统在内的中央统一司法体系。中央统一司法体系的建立使得中世纪英格兰司法专业化程度逐渐提高，于是，在1300年之前，英格兰出现了一批以法律为主要职业的法律人。① 他们主要包括三类：一是专门负责司法裁决的王室法官，它既包括中央王室法院的法官，也包括巡回各地的巡回法官。二是以自己所掌握的法律知识为当事人提供法律服务的职业律师阶层，这其中既包括早期的法律代诉人、代理人，也包括后来的出庭律师与事务律师，甚至还包括在律师学院学习司法诉讼，不具备律师资格的法律学徒（apprentices）。② 三是那些出身律师或法官的法学家，如早期普通法历史中的格兰维尔、布拉克顿、利特尔顿等。

值得注意的是，这些在中世纪英格兰特有司法制度环境中生活的法官、律师以及法学家并不是彼此排斥、对立的封闭阶层，相反，他们在自我发展过程中逐渐在出身、学识背景、价值观念以及职业伦理等方面呈现出同质化、一体化趋势，最终形成一个统一的法律职业共同体，深刻地影响了英国法律文明的进程。

需要特别说明的是，在英国普通法中，"legal profession"虽被翻译为法律职业者，但它基本不包括职业法官和法学家，专指执业律师阶层。因此，为便于区别，本书将包括执业律师、职业法官和法学家在内的一群英格兰法律人总称为"英格兰法律职业共同体"或"普通法法律职业共同体"。③

笔者认为，英格兰法律职业共同体的形成主要是围绕着法官、律师以及

---

① Paul Brand, *The Origins of the English Legal Profession*, Blackwell Publishers, 1992, p.3.
② 这里之所以将法律学徒也纳入英格兰执业律师阶层是因为，他们在正式成为一名法律代诉人以前，可以在其他法院中代替当事人发言，也可以在王室法院以外的其他法院中担任当事人的法律代理人。Ibid., p.114.
③ 需要注意的是，在中世纪英格兰除普通法法律共同体以及围绕中央司法体系司法活动而展开的法律训练与教育之外，还存在教会法法律职业者以及以罗马法与教会法为讲授内容的大学法律教育体制。如英国的牛津大学和剑桥大学从12世纪晚期以来，一直从事罗马法与教会法的法律教育。See W S. Holdsworth, *A History of English Law*, Methuen, 1956, Vol. I, pp.165—176.

法学家之间的一体化趋势展开的。

（一）职业法官、律师各自封闭群体的形成

12世纪中叶以前,由于英格兰司法审判对诉讼技巧的要求并不高,加之法庭的判决是由出席法庭审判所有"参审官"(suitors)共同作出的,当事人聘请诉讼代理人(pleader)在实践中也受到诸多限制,因此"法庭上所进行的一切还不太需要太多的专业人士"①,英格兰法律职业共同体的形成无从谈起。在这个意义上讲,英格兰法律职业共同体形成的前提首先在于,职业法官与职业律师各自独立、封闭群体的形成。

随着英格兰统一司法体系的建立,越来越多的案件促使王室法官无论在数量上,还是在专业化技能上都有所提高。在亨利二世统治时期,国王及其顾问(advisers)就开始任命一组核心王室官员长期从事审判。② 据当时的法庭最终和解协议(the final concords)显示:"从1165年的米迦勒节开庭期到亨利去世期间,至少有70人在财政法院担任法官。虽然其中有一半人仅仅被记录过一两次,但是有一个不超过12人组成的审判小组在所有出现过的法官记录中占2/3。其中有3人担任法官之职达20年之久,另有4人任职也超过10年。"③然而,学者布兰德声称,上述亨利二世时期就已经存在的长期服务于王室法院的法官核心小组尽管获得了一定法律专业技能,但他们还不能构成一个职业群体,因为他们还为国王履行其他职责。④

在王室法院长期供职的职业法官,是从13世纪亨利三世统治时期出现的。据布兰德考察,英格兰历史上第一位职业的王室法官是帕提沙尔的西蒙(Simon of Pattishall),他曾在普通诉讼法院、巡回法院和王座法院担任王室法官26年之久。⑤ 除西蒙之外,亨利三世时期还有许多这样的职业法官。"普莱斯顿的吉尔伯特(Gilbert of Preston)从1240年到1273年,在普通诉讼法院和巡回法院连续任职超过30年。另外3名法官莱星顿的罗伯特(Rob-

---

① Paul Brand, *The Origins of the English Legal Profession*, Blackwell Publishers, 1992, p.5.
② Ibid., p.16.
③ Ibid.
④ Ibid., p.27.
⑤ Ibid.

ert of Lexington)、彻克勒比的罗格(Roger of Thirkleby)和贝茨的亨利(Henry of Bath)任职时间都超过了 20 年。另外,还有 8 名王座法院的法官任职时间也在 10 至 20 年之间。"① 到了爱德华一世统治时期,这一趋势就表现得更为明显。据学者布兰德考察:"这一时期,2 名法官任职超过了 30 年。布瑞福德的威廉(Willian of Bereford)从 1292 年到 1326 年在普通诉讼法院和巡回法院担任法官。白金汉姆的埃利斯(Ellis of Beckingham)从 1273 年到 1285 年在巡回法院担任法官,随后的 1285 年到 1306 年又在普通诉讼法院担任法官。另外 4 名法官的任职都超过了 20 年。此外,可以确定的是,这一时期还产生了不少于 14 名,任职在 10 年以上的职业法官。"②

除了在数量上及时间上说明这一时期职业法官群体逐渐形成外,任命那些前任法官的书记官(clerks)继任的做法也加速了这一群体的形成。据记载,最早开始这一进程的是在约翰王统治时期。"约翰王统治时期的两名王室法官尤斯塔斯·德·弗森伯格(Eustace de Faucunberg)和高德弗雷·德·利斯尔(Godfrey de Lisle)就曾做过其前任的书记官。"③之后,这一做法成为一种惯例。据学者布兰德考察:"在亨利三世时期做过王室法官的帕提沙尔的马丁(Martin of Pattishall)几乎在整个约翰王统治时期都在为王室法官帕提沙尔的西蒙做书记官。与此相类似的还有他自己的书记官拉雷的威廉(William of Raleigh)以及拉雷的书记官彻克勒比的罗格和布莱顿的亨利。另一名王室法官,约克的威廉(William of York)在被任命为法官前曾在普通诉讼法院担任保管令状和卷宗的书记官超过 10 年。温彻斯特的罗格(Roger of Whitchester)是威廉的继任者,他也在被委任法官之前保管令状和卷宗。从 13 世纪 50 年代开始,拉尔夫·德·亨格汉姆(Ralph de Hengham)也长期以学徒身份作为爱丁顿的吉尔斯(Giles of Erdinfton)以及其他王室法官的书记官,直到亨利三世统治末期的 13 世纪 70 年代初才被委任为王室法官。"④ 到了爱德华一世时期,至少有 6 名普通诉讼法院法官在被

---

① Paul Brand, *The Origins of the English Legal Profession*, Blackwell Publishers, 1992, p.27.
② Ibid., p.28.
③ Ibid.
④ Ibid., pp.28—29.

委任前,通过在法庭出任书记官而获得了司法经验。王座法院的 3 名法官和高级巡回审的许多法官也符合这种情况。①

随着长期连续、稳定占据王室法官职位的法官人数、选任专业化程度的不断增长,王室法官职业化群体初步形成。正如学者布兰德所说:"到爱德华一世统治末期,在主要的王室法院中委任一名不具有适当法律职业经验的人出任法官,几乎已无可能。"②

与上述职业法官群体形成相对应,职业律师群体在这一时期逐渐分化为两个界限清晰的职业群体。

基于不同的历史渊源,早期普通法律师职业群体中从一开始就存在法律代诉人(serjeant)和代理人(attorney)的区分,尽管如此,直到爱德华一世之前他们之间的区分相当模糊。然而,随着爱德华一世时期职业规章和职业准入规则的引进,法律代诉人与代理人之间的界限逐渐清晰起来。③ 据学者布兰德考察,在爱德华一世统治时期法律代理人的数量大幅度增长。以普通诉讼法院案件档案所显示的数字为例:"在 1280 年有 102 名法律代理人代理了近一半(约 46%)的案件;1300 年有 210 名这样的法律代理人,他们代理了总案件的三分之二(约 65%)。"④ 王室法院中法律代理人数量的增长,引起了国王的关注。因为爱德华一世在 1292 年 6 月 2 日发布的命令中认为法律代理人的增多,使他们中出现了许多"欺骗行为和恶意行为",导致"普通人之间出现不必要的纠纷"。⑤ 因此,爱德华一世在 1292 年颁布一项敕令,指示普通诉讼法院首席法官梅廷汉姆(Mettingham)及其他法官对普通诉讼法院执业的法律代理人的人数加以控制,并赋予法官决定谁应该被允许去哪里从事业务活动的权利。此外,法官还被指示为每郡设定各自法律代理人的限额。国王及其大臣认为整个法律代理人的总数在 140 人左右已经足够,但实际人数,法官有权在此基准范围内进行一定的调整。更为重

---

① Paul Brand, *The Origins of the English Legal Profession*, Blackwell Publishers, 1992, p.29.
② Ibid.
③ J. H. Baker, *An Introduction to English Legal History*, Butterworths, 1990, p.179.
④ Paul Brand, *The Origins of the English Legal Profession*, Blackwell Publishers, 1992, p.74.
⑤ Ibid., p.115.

要的是，该项敕令还提高了法律代理人职业准入的门槛，只有那些"更优秀、更有声望、更愿意学习法律的人"，才能被接纳为法律代理人。①

1292年这则法令的影响是深远的，法律史学家普遍将其认为是法律职业发展的新标志，它意味着法律代理人已经成为一个封闭的职业律师群体。如梅特兰就指出："通过这个法令，法律职业的两个分支都置入法官的控制下，并且更为明显的是那些被任命的法律代理人获得了一种垄断权。"②普通法另外一位著名学者普拉克内特也认为："这个法令的最为明显的特征就在于，它将法律教育置于法院指导之下，并成功地将法律职业中法律代理人这一群体分支变为一种封闭性的职业。"③

作为中世纪英格兰职业律师群体中的法律代诉人，在这一时期也形成了一支区别于法律代理人的封闭群体。其实早在1292年法令出台前伦敦市官员们就于1280年制定了《伦敦法令》。该法令在保留伦敦市民继续运用非职业人士帮助他们参与诉讼的同时，授权市长与议员们控制在伦敦市法院执业的法律代诉人的数量，并明确规定"仅仅那些有能力的律师才能在法庭上执业"，排斥那些"不能合理解释他们的职业以及不能妥当处理他们所处理的事务与案件不相称的律师"在伦敦市法院中执业。法令授予了一定数量的法律代诉人独占执业的权利，同时还禁止法律代理人从事法律代理人的业务，或受当事人委托到庭解释未出庭原因的缺席代理人（essoiner）的业务，同时缺席代理人也不能从事法律代诉人或法律代理人的业务。④ 这些规定说明，当时的伦敦市已经明确区分了法律代理人与法律代诉人。

除了伦敦市早在1280年就存在这样的区分外，在爱德华一世统治的1293年左右，普通法法院就已经存在一组需要某种正式执业准入程序才能进入，在其职业领域享有一定垄断权的法律代诉人群体。⑤ 据学者布兰德对

---

① Paul Brand, *The Origins of the English Legal Profession*, Blackwell Publishers, 1992, p.115.
② F. Pollock and F. W. Maitland, *The History of English Law before the Time of Edward* I, Cambridge University Press, 1968, Vol. I, p.216.
③ 〔英〕西奥多·F.T.普拉克内特：《简明普通法史》（英文影印本），中信出版社2003年版，第218页。
④ See Jonathan Rose, The Legal Profession in Medieval England: A History of Regulation, *Syracuse Law Review*, Vol.48 (1998).
⑤ Paul Brand, *The Origins of the English Legal Profession*, Blackwell Publishers, 1992, p.108.

普通诉讼法院1290年至1307年期间,法律代诉人在该法院活动的人数统计可以看出,除1290年只有13人、1291年只有15人外,其他年份人数一直维持在30人左右,其中1296年人数达到35人。① 这充分说明在爱德华一世统治时期,在普通法法院一支稳定且封闭的法律代诉人群体已经形成。之所以这样讲,一方面是因为,"在同一时期诉诸法院处理的案件数量增加了一倍。在自由市场情况下,如此成倍增加的案件数量应该会使法律代诉人也成倍增长,但上述人数统计的数字却并非如此。更为明显的现象是,在1293年和1299年一群法律代诉人作为一个群体几乎同时开始执业。这意味着当时已经存在着一种法律代诉人'群体准入'(group calls)制度"。② 另一方面,国王法院出现了学习法律以便日后成为法律代诉人的"法律学徒"(apprentices)。③ 按照学者约翰·贝克的说法:"如果对于执业准入缺乏控制,那么不同程度的职业群体就不会存在明晰的界限。法律的学习者与执业者之间、法律代理人与法律代诉人之间也不会存在区别。"④因为只有在王室法院进行学习的"法律学徒"才有可能将来成为法律代诉人。实际上,1292年爱德华一世发给普通诉讼法院首席法官梅廷汉姆的王室敕令的内容本身已经说明,这一时期法律代理人与法律代诉人有明确区分。尽管1292年的王室敕令没有明确提及法律代诉人,但一般认为敕令对法律学徒的规定实际上也适用于法律代诉人,因为法律学徒本身就是早期普通法中为了成为法律代诉人,而围绕王室法院的司法活动学习法律的一组特殊群体。对此,普通法学者普拉克内特指出:"令状(敕令)适用于法律学徒们极有可能意味着对于法律代诉人(pleaders)也有一个相似的结果,虽然这里的证据相当稀少。"⑤

总之,到爱德华一世统治末期,我们应当看到无论法律代理人还是法律代诉人,都形成了较为封闭的职业群体,并且在各自执业准入规则的影响

---

① Paul Brand, *The Origins of the English Legal Profession*, Blackwell Publishers, 1992, p.72.
② Ibid., p.108.
③ Ibid.
④ Ibid.
⑤ 〔英〕西奥多·F.T.普拉克内特:《简明普通法史》(英文影印本),中信出版社2003年版,第218页。

下,二者之间的界限已经不再模糊。

（二）从职业律师中选任的王室法官

如果说职业法官、律师各自封闭群体的形成只是为普通法法律共同体的形成提供了现实可能的话,那么如何在两者之间建立一体化的制度关联则是"共同体"形成的关键。中世纪英格兰从职业律师中选任王室法官的做法,直接地推动了普通法法律职业共同体的形成。

一般而言,亨利三世之前王室法官的选任主要来源于两大类：一是原先从事王室政府管理事务的官员(officials)；二是为国王提供服务的教会僧侣(clerks)。① 虽然此时很少有法律代诉人或代理人被直接选任为王室法官,但是这一时期已经逐渐出现与之相反的例子。据学者特纳的研究,他认为最早从初生的职业律师中选任王室法官的做法开始于约翰王统治时期,罗格·赫斯凯尔在1210年被任命为"国王跟前"(coram rege)的法官以前,曾作为法律代理人在威斯敏斯特为70个不同的当事人服务过。② 另外,学者霍兹沃斯认为亨利三世统治末期的托马斯·德·布若克或许是第一位基于从事律师(practitioner)期间的良好声誉而被选任为王室法官的。③

随着中央司法体系的不断完善以及诉讼审判制度的不断复杂,到爱德华一世统治时期开始有越来越多的职业律师被选任为王室法官。在1290年之前,爱德华一世曾委任过2名职业律师担任王室法官,第一位是曾在普通诉讼法院作为法律代诉人,后担任御用状师(serjeant-at-law)的博兰德的理查德。他于1279年被委任为南方巡回区法官。第二个被委任的法律代诉人是沃金汉姆的艾伦。1281年他被委任为德文郡巡回区法庭的法官。1290年法律代诉人泰恩顿的吉尔伯特(Gilbert of Thornton)被委任为普通诉讼法院的首席法官,随着王室法院首席法官亨格汉姆因司法腐败丑闻垮台,吉尔伯特又被擢升为王座法院首席法官,这开创了将职业律师委任为全英

---

① 〔英〕西奥多·F.T.普拉克内特：《简明普通法史》(英文影印本),中信出版社2003年版,第236页。

② See Ralph V. Turner, *The Judges of King John: Their Background and Training*, Speculum, 1976, p.458.

③ W. S. Holdsworth, *A History of English Law*, Methuen, 1956, Vol. II, p.229.

格兰王室法官最高职位的先例。与此同时,另外2名职业律师也被委任为王室法官。据统计,从1290年到1307年,在任命的所有7名普通诉讼法院的王室法官中,除了2名法官出身于王室的书记官外,其余几名几乎全部出身于职业律师。① 对此,霍兹沃斯指出:"我们看到在爱德华一世统治时期从职业律师中选任王室法官的趋势变得越来越强。王室法官倾向于从有法律实践经验的律师界(the bar)补充成员。至此,他们越来越像一个封闭的职业共同体。"②

此外,这一时期御用状师以及国王的法律代理人也被大批选任为王室法官。据学者霍兹沃斯考证,"在爱德华一世统治时期,在全部9名御用状师中,有7名荣升为王室法官。在全部16名'国王代理人'(attornati regis)中,有4名成为王室法官,其中有1名甚至成为了财政署男爵"。③ 不仅普通诉讼法院从职业律师(尤其是法律代诉人)中,选任王室法官,14世纪以后,王座法院也逐渐从律师中选任法官。16世纪以后,财政法院也开始了此种做法。至此,从职业律师中选任法官成为一项定制,一直持续到1873年《司法法》(Judicature Act)的颁布。④

从普通法职业律师中选任王室法官紧密地将原本各自封闭的职业群体结合在一起,有力地推动了普通法职业共同体的形成。对此,普通法学者普拉克内特这样写道:"将法院与法律职业者永久结合在一起的唯一方法就是,从律师(从这时起,这一职业已经成为最为重要的职务)中选任永久的法官。这一制度在英格兰以及所有普通法系国家一直延续至今。它最主要的特征在于,法官与律师之间的紧密联系。……法官们的法律观念来源于他们从事律师时的实践经历而不是其他事业经历的产物。而且,法官是由具有丰富的人生阅历并在律师执业中获得成功的人士担任。最后,如果法官和律师的职业生涯不同的话,他们很难达到共同的经验与培训。可以说,法

---

① Paul Brand, *The Origins of the English Legal Profession*, Blackwell Publishers, 1992, p.29.
② W.S. Holdsworth, *A History of English Law*, Methuen, 1956, Vol. II, p.229.
③ Ibid., p.310.
④ W.S. Holdsworth, *A History of English Law*, Methuen, 1956, Vol. I, p.197.

官与律师之间的相互合作是普通法法律体系最为重要的特征。"①

（三）以司法实践为中心的法律训练与教育制度

中世纪英格兰从职业律师群体中选任王室法官的做法虽然加强了两大群体之间的联系，有力地推动了"共同体"的形成，但两大群体之间之所以能够保持并维系一体化的联系，形成同质化的职业共同体，其根本原因还在于二者之间以司法实践为中心的法律训练与教育制度。

一般而言，爱德华一世以后，王室法官甚至是法学家几乎都来源于律师阶层。在这样的背景下，共同的法律训练与教育制度，使得中世纪英格兰每个从事法律的人拥有了共同的知识背景。在共同知识背景的作用下，他们以法律为生，彼此认同，形成了共同的价值理念与精神意志，共同维护了普通法法律职业共同体的稳固。②

促使中世纪英格兰普通法法律职业共同体一体化联系得以维持的根本性因素，即以司法实践为中心的法律训练与教育制度早在14世纪四大律师公会出现以前就已经存在。③ 据学者布兰德考察："早在13世纪80年代晚期，一群被称为'普通诉讼法院法律学徒'（apprentices of the Common Bench）的法律学生团体就已经存在。"④ 前已提及，在早期普通法发展过程中，法律代诉人来源于在王室法院学习的法律学徒，而法律代诉人中的佼佼者可能成为王室法官。普通法法律职业共同体的法律训练与教育制度就从王室法院的司法实践活动开始。

法律学徒一开始往往通过担任王室法官的助手或经常观看法律代诉人的法庭表现来了解和学习法律。爱德华一世时期，国王认为这种学习方式太过随意，于是下令由王室法官来训练这些未来的职业律师。由于王室法官工作比较繁忙，没有太多时间来完成训练任务。因而，一些有志成为职业

---

① 〔英〕西奥多·F. T. 普拉克内特：《简明普通法史》（英文影印本），中信出版社2003年版，第238页。

② 其实，目前我国统一的司法考试制度的建立也是本着这一初衷，强调从事法律职业的工作者必须有着相同的法律知识背景。

③ 关于14世纪以后律师会馆的介绍详见〔英〕塞西尔·黑德勒姆：《律师会馆》，张芝梅译，上海三联书店2006年版。

④ Paul Brand, *The Origins of the English Legal Profession*, Blackwell Publishers, 1992, p.110.

律师的法律学徒逐渐聚集在王室法院周围,通过观看王室法院的司法实践,学习日后执业所必需的法律知识与诉讼技巧。在爱德华一世统治末期到爱德华二世这段时期,普通诉讼法院甚至为了方便法律学徒学习法律,在法院的另一端专门设置供学徒观摩法庭审理的第二个"栅栏"(crib)。国王在法令中特意对此"栅栏"设立的目的进行了说明,因此,王室法官在庭审中也会相应地就某些法律问题,向法律学徒作出一定的解释。有关这一方面的最早例证发生在1302年。首席法官亨格汉姆(Hengham)在庭审结束时,出于对法律学徒的利益,解释了案件所特别涉及的一些法律规则。① 与此同时,法律学徒们此时并不仅仅只是坐着聆听庭审过程,他们开始记录庭审中律师的辩论与法官的判决,汲取并掌握其中的经验。②

此外,这一时期的法律学徒还以其他方式进行法律训练和学习。在14世纪早期,一些较为资深的法律学徒将庭审时的记录编纂成报告,用于教授那些资历较浅的同事。布兰德称这些由资深法律学徒编纂的庭审报告,"在法律职业者的教育中扮演了双重角色"。③ 因为它们不仅是庭审中法律知识与技巧的总结,而且在某种程度上也是当时进行法律训练和教育的教材。现存的许多手稿印证了这一点。学者布兰德指出:

> 在许多报告的开头或其他一些相关点都记录了存在争议的事实情况。这确实不是一个聆听者记录其在法庭上所能听到的结果,除非他们出席了陪审团审理阶段或参加了当事人的法律代理人与代诉人之间初步而简短的会议。另外,报告中的某些段落显示,它似乎是依据个人的观点、立场,应教学的要求而形成的。使用报告的教师通常会提供一个关于存在争议事实情况的总结,以阐明在法庭上所发生的事情以及为什么辩护要采取这种形式。此外,我们还发现报告中一些多余的记录,讲述了一些与被讨论事情有关的具体观点,但是却超越了在辩护过程中由法律代诉人或法官实际所说的内容。这些给资历较浅的同事们

---

① Paul Brand, *The Origins of the English Legal Profession*, Blackwell Publishers, 1992, p.111.
② 据梅特兰考证,这一时期法律学徒们的记录就是中世纪普通法《年鉴》(Year Books)的开始。See Paul Brand, *The Origins of the English Legal Profession*, Blackwell Publishers, 1992, p.111.
③ Ibid.

传授法律的报告,被认为是法律训练与教育的一种方式。甚至在报告的结尾部分,还明确指出法律学徒应该记住的重点和要点。①

到了爱德华一世统治末期,法律训练与学习还出现了一种以解释、评论制定法的评论形式,这种评论形式构成了后来律师公会"诵讲"(readings)教学的前身。讲演者可能是年长的法律学徒或法律代诉人,听众就是初级的法律学徒。②

不仅如此,学术讨论以及私人读物的阅读也是这一时期法律训练与教育的主要方式。从14世纪早期手稿记录中,我们发现大约23个问题的讨论。其中大多数讨论都遵循这样的基本模式:讨论开始于对一个事实的简短陈述。接下来便是与这些事实相关的法律问题。随后轮到的便是在法律问题方面两种相对立观点的轮流辩论。为了便于学习和掌握,这些对于法律讨论的记载不会有更多细节性的内容,如当事人的姓名。相反,它们一般只关注本案所涉及的一个法律问题,从来不会涉及多于三个紧密联系的观点(不像《年鉴》报告几乎涵盖了许多不相关的观点);并且他们从来不会在讨论过程中告诉我们主审法官的观点以及在争议性观点方面其最终的判决。这种"设问教学法"(questiones)就是将真实案件材料进行抽象和总结,其目的是为了更好地进行法律训练与教育。以记录普通诉讼法院首席法官梅廷汉姆(1290—1301)审理的一起巡回案件的报告为例,报告记录了判决作出后王室法官梅廷汉姆与案件中法律代诉人涉及有关法律原则的后续讨论。学者布兰德称这则报告"读起来似乎是两个或者更多的个人之间,在一种学术气氛下作出的近乎刻意(artificial)的讨论。它似乎可能是作为学徒培训的一个正式组成部分"。大英图书馆31826号手稿里的一份未署名日期的报告,记载了法律代诉人因吉曾经主持过这种讨论,并且对于学徒们的表现给出了评论性意见。③

除了学术讨论外,私人读物也在这一时期的法律训练与教育中扮演着

---

① Paul Brand, *The Origins of the English Legal Profession*, Blackwell Publishers, 1992, p.111.
② Ibid., pp.111—112.
③ Ibid., p.112.

重要的角色。13世纪末期以前,布拉克顿(Bracton)的著作在很多方面已经严重过时,王室法官梅廷汉姆仍然希望那些在他面前争论过的法律代诉人能够很好地掌握和熟悉这些著作。我们似乎有理由相信这些著作的论述也被不少法律学徒所阅读。此外,一些建立在布拉克顿著作基础上的文章也是法律学徒阅读的内容,如《布里顿》(Britton)和不怎么成功的《弗莱塔》(Fleta)、《索顿》(Thorton)。① 此外,爱德华一世时期各种各样涉及法庭辩论的陈述(counting)、例外(exceptions)技巧的基础性文章也对法律学徒的教育和指导提供了帮助。②

截止到14世纪中叶以前,正是有了这些以司法实践为中心的法律训练与教育,使早期普通法中的法律学徒、法律代诉人以及王室的法官更加紧密地结合在一起。普通法法律职业共同体有了同质性的法律知识、思维模式与价值追求。

随着14世纪中叶以后四大律师公会的兴起以及王室法官从资深法律代诉人中选拔制度的完全成型,普通法法律职业共同体的这种同质化、一体化趋势表现得更为明显。梅特兰曾明确地指出:"普通法律职业共同体产生后,他们的意见很快就会形成一种最为强大的力量直接影响其他方面。在爱德华一世时期,如果某一令状遭到了全体法律代诉人的反对,它很难在法庭上得到王室法官的支持。中世纪的法律报告(law-report)甚至直接把法律代诉人的意见与法官的判决等量观之。"③

普通法法律职业共同体的形成既是中世纪英格兰司法发展的一个结果,同时也是英格兰司法继续得以维持、发展的重要原因。中世纪英格兰法律职业共同体的形成,标志着英格兰司法制度发展基本已经完善。这一时

---

① 关于《布里顿》、《弗莱塔》的相关详细内容详见 W. S. Holdsworth, *A History of English Law*, Methuen, 1956, Vol. II, pp. 319—323.

② 这些文章包括:"三种典型的起诉和答辩样本,它们被编辑为 Novae Narrations;拉丁文章 Articuli qui narrando indigent specificari 陈述了最为典型的各类诉讼中口头陈述所需要的主要内容;拉丁文章 Excepciones contra brevia 陈述了许多诉讼中一些较为普遍提出例外答辩的方式;(仅仅有可能)拉丁文章 Excepciones ad cassandum brevia 是那些有志于成为一名法律代诉人的基础读物。" See Paul Brand, *The Origins of the English Legal Profession*, Blackwell Publishers, 1992, p. 113.

③ F. Pollock and F. W. Maitland, *The History of English Law before the Time of Edward* I, Cambridge University Press, 1968, Vol. I, p. 217.

期在王室法官、律师以及法学家的推动下,普通法司法制度中的法院制度、令状制度、程式诉讼、陪审制度以及遵循先例原则与观念都获得了长足发展。正如学者茨威格特与克茨所言:"在英国法早期的历史中,便形成一个法学家(普通法法律共同体)阶层,他们以行会的形式自己组织起来,并以这种方式施展他们的巨大政治影响,这一事实对英国法的性质和发展过程产生了重要的影响。"①

一方面,普通法法律职业共同体的形成使普通法司法制度得以维系与发展,避免罗马法对于英格兰司法的影响。我们知道,在普通法法律职业共同体形成以前,普通法并不完全排斥罗马法的影响。相反,早期普通法在借鉴罗马法许多具体制度、原则的同时,通过罗马法理论将纷繁复杂的诉讼程序与习惯法构建成一个条理化相对清晰的法律知识体系,这一点我们可以从格兰维尔的《中世纪英格兰的法律与习惯》以及布拉克顿的《论英格兰法律与习惯》两本著作的编排体例中看出端倪。② 同时,罗马法的法律教育从12世纪瓦卡纽斯开始,在英格兰一直没有间断。如果普通法按这样的轨迹发展下去,英格兰整个的司法制度将会被颠覆,成为罗马成文法的殉葬品。然而,14世纪中叶形成的法律共同体成功地抵挡了这一趋势,他们在共同的司法训练与教育中,越来越关注于法庭中适用的法律知识与各种诉讼技巧,而漠视与司法诉讼无关的罗马法法律理论。正如学者普拉克内特所言:"如果爱德华一世尝试用大学中的法律教育,代替涌向威斯敏斯特法庭,梦想成为法律代诉人的法律学徒教育,那么,英国普通法的历史就有被罗马法吞噬的危险。"③同时,普通法法律职业共同体在司法实践中,总结出属于普通法司法制度自身发展的《年鉴》(Year Books)。15世纪法学家福蒂斯丘通过其著作《英国法礼赞》(*De Laudibus Legum Angliae*)和《论英格兰的统治》

---

① 〔德〕K.茨威格特、H.克茨:《比较法总论》,潘汉典等译,法律出版社2003年版,第286页。
② 关于格兰维尔、布拉克顿及其著作的介绍详见 W. S. Holdsworth, *A History of English Law*, Methuen, 1956, Vol. Ⅱ, pp.188—192; W. S. Holdsworth, *A History of English Law*, Methuen, 1956, Vol. Ⅱ, pp.230—267.
③ 〔英〕西奥多·F. T.普拉克内特:《简明普通法史》(英文影印本),中信出版社2003年版,第220页。

(*The Governance of England*)表达了对英格兰法律职业共同体的赞许。① 此外,这一时期另一著名法学家利特尔顿甚至写成了英国历史上第一部既不受罗马法影响,又不用拉丁语书写的著作《土地法》(*Tenures*)。② 这些都促使中世纪英格兰司法制度沿着自我的道路继续向前发展。

另一方面,中世纪英格兰普通法法律职业共同体的形成使法律至上的宪政观念得以保持和发扬。在法律职业共同体形成过程中,其早期代表格兰维尔、布拉克顿就已经明确提出了法律至上的理念,试图用法律、司法程序去限制国王专断的权力。如格兰维尔在其著作中突出强调了令状的重要性和国王法庭严格遵循令状规定的程序方法对于司法审判的必要性,这在一定程度上防止了国王权力对于司法审判的任意干预。③ 布拉克顿甚至直接提出了法律至上、王在法下的名言:"国王不应服从任何人,但应服从上帝和法律"(Non est enim rex ubi dominator voluntas et non lex)。④ 英格兰法律职业共同体形成之后,这种强烈的宪政观念就表现得更为明显。福蒂斯丘、利特尔顿、圣·日耳曼以及科克等一批法律职业者把维护法律尊严视为自己的神圣职责,在司法实践中总是努力排除包括国王在内的外界干扰,强调法律的至上性,逐渐形成了属于他们独有的"普通法心智"观念。当16、17世纪欧陆重新盛行"君权神授"观念,英格兰宪政发展也受此观念严重破坏时,普通法法律职业共同体在内在荣誉感、使命感的感召下作出了反击,挽救了英格兰宪政。如果说中世纪英格兰的封建贵族、教会与国王的斗争导致了法律至上宪政原则确立的话,那么,法律职业共同体的形成则进一步保障并捍卫了这一原则的实现。正如学者莱昂在论及英格兰法律职业共同体形成的历史影响时所说:"正是因为有了这样的一个共同体,普通法才发展

---

① 福蒂斯丘(Fortescue)生于1395年,1420年前加入林肯律师公会,在1430年被授予法律代诉人资格前,曾4次担任林肯律师公会的主管。1441年他成为御用状师。1442年荣升为王座法院首席大法官。另外,有关其著作的介绍详见 W. S. Holdsworth, *A History of English Law*, Methuen, 1956, Vol. II, pp. 566—571。

② 利特尔顿(Littleton)出生于一个法官世家,他早年在内殿律师会馆学习法律,1453年他成为御用状师,1455年荣升为王室法官,1466年继而成为普通诉讼法院法官。另外,有关其著作的其他介绍详见 W. S. Holdsworth, *A History of English Law*, Methuen, 1956, Vol. II, pp. 571—578。

③ W. S. Holdsworth, *A History of English Law*, Methuen, 1956, Vol. II, pp. 192—195.

④ Ibid., p. 253.

为一套严密的体系,才抵挡住了所有外部的竞争和削弱它的企图;法律的权威才越来越高,成为王国内的最高因素,才形成了法律至上的理念传统。"①

二、"普通法心智"观念

14世纪中期左右,随着英格兰司法及其直接影响下的普通法的发展,普通法法律职业共同体形成。他们在长期的司法实践活动中,不仅拥有近乎相同的法律知识,而且产生了对司法职业庄严的责任感和使命感。更为重要的是,他们在自身职业自觉意识的感召下,形成了一种被称为"普通法心智"的观念,并直接推动了后来17世纪英格兰宪政的生成。

(一)"普通法心智"的内涵

在西方,许多学者普遍存在这样一种观念,认为"中世纪英格兰法律职业者并没有发展出一套与教会法或欧陆民法体系相媲美的理论,他们没有指出普通法的本质特征与来源,或者他们试图努力了,但是没有留下任何痕迹"。② 针对这样一种偏见,许多学者都提出了质疑。

现代英国学者塔布斯在波考特教授20世纪50年代《古代宪制与封建法》一书提出"普通法心智"(Common Law Mind)概念影响下,通过对福蒂斯丘、利特尔顿、圣·日耳曼、波洛登、戴维斯、科克、亨德利等英格兰法律人思想的梳理以及五千多件中世纪判例的研读更为详细地证明了,"英格兰普通法律师从14世纪起到17世纪,一直将他们的普通法描述成为普通或王国里的古老习惯,并在内心深处坚信它在王国具有至上性"。③ 在他们内心深处存在一种被波考特教授概括为"普通法心智"的法学理论与理念。

根据波考特教授的观点,"普通法心智"观念主要内容包括:"首先,英格兰所有的法律可以被称为普通法;其次,普通法是普通习惯,这种普通习惯来源于民众以及各种法院的宣示、解释和适用;最后,所有这些习惯被认为是超出久远记忆的(immemorial)。任何被宣示的法律、判决或制定法,它们的内容都是超出久远记忆的习惯。"④这一观念普遍认为普通法以及英格

---

① Bryce Lyon, *A Constitutional and Legal History of English Medieval England*, London, 1980, p.625.
② J. W. Tubbs, *The Common Law Mind*, The Johns Hopkins University Press, 2000, p.1.
③ Ibid., p.15.
④ Ibid., p.129.

兰的宪政的权威源自古老的习惯法,是无数代人的智慧结晶。17 世纪科克将其概括为一种"技艺理性"(artificial reason),这种技艺理性是普通法法律职业共同体的"专利",它不同于一般人所具备的那种"自然理性"(natural reason),而是需要通过长年累月的研习和实践才能获得并且掌握的。因而,蕴涵着这种"技艺理性"的普通法不是由国王的敕令或议会的立法确定或授予的,它高于王权和议会权力,是不可被剥夺的。①

这一观念的形成正好说明,在英格兰司法影响下,普通法法律职业共同体对于普通法有了普遍的认同感,这种坚固的认同感维护了司法的进一步独立与发展,在实践中对抗着专制王权,直接推动了英格兰宪政主义的进程。

(二)布拉克顿与"普通法心智"观念

在谈论普通法法律职业共同体"普通法心智"观念产生前,我们应首先关注一下布拉克顿。② 之所以如此,首先是因为布拉克顿的著作《关于英格兰的法和习惯》(On the Laws and Customs of England)和《布拉克顿笔记》(Bracton's Note Book)不仅影响了英国法的历史,而且影响了英国的历史。③之后,英格兰人通过对它的研读,了解了最初的普通法,进而为形成一个普通法群体提供了可能。另外,布拉克顿的名言"国王不应服从任何人,但应服从于上帝和法律"④,成为这之后普通法法律职业共同体心目中的"圣经",如科克在 1607 年与詹姆斯一世的抗辩中就引用了这句话。

布拉克顿首先明确指出,英国法的特点是不成文的法律和习惯。"在几乎所有的地方,人们适用的都是法律和成文法,只有在英格兰,人们适用不成文法和习惯。这样经习俗认可的规范,无需形诸文书,便成了法律。"⑤可见,布拉克顿这时已经对制定法与习惯法有了明确的区分。此外,在英国法

---

① J. G. A. Pocock, *The Ancient Constitution and the Feudal Law:A Study of English Historical Thought in the Seventeenth Century*, Cambridge University Press, 1987, Chapter Ⅱ,Ⅲ.
② 其实早在 60 年前,格兰维尔也强调过"法律至上"的观念,强调古老习惯在英格兰法律中的重要性。See W. S. Holdsworth, *A History of English Law*, Methuen, 1956, Vol. Ⅱ, pp.195—196.
③ W. S. Holdsworth, *A History of English Law*, Methuen, 1956, Vol. Ⅱ, p.290.
④ Ibid., p.253.
⑤ 〔美〕C. H. 麦基文:《宪政古今》,翟小波译,贵州人民出版社 2004 年版,第 58 页。

效力上,布拉克顿认为:"即使它是不成文的,我们同样可称英格兰的法律是法律,因为,凡是规范,一经国王或君主权威、共和国共通答问和权贵协商同意的确立和认可,即具法律效力……英格兰的法律和习惯,借助国王的权威,或命令作为,或禁止不作为,或对违法者惩罚和科刑。这些法律,既然都已经人们同意或认可,并经国王誓言确定,那么便永远不得修改和破坏,除非经过相同程序。"①在布拉克顿眼中,英国的法律是人民认可的古老习惯,不能由统治者随意变动或更改。如果国王拒绝服从法律,布拉克顿认为国王的"元老院",即伯爵和男爵,应该把法律的限制置于国王之上,在他违反法律的时候必须阻止他。

这些观念表达了这样一个意思,在英格兰习惯法是具有优先性的,它构成了英国法的主要特点,具有优先性的习惯法来自于对习惯和传统的尊重。由于传统的力量是无穷的,因此,即便是国王也不能轻易违反它。毫无疑问,这种关于英国法的最初观念,构成了后来普通法法律共同体"普通法心智"理念的最初源泉。

(三)福蒂斯丘、利特尔顿与"普通法心智"观念

15 世纪英格兰普通法思想领域的代表人物是约翰·福蒂斯丘(1385—1479 年)与托马斯·利特尔顿(？—1481 年)。科克对这一时期的两大人物给予了很高的评价,称前者是宪政的专家,后者是土地法的专家。利特尔顿的著作《土地法》是普通法的代表,人类科学中最为优秀的著作,福蒂斯丘的《英国法礼赞》则是如此重要,以至于应该用金子来书写。②

约翰·福蒂斯丘是继布拉克顿之后第一位讨论普通法理论的普通法法律职业者。③ 在他眼中,普通法是一门知识,而不仅仅是国王意志的体现,国王无权随意改变它,除非他得到了民众的同意(people's consent)。他说:"英格兰的国王不能根据他的喜好改变法律,因为他的政府统治民众的依据不仅仅是王权的(royal),更应该是政治的(political)。如果国王对于国家的统

---

① 〔美〕C. H. 麦基文:《宪政古今》,翟小波译,贵州人民出版社 2004 年版,第 58 页。
② Ellis Sandoz, *The Roots of Liberty: Magna Cart, Ancient Constitution and the Anglo-American Tradition of Rule of Law*, University of Missouri Press, 1993, p. 5.
③ J. W. Tubbs, *The Common Law Mind*, The Johns Hopkins University Press, 2000, p. 53.

治完全依凭王权,他就可以改变他王国里的法律并向民众征收领地税和施加其他负担,并且不需要得到民众的同意;这就非常类似罗马法传统中'帝王的意志有法律效力'(What pleased the prince has the force of law)这一古老格言。但是,这在英格兰是不存在的,因为在英格兰,在没有得到其臣民的同意下(assent of his subjects),国王不能改变法律。否则他的统治就是政治性的。"①从中我们清楚地发现,在15世纪普通法法律职业共同体的眼中,法律是英格兰民众一致同意的体现,不从属于任何人甚至包括国王,法律是超越于政治之上的。

接着在具体论及普通法的来源上,福蒂斯丘认为普通法是民众一致同意的体现,来源于民众一致认可的古老习惯。② 他甚至在《英国法礼赞》中为普通法详细地描述出谱系:"英格兰王国最初的居民是布列吞人(Britons),在此之后曾被罗马统治过,文明得以开启;接着布列吞人赶走了罗马人而控制了不列颠;接下来撒克逊人占领了不列颠,并正式改称英格兰。撒克逊人之后,丹麦人成为不列颠的统治者,后来撒克逊人又反败为胜。最后,诺曼人来到了这里,拥有了这个王国直到今天。在所有的时代,在那数个掌握统治权的民族及其王国统治下,英格兰不过是被与今天一样的习惯法连续统治的。"③他的观点后来得到了英格兰人的承认,如17世纪前10年普通法律师基本上采用的就是此观点,如"英格兰的习惯法是最好的,因为它集合了古代所有的习惯:如果它们不是最好的,国王就会因为正义和他们善变的本能在其传承过程中将它们废弃"。④ 不仅如此,福蒂斯丘还对习惯法与王权的效力高低问题有过明确的阐述,在《英国法礼赞》中他指出,习惯法是英格兰的根本,在某种意义上,它可以对国王和议会进行限制。⑤

托马斯·利特尔顿的《土地法》是继布拉克顿之后英格兰第一本关于英

---

① Sir John Fortescue, *On the Laws and Governance of England*, Edited by Shelley Lockwood, Cambridge University Press, 1997, p.17. 该书中译本见〔英〕福蒂斯丘:《论英格兰的法律与政制》,袁瑜琤译,北京大学出版社2008年版。
② J.W. Tubbs, *The Common Law Mind*, The Johns Hopkins University Press, 2000, p.54.
③ Sir John Fortescue, *On the Laws and Governance of England*, Edited by Shelley Lockwood, Cambridge University Press, 1997, p.26.
④ J.W. Tubbs, *The Common Law Mind*, The Johns Hopkins University Press, 2000, p.55.
⑤ Ibid.

国法的著作。① 虽然利特尔顿的《土地法》并不是专门论及英格兰普通法理论的著作,但是我们依然能够从中发现许多关于普通法的结论,而这些结论大部分都说明,普通法是具有至上性的。

与福蒂斯丘不同,利特尔顿对于普通法至上性的描述并不是通过诉诸普通法的古老性,而是通过与自然法的对比,诉诸普通法的实践性展开的。他认为:"中世纪的法律理论蕴含了许多自然法的原则和思想,虽然自然法确立了许多法律原则,但是由于人类生活是多种多样的,自然法指导下的法律并不一定能够在实践中完全适应人类生活多样性的要求。而普通法是民众长时间法律实践积累下的产物,存在于普通法法律共同体的头脑之中,他们有足够的信息去适应社会多样性的要求。"②

(四) 圣·日耳曼、波洛登与"普通法心智"观念

在福蒂斯丘之后,圣·日耳曼(St German)是另一位明确讨论普通法理论的普通法学者。他出生于16世纪早期,早年毕业于林肯律师公会,是一名出庭律师,对教会法以及中世纪哲学与神学十分熟悉。他的主要法律思想都集中在其著作《博士与学生》中③,他在这本书的序言中写道:"这本书将为我们展现英国法的原则和基础。"④

圣·日耳曼认为:"英国法由理性法(the law of reason)、神法、一般习惯法、法律原则(maxims)、特别习惯法以及制定法等六部分组成。其中,理性法是整个英国法最为重要的原则和基础。"⑤不仅如此,为了说明英国法的特殊性,他将理性法进一步分为"首要理性的法律"(the law of reason primary)和"次要理性的法律"(the law of reason secondary)。前者由适用于所有时间和所有地方的一般性原则组成,如谋杀、诈骗、伪证与破坏安宁等;后者单独地只由英国法律构成,主要是一些习惯的产物,如英国的财产法。通过

---

① J. W. Tubbs, *The Common Law Mind*, The Johns Hopkins University Press, 2000, p. 56.
② Ibid., pp. 60—61.
③ 据学者塔布斯考察,《博士与学生》一书写的是一名神学博士与普通法学生的对话,该对话是在圣·日耳曼去世之后才一起出版的,第一次对话是用拉丁文书写,出版于1523年,第二次对话用英文书写,出版于1530年。See J. W. Tubbs, *The Common Law Mind*, The Johns Hopkins University Press, 2000, p. 71.
④ Ibid., p. 71.
⑤ Ibid., p. 72.

对"次要理性的法律"的强调,他为英国普通法中的习惯法找到了合法性依据。① 同时,为了进一步说明习惯法的重要性,他指出:"并不是所有的英国法都是合乎神法的,有一些英国法纯粹是出于英国人古老的习惯,这些同样也是确定无疑的法律。"②

尽管圣·日耳曼并不是特别强调所有"王国内古老习惯"(the olde custome of the realme)就是整个普通法的代名词,在他心目中神法和理性法才是普通法的根本所在。③ 这是与其前辈福蒂斯丘不同的地方。但是不可否认的是,他通过理论化的论述,一定程度上为普通法中的习惯法找到了合法性依据,这一点对于"普通法心智"观念的发展无疑是重要的。

16世纪另一名著名的普通法学家埃德蒙德·波洛登(Edmund Plowden)对"普通法心智"观念的发展也作出了贡献。他在"瑞尼格尔诉福格萨"(Reniger v. Fogossa)的案例报告中将英国法分为:一般法(the law general)、习惯法和制定法三部分,认为其中的"习惯法"仅仅指的是当地特别的习惯,"一般法"指的是普通法。④ 接着,他认为,普通法的两个本质性的特征是理性(reason)与习惯(usage)。其中,理性指的是法律职业共同体的法律知识和自然法(the law of nature);习惯指的是法律职业共同体长期认可、试错下的习惯与民众认可的习惯。⑤ 可以看出,波洛登对于普通法本质的看法与后来的科克有相同的地方,因为他们都强调普通法是需要经过普通法法律共同体长期的实践才能掌握的。对此,学者塔布斯指出:"在这里我们可以找到爱德华·科克提出'技艺理性'(artificial reason)概念的先兆。因为普通法是普通法法律职业共同体经过长期训练与实践才能获得的。"⑥

(五)戴维斯、科克以及同时期其他学者与"普通法心智"观念

1612年约翰·戴维斯在献给御前大臣埃尔斯米尔勋爵的《爱尔兰判例

---

① J. W. Tubbs, *The Common Law Mind*, The Johns Hopkins University Press, 2000, p.73.
② Ellis Sandoz, *The Roots of Liberty*: *Magna Cart, Ancient Constitution and the Anglo-American Tradition of Rule of Law*, University of Missouri Press, 1993, p.62.
③ J. W. Tubbs, *The Common Law Mind*, The Johns Hopkins University Press, 2000, pp.77—79.
④ Ibid., p.110.
⑤ Ibid., p.115.
⑥ Ibid., p.111.

集》(*Irish Report*)中表达了对于普通法的看法,他认为:"英国普通法不是别的,是整个王国的共同习惯。拥有法律效力的习惯通常被称为不成文法,其原因在于它不能通过国王特许状或议会的立法制定或产生。国王的特许状或议会立法所创制的法律是成文法,因为它们被记录在案,是书面的,而习惯法是不成文的,它们仅存在于人民的记忆之中。"①

他认为,习惯从产生到发展并臻于完美,经历了这样一个过程:当人们发现某一做法合理而有益并适合他们的性格与特质时,这一做法就会得到人们的遵从与重复,久而久之就形成了习惯法。这些习惯从未中断,而且人们也意识不到,它拥有了和法律一样的效力。②

戴维斯还认为:"习惯法是最好、最完美的法律,它制定并保存了公益。因为成文法无论是君王的敕令,还是等级会议的立法,都是在试验或者验证是否合适、行得通之前强加给人民的,这些法律是否适合人民的性格与特质,是否会给人民带来不便,并不清楚。然而,习惯法的优点在于,它并不是强加于人民的法律,它经历了世世代代人民的考验而被接受,去除掉了那些给人民带来不便或者不适于他们性格与特质的习惯,习惯法的法律效力是在长期的运用中形成的。"③

福蒂斯丘认为,英国的普通法是世界上最好的法律,原因在于:"普通法中含有大量从古罗马统治时期到诺曼统治时期的古老规则。"④与福蒂斯丘不同的是,戴维斯对于普通法的推崇没有仅局限于对于古老法律的崇拜,而是从习惯法的本质入手去说明在 16 世纪不成文的习惯法是如何对抗成文法的。⑤ 此外,"与 16 世纪普通法法律职业共同体不同的是,戴维斯并没有将普通法仅仅描述为司法界(the bench and bar)通常所理解的普通习俗或习惯,他明确指出,英国人民才是普通法的最终来源"。⑥

---

① See J. G. A. Pocock, *The Ancient Constitution and the Feudal Law: A Study of English Historical Thought in the Seventeenth Century*, Cambridge University Press, 1987, pp. 32—33.
② Ibid., p. 33.
③ Ibid.
④ Ibid.
⑤ Ibid.
⑥ J. W. Tubbs, *The Common Law Mind*, The Johns Hopkins University Press, 2000, p. 131.

接着，戴维斯还认为由不成文习惯构成的普通法之所以优于成文法，首先是因为习惯法不是自上而下由君王或议会创制出来强加于人民的，因而避免了专制产生。其次，习惯法由于包含了世世代代的经验和智慧，而不像成文法那样不过是一人或一代人的智慧，因而，习惯法能够在实践中解决比成文法更多的问题。最后，习惯法符合人民的本性，是人民在实际生活中自己选择的法律，它对于人民来说是自足的法律。①

与约翰·戴维斯一样，爱德华·科克强烈地认为，普通法的古老性和非成文性使普通法成为世界上最好的法律。② 与戴维斯不同的是，科克并没有将全部精力放在普通法的习惯性质上，而是更多地强调一代又一代的法官在普通法发展过程中的作用。他们通过不断适用法律使之更为精致和富有活力。也就是说，科克更多地关注了普通法的连续性特征，因为普通法无非就是英格兰久远习惯不断精细化的结果。③ 在科克看来："通过法官宣示的普通法是数代人经验沉淀和提炼的结果，它不是某一个人或某一群人哲学化沉思的结果。每一个判例都来源于年深日久的提炼并接受这之后时间的检验，因此它比任何人——甚至是詹姆斯一世——作出的决定都更加睿智。"④

这一表述正是科克提出的著名"技艺理性"（artificial reason）概念的基本内涵。⑤ 普通法法律职业共同体所具有的"技艺理性"，是任何个人的"自然理性"都无法与之媲美的。"在涉及国王臣民的生命、人身、财产的诉讼中，不能依据常人都具备的自然理性作出裁判，而应以技艺理性和法律上的裁决作出，对技艺理性和法律的掌握，需要长年累月的学习和经验。"⑥

在17世纪除了科克对"普通法心智"观念产生重要影响外，同时期的其

---

① J. G. A. Pocock, *The Ancient Constitution and the Feudal Law: A Study of English Historical Thought in the Seventeenth Century*, Cambridge University Press, 1987, pp. 33—35.
② J. W. Tubbs, *The Common Law Mind*, The Johns Hopkins University Press, 2000, p. 141.
③ 参见陈绪刚：《法律职业与法治》，清华大学出版社2007年版，第244页。
④ See J. G. A. Pocock, *The Ancient Constitution and the Feudal Law: A Study of English Historical Thought in the Seventeenth Century*, Cambridge University Press, 1987, p. 35.
⑤ Ibid.
⑥ Steve Sheppard, *The Selected Writings and Speeches of Sir Edward Coke*, Liberty Fund, 2003, Vol. I, p. 481.

他学者对这一概念也作出了自己的贡献,如这一时期的约翰·塞尔登与托马斯·亨德利等人。

塞尔登通过其在1610至1618年间的一系列著作表明,虽然普通法规则自诺曼征服以来从未改变,但是许多新的规则是在这之后增加或修补的,因为他更相信普通法是在长时段里不断演化、发展的。尽管如此,他并没有否认普通法来源于"超出久远记忆"这一基本理念。① 他认为:"普通法本质上是一种演进中的习惯法,在这个意义上它是行为模式和规范的体现,这些模式和规范是历经了许多代人和许多世纪回应变化中的环境而由普通法法律家发展出来的。"②

作为同时代另一普通法学者,亨德利对于"普通法心智"观念的贡献在于1610年下议院的一次著名演讲。学者塔布斯评论这次演讲时说:"在17世纪对于普通法或许最为成功的描述在于,将普通法中的习惯与理性放在同等重要的地位。"③他不仅像同时代的科克一样强调普通法的久远性,更为重要的是,他认为普通法是一种"试错理性"(tried reason)。这种理性的正确与恰当来源于民众,它集合了所有人的智慧、学识和知识,吸收了所有人的力量、荣耀与判断,因而它比法官、议会以及智者都更为明智。④ 亨德利"试错理性"的这一概念与同时代科克所提出的"技艺理性"(artificial reason)概念表达了基本相同的内涵。⑤

从上述17世纪普通法学者对于普通法的论述我们发现,科克对于普通法的看法或多或少地在其前代的福蒂斯丘、埃德蒙德·波洛登以及戴维斯等前辈以及同时代塞尔登、亨德利的思想中都有所反映,但是,科克的贡献在于:它不仅更多地总结、概括了它,而且赋予了它权威。⑥ 这在某种程度

---

① J.W. Tubbs, *The Common Law Mind*, The Johns Hopkins University Press, 2000, pp. 144—147.
② 〔美〕哈罗德·J.伯尔曼:《法律与革命——新教改革对西方法律传统的影响》,袁瑜琤、苗文龙译,法律出版社2008年版,第261页。
③ J.W. Tubbs, *The Common Law Mind*, The Johns Hopkins University Press, 2000, p. 149.
④ Ibid., p. 150.
⑤ Ibid., p. 151.
⑥ J.G.A. Pocock, *The Ancient Constitution and the Feudal Law: A Study of English Historical Thought in the Seventeenth Century*, Cambridge University Press, 1987, p. 38.

上，为后来波考特教授在20世纪50年代《古代宪制与封建法》一书中创造出"普通法心智"(Common Law Mind)的概念打下了基础。正如波考特教授这样写道：

> 如果法律是习惯的观念暗示了任何事情，这意味着法律是伴随着人们生活每一个新经历的出现而不断改变、调整的；并且这将意味着没有一种理论能够主导法律的本质。然而，普通法法律职业共同体事实上坚持认为法律是习惯，这个习惯就是他们的普通法，是他们的宪制。它们是超出久远记忆的：它们不仅古老，而且它们是遥远的作品与神话般被创立出来的；但是它们超出久远记忆，我们很难精确地知道它们从哪个具体时间开始，我们所知道的只是历史上留下来的记录。这就是古代宪制的原则，这一政治思想在17世纪被广泛地传播。①

（六）马修·黑尔与"普通法心智"观念

马修·黑尔（1609—1676年）是科克之后纯粹的法律职业者。他既在护国公克伦威尔执政时期做过普通诉讼法院的法官，又在王政复辟后，先后担任过财政法院和王座法院的首席法官。②

与其前辈科克、戴维斯等一样，黑尔认为普通法是非常古老的习惯法，是在长期的使用中获得法律效力的。他认为："普通法中的惯例具有符合时代变化的优点，并且这些优点是积累的结果，是任何个体用一生时间都无法达到的，无论他获得了多少哲理或理论的帮助。"③

就法律的特点而言，黑尔同意科克的立场，认为普通法的宪制基础保持

---

① J. G. A. Pocock, *The Ancient Constitution and the Feudal Law: A Study of English Historical Thought in the Seventeenth Century*, Cambridge University Press, 1987, p. 36.

② 黑尔与塞尔登一样都是科克法律理论的追随者，他们二人之间的联系非常紧密。塞尔登在30岁时与69岁的科克一起起草1621年的平民院抗议书，因此两人被送进伦敦塔。在17世纪30年代和40年代，塞尔登逐步成为黑尔的导师和亲密的朋友。黑尔后来重新组织了科克的《法学总论》，使其更加系统化。学者伯尔曼这样评价三者之间的关系："将科克的英国法律哲学发展成为一种英国的法律哲学花了科克的追随者们两代的时间。在第一代里，这个发展的领袖人物是约翰·塞尔登。在第二代里，领袖人物是马修·黑尔。"参见〔美〕哈罗德·J.伯尔曼：《法律与革命——新教改革对西方法律传统的影响》，袁瑜琤、苗文龙译，法律出版社2008年版，第259页。

③ J. G. A. Pocock, *The Ancient Constitution and the Feudal Law: A Study of English Historical Thought in the Seventeenth Century*, Cambridge University Press, 1987, p. 36.

不变,但他同时又认为普通法会不断随着社会情况的变化而调整。就普通法而言,它并非专指某一特定时期,如格兰维尔所代表的亨利二世时期,布拉克顿所处的亨利三世时期。他用"亚尔古船"①(Argonauts Ship)来比喻一般意义上的普通法。② 他说:"尽管那些特别的变化在添加的法律中已经发生,然而它们只是部分的连续,我们可以有正当的理由说,它们现在是同样的英国法律,自从开创以来已经 600 年了。正如亚尔古船返回祖国时和它离开时仍是同一艘船一样,尽管在长长的旅途中它已经有了连续的变化,它以前的材料极少回来;而且正如提丢斯(Titius)在其 40 年后,在一本小册子里,仍是同一个人,尽管物理学家告诉我们其身体极少有和以前一样的物质材料。"③那些在漫长的岁月中时时调整以适应变动的情形而保存下来的规则和制度,应该认定为它能解决某一时代的人所能想象到的许多难题。同样,这样的法律也优于那些在某一时代的某一个人或某一群人所能想象出来的解决之道。黑尔尽管并未使用"技艺理性"一词,但他实际上赞同科克有关技艺理性的观点,认为人的理性禀赋并不能使一个人得到法律方面的知识,而是需要长期的学习、训练才能获得。不过,黑尔把这种技艺理性并不仅仅局限于普通法,而是扩及普遍的法律。④

如果说黑尔的前辈科克的普通法观念可能在其所处的政治局势动荡年代还带有某种政治诉求的话,那么,黑尔则是出于对法律职业本身和普通法忠诚的自然流露。⑤

总之,这种认为普通法根植于古老历史中的习惯,其效力来自世世代代不间断地遵从和使用的"普通法心智"观念,在 17 世纪已经成为普通法法律职业共同体的通常看法。⑥

---

① 亚尔古(Argonaut),希腊神话中的英雄,随同贾森乘亚尔古船去海外寻找金羊毛的英雄。
② 参见陈绪刚:《法律职业与法治》,清华大学出版社 2007 年版,第 245 页。
③ Sir Matthew Hale, *A History of the Common Law of England*, Edited and with an Introductio by Charles M. Gray, The University of Chicago Press, 1971, p.40.
④ 陈绪刚:《法律职业与法治》,清华大学出版社 2007 年版,第 245 页。
⑤ 同上书,第 245—246 页。
⑥ J.W. Tubbs, *The Common Law Mind*, The Johns Hopkins University Press, 2000, p.142.

三、"普通法心智"观念的内在宪政约束

通过上述13—17世纪"普通法心智"观念脉络式的描述,我们发现,这一专属于英国人的政治法律概念是在一代又一代的普通法职业共同体的不断努力下逐步充实、丰满的,并最终成为该群体在17世纪与专制王权斗争中的普遍信念。然而,英格兰法律职业共同体如何通过"普通法心智"观念,在理论上确立自身在国家政治生活中的独立地位,限制王权,是需要进一步探讨的。因为上述对于"普通法心智"脉络式的描述并不能从整体上体现出司法与宪政的内在联系。

在笔者看来,英格兰法律职业共同体主要是通过诉诸普通法来源的历史久远性与理性的经验积累性实现与宪政的内在联系的。

(一)"普通法心智"观念内在宪政约束之一:普通法来源的历史久远性

"普通法是普通习惯,是超出久远记忆的(immemorial)的法律"是观念史学家波考特教授概括的"普通法心智"概念最为重要的内容。① 前述各个时期的普通法学者在其各自的论述中,都不约而同地强调了这一特点。

以科克为例,他相信英国普通法建立在"古老习惯"基础上,认为英格兰法的源头是传说中的布鲁图斯国王,是他在公元前12世纪离开特洛伊来到不列颠,并带来了由希腊文书的法律;而拒绝承认诺曼征服是英国法的源头,更不承认英国法从征服者带来的惯例中受益匪浅。② 科克之所以强调普通法来自于古老的习惯,是因为在他看来只有这样才能使法律保持独立性、获得权威,他从来不认为法律是政治的产物。历史久远性所积淀的力量是任何一个专制的国王所不能忽视的。因而他经常要运用过去某个固定事件的权威,来对当下的种种侵害法律的专制行为进行限制。他在《法律总论》(*Institutes of the Law of England*)中经常重复着乔叟的话:"从古老的田地里

---

① J. G. A. Pocock, *The Ancient Constitution and the Feudal Law: A Study of English Historical Thought in the Seventeenth Century*, Cambridge University Press, 1987, p.30.

② 〔美〕小詹姆斯·R. 斯托纳:《普通法与自由主义理论》,姚中秋译,北京大学出版社2005年版,第31页。

一定能发育出和长成新的谷物。"①

对科克政治法律思想有着深入研究的波考特教授也认为:"科克的历史思想可能建立在下面的假设基础上,即任何一个宣示一种权利渊源的古老法律裁决,作为一个历史的观点,都是绝对有效的。"②科克这样强调普通法来源历史久远性的目的"基本上源起自一种主宰历史的思考,这种思考通过某种特殊的法律形式(form of law),在长达几个世纪的实践中深深地扎根于英国人的心灵中;不过它同时也具有政治层面的作用,即用'古代的宪法'(ancient constitution)来对抗国王"。③ 正因为科克这种从普通法角度去解释英国历史的做法,波考特教授称其为"辉格党的历史解释"(Whig interpretation)。

综上我们可以发现,尽管科克总是将超出久远记忆的普通法奉为圭臬,并始终强调普通法发展过程中的连续性,反对突如其来的法律变革,但其真正目的是,通过一个统治者不容更改、不容染指的普通法,来提升法律职业共同体在国家政治生活中的重要性,进而限制专制,实现正义。正如美国学者斯托纳评论的那样:"我们必须认识到,偏爱连续性而反感变革的先入之见,对于科克这样的人而言,是完全合情合理的,他们接受这一点,以其作为正义的神圣支柱;他们严肃地对待根本性法律的观念,以之来限制人的专断意志。假如正义并不是人的意志创造出来的,假如根本性法律能够以某种方式使正义得以落实,则根本性法律就不应该变革,因为正义本身似乎就是永恒不变的"。④ 因此,对科克来说,法律起源问题在其心目中是第二性的,虽然他坚持不懈地搜寻古代的先例,在古老的案卷中寻找线索。

当然,仅仅将普通法的权威性来源寄托在来源的历史久远性方面,并不能保证普通法不被同样打着"理性"旗号的人为立法所取代,况且所有民族、

---

① 〔美〕哈罗德·J.伯尔曼:《法律与革命——新教改革对西方法律传统的影响》,袁瑜琤、苗文龙译,法律出版社2008年版,第258页。
② J. G. A. Pocock, *The Ancient Constitution and the Feudal Law: A Study of English Historical Thought in the Seventeenth Century*, Cambridge University Press, 1987, p. 38.
③ Ibid., p. 46.
④ 〔美〕小詹姆斯·R.斯托纳:《普通法与自由主义理论》,姚中秋译,北京大学出版社2005年版,第101—102页。

国家的法律从根本上讲都是古老的,历史的久远性不能向我们完全显现出普通法的独特魅力。因此,在这个意义上讲,诉诸普通法来源的历史久远性只是"普通法心智"观念与宪政发生内在勾连的一个方面,其内在限制专制意志的另一方面还在于,普通法理性的经验积累性。

(二)"普通法心智"观念内在宪政约束之二:普通法理性的经验积累性

前已述及,普通法法律职业共同体在述及、丰富"普通法心智"观念过程中,除了强调普通法来源自久远的习惯外,还特别强调普通法理性的经验积累性。科克甚至为说明普通法理性的这种经验积累性,还概括出了"技艺理性"这一独特的概念。

从15世纪利特尔顿开始,普通法学家就开始不断强调普通法是一种理性的法律,并指出普通法中所蕴涵的理性是研习法律的人在长期的阅读、研究、观察和不断试错的基础上获得的,它分散于许多代人的头脑中。如科克在《法律总论》中写道:"没有什么违反理性的东西是合法的。因为理性是法律的生命。不仅如此,普通法本身不是别的,只是理性,这需要通过理性在技艺上的完善才能获得理解,技艺理性需要通过长期的学习、观摩和实践经历才能获得,它并非每个人都拥有的自然理性,因为没有人天生就是技艺理性者(Nemo nascitur artifex)。这种司法理性是最高的理性(This legall reason, est summa ratio)。因而,即使将所有分散在众多人头脑中的理性汇集到一个人的头脑中,他仍然不能制定出像英格兰这样的法律,因为在一代又一代人连续继承的漫长岁月中,英格兰法律得到了无数严肃认真、博学人们的反复锤炼,通过长期的实践才获得了这种完美,用于治理这个王国。正如古老的规则能够正当地证实这一点。没有人比法律更睿智。"[①]应该说,科克笔下的普通法理性是一种实践经验积累的能力,而不是人类理论的天赋。对此,斯托纳教授指出:"它当然不是一种纯粹的决断(discretion),也不是完全脱离经验内容的逻辑。它是一种受过训练的思考方式,它不是任意的,但

---

① Steve Sheppard, *The Selected Writings and Speeches of Sir Edward Coke*, Liberty Fund, 2003, Vol. II, p. 701.

也不是绝对肯定的。"①

科克等一批法律职业共同体强调普通法理性的这种经验积累性的目的,首先是为了区别于一般意义上的"理性法律"(law of reason)。一般意义上的"理性法律",其源头一直可以追溯至古代希腊,主要指任何人与生俱来所固有的自然理性(natural reason),法律只不过是对这种理性的一种反映。如托马斯·霍布斯就是这种"理性法律"的坚定支持者。他在其虚构的"哲学家"与"普通法学者"的对话中明确指出:"在尘世的生灵中,只存在一种人类理性,那就是主权者的自然理性。"②根据这种自然理性,主权者可以建立一套完美无缺的法律制度,因为"代表国家的只是一个人,因而,法律中就不可能出现任何矛盾;即使出现了矛盾,他的理性也能构借助于解释或修订而将其消除"。③而科克等一批法律家认为,普通法是一种区别于一般人自然理性的"技艺理性"(artificial reason,黑尔将其称为"人为理性"),是一种人为的经验积累。因为一般人所具有的只是自然理性,而普通法则是在此自然理性基础上加入了人为的因素。这种人为理性高于任何单个人的理性,是历史智慧的结晶,是需要经过长期的研习、揣摩和反思才能获得的。它不是简单地对一般抽象道德原则、伦理观念的总结,而是处理各种具体纠纷的方法和技艺的总和。如马修·黑尔这样描述普通法理性的经验积累性:"就所有的这个已经被讲过的而言,看起来人并非生下来就是普通法法律家,缺少理性能力的实践也不能给予一个人足够的普通法的知识,但是它必须通过阅读、研究和观察而熟悉、习惯和实践这种能力才能够给予一个人完全的关于它的知识。"④

可以肯定的是,科克等一批法律家作出这样区分的目的,并不是仅仅为了凸现普通法理性的经验积累性,从根本上讲,这样的区分有助于他们对专

---

① 〔美〕小詹姆斯·R. 斯托纳:《普通法与自由主义理论》,姚中秋译,北京大学出版社 2005 年版,第 36 页。
② 〔英〕托马斯·霍布斯:《哲学家与英格兰法律家的对话》,姚中秋译,上海三联书店 2006 年版,第 4 页。
③ 同上书,第 158 页。
④ 〔美〕哈罗德·J. 伯尔曼:《法律与革命——新教改革对西方法律传统的影响》,袁瑜琤、苗文龙译,法律出版社 2008 年版,第 273 页。

制权力与意志的限制。因为科克所处的斯图亚特王朝初期,专制王权已经破坏了"国王在议会中"的平衡状态,普通法随时可能遭受王权的侵犯。

由于传统的"自然理性"缺乏明确的内涵,"公平"、"正义"等宏大的词汇往往难于操作,因而,其不仅难以构成对专制权力的限制,反而容易被国王及主权者所利用,甚至成为专制君主干预法律的理论基础。① 如英王詹姆斯在其匿名出版的《自由君主制之真正法律》(*Trew Law of Free Monarchies*)小册子里写道:"君主是凭借着上帝的意志和万物的自然秩序而有此职位的,就是说,他们是所有法律无可争议的来源,而他们的臣民必须以耐心的顺从忍受他们的统治,不管这种统治是多么的严厉。"② 对詹姆斯言论坚定支持的菲尔默也断言:"君主的义务是促进大众的利益,它必须有做任何有助于这种目的的事情的绝对权威。"③ 然而,与之不同的是,科克等一批法律人所阐述的普通法的理性概念并不像传统"自然理性"那样模糊不清。他们把普通法的理性明确地与英格兰历史上的法官判决以及律师会馆中的职业知识联系在了一起,使原本抽象的理性概念在英格兰法律生活中具有了现实的载体。

由于普通法理性的经验积累性着重强调了普通法法律职业共同体独有的"技术"与"知识"成分,该种理性只能通过长期司法的研究、深思和实践经验的积累才能获得,这实际上就阻止了除他们之外其他任何人对司法可能进行的干预,这其中自然就包括都铎王朝以后正在扩张中的王权。正如学者克里斯多弗·希尔所指出的那样:"技艺理性的学说为 16 世纪末的英格兰提供了这样一种技术,它使得历史上的判例对当下具有了拘束力,也使得英国普通法得以成为一个统一的整体。科克运用它重新锻造了普通法,使其成为更为坚固、具有内在一致性的法律,从而可以充当起对抗王权的强

---

① 对此,哈耶克曾指出,原先对立法权起到限制作用的"自然法传统,也因人们在 17 世纪时将'自然法'渐渐理解成'自然理性'之设计(design of 'natural reason')而失去了它原本具有的那种抵制力量"。参见〔英〕弗里德利希·冯·哈耶克:《法律、立法与自由》(第一卷),邓正来等译,中国大百科全书出版社 2000 年版,第 130—131 页。

② 〔美〕斯科特·戈登:《控制国家——西方宪政的历史》,应奇、陈丽微等译,江苏人民出版社 2001 年版,第 248 页。

③ 同上书,第 250 页。

大武器。"①此外,普通法法律职业共同体强调,普通法是一代代人经验智慧结晶的观点,也在一定程度上抑制了任何个人专制意志对于普通法的侵犯。如科克就明确指出:"任何单独一位统治者的智慧,比起普通法中所蕴涵的、并由精通法律的人士发挥作用的丰富经验来,都是贫瘠的。这似乎既是由于人的精神的局限性,也源于人性的弱点:统治需要大量有关具体情况的知识,而这已超出哪怕最为明智的人的把握能力之外。那种认为自己比法律更有智慧的想法,不仅会给社会带来麻烦,其本身也极有可能是完全彻底错误的。"②

最后,如果我们继续沿着科克等一批法律家的思路走下去还会发现,他们所强调的普通法理性的经验积累性尤其是科克所概括出的"技艺理性"学说,在构成对王权限制的同时,实际上已经隐含了对近代司法独立的最初论证。尽管科克时代并不存在立法、行政与司法的三权分立,因而不可能由科克等人提出完整的司法独立学说,但是不可否认的是,后世学者在对近代司法独立的可能性进行论证时,多半是从法官的独特的知识和技能角度入手的,这样一种思路无疑在很大程度上受到了科克等人强调普通法理性的经验积累性的影响或启发。

在先约束是宪政主义的灵魂③,它是指对任何意志——无论其是代表多数人还是一个人——所施加的一种预先的约束。不承认先于国家和立法者的在先约束,就只能屈服于"意志论"接受宪法和法律是"统治者意志体现"的实证主义立场。科克等一批法律职业共同体正是通过强调普通法来源的历史久远性和理性的经验积累性,使其不仅依凭普通法在国家政治生活中获得独立地位,而且使整个国家权力运行受到了约束,推动了英格兰宪政主义的生成。④ 对此,科克在其《判例汇编》(The Reports)中这样论证道:"对于本王国的普通法和习俗的基本内容来说,下面一点是政治上的一个公理,并

---

① Christopher Hill, *Intellectual Origin of the English Revolution*, Clarendon, 1997, p.22.
② 〔美〕小詹姆斯·R.斯托纳:《普通法与自由主义理论》,姚中秋译,北京大学出版社2005年版,第103—104页。
③ 王怡:《宪政主义:观念与制度的转捩》,山东人民出版社2006年版,第196页。
④ 贺卫方先生认为正是英国法官们的专业化知识,使国家整个权力运行获得了专业知识的约束,这是英国宪政起源的因素之一。参见贺卫方:"以正义的司法保卫我们的社会",http://heweifang.fyfz.cn/blog/heweifang/index.aspx?blogid=417543,2008年8月10日访问。

且经过了经验的证明:对它们进行任何修改,都是极端危险的,因为,它们在以前的多个世代中,经过最明智人士之细化和完善,被持续的经验所证明和认可,对于全体国民来说是良好的和有益的,因而,对它们进行修改或变革,不可能不带来巨大的危害和风险。"① 与此同时,他们还将普通法来源的历史久远性和理性的经验积累性作为一种"在先性"的理由对抗着各种可能带来专制的"理性"借口。② 因为在法律职业共同体的心中,英国人的自由与权利深深地嵌入在普通法之中。正如马修·黑尔固执地说道:"再一次地,对我来说理性的是,宁愿选择这种在一个王国完好地支配了四五百年的普通法,而不是根据某些我自己的新理论拿一个王国的幸福和和平来冒险,尽管我对自己理论合理性的熟悉胜于对普通法历史的熟悉。"③布莱克斯通也认为:"我们之所以自由,是因为治理我们的法律是我们自己的……我们的自由不是因为我们拥有它,支配它,有权使其为我所用,而是我们感觉完全与之融汇在一起,它成为我们内在生活的一部分,我们完全参与了它。"④ 就这样,普通法法律职业共同体在高举"普通法至上"的旗帜下,不仅维护了自身的独立性,而且为试图施行专制统治的国王带上了其无法摘除的"紧箍咒"。

第二节 法律职业共同体在司法适用中的"技艺理性"

17 世纪科克提出的"技艺理性"概念突出地反映了普通法律职业共同体司法适用中所特有的技艺、策略、方法以及立场和态度,有学者甚至认为,"普通法的精华是它在司法过程中所积累起来的经验和智慧,而技艺理性就

---

① 〔美〕小詹姆斯·R.斯托纳:《普通法与自由主义理论》,姚中秋译,北京大学出版社 2005 年版,第 61 页。
② 从理论上讲,自然法中所强调的"理性"并不能从根本上成为对抗绝对主义君主恣意的武器,相反,这种"理性"很容易被绝对主义国家所利用,成为绝对主义国家"合法性"建立的工具,如纳粹时期德国的"法治国"思想。
③ W.S. Holdsworth, *A History of English Law*, Methuen, 1956, Vol. V, p.504.
④ G.J. Postema, *Bentham and the Common Law Tradition*, Clarendon Press, 1986, pp.71—74. 转引自李猛:"除魔的世界与禁欲者的守护神:韦伯社会理论中的'英国法'问题",载《韦伯:法律与价值》("思想与社会"丛书第 1 辑),上海人民出版社 2001 年版,第 193 页。

是这些经验和智慧的集中体现"。① "技艺理性"在某种程度上构成了普通法司法适用的程序技术。因此,对于案件司法适用中的微观描述,有助于我们深刻理解英格兰法律职业共同体(尤其是法官)所独有的"技艺理性",同时也能进一步为我们展示英格兰司法的独特性所在。

一、"技艺理性"在常规案件与疑难案件中的司法适用

对于英格兰法律职业共同体而言,将案件分为常规案件与疑难案件,具有非常重要的意义。因为,在深受罗马帝国成文法传统影响的欧陆国家,几乎所有的案件都能用既有的法律规范与法律原则予以解决,他们甚至禁止法官以无法律依据为由而拒绝裁判。② 因此,几乎所有的案件都能在成文法里找到相对应的法律规范或法律原则,所有案件都应该并能够成为常规案件。所谓的"疑难案件"在欧陆成文法传统中不过是法律规则体系中缺陷的产物,可以通过立法者的立法活动予以弥补。而在英格兰法律职业共同体眼中,他们承认疑难案件的存在,并且认为对于疑难案件的司法适用有助于普通法的发展。

当然,强调疑难案件在普通法法律职业共同体司法适用中的重要性,并不意味着常规案件的司法适用不重要。二者在普通法"技艺理性"的司法适用中发挥了不同的作用。

(一)"技艺理性"在常规案件中的司法适用

一般认为,在成文法国家常规案件的司法适用是十分清楚的。法律职业共同体(尤其是法官)在司法适用中只需运用"三段论"演绎法律推理的形式,寻找成文法中既有的大前提(法律规则)与案件的小前提(法律事实),即可作出判决。"对应任何操作性的事实 p,都可以找到相应的法律条款'如果 p 那么 q'来涵盖这种情况,所以法庭就应该执行相应的法律后果 q。"③ 其司法适

---

① 李红海:"普通法的司法技艺及其在我国的尝试性运用",载《法商研究》2007年第5期。
② 如1804年《法国民法典》第4条明确规定:"法官如借口法律缺项、法律不明确或不完备而拒绝审判,得按拒绝审判罪予以追究。"
③ Neil Maccormick, The Artificial Reason and Judgement of Law, Rechtstheorie, pp.112—113. 转引自李猛:"除魔的世界与禁欲者的守护神:韦伯社会理论中的'英国法'问题",载《韦伯:法律与价值》("思想与社会"丛书第1辑),上海人民出版社2001年版,第176页。

用的过程就像马克斯·韦伯和孟德斯鸠所说的那样,法官是判决机器,输入的是法条和事实,而产出的是司法判决。"法官的形象就是立法者所设计和建造的机器的操作者,法官本身的作用也与机器无异。"① 然而,普通法法律职业共同体对常规案件的法律推理技术,要比成文法国家复杂、微妙得多。

在普通法中,法官面对具体的常规案件需要找出其与先例之间的"类推关键"(analogy key)。② 即首先他需要通过区别技术来寻找先例判决理由中的"实质性事实"(material facts)与"法律原则"。然后,将先例中的这些"实质性事实"和"法律原则"与常规案件中所剥离出的"实质性事实"进行类推。虽然普通法法官寻找先例中"实质性事实"与"法律原则"的过程,非常类似于成文法国家法官寻找大前提(普遍性法律规范)的过程。但在普通法中,先例与具体案件之间的关系,并非类与个别项的关系。先例并不是一个普遍性的法律规范,而是一个范例(example)。而范例是与规范不同的。③ 范例中虽然蕴涵着"类推关键"即先例判决理由中"实质性事实"与"法律原则",但是对于它的寻找与概括需要专业人士长期的法律实践才能获得与达到。因此,普通法中寻找常规案件与先例之间"类推关键"的过程并不是简单地适用逻辑上的"三段论",而是需要法律职业共同体既能从先例的判决理由中寻找出稳定性的"实质性事实"与"法律原则",又能与当下所要处理常规案件的"实质性事实"紧密联系起来,进行法律上的推理。正如哈耶克所说:"普通法法官所必须具有的技能当中包括了这样一种能力,即他们要有能力从那些指导他们的先例中推导出能够被适用于新案件的具有普遍意

---

① 〔美〕约翰·亨利·梅利曼:《大陆法系》,顾培东、禄正平译,法律出版社2004年版,第37页。

② 这里需要说明的是,在英国遵循先例原则的最终确立是19世纪后半叶的事情,其标志是先例规则的产生。但是,这并不意味着在此之前遵循先例的做法在英格兰不存在。事实上,遵循先例原则在英格兰大致经历了这样的过程:12世纪尊重彼此判例的奠基阶段、13—16世纪《年鉴》中援引先例的初始阶段、17—19世纪确立判例效力的形成阶段以及19世纪以后遵循先例原则最终确立的确立阶段。可以肯定的是,在16、17世纪王室法院法官在判决中已经开始注意对先例的援引,并明确地将判决理由与附带意见区分开来。具体参见毛国权:"英国法中先例原则的发展",载《北大法律评论》1998年第1卷(第1辑),北京大学出版社1998年版,第31—64页。

③ M. J. Detmold, *The Unity of Law and Morality: A Refutation of Legal Positivism*, Routledge and Kegan Paul, 1984, p.175. 转引自李猛:"除魔的世界与禁欲者的守护神:韦伯社会理论中的'英国法'问题",载《韦伯:法律与价值》("思想与社会"丛书第1辑),上海人民出版社2001年版,第177页。

义的规则。"①这一过程本身就是一种实践理性的方式,是"技艺理性"在司法适用中的体现。

应当看到,英格兰普通法律职业共同体在常规案件司法适用过程中,无论是通过区别技术来寻找先例判决理由中的"实质性事实"与"法律原则",还是对常规案件"实质性事实"的剥离,都是将着力点放在了对具体案件特殊事实的关心上。它与成文法国家司法适用中更追求普遍性规则适用形成鲜明的对比。正如哈尔斯伯里勋爵在其判决中指出的:"每一个判决都应该理解为是针对业已认可或假定如此的特殊事实,因为在判决中发现的表述,其一般性并不在于要澄清整个法律,而在于能够支配会与这些表述连在一起的一些案例的特殊事实,并且这些表述也从特殊事实中获得了一般性的资格。"②实际上,这一"技艺理性"在常规案件中的司法适用是一种通过特殊化建构普遍主义的方式,或者更确切地说,是吸纳特殊性因素,将它们作为迈向普遍主义的动力。如果说成文法国家司法适用过程是一种"自上而下"的思维方式,那么,英格兰的司法适用就是一种"自下而上",使个案特殊性得到重视的思维方式。对此,国内学者李猛曾经敏锐地指出:"普通法法律推理对'特殊性'的重视,与浪漫主义背景下的保守主义观念对'特定个体中蕴含的精神总体'的强调相去甚远。"③

与之相应,法律职业共同体在"技艺理性"司法适用中的难度要远远大于成文法国家,他们不仅要对当下案件的"实质性事实"进行剥离,而且要在寻找本案"类推关键"过程中找出先例判决理由中所涉及的"实质性事实"与"法律原则",因为没有任何固定的法律规则告诉他们哪些事实是相似的,哪些事实是不同的。对此,哈耶克有着深刻的洞察:"人们一般认为,为了在那些指导普通法法官的先例中界分出相关性的东西与偶然性的东西,就有

---

① 〔英〕弗里德利希·冯·哈耶克:《法律、立法与自由》(第1卷),邓正来等译,中国大百科全书出版社2000年版,第133页。
② Rupert Cross and J. W. Harris, *Precedent in English Law*, Clarenden Press, 1991, p.43. 转引自李猛:"除魔的世界与禁欲者的守护神:韦伯社会理论中的'英国法'问题",载《韦伯:法律与价值》("思想与社会"丛书第1辑),上海人民出版社2001年版,第178页。
③ 李猛:"除魔的世界与禁欲者的守护神:韦伯社会理论中的'英国法'问题",载《韦伯:法律与价值》("思想与社会"丛书第1辑),上海人民出版社2001年版,第178页(下注)。

必要阐明规则;而正是这种持续不断的必要性使这些法官养成了一种发现一般性原则的能力,然而,那些依赖被视为无所不涉的规则大全而进行审判的法官,却很难获得这种能力。在没有现成的一般性原则可适用的情况下,构造抽象规则的能力当然会不断地得到发展,而机械地运用文字程式将扼杀这种能力。"①

(二)"技艺理性"在疑难案件中的司法适用

从"技艺理性"的角度看,如果说常规案件司法适用中寻找其与先例之间的"类推关键"就已经十分困难,那么,疑难案件的司法适用过程则表现得更为困难。毕竟前者通过法律职业共同体的努力可以在先例的判决理由中找到相对确定的"实质性事实"与"法律原则",然而,此种相对确定的"实质性事实"与"法律原则"在后者的司法适用中却很难获得。因为在疑难案件的司法适用中,双方能够将案件中的特殊事实与先例判决理由中不同的"实质性事实"与"法律原则"联系起来。

之所以造成这种局面,要么是因为双方在构成案件的事件中发现了不同的"类推关键",从而将案件与不同的先例系列建立起类推关系;要么是因为尽管双方对案件中的"类推关键"没有分歧,但对先例中的"判决理由"的看法却大相径庭,也就是说,双方对先例中的"实质性事实"没有分歧,但却对先例将这种"实质性事实"与何种法律原则联系在一起,以及联系起来的方式,无法取得一致。而造成这种"疑难"状况的原因,既可能由于"先例"过多或者不足,也可能是因为以往的先例难以理解,范围不清,甚至由于时代久远等原因而失灵。② 总之,疑难案件意味着法庭难以像常规案件一样,借助类推,找到一种简便易行的处理案件特殊事实的方式。

因此,疑难案件的司法适用过程就是先例得到明确或再生产的过程。而这种"再生产"先例过程的核心就是重新构建事实与"法律原则"之间的

---

① 〔英〕弗里德利希·冯·哈耶克:《法律、立法与自由》(第1卷),邓正来等译,中国大百科全书出版社2000年版,第134页。

② Robert Summers, Two Types of Substantive Reasons: The Core of a Theory of Common Law Justification, *Cornell Law Review*, Vol.63(1978), p.733. 转引自李猛:"除魔的世界与禁欲者的守护神:韦伯社会理论中的'英国法'问题",载《韦伯:法律与社会》("思想与社会"丛书第1辑),上海人民出版社2001年版,第179页。

关联方式,从而修正或完善法律原则。而疑难案件中再生产先例的过程,既是普通法发展的重要方式,也突出体现了普通法律职业共同体"技艺理性"的主要特点。

一般说来,在疑难案件中,双方都能够提出有说服力和正当依据的论述,并能够在案件中找到相关的"实质性事实",来支持本方的法律主张。因此,疑难案件司法适用最主要的困难不在于寻找案件"实质性事实"与先例判决理由中"实质性事实"的关联,而在于将案件"实质性事实"与先例判决理由中何种"法律原则"联系起来。然而,不同的"法律原则"背后,往往涉及了相互抵触的不同价值,无论这些价值是道德的、宗教的,还是经济与政治的。而在这些不同的价值中,包含了社会成员各种不同的权利。① 对于这些相互冲突的价值,无论在法律之外,还是法律之内,我们都找不到一种"元"价值,从而在这些价值之间建立等级制的关系,来决定它们之间的相互冲突。用学者李猛的话讲:"疑难案件实际上正是'除魔的世界'的困境在法律中的体现,即在'诸神之争'中,没有一种'了结'现代社会中多元价值冲突的超越性的一元途径。"②

在普通法疑难案件的抗辩和审判中,普通法法律职业共同体"技艺理性"的特殊之处就体现在他们并没有把主要精力放在如何权衡各种价值上,而是将论述与争辩的核心放在了对各种法律原则的取舍上。他们在法律之外的价值与法律原则之间作出了明确的区分。因为他们深刻地知道,任何法律之外的价值说到底都是绝对的、排他的,不能以任何一种价值去否定另一种其他的价值。而法律中的各种法律原则则是各种价值的实践方式,是各种价值在法律实践中的体现,它们之间是可以根据具体案情进行比较的。这就好比,作为一种终极目标的价值,就像一座雪山的顶峰一样,只有一个,

---

① 关于"法律原则"与法律之外各种价值的关系问题,德沃金教授有着很好的论述:首先,法律内部并不包含各种价值;其次,法律本身确实包含与这些价值有关联的"法律原则",这些"法律原则"就实现这些价值的技术空间作出了相关的"规定"。法律原则,实质上是将法律"规定"与法律之外的各种价值联系起来的程序技术的"内核"。参见〔美〕德沃金:《认真对待权利》,信春鹰、吴玉章译,中国大百科全书出版社1998年版,第168页。
② 李猛:"除魔的世界与禁欲者的守护神:韦伯社会理论中的'英国法'问题",载《韦伯:法律与社会》("思想与社会"丛书第1辑),上海人民出版社2001年版,第180页。

而作为价值实现方式的法律原则,则如同不同的登顶路径一样,可以有很多种选择,那么其中最方便登上顶峰的路径就是本案诸多法律原则中最应当适用的。

　　这样做的好处首先在于,它真正明确了法律的重要任务,即对人们的实践权利(价值)进行管理。我们知道,法律的主要任务是针对人与人之间、人与社会之间各种冲突与矛盾予以调节,以维持社会的基本秩序。它调整的对象仅仅是人们的具体行为,至于人们作出这种行为所依据的权利(价值)的优劣应当由道德哲学或社会学分析来揭示。因为权利(价值)本身是一个模糊的、不确定的概念,它们的存在是先于法律的,因而法律不能"自负地"规定哪种权利(价值)一定优于其他权利(价值)。① 例如,获得财产可以被视为一种人的权利(价值),有的人可以通过从事农业生产而积累万贯家财,有的人则通过从事商业活动去获得财产,还有人却通过盗窃、抢劫、贪污等非法手段获得财产。这些不同的实践方式都可以实现同一个获得财产的梦想。显然,法律管理的并不是每个人是否应该获得财产这个权利(价值),而是应该管理如何获得财产的实践方式,对于前两者的实现方式法律应该认可和鼓励,对于后者的实现方式法律应当加以禁止和惩罚。②

　　另外,"技艺理性"在疑难案件中的司法适用,使法律对实践权利(价值)技术的管理具有"一贯性"。前面提到,疑难案件的真正困难在于将案件"实质性事实"与先例判决理由中何种"法律原则"联系起来。申言之,普通法法律职业共同体在抗辩和审判中,会提出涉及了相互冲突的不同价值的实践方式。然而,这并不意味着疑难案件的司法适用过程就是法官自由裁量、恣意因素增加的过程。相反,疑难案件的"两造"都会援引先例支持本

---

　　① 当然,这里"技艺理性"所涉及的一个基本前提是,法律是否可以、应该或事实上已经为这个社会规定了基本的价值(权利)取向?从实然的角度看,这甚至不是一个需要回答的问题,因为几乎任何一个法律体系都必然包含了对于价值的取舍或为这个社会选择了某种主流的价值观(主要体现在各国宪法中)。但是,笔者想指出的是,英格兰对于某种价值(权利)的主流规定是通过长期程序化的技术,人们自由选择的结果,而非成文法国家预先设立的结果。

　　② 对此,国内学者李猛曾经敏锐地指出:"普通法中的法律判决的实质,是对实践权利的技术管理,而不是对权利本身的管理。"参见李猛:"除魔的世界与禁欲者的守护神:韦伯社会理论中的'英国法'问题",载《韦伯:法律与社会》("思想与社会"丛书第1辑),上海人民出版社2001年版,第182页。

方观点,其所援引先例判决理由中的"法律原则"实质上都是法律在管理价值(权利)实践方式时的"一贯"做法。这种做法,与成文法中的条件程式样态的法律规则不同,它并没有明确的规定,要么是,要么不是,而是涉及不同的权重。面对一个案件,没有任何一种原则能够宣称己方具有绝对的权重。也就是说,对处于价值冲突中的当事人来说,作为疑难案件焦点的各种价值实践方式,他们总会在以往的先例中找到一些技术依据。而疑难案件的判决,则进一步明确了法律对这种技术的"一贯"管理倾向,这种倾向正是法律的"理性"所在。因此,疑难案件往往可能成批出现,这一般体现了现有法律在实践技术的管理方面面临一些问题,而疑难案件的判决和先例的建立,则意味着法律对相关的价值的实践方式确立了比较明确的管理方式。

二、"技艺理性"在"开尔文案"和"邦汉姆案"中的具体体现

(一)"开尔文案"(Calvin's case)

"开尔文案"在科克的《判例汇编》中被形容为"在威斯敏斯特大厅中所争论过的最大案件","是所有法院中所争论过的最漫长、分量最重的案件,文字最短,而内容最长"。① 该案是由所有王室法院全体14名法官会同御前大臣以及国王的总检察长和副总检察长,共同参与辩论、审理的。

案情基本如下:一个叫罗伯特·开尔文的苏格兰小孩出生在爱丁堡,他在詹姆斯一世继承英格兰王位3年后出生②,他取得了英格兰的土地,但他的土地被理查德·史密斯和尼古拉·史密斯侵占。当开尔文的监护人起诉史密斯,要求恢复权利时,史密斯以开尔文是外国人,无权拥有英格兰土地为由提出抗辩,进而提出开尔文在英格兰法庭没有诉权。③

应该说,本案所涉及的问题是十分复杂、敏感的。不仅有法律问题,还

---

① 〔美〕小詹姆斯·R.斯托纳:《普通法与自由主义理论》,姚中秋译,北京大学出版社2005年版,第52页。
② 来自苏格兰的詹姆斯六世继承英格兰王位后出生的人,像开尔文这样的人被称为post-nati,Calvin案也被称为Postnati案。
③ See Steve Sheppard, *The Selected Writings and Speeches of Sir Edward Coke*, Liberty Fund, 2003, Vol. I, p.166;〔美〕小詹姆斯·R.斯托纳:《普通法与自由主义理论》,姚中秋译,北京大学出版社2005年版,第53页。

牵扯到政治问题。科克将他对本案的描述冠以五个标题:臣服义务(ligeance,也即 allegiance)、法律、王国、外国人的法律地位及法律的不便。①除了复杂的法律问题外,本案还具有一定的政治敏感性。因为在这个案件发生前,詹姆斯一世在继承英格兰王位后,急于合并苏格兰和英格兰,却遭到议会的反对而宣告失败。这个案件尽管表面上仅涉及开尔文的财产是否得到保护的问题,然而判决结果可能会引发政治问题。尽管如此,本案的焦点问题在于:英格兰法律规定,外国人禁止拥有位于英格兰的不动产。詹姆斯一世继位英格兰国王后出生于苏格兰的开尔文,到底属不属于生活在英格兰的一个外国人?如果开尔文属于外国人,那么史密斯等人的抗辩应当是正确的;如果开尔文不属于外国人,那么他的监护人就享有在英格兰法庭的诉权。

对于此案,科克认为臣民对君主的效忠是自然法所要求的。"臣服义务可以被断定为一个与生俱来的问题,它要求服从和效劳;从国王的方面来看,它可从其他保护和治理臣民——'在和平时期通过司法、在战争时期借助刀剑'——的相互义务中看出来,当然这种义务也是他与生俱来的、通过王位的继承获得了。"②其次,科克指出,自然法是英格兰法律的一部分,它先于世界上任何司法性的法律和内政性的法律(judicial or municipal law),并且它是永恒不变,不能变更的。然后,科克援引了亚里士多德、布拉克顿、福蒂斯丘和圣·日耳曼的著作来解释自然法的存在以及其高级法特点,并说明臣民对君王的服从、效忠以及信念都是来自自然法的义务。③ 最后,科克给出了开尔文案的最后论证:他的臣服是针对詹姆斯的,他对詹姆斯负有臣服义务,并获得詹姆斯的保护,有权利在詹姆斯的任何领地上获益;因而,他可以保有他的土地。一个人在某位国王在位时出生,在该王国的任一疆域内,都可以不是外国人,因为,他永远不可能是他的同胞们的敌人;最后一

---

① 〔美〕小詹姆斯·R.斯托纳:《普通法与自由主义理论》,姚中秋译,北京大学出版社 2005 年版,第 53 页。
② 同上。
③ See Steve Sheppard, *The Selected Writings and Speeches of Sir Edward Coke*, Liberty Fund, 2003, Vol. I, p.196;〔美〕爱德华·S.考文:《美国宪法的"高级法"背景》,强世功译,生活·读书·新知三联书店 1996 年版,第 44 页。

点,如果仔细地审视,所谓的"不便"也烟消云散,因为,在一个不属于他的祖国的疆域中拥有土地的臣民,要受涉及该土地的王国的法律之约束。①

另外,在"开尔文案"中,代表国王立场参与法庭辩论的副总检察长培根也认为,臣民对国王的效忠依据自然(本性)。所有类型的效忠都是自然的,而且比法律规定的效忠更为古老。其次,他指出,国王(或王权)的概念呈现两体性:一个是政治体(body politic),一个是自然体(natural body,即肉体)。尽管国王身为英格兰国王和苏格兰国王在政治体上是分开的、不同的,但国王的自然体只有一个,通过这同一自然体来运作这两个政治体,这在两者之间产生了一体性(privity)。最后,培根认为,外国人的归化并不是依据某一特定的法律制度,也不是根据议会代表的同意(即议会立法),而是根据国王与臣民之间自然法意义上的个人效忠义务。因而,在詹姆斯一世即位英格兰王位后出生的苏格兰人,依据自然法自动归化为英格兰臣民,无须议会通过立法加以规定。②

王室法官最终支持了科克和培根诉诸自然法原则的主张,判定开尔文并非外国人,其监护人享有诉权,并确立了"在詹姆斯六世成为英格兰国王詹姆斯一世后出生的苏格兰人享有英格兰土地上的权益"的新先例原则。

然而,如果我们不拘泥于案件的审判结果,将注意力放在科克与培根的辩护意见上,我们便会清楚地发现其"技艺理性"主要体现在以下两个方面:

一方面,科克和培根将"开尔文案"中复杂的法律问题转化为自然法与实定法谁的地位更高的问题。如果自然法高于实定法,那么符合臣民对国王效忠这一自然法原则的开尔文就应当是詹姆斯一世的臣民,享有诉权,无论苏格兰与英格兰的实定法是如何规定的。以科克的辩护逻辑为例,面对本案,他首先指出臣服义务是一项涉及自然法的问题。为了说明此观点,他写道:"亚里士多德《政治学》第一卷证明,命令与服从乃是合乎自然的,地方行政司法官的职位也是合乎自然的:因为对于人所组成之社会的维续所

---

① 〔美〕小詹姆斯·R. 斯托纳:《普通法与自由主义理论》,姚中秋译,北京大学出版社 2005 年版,第 56 页。

② Harvey Wheeler, Francis Bacon's Case of the Post-nati, 35 UWLA L. Rev. 472, pp.482—483. 转引自陈绪刚:《法律职业与法治》,清华大学出版社 2007 年版,第 261 页。

必需及有益的事情,从自然的法律角度看就是正当的,……因而,它们就是合乎自然的。"①接着,他认为臣服义务先于任何国家的具体法律。在引用了福蒂斯丘、维吉尔以及西塞罗的看法后,他继续写道:"现在,根据明确的结论性理由可以看出,臣民对君主的臣服义务、忠诚和顺从,是先于内政性法律或司法性法律的。(1)因为,治理和臣服远在内政性或司法性法律之前就出现了。(2)因为,对那些不负有服从、忠诚和臣服义务的人发号施令是没有意义的,只有在他们以前受到约束顺服或遵守义务时,才能对他们发号施令。"②最后,他得出对詹姆斯一世享有臣服义务的开尔文,虽然根据实定法他不属于英格兰人,但是由于对国王的臣服义务先于任何实定法,并且对国王的臣服符合自然法原则,因而,开尔文不属于外国人,享有在英格兰法庭的诉权。

另一方面,科克在援引先例过程中明确区分了,不同先例中依据自然法原则与实定法原则的区别。基于上面的分析,我们应将"开尔文案"定性为"疑难案件",因为它既没有特别明确的先例可循,又缺乏议会相关立法的支持。面对这一情况,科克通过援引与本案具有相似性的先例,来明确本案所应适用的"法律原则"。科克指出了这样的先例:如果某人因封建领主权而获得对他人的监护权,若该人被剥夺法权(outlawed),这监护权也随之丧失,由国王收回。但如果某人因血缘对其未成年子女获得监护权,即使该人被剥夺法权,该监护权并不丧失。③ 二者之所以不同,是因为前者依据的是实定法原则,而后者依据的是自然法原则,是自然将该监护权赋予了父亲本人,而不仅仅是人为规定的实定法。同时,科克通过这样的先例试图说明,尽管领主和未成年子女的父亲都因违背实定法而被剥夺了法权,但是由于未成年父亲的监护权不仅是实定法规定的,同样还是符合自然法的。因而,与领主被取消监护权不一致的是,未成年人父亲的监护权仍受制于国王依

---

① 〔美〕小詹姆斯·R.斯托纳:《普通法与自由主义理论》,姚中秋译,北京大学出版社2005年版,第55页。
② 同上书,第55—56页。
③ See Steve Sheppard, *The Selected Writings and Speeches of Sir Edward Coke*, Liberty Fund, 2003, Vol. I, p.198.

据自然法的保护(natural protection)。此外,科克还以夫妻结合是依据自然法原则来阐释普通法中,丈夫因犯叛国(Treason)或重罪(Felony)而被褫夺法权(attainted)后被人非法杀害,妻子仍拥有重罪私诉权(appeal),但被褫夺法权者的长子就不拥有这种私诉权,因为根据实定法规定,他因其父亲被褫夺法权而丧失了这种权利。①

(二)"邦汉姆案"(Bonham's case)

1610年出版的第8卷《判例汇编》中的"邦汉姆案"是科克法官亲自审理的著名案例。斯蒂文·谢帕德教授曾这样评价道:"这也许是科克一生审判的最著名的案件,也是他所撰写的最著名的判例,尽管他个人似乎并不像后世研究者那样将该案看得如此重要。"②该案是在1610年普通诉讼法院审理的,当时的主审法官除了科克外,还包括佛斯特(Foster)、瓦尔默斯利(Warmosli)、丹尼尔(Daniel)以及瓦尔伯顿(Warburton)。

该案的基本案情可简单记述如下:"哲学和医学博士"、毕业于剑桥大学的托马斯·邦汉姆对伦敦医师行会主席和检查员们提起了一项违法监禁诉讼,他声称,后者曾抓住并监禁他"相当长时间,也即7天时间,此行为违反了英格兰王国的法律和习惯"。原来,1606年4月,邦汉姆被发现在伦敦无照行医,被主席和检查员召来进行一场考试。他来考试了,但他"在医学技艺方面的回答很不恰当、很不充分",因而,被禁止在伦敦行医超过1个月。但邦汉姆仍操旧业,因此,"由于该人抗拒不从和蔑视",而被罚款100先令,并被再次下令禁止行医,"否则面临监禁惩罚"。次年10月,他被发现继续行医,再次被召来考试,但这次,他没有到场,检查员据此决定因其"抗拒不从和蔑视"而罚款10镑,并逮捕他,将其羁押起来。行会主席去世,似乎打断了对此事的处理,延误了一两周,但在11月7日,邦汉姆被带至检查员前(显然一直被拘押着),但他拒绝考试,且发誓将继续行医,他也指控行会对他没有管辖权,因为他是大学的毕业生。他立刻被收监。自始至终,主席和检查员所依据的都是亨利八世的特许状授予他们的管制伦敦及其周围地区

---

① See Steve Sheppard, *The Selected Writings and Speeches of Sir Edward Coke*, Liberty Fund, 2003, Vol. I, p.198.
② Ibid., p.264.

医务活动的权力,此特许状也得到议会法案的认可。邦汉姆援引同一法案的另一条款作出第二次答辩,该条款将在整个英格兰行医之权利局限于那些通过了行会考试或获得牛津或剑桥医学学位的人士。①

在科克看来,本案争议的焦点在于:"现在,该案被提交高等民事法院的各位法官审理。首先有必要报道一下法官对案件的一些主要考虑(这被划分为三个部分),首先是亨利八世的特许状与议会的法案,医学博士在伦敦的行医是否受到……限制?其次是议会法案是否将大学博士作为例外?第三是对原告的监禁是否符合法律?"②面对上述几个焦点问题,其他4位主审法官表达了各自的不同看法:佛斯特法官从字面上解读禁止在伦敦无照行医的条文,因此,邦汉姆不应因为具有大学文凭而可以不参加考试;而由于他没有通过考试,因此他可以因其继续无照行医而遭到惩罚。瓦尔默斯利法官同意这一说法,对于在伦敦行医者,大学毕业生可以例外并不是该制定法之意图,他给予了法院以因藐视而惩罚邦汉姆的权利。丹尼尔和瓦尔伯顿两位法官则给出了不同的观点。前者认为邦汉姆的主张是正当的,他作为大学生可豁免于该行会的权利,而后者同样支持了邦汉姆的主张。③最后首席法官科克附议了后两者法官的意见,从而使邦汉姆以微弱的优势获得了该案的胜利。④

从英格兰法律职业共同体"技艺理性"的角度看,科克在本案判决理由中"技艺理性"的运用主要体现在以下几个方面:

第一,该判决理由的论证是极其完整、严密的,体现了一位受过专业训练、具有丰富阅历法律人的品性。首先,科克在判决理由中开宗明义地提出邦汉姆胜诉乃是归因于两个基本的理由,而其中任何一个单独来看都是充

---

① 〔美〕小詹姆斯·R. 斯托纳:《普通法与自由主义理论》,姚中秋译,北京大学出版社2005年版,第55—56页;Steve Sheppard, *The Selected Writings and Speeches of Sir Edward Coke*, Liberty Fund, 2003, Vol. I , pp. 265—268。

② Steve Sheppard, *The Selected Writings and Speeches of Sir Edward Coke*, Liberty Fund, 2003, Vol. I , p. 270。

③ 〔美〕小詹姆斯·R. 斯托纳:《普通法与自由主义理论》,姚中秋译,北京大学出版社2005年版,第77页。

④ Steve Sheppard, *The Selected Writings and Speeches of Sir Edward Coke*, Liberty Fund, 2003, Vol. I , p. 271。

分的:"(Ⅰ)检查员不拥有监禁邦汉姆的权力,因为议会的法案并不曾赋予医师行会以该项权力;(Ⅱ)即使医师行会的主席和检查员拥有监禁的处罚权,他们也并没有正确地行使这一权力。"①

其次,科克为证明这两个基本理由分别举出了5、6个理由,并从反面对案件审理中针对上述两个基本理由的反对意见分别作出了回应。例如,科克为证明第一个基本理由,他举出了五点理由予以论证:

> 这可以从五点理由中得到阐明,因为他的活动与生命来自于特许状与法案的本身。1. 存在着两个绝对的、完整的、各不相同的条款,它们彼此是并列的;第一个条款具体规定了4种确定的犯罪行为和惩罚措施,但对于失职行为之惩罚则未予以明确规定……2. 涉及对身体构成伤害的犯罪行为理应以令其身体遭受痛苦的方式受到惩罚,即监禁,而其他犯罪行为则不然……3. 无照医生只能在一个月后予以惩罚,而失职行为则可能在任何时候予以惩罚……4. 检查员不能同时充当法官、执行者和当事人,因为一个人不能同时充当任何当事人的法官和检察官。当议会的一次法案违背普遍的权利和理性时,普通法得审查它,并宣布该法案无效……5. 如果不区分两个条款,必然会导致两个荒唐结论:要么一个人将因为同一罪名而被多次惩罚,要么,一个月的无照行医只能在30天后被惩罚,而一天的无照行医却可能一经发现就遭到惩罚……②

在对以上5点理由给出详尽的论证之后,他又从反面对案件审理中出现的反对理由作出了回应:

> 但以上观点同时遭到了反对,认为法案中的第二个条款实际上赋予了一种广泛的授权,检查员有权对所有的医师的行为进行监督、保障、改正与管理。对此,我将作如下的回应:首先,尽管第二个条款包括了一种广泛的授权,但该句作为一个整体将授权局限于失职行为,因为

---

① Steve Sheppard, *The Selected Writings and Speeches of Sir Edward Coke*, Liberty Fund, 2003, Vol. Ⅰ, p.273.
② Ibid., pp.274—277.

赋予广泛的惩罚权力而只具体规定罚款是荒唐的,且发现一种不当行为的权力与授予惩罚它的权力是两回事。其次,虽然每个法院均可以惩罚蔑视法庭的行为,但本案中的主席与检查员并不构成一个法院,而仅是一个权力当局;即便医师行会是一个法院,监禁也不可能仅由主席和检查员即可作出;且邦汉姆在此并未犯下蔑视罪,而只是主张法律上的一种权利。①

再次,科克在完成上述两个论点的论证后,又对本案进行了总结,从而概括了其论点的现实影响。根据科克在《判例汇编》的记述,该部分这样写道:

> 对于行会来说,如果它在未来欲更好地进行监督管理,就应当注意七方面问题:1. 对于无照行医,除了每月处以 5 镑罚款外,它不应采取其他惩罚措施,而应将其起诉到法院;2. 少于一个月的无照行医行为不应受到惩罚;3. 失职行为可在当月内予以惩罚;4. 那些可被监禁的人应毫不延迟地予以监禁;5. 他们收缴的罚款应属于国王;6. 如未保留记录,他们不能罚款或监禁;7. 施加一个刑罚的理由应当是确定的,因为它可能被上诉至法院。②

最后,作为一类"后记",科克再次重申了该案的重大意义与之所以将该案收入到《判例汇编》中的原因。③ 上述严密、充分的判决理由反映出以科克为代表的法律职业共同体极强的专业化"技艺"和"理念"。难怪斯托纳教授这样评价道:"我们应当记住,科克一直主张,对于一个判决应列出相关的一切理由,因为不同的人会被不同的理由说服。"④

---

① Steve Sheppard, *The Selected Writings and Speeches of Sir Edward Coke*, Liberty Fund, 2003, Vol. I, pp. 278—279.
② Ibid., pp. 282—283.
③ 该"后记"这样写道:"将此案的裁决及裁决理由和(诉讼)理由告知了王座法院首席法官托马斯·弗莱明,他完全同意我们作出的裁决。而且本案乃是第一个涉及特许状与议会法令有关罚款与监禁的判决,因此,我觉得很有必要将其收入到汇编中并出版。"See Steve Sheppard, *The Selected Writings and Speeches of Sir Edward Coke*, Liberty Fund, 2003, Vol. I, p. 273.
④ 〔美〕小詹姆斯·R. 斯托纳:《普通法与自由主义理论》,姚中秋译,北京大学出版社 2005 年版,第 80 页。

第二，该判决理由在本案中大量地运用了"区别"这一"技艺理性"的司法适用方式。① 所谓区别的技术，实际上就是在司法过程中对不同情形下各种相关或类似的因素进行区分，以找出其中的差别，并在法律上区别对待，得出不同的结论。② 它的应用是法律职业共同体自觉地通过司法技艺审理案件、论证说理的过程，直接反映出其司法适用中专业化的程度。

在本案中，科克为证明上述提到的第一个基本依据（Ⅰ）时，给出了五个理由进行阐释。如果我们仔细研读就会发现：它们都是在对所涉及的特许状以及议会法案进行某种解释的语境下给出的，其主要论点就是说明该特许状以及议会立法已经清楚地区分了医师行会对于无照执业的权力与失职行为（malpractice）的权力。对于前者的违反需要罚款 5 镑，对于后者的违反，一经发现即予以罚款和监禁。科克认为，邦汉姆的行为不属于后者，不应该被监禁，其行为所犯的罪名至多是未持有执照。科克这样做的目的，就是试图通过对双方所争议焦点（特许状及其议会法案）的解释，通过对其进行法律专业化的解读、处理，从而最终地作出判断，化解纠纷。正如科克本人在给出上述提及的 5 个理由后说道："从国王的特许状、从法案本身来看，这些理由是有其力量和说服力的；所有的特许状、所有的议会法案最好的阐释者，乃是这些特许状、议会法案本身，当然需要法律解释（construction），并将它们的各个部分聚合为一个整体。"③ 忠实于这一原则，科克在第一个理由中直接对条文予以评论，强调特许状以及议会法案对医师行会对于无照执业的权力与失职行为的权力是做了区分的。它们是"两个绝对的、完整的、各不相同的条款，它们彼此是并列的，因而一个不能扩展至另一个"。我们可以从下面几条理由明白这一点：首先，第二条款是由"而且"（praeterea）一词导入的；其次，对于无照行医的惩罚有具体明确的规定，而相反，对于失

---

① 根据国内学者李红海的研究，法律职业共同体所享有的"技艺理性"在司法适用中大致包含以下几种具体的方式：区别、寻找案件的焦点、转化争议的焦点、将价值之争转化为实现方式之争、转嫁责任、忽略某些事实等。具体参见李红海："普通法的司法技艺及其在我国的尝试性运用"，载《法商研究》2007 年第 5 期。

② 李红海："判例法中的区别技术与我国的司法实践"，载《清华法学》（第 6 辑），清华大学出版社 2005 年版，第 195 页。

③ Steve Sheppard, *The Selected Writings and Speeches of Sir Edward Coke*, Liberty Fund, 2003, Vol. Ⅰ, p.274.

职行为的惩罚措施则留给自由裁量,可以推测,这样做,对于失职行为的刑罚,就可以按其已造成的伤害予以适度的确定。

不仅如此,科克在接下来的三个理由中同样支持了无照行医与失职行为之间的区分。如科克在第二个理由中就指出,由于失职行为的伤害是落在病人的身体上,"因而,被告应以令其身体遭受痛苦的方式受到惩罚,即监禁,这是合乎情理的",但不能如此指控无照行医行为,因为它"不会对人的身体造成伤害"。

正是本着这样专业的解读与区分,科克最终断定:"检查员不拥有监禁邦汉姆的权力,因为议会的法案并不曾赋予医师行会以该项权力。"

第三,科克通过先例确立了"普通法可以审查和宣布议会法案无效"的原则。业已提及,普通法法律职业共同体"技艺理性"的表现之一,就是通过明确先例判决理由中诸多"法律原则",为当下疑难案件找到应适用的"法律原则"。它既是先例中诸多"法律原则"重新得到阐明的过程,也是新"法律原则"得到"宣示"的过程。

科克论证"邦汉姆案"第(Ⅰ)个基本理由时,曾给出五个理由,其中第四个理由这样写道:"检查员不能同时充当法官、执行者和当事人;法官量刑或判决;执行者发布命令;而当事人则收受罚金。一个人不应在自己的案件中充当法官,更确切地说,一个人在自己的事务中充当法官是荒谬的;一个人不能同时充当任何当事人的法官和检察官……从我们的历史文献可以看出:在很多情况下,普通法得审查议会的法案,有时可以裁决其为完全无效:因为,当议会的一项法案违背普遍的权利和理性,或者令人反感,或者不可能实施的时候,普通法得审查它,并宣布该法案无效。"① 该条著名的理由被许多学者认为是美国"违宪审查制度"最为重要的源泉。如美国学者考文说道:"正如我们已经看到的那样,科克正在实施一项在他看来既可以约束议会也可以约束普通法法院的高级法规则。"② 普通法学者普拉克内特也指

---

① Steve Sheppard, *The Selected Writings and Speeches of Sir Edward Coke*, Liberty Fund, 2003, Vol. Ⅰ, p.275.

② 〔美〕爱德华·S.考文:《美国宪法的"高级法"背景》,强世功译,生活·读书·新知三联书店1996年版,第47—48页。

出:"'邦汉姆案'确立了一种根本法的理念(the idea of fundamental law),它可以分别限制王权和议会。"①不管美国"司法审查"的渊源是否应归属到科克名下②,我们需要关注的是科克如何通过援引先例来明确"普通法可以审查和宣布议会法案无效"的原则。

科克援引四个先例中确立的"法律原则"来支持自己的论断,即普通法能够审查和宣布议会的法案无效,并通过"技艺理性"中的司法技艺"精心改造"了先例中的原则。这四个先例分别是:斯瑞格案(Tregor's Case)、塞维特42案(Cessavit 42)、安纽提41案(Annuity 41)和斯托瑞德案(Stroyd's Case),其中前三个先例援引自《年鉴》,后一个则出自《戴尔报告》(Dyer's Reports)。在爱德华三世即位八年后发生的斯瑞格案中,法官赫尔勒说:"有这样一些制定法,即使是制定者也不会希望它生效。"③可科克却将其改变为:"赫尔勒说过,有一些制定法之制定是有悖法律与正当的,如果制定这些法律的人认识到这一点,也不会让它们付诸实施。"在塞维特42案中,法院只是将所涉及议会法案置之不理,而科克却将其解释为,"由于它有悖于普通的正当性和理性,因而,普通法裁决该议会法案在这一点上无效"。④ 在安纽提41案中一名法官辩论说,由于一部制定法是"不合理的",因而,它是"不恰当的"(impertinent)或"不可行的"(impossible)。科克由此明确地指出:"由于它们是不合理的,根本不会被人遵守,因而是无效的。"⑤在最后的斯托瑞德案中,该案涉及将一部制定法中的"劳役租金"(rent services)改变为"收费租金"(rent charges)。科克认为,这样的修改实质上是侵害了国王的权利,他指出:"普通法审查该制定法,并裁决其有关劳役的部分无效,……因为它有悖于普通的正当性和理性:国王应当拥有他的每个臣民或向任何一个臣民征取劳役。"⑥

---

① Theodore F. T. Plucknett, Bonham's Case and Judicial Review, *Harvard Law Review*, Vol. 40 (1926).
② 如普通法学者索恩就认为"邦汉姆案"所确立的原则并非是近代意义上的"司法审查",而是建立一种对制定法的解释。See Samuel Thorne, Dr. Bonham's Case, *Law Quarterly Review*, Vol.54 (1938).
③ Theodore F. T. Plucknett, Bonham's Case and Judicial Review, *Harvard Law Review*, Vol. 40 (1926).
④ Ibid.
⑤ Ibid.
⑥ Ibid.

尽管在普通法学者普拉克内特看来,科克为支持自己的论断所援引的先例存在很大问题,甚至存在严重错误,如塞维特42案和斯托瑞德案"只不过是对该制定法作出的法律解释",是一些具体情况对于制定法的不适用,科克却将其扩张解释为"普通法对有悖于正当性与理性之制定法的彻底否定"。① 但是,不可否认的是,科克通过对先例中"法律原则"的"精心改造",最终将先例中可能蕴含的"普通法审查和宣布不合理性法律无效"的精神原则体现了出来,使其得以明确地表达。这种技艺不是简单的"机械司法活动",也不是法官自由裁量的规则,更不是一种意愿或心血来潮,它正是"技艺理性"在司法适用中的集中体现。对此,学者斯托纳说道:"在每一个案件中,正是法官受过训练的理性(技艺理性)将不同的法源拼合在一起从而发现整个法律(the law)。"②

三、"技艺理性"与韦伯的"英国法问题"

为了更好地说明普通法法律职业共同体所拥有的"技艺理性",这里笔者借用马克斯·韦伯法社会学理论中的"英国法问题",再从另一个具体侧面加以分析。

韦伯在其著作《新教伦理与资本主义精神》中,为了证明理性主义的发展在不同的生活领域中并不是并行的,他以法律理性化与经济理性化之间的关系为例指出:"譬如,假如我们将私法的理性化看成是对法律内容的逻辑简化和重新安排,那么这种理性化在古代后期的罗马法中就已经达到了迄今已知的最高程度。但是这种私法的理性化在一些经济理性化达到相当高程度的国家中却仍然十分落后。在英国,这种情况尤其明显,在那里,罗马法的复兴为各种法律公会的强大力量所挫败;与此相反,在南欧的天主教地区,罗马法的复兴一直保持着支配地位。"③而在《经济

---

① Theodore F. T. Plucknett, Bonham's Case and Judicial Review, *Harvard Law Review*, Vol. 40 (1926).
② 〔美〕小詹姆斯·R. 斯托纳:《普通法与自由主义理论》,姚中秋译,北京大学出版社2005年版,第90页。
③ 〔德〕马克斯·韦伯:《新教伦理与资本主义精神》,于晓、陈维刚等译,生活·读书·新知三联书店1987年版,第56页。

与社会》中的"法律社会学"部分,韦伯也屡次谈到英国法的理性化程度不仅难以与查士丁尼时代的晚期罗马法相比,而且难以与欧陆通过罗马法的继受逐渐发展起来的大陆法相媲美。然而,问题在于,英国法较低的理性化程度似乎并未妨碍,甚至在某种意义上有助于英国资本主义的发展。美国芝加哥大学比较法学者马克斯·莱因斯坦在为韦伯《论经济与社会中的法律》一书所写的译者导言中,将韦伯社会学理论中的上述问题概括为韦伯的"英国法问题"①:既然形式合理性的法律是资本主义产生的必要条件,为什么在不属于形式合理性范畴的普通法的国度英格兰也会出现资本主义,而且是最早出现的?

所谓的"英国法问题"实质上反映了普通法这种主要以法官个案先例为主要表现形式的法律制度在韦伯的理论中找不到恰当的位置,因为在韦伯那里,"法律理性化的统治"是较之于"家长式的传统型统治"和"领袖集权式的个人魅力型统治"之外,唯一具有"正当性"的统治。② 而"法律理性化的统治"所要求的法律应当既是"形式性的"(formality)又是"理性的"(rationality),即所谓"形式理性法"(formal rational law)。③ 这种"形式理性法"要求:(1)任何具体法律判断均系应用抽象法律命题于具体事实情况;(2)任何具体案例,均可依据法律逻辑,经由抽象法律命题得出法律判断;(3)法律必须实际上建构成无漏洞的法律命题体系,或至少必须将法律体系视为无漏洞的体系;(4)任何无法以法律术语合理阐释的

---

① 〔德〕马克斯·韦伯:《论经济与社会中的法律》,张乃根译,中国大百科全书出版社1998年版,第24页。

② 在韦伯社会学理论中,任何统治之所以有效,是因为它具有某种"正当性"。"正当性"意味着人们愿意服从该统治并根据该统治系统的相应命令来行动的可能性。韦伯认为,正当性统治的来源可以出于传统、情感、某种价值信念或对某些成文规定的认可。因此正当性统治在现实生活中可具体分为,传统型统治、个人魅力型(克力斯玛型)统治和法律理性统治三种"理想"的形式。参见郑戈:《法律与现代人的命运:马克斯·韦伯法律思想研究导论》,法律出版社2006年版,第101—105页。

③ 这里的"形式性"与"理性"是韦伯区分不同法律制度的两条主要标准。"形式性",即一种法律制度是否"使用内在于这种法律制度之中的决策标准",这决定了它的系统自治程度。"理性"即一种法律制度是否"按照一种统一的决策标准来处理所有类似案件",这决定了该制度所确立的规则的一般性和普遍性程度。根据前一种标准,法律可分为形式法和实质法,而根据后一种标准,法律又可分为理性法和非理性法。把这两条标准结合起来,我们就得到了四种"法律理想类型":形式理性法、形式非理性法、实质理性法和实质非理性法。

事物,均为法律上不相关的事物;(5)任何人类的社会行为必须均被视为法律命题的应用或执行,或是对法律命题的违反,因为法律体系"无漏洞",必然导致所有社会行为处于一个无漏洞的法律秩序中,为其所规范。①

如果我们以上述这种"形式理性法"的标准去衡量英国普通法,就会清楚地发现:普通法既不是"理性"的,又不是"形式性"的。因为英国普通法既不是由成文法律规范组成的具有普遍适用性的规则系统,其外在程序化特征也远非韦伯心目中逻辑抽象的形式主义。② 因而,英国普通法很难在韦伯那里得到好的评价,韦伯甚至认为:"直到奥斯汀,(英国)还根本不存在一种配称为'科学'的英国法学的研究。"③用葡萄牙学者叶士朋的话说:"英国法很难将所有的法律纳入到公理和法规的有机的理论系统之中,采用系统化原则支配下的演绎推理机制。"④

正如上文所说,英国普通法之所以在韦伯社会学理论中找不到位置是因为普通法并不符合其"形式理性法"中区分不同法律制度的两条标准,即"形式性"与"理性"。换句话说,韦伯所预设的,符合资本主义产生条件的"形式理性法"是支持"法律理性统治"的唯一具有合法性的法律形式,凡是不符合"形式性"与"理性"标准性的其他法律都不是其心目中的"良法"。然而问题是,不符合"形式理性法"标准的英国普通法在实践中同样促进了资本主义在英国的产生,这就是前面提到的韦伯社会学理论中的"英国法问题"。

在回答这一问题前,我们应回过头来分析一下韦伯为什么将"形式理性

---

① 〔德〕马克斯·韦伯:《经济与社会》(下卷),约翰内斯·温克尔曼整理,林荣远译,商务印书馆2004年版,第18页。

② 韦伯认为,法律的形式主义包含着两种类型:一为以事实的外在特征,例如签名、某种语言的表达、某种具有固定意义的象征性行为作为标准。另一为法律相关的事实特征,经由逻辑意义分析,形成及应用高度抽象且明确固定的法律概念。英国普通法只是第一种"外在的"形式主义,它并未真正形成第二种"逻辑的"形式主义,而"逻辑的"形式主义才是韦伯"法律思想类型"中"形式理性"法律中对于形式主义的要求。参见同上书,第17页。

③ 同上书,第210页。

④ 〔葡〕叶士朋:《欧洲法学史导论》,吕平义、苏健译,中国政法大学出版社1998年版,第136页。

法"视为支持"法律理性统治"的唯一具有合法性的法律形式,其主要依据是什么,其背后的法律理性观到底如何?

韦伯之所以推崇"形式理性法"是因为法律的形式理性化有助于化解个人受制于国家治理的危险。只有"形式理性法"才能在很大程度上排除宗教、伦理和情感等其他非法律决策标准的影响,使法律成为一个高度分化的社会系统,保持自治性;同时,也只有"形式理性法"才能提供具有一般性、抽象性的法律规范体系,不指涉具体的个人或群体,不依赖与个人有关的身份或属性,进行"非人格化"的统治。正如他一再强调的,"国家不应具有任何内在的价值,国家只不过是实现完全不同的其他各种价值的一个纯粹技术性的辅助手段,国家只能从这些其他价值那里来获得自己的尊严,因而也只有当国家坚守自己的这一行动使命的时候,它才能保住这一尊严"。① 因此,在韦伯心目中"形式理性法"的典型是受罗马法影响的近代欧洲各国民法典(特别是法国民法典和德国民法典)以及德国的潘德克顿法学所提出的"学理法"。但是需要注意的是,在韦伯的视域中,"形式理性法"仅仅指涉的是那些成文性的立法,并且这些成文立法都是以高度严密性、逻辑性的法典形式为表现的。这一点可以从韦伯对于"形式理性法"中"理性"的理解清楚地得到印证。在韦伯的法社会学理论中,"理性"的含义主要是一种系统性,一种理性的法律"是由所有经分析导出的法律命题组成的一个整体,在其中,这些法律命题构成了一个逻辑清晰、内部一致而且至少在理论上天衣无缝的规则系统,根据这种法律,所有可以想象到的事实情境都能够找到相应的法律规则,从而使秩序得到有效的保障"。② 由此可见,在韦伯心中法律是立法者依据"自然理性"或"立法理性"创制的结果,只不过"立法者"在韦伯这里转变成各式各样代表民众所组成的立法机构。

韦伯推崇"形式理性法"的背后,暗含着他对于"自然理性"的确信与

---

① Max Weber, *The Methodology of the Social Sciences*, The Free Press, 1949, p.47.转引自李猛:"除魔的世界与禁欲者的守护神:韦伯社会理论中的'英国法'问题",载《韦伯:法律与社会》("思想与社会"丛书第1辑),上海人民出版社2001年版,第161页。

② 〔德〕马克斯·韦伯:《经济与社会》(下卷),约翰内斯·温克尔曼整理,林荣远译,商务印书馆2004年版,第16页。

赞同，因为只有相信人类理性的绝对性，人们才可能在一个时代里，由一些人创制出韦伯心目中"逻辑清晰、内部一致而且至少在理论上天衣无缝"的成文法典来。至少可以肯定的是，他坚信人类通过理性，在"解释"（interpretation）和"理解"（understanding）的基础上，能够发现客观世界和现实生活中的"客观规律"。① 更何况，从哲学上讲，欧陆体系化的法典本身就是"建构理性主义"的产物。认识到这一点，我们就能理解为什么英国普通法在韦伯的社会学理论中总是受到批评，成为反证"形式理性法"具有合理性的"标靶"。借用李猛的话说："在立法理性支配下的视角看，普通法成了难以理解的'怪胎'，无论从实质理性角度，还是从形式理性角度，都乏善可陈。"②

然而，如果我们抛开欧陆的"自然理性"，以英格兰法律职业共同体特有的"技艺理性"去看待英国的普通法，就会发现普通法同样是一种蕴涵着理性化因素的法律。

普通法的本质特征在于司法，这不仅是因为普通法本身就是通过司法而不是立法，形成并发展的，更为重要的是，普通法法律职业共同体所拥有的"技艺理性"就孕育在司法过程之中。以科克《判例汇编》中"开尔文案"与"邦汉姆案"的判决理由为例。在"开尔文案"中，科克之所以认为符合"臣民对国王效忠"这一自然法原则高于实定法，并不是因为该自然法原则本身是"永恒不变的理性"，而是因为此时自然法所规定的臣服义务是符合普通法中普遍的正当性和理性（common right and reason）。而在"邦汉姆案"中，科克又将普通法以及自然法置于"根本法"的位置，强调其对于国王以及议会立法的约束。这看似不可调和的矛盾恰好说明了"技艺理性"在普通法中发挥的独特作用。③ 一方面，"技艺理性"强调的经验积累性必然要

---

① 郑戈：《法律与现代人的命运：马克斯·韦伯法律思想研究导论》，法律出版社 2006 年版，第 65 页。
② 李猛："除魔的世界与禁欲者的守护神：韦伯社会理论中的'英国法'问题"，载《韦伯：法律与社会》（"思想与社会"丛书第 1 辑），上海人民出版社 2001 年版，第 187 页。
③ 当然，也有学者认为"邦汉姆案"仅仅是"法国或荷兰的政治家们关于永恒的自然法思想的普通法版本而已"。参见〔美〕罗斯科·庞德：《普通法的精神》，唐前宏等译，法律出版社 2005 年版，第 52 页。

求对于个案特殊性事实的关注,这与欧陆法典化国家司法适用中更追求普遍性的规则适用形成鲜明对比。两案之所以出现看似冲突的判决结果,实是因为个案所涉及的事实和法律问题不同而已。另一方面,"技艺理性"对于经验积累性的强调意味着,它反对像"自然理性"反映出的法律那样,将任何一种规则或价值放在永恒不变、至高无上的地位。两案中科克虽然援引了不同的价值与规则,但是他并没有将任何一种价值与规则放在不可动摇的位置,他只是依据同样的理性处理具体的案件。正如李猛指出的那样:"在科克的学说中,既没有试图清除自然法的学说,同样也没有依据自然法的学说为他的判决理由寻求更基本的依据,而是一种能够通过程序技术来使自然法的价值发挥作用的技艺理性。"①

与欧陆法典法所依据的"自然理性"相比,"技艺理性"不同之处就在于:一方面,它预先并不以一般化、抽象化的模式规定人们的各种行为模式,相反,它以被动的方式将行为方式的选择权交给当事人自己,只有在人们的行为选择发生偏差或彼此冲突时,才予以纠正和化解。人们的权利与义务不是通过列举或其他明示的方式确立,而是借助于司法在具体的救济中得以实现。正如法国比较法学者勒内·达维所说:"英国普通法是作为一连串的补救手段而产生的,其实践的目的是为了使争议获得解决;大陆法的目的则与之相反,它是作为一种体系告诉人们,根据正义的观念,社会应当确认哪些权利和义务。"②另一方面,"技艺理性"强调了每个个人在司法过程中的自主努力,借助个人的司法活动来完成法律管理、"发现"法律。用富勒教授的话说,这种法律管理是一种将公民看做自决行动者的法治形式。在这种法治中,人是"能够变成一个负责的理性行动主体,能够理解和遵循规则,并且能够对自己的过错负责"。③ 这样一种"强调个人艰辛与努力"的法律

---

① 李猛:"除魔的世界与禁欲者的守护神:韦伯社会理论中的'英国法'问题",载《韦伯:法律与社会》("思想与社会"丛书第1辑),上海人民出版社2001年版,第190页。
② 〔法〕勒内·达维:《英国法与法国法:一种实质性比较》,潘华仿、高鸿钧、贺卫方译,清华大学出版社2002年版,第13页。
③ 〔美〕富勒:《法律的道德性》,郑戈译,商务印书馆2005年版,第188页。

制度①,能够运用个人的自主行动来创造自由的空间,同时又能够运用司法的程序技术,来维持法律的稳定性与中立性。在某种意义上,司法程序中的当事人和法官、律师一起,以某种方式参与了法律本身的建构。司法过程中的任何一次判决,都没有"立"法,因为这次判决并未凭空产生新的原则,而只是与以往的一系列先例之间建立了新的联系,从而在不同的原则之间进行了新的权衡。正是普通法法律职业共同体以其特有的"理性"方式,防止了用一种绝对化的规则去处理复杂社会实际可能出现的尴尬,迎合了资本主义的产生对于理性化法律的需要。

因此,我们认为韦伯法社会学理论中之所以会出现"英国法问题",是因为韦伯把以潘德克顿法学派所提出的学理性法律原则和近代欧陆民法典为代表的"形式理性法",作为其理论中唯一符合资本主义产生,唯一具有理性的法律,而忽视了"形式理性法"背后所依凭的"自然理性"或"立法理性"仅仅是一种代表法典化国家的法律理性观,它本身不能作为衡量所有国家法律是否符合"法律理性统治"的标准。以"自然理性"观下的"形式理性法"标准来衡量普通法,自然会令人困惑不解,这就是导致韦伯"英国法问题"产生的症结所在。

第三节 法律职业共同体的宪政斗争

正如普通法学者梅特兰所言:"历史犹如一张没有接缝的大网,任何人所说的第一句话就仿佛撕破了这张没有接缝的网。"②作为英格兰司法主体的法律职业共同体与宪政主义之间的相互作用和影响,在某种意义上是一

---

① 用英国学者阿蒂亚的话讲:"立法程序从总体上来说是一种倾向于鼓励广泛采用抽象目的的程序;相比之下,诉讼程序是一种倾向于强调个人为实现这些目的所花费的艰辛和代价的程序。因此,一种有利于传统个人价值和目的的倾向很可能是诉讼程序所固有的,甚至有可能是立法的普遍性和抽象性的一个有用的砝码。"参见〔英〕P.S.阿蒂亚:《法律与现代社会》,范悦等译,辽宁教育出版社1998年版,第144页。

② F. Pollock and F. W. Maitland, *The History of English Law before the Time of Edward* Ⅰ, Cambridge University Press, 1968, Vol. Ⅰ, p.1.

个历史延续的过程。但这种历史的延续并非"风平浪静",这其中普通法律职业共同体在各个历史的关键"网结"①上,一直与各种专制性的权力进行着斗争。他们斗争的客观结果就是:司法成为限制专制权力的一种政治力量,直接推动了17世纪"宪政革命"的胜利。

一、17世纪之前法律职业共同体的宪政斗争

尽管英格兰法律职业共同体在形成之前就存在与专制王权斗争的零星事例②,但是,到了共同体逐渐形成的13世纪,他们之间的斗争才开始逐渐增多。在亨利三世统治早期,国王咨议会(the royal council)出于政治原因推翻了巡回法庭的一项判决,巡回法官们立即联名上书(letter)抗议道:"是你们挑选我们做法官,我们并没有挑选我们自己。是你们委派我们到这个巡回区维持国王和他王国的安宁,承担对所有人,无论贫穷或富裕,都对他们伸张正义。你们应该不轻信我们行为的不端,这才似乎是合适和荣誉的事情。上帝见证我们良心清白并探知我们内心一切的秘密。在开庭审理时,我们根据我们的理解和智识所及,我们没有做任何使上帝或善意之人不悦的事情。……因此,我们这些法官遭到委派我们的人的轻视,这对国王的荣誉和我们的荣誉来说都是不恰当的。"③1234年,亨利三世以特别命令的方式,将休伯特·德·伯格剥夺法权(outlawry),法官威廉·雷利代表法庭

---

① 国内著名英国法学者程汉大曾说:"对于素以连续性、渐进性著称的英国历史来说,'历史是一张没有接缝的网'尤其如此。不过,梅特兰由此推出的结论——不管人们从什么地方切入进行历史研究,都会撕破这张'网'——似乎值得商榷,因为大凡是'网',必由'网结'组成,只要选准关键性'网结'作为切入点,不仅不会破坏'网'的完整性,反而能收到纲举目张之效。"参见程汉大:"法治的英国经验",载《中国政法大学学报》2008年第1期。

② 例如,早在诺曼时代,彭布罗克的伯爵(Earl of Pembroke)威廉就以一个法律家的身份,对试图将个人意志置于法律之上的国王说:"为了国王的尊荣,我不会违背理性而服从国王意志。如果那样做,我将是对国王犯罪……我也将树立一个背弃正义而屈从国王错误意志的邪恶榜样。因为那样做说明我把自己的尘世幸福看得比正义还重要。"John Maxcy Zane, *The Five Ages of the Bench and Bar of England*, Select Essays in Anglo-American Legal History, Vol. I, Little, Brown, and Company, 1907, p.648.

③ Ralph V. Turner, *The English Judiciary in the Glanvill and Bracton 1176—1239*, Cambridge University Press, 1985, pp.276—277.

宣布国王的命令是无效的(null and void),并最终获得了胜利。① 这一时期法律职业共同体的代表人物布拉克顿甚至认为,自己是"不断添加薪料让正义之火长燃不熄的圣坛的主人"。②

14世纪中叶以后,随着法律职业共同体"一体化"进程的完成以及"普通法心智"观念的逐渐完善,他们反对专制权力的事例比比皆是。1358年,一个王家税务官扣押了一头牛,因他未取得蜡封令状,原告即提起了返还财产之诉。众所周知,在英格兰未获得特别许可令状,任何人无权向臣民征收王室税负,无权扣押臣民的财产。据此,法院对原告作出胜诉判决,并于次年给雷金纳德的纳尔福及其他强制扣押臣民财产者判罪并颁发"紧急返还财产令状"。而郡司法行政官针对令状辩称,他收到一封盖有国王印鉴的信件,信中写明国王已经赦免了被告,并命令他不得做有损被告利益的行为。据此,该司法行政官未履行王室法官的令状。但他的理由并没有被王室法官所采纳。王室法官认为,该司法行政官以一封国王的私人信件为由,为自己拒绝执行王室法院的令状的行为进行辩解是不能成立的。于是,王室法官对司法行政官作出了处罚,同时发布新令宣布被告行为不法。③ 此案需要我们注意的是,王室法官虽然并没有与国王产生直接的冲突,但是它从一个侧面反映出这一时期法律职业共同体独立性权威增强,敢于依据法律与专制主义倾向的做法进行斗争。1405年,当国王亨利四世要求法官们判处大主教斯克洛普和马沙尔伯爵(Archbishop Scrope and the Earl Marshal)死刑时,王座法院的首席法官威廉·加斯科因(William Gascoigne)坚决予以拒绝,他说:"根据国家的法律,我的领主您和您的任何臣属都不能宣判一位高级教士的死刑。马沙尔伯爵有权由他的'同等者'审判。"④据说就是这位首席法官曾经以藐视法庭罪,将当时咆哮法庭的王储(即不久后继承王位的亨

---

① F. Pollock and F. W. Maitland, *The History of English Law before the Time of Edward* Ⅰ, Cambridge University Press, 1968, Vol. Ⅱ, p.587.

② John Maxcy Zane, *The Five Ages of the Bench and Bar of England*, Select Essays in Anglo-American Legal History, Vol. Ⅰ, Little, Brown, and Company, 1907, p.645.

③ 〔美〕罗斯科·庞德:《普通法的精神》,唐前宏等译,法律出版社2005年版,第46页。

④ John Maxcy Zane, *The Five Ages of the Bench and Bar of England*, Select Essays in Anglo-American Legal History, Vol. Ⅰ, Little, Brown, and Company, 1907, p.671.

利五世)判刑。加斯科因也因此成为当时英格兰法官的楷模。① 此外,这一时期的法律职业共同体还针对国王许多个人的恣意行为予以明确的反对。据学者罗斯科·庞德记载:

> 亨利四世为限制外国人和外籍居民带进伦敦的羊毛布料和帆布,允许对卖主和买主每成交一匹布各征收一便士。法官们认为,这一行为不但没有造福民众,反而加重臣民负担,故宣布该特许收费许可无效。另外,亨利六世国王授予染布公司一项可对使用有毒染剂的行为进行调查的重要权力,并有权对发现的有毒染剂实施查封、扣押和没收。法官们认为该项授权违反了关于未经审理和听取当事人陈述不得以权力特许状剥夺任何人财产权的法律规定,最终宣布国王的授权行为无效。②

即便在具有明显专制特征的都铎王朝时期,法律职业共同体与专制权力的斗争也始终存在。哈斯教授曾经以都铎王朝初期案例作为例证:"1485年,新任国王亨利七世就一桩涉及叛逆罪案件预先征求法官意见时,首席法官对国王拒绝道,'此事应在王座法院开庭时处理,到那时法官们会根据法律做他们该做的事'。"③到了都铎王朝专制趋势更为强盛的时期,也不乏对抗专制权力的事例。1550年,当枢密院蛮横无理地下令中止一项蔑视王权罪(praemunire)的审理时④,法官李斯特、布洛梅利和波特曼联合抗议道:"他们已经宣誓过根据正当法律程序实施法律,如果要他们中止案件的审理,将违背他们的誓言。"⑤1591年,几乎所有的法官一致反对枢密院随意扣押行为,并要求限制枢密院的随意裁量权(the discretion of the Council)。⑥由于这一时期法律职业共同体的独立性增强,他们与专制王权的斗争也很

---

① J. H. Baker, *An Introduction to English Legal History*, Butterworths, 1990, p.190.
② 〔美〕罗斯科·庞德:《普通法的精神》,唐前宏等译,法律出版社2005年版,第47页。
③ J. H. Baker, *An Introduction to English Legal History*, Butterworths, 1990, pp.190—191.
④ 这里需要注意的是,枢密院的前身是国王的咨议会。在亨利七世时,他将其中的少数亲信组成一支完全听命于他的"核心组织"即枢密院,咨议会的权力逐渐被这个"核心组织"所取代,枢密院的出现标志着英国近代意义上国家政府的出现。
⑤ W. S. Holdsworth, *A History of English Law*, Methuen, 1956, Vol. V, p.348.
⑥ Ibid.

少受到政治的迫害。据学者霍兹沃斯考证,整个 16 世纪仅有玛丽时期因参与改变王位继承人选阴谋被免职的两名首席法官克奥姆雷(Cholmley)、蒙塔古(Mountague)以及玛丽王朝初期公然改变新教徒原则(Protestant principles)的普通法法院法官黑尔斯(Hales)等三人,其他法官皆未因政治、宗教等其他原因被强行罢免。①

普通法学者贝克在归结这一时期法律职业共同体之所以敢于同专制权力作斗争的原因时认为:"长期的职业司法训练和 15 世纪以来福蒂斯丘宪政思想(这里我们可以将其理解为福蒂斯丘的'普通法心智'观念)的影响。"②这在一个侧面反映了,普通法法律职业共同体"一体化"趋势的加强以及"普通法心智"观念对该群体独立性、权威性的作用。

然而,我们也不能过高地估计这一时期法律职业共同体的力量。毕竟在 17 世纪之前,法律职业共同体与专制权力的斗争是在政治状况相对平稳的情况下发生的。即便在具有专制特征的都铎王朝,其历任国王也是承认普通法与议会的重要地位的。如在玛丽女王时期,一名叫弗利特伍德的绝对专制主义者,曾上书规劝女王应该像威廉一世那样摆脱法律,独断专行,采用"征服者"这个称号,被女王断然拒绝。据说,当时玛丽女王曾为此人的耿耿忠心所感动,但她仍然想到了加冕誓言,因此,将其上书当众付之一炬。③

通过上述的例证,我们发现 17 世纪以前,普通法法律职业共同体的宪政斗争还存在以下两个局限性:其一,17 世纪以前的斗争都是在良好政治环境帮衬下进行的;其二,法律职业共同体在斗争中所发挥的作用还不具有决定性。

二、17 世纪初期以科克为代表的法律职业共同体的斗争

1603 年詹姆斯一世就任英格兰国王,开始了斯图亚特王朝的统治。詹

---

① W. S. Holdsworth, *A History of English Law*, Methuen, 1956, Vol. V, p.349.
② J. H. Baker, *An Introduction to English Legal History*, Butterworths, 1990, p.190.
③ W. H. Dunham, Regal Power and Rule of Law: A Tudor Paradox, *The Journal of British Studies*, Vol. 3 (1964).

姆斯一世来自实行罗马法的苏格兰,从小深受君主专制理论的熏陶。据说,他在年轻时读过布丹强调君权至上的《国家论六卷》,还匿名出版了宣扬君主专制的小册子《自由君主制之真正法律》。① 由于他对英格兰政治法律文化的传统一无所知,在国王与议会、法律之间的关系问题上,强调君主统治的至上性,甚至宣称:"即使国王在他的即位典礼上发了誓,这也不能像一个正式的契约那样约束他,因为除了上帝还有谁有权威判定国王是否遵守了契约的条款呢?"②这也就是说,如果国王滥用了权力,臣民只能求助于上帝对他加以开导,把他引向正确的道路,而不得进行反抗。不仅如此,其继任者查理一世全盘继受了其专制主义衣钵,有过之而无不及。他在《答复》里拒绝了1642年议会提出的《十九个命题》,并指出:"如果取消君主的权力,这将使我们在国内和国外都成为可鄙的。"③

17世纪初期专制主义的加强,使得都铎王朝时期形成的"国王在议会中"的政治平稳格局被打破,王权所代表的权力被推到了历史的极端。于是,"一个丧失了历史合理性的王权在新的朝代下与自由激烈地冲撞了"。④

在王权的极端膨胀下,原先对王权起到制约作用的议会被经常性地解散。以詹姆斯一世和查理一世两朝为例,詹姆斯一世曾将于1604年、1614年以及1621年连续解散了三届议会。查理一世在1629年解散议会后,更是经历了长达11年的"无议会"个人专制时期。⑤ 由于缺少议会对于王权的制衡,普通法法律职业共同体的独立性、权威性受到了极大的冲击。

1608年2月,詹姆斯一世告诫一群普通法法官说:"按照法国的风格(在法国,司法界的法官是受君主控制下的一个单独的官僚阶层)去进行司法,这既对国民有利,同时也符合国王恢宏雄伟的气派。"⑥此外,国王如果认为某一案件于政府利益有关,他时常会在开庭前召集法官,对其施加影

---

① 〔美〕斯科特·戈登:《控制国家——西方宪政的历史》,应奇、陈丽微等译,江苏人民出版社2001年版,第247页。
② 同上书,第248页。
③ 同上书,第258—259页。
④ 钱乘旦、陈晓律:《英国文化模式溯源》,上海社会科学院出版社2003年版,第38页。
⑤ 程汉大:《英国政治制度史》,中国社会科学出版社1995年版,第178—185页。
⑥ Wilfrid R. Prest, *The Rise of the Barristers: A Society History of the English Bar 1590—1640*, Clarendon Press, 1986, p.265.

响,左右最后判决。有时甚至强迫法官将有损国王利益的案件搁置一旁,不了了之。如果法官对其意见稍有反对,立即革职。例如,1616年时任王座法院首席法官的科克被免职。随后,其继任者克鲁(Crew)和黑斯(Heath)以及财政法院首席男爵(即财政法院首席法官)沃尔特(Walter)也相继于1626年、1634年和1630年被革职或停职。① 1641年查理一世将1638年"船税案"(Ship-Money)中反对自己的法官全部革职。②

这一时期不仅法官的遭遇如此,作为法律职业共同体另一支的职业律师阶层,也受到王权的强烈冲击。1616年詹姆斯一世就曾抱怨说:"现在受人欢迎的律师是那种在议会中胆大包天、践踏我特权的人。"③对于律师的敌视,查理一世较之其父更加严厉。1628年查理一世还准备将全部的普通法律师从议会下院赶出去。④ 1610年普通法律师怀特洛克(Whitelocke)因反对国王强行征税,被枢密院监禁。律师福勒(Fuller)因申请禁止令状反对宗教事务高等法院(the courts of High Commission),被国王起诉,罪名是分裂教派罪(schism)。⑤ 国王对普通法律师的打击不仅体现在政治方面,他们甚至在法律职业方面也对其进行限制。例如,国王宣布,普通法律师在中殿会馆(The Middle Temple)阅读爱德华三世时期普通法法院审理宗教案件的档案是违法的,因为它们的内容与当时的政治相悖。⑥ 詹姆斯一世十分向往法国、苏格兰、西班牙等民法法系国家,律师执业、收费全部由君主控制的做法。

虽然普通法法律职业共同体面对国王绝对主义王权的挑战,其独立性、权威性受到了极大的冲击,但是以科克为代表的职业共同体在"普通法心智"观念以及内在职业"向心力"的作用下,一直坚持"王权有限"、"普通法至上"的理念,他们通过自身的智慧与勇气与各种专制力量进行着殊死的抗

---

① W. S. Holdsworth, *A History of English Law*, Methuen, 1956, Vol. V, p. 351.
② J. H. Baker, *An Introduction to English Legal History*, Butterworths, 1990, p. 351.
③ Wilfrid R. Prest, *The Rise of the Barristers: A Society History of the English Bar 1590—1640*, Clarendon Press, 1986, p. 260.
④ Ibid., p. 261.
⑤ W. S. Holdsworth, *A History of English Law*, Methuen, 1956, Vol. V, p. 350.
⑥ Ibid.

争,成为后来英格兰宪政生成的中流砥柱。正如学者麦克·伦敦(Michael Landon)所说:"普通法法律职业共同体并不赞同斯图亚特国王们绝对的君权神授(Divine Right),因为他们坚信英格兰王国最终的统治权在于法律本身,是英格兰的法律赋予了臣民力量和权利。"①

(一) 与代表专制王权的宗教事务高等法院的斗争

在都铎王朝时期,普通法法院与各种代表国王权力的特权法院还能和谐相处,但是到了斯图亚特王朝,这一和谐状态被打破。最先发生冲突的是普通法法院与宗教事务高等法院(the courts of High Commission)。②

该宗教事务高等法院设立于都铎王朝时期,其主要任务是执行亨利八世以来的宗教法令,对违反宗教改革政令的犯罪实施审判。根据传统的普通法原则,普通法法院可以对宗教事务高等法院颁发禁止令,以阻止其涉足职能以外的案件。但是,到了斯图亚特初期,宗教事务高等法院开始成为詹姆斯国王执行宗教迫害政策的工具,其管辖权急剧膨胀,一些与宗教事务无关的审判日益增多,严重威胁到普通法法律职业共同体的切身利益。宗教事务法院的法官们甚至希望摆脱普通法法院的束缚。

1605年坎特伯雷大主教班克罗夫特(Archbishop Bancroft)向国王的枢密院抱怨说,宗教法院的管辖权受到了普通法法院禁止令状(writs of prohibiton)的严重限制,并要求废除普通法法院这一权力。针对这一要求,科克通过大量司法先例,证明了普通法法院颁发禁止令是合法的。③ 1607年普通法法院与宗教法院的冲突进一步升级。一个名叫福勒(Fuller)的普通法出庭律师向王座法院申请一个针对宗教事务法院的禁止令状,并在法庭辩论中借机抨击了宗教事务法院的司法管辖权。不幸的是,由于其言语不当被指控犯有分裂教派罪(schismatical)。依据这一指控,福勒被宗教事务法院处以罚款和监禁。王座法院的法官们一方面承认宗教事务法院有权惩罚分裂教派罪,但另一方面又否认宗教事务法院有权处罚一名出庭律师在法庭

---

① Michael Landon, *The Triumph of the Lawyers: Their Role in English Politics 1678—1689*, Alabama University Press, 1970, p.25.
② W.S. Holdsworth, *A History of English Law*, Methuen, 1956, Vol. V, p.429.
③ Ibid.

辩论中所发表的言论，并且最后以强硬的措辞强调，普通法法官有权决定宗教法院司法管辖权的范围。① 普通法法官这一技艺化立场（technical ground）显然使班克罗夫特大主教极为不满，他诉诸国王说，涉及宗教法院司法管辖权权限的问题或任何涉及法律上有疑问的问题，都应当由国王自己来裁决。他接着说，既然王室法官是国王委派的，国王也就可以在任何时候撤销这些法官对某一案件的审理权，而由国王自己来裁决。班克罗夫特大主教这一观点深得国王的赞同。但是，科克和其他法官却不同意此观点，他们提出了"普通法至上"的观点，并坚持认为只有他们才有权控制和解释这些具有至上性的普通法。② 科克说："法律就是用于审理臣民案件的金铸的标杆和标准（the golden metwand and measure），它保障殿下处于安全与和平之中。""国王本人不能对任何案件作出判决，不管这些案件是刑事的……还是当事人与当事人之间的。""国王不能离开他的法院审理案件，并自己作出案件的判决。""判决应由法庭全体同意（per curiam）作出；并且法官进行司法必须严格以英格兰的法律与习惯来审理案件。"③科克的这些话不仅针锋相对于班克罗夫特大主教，而且直接将矛头指向了国王。④

然而，以科克为代表的法律职业共同体与代表专制王权的宗教事务高等法院的斗争并未就此结束。1610年，大主教再次向国王抱怨普通法法官。这次引起争议的问题是，宗教事务高等法院是否有权对通奸者（adultery）处以监禁。普通法法官们一直坚持认为宗教事务高等法院无权这样做，并且以缴纳保证金为条件，释放了被羁押的查恩西（Chancey）。国王的召见会议再一次召开。一些法官慑于国王的权力作出了让步，但是科克和其他普通诉讼法院的法官没有退缩，坚持了自己的立场。⑤ 为了进一步说服国王与宗教法院，科克和其他法官引用了亨利八世时期《上诉法》（Statute of Ap-

---

① W. S. Holdsworth，*A History of English Law*，Methuen，1956，Vol. V，p. 429.
② Ibid.，p. 430.
③ Ibid.
④ 此事件引发了1607年詹姆斯一世与王室法官们那次著名的谈话，以及科克冒死顶撞国王的那一幕。具体详情参见本节第四部分。
⑤ W. S. Holdsworth，*A History of English Law*，Methuen，1956，Vol. V，p. 431.

peals)①的序言,来证明宗教法院从属于普通法的传统在那时就已经确立。在他们眼中,教会以及教会的法院不仅从属于王权的至上性,而且还从属于普通法的至上性。② 这次争端的结果,正如霍兹沃斯所说:"科克等人是否是在忠实地解释亨利八世的法令,我们不得而知,但是,它的确在客观上限制了詹姆斯一世。"③最终,科克等人的观点赢得了胜利,并坚固地确立了宗教法以及宗教法院从属于普通法以及普通法法院的英国法传统。④

(二)与代表专制王权的特权法院的斗争

除宗教法院外,这一时期科克还将斗争矛头对准了威尔士边区法院与星座法院等其他依据国王意志而建立的特权法院。

特权法院最初建立于都铎王朝时期,它们在镇压叛乱贵族势力、恢复国内法律秩序等方面曾发挥过积极性的作用。但是,到了斯图亚特王朝时期,这些特权法院逐渐成为专制王权的工具,不时干预普通法法院的司法工作,激起了普通法法律职业共同体强烈的不满。⑤ 如这时的法律职业共同体普遍认为他们的司法审判权受到了以枢密院为代表的特权法院的攻击。⑥

反对特权法院的斗争,从 1604 年的"费尔利案"(Fairley's case)开始。费尔利因违抗枢密院的命令被捕入狱,他向法院申请了人身保护令(the writ of Habeas Corpus),但枢密院拒绝接受该令状。这一事件立即引发了枢密院司法管辖权是否应受限制的讨论。此时,法官们坚持认为,枢密院在英格兰的沃塞斯特(Worcester)、赫尔福德(Hereford)、格洛塞斯特(Gloucester)以及

---

① 1533 年的《上诉法》,是英格兰宗教改革中扩张王权、限制教皇权力的一部主要法律。该法禁止英格兰大主教法院的案件向罗马教廷上诉,扩大了理查二世在《侵犯王权罪法》(Statute of Praemunire)中的原则,如禁止将婚姻案件的上诉从英格兰大主教法院移交到罗马教廷。该法所包含的主要观点是,国王在教会和世俗事务方面均是国家的元首。参见薛波主编:《元照英美法辞典》,法律出版社 2003 年版,第 1289 页。

② W. S. Holdsworth, *A History of English Law*, Methuen, 1956, Vol. V, p. 431.

③ Ibid., pp. 431—432.

④ Ibid., p. 432.

⑤ 其实,这种冲突在 16 世纪末的都铎王朝时期就已经表现出来,1598 年就曾出现过一个极端的例子。当时的普通诉讼法院作出判决,裁定恳请法院不仅在法律上并不存在,而且其作出的判决是缺乏审判权的(coram non judice)。See J. H. Baker, *An Introduction to English Legal History*, Butterworths, 1990, p. 139.

⑥ W. S. Holdsworth, *A History of English Law*, Methuen, 1956, Vol. I, p. 510.

绍普海尔(Shropshire)等四郡是没有管辖权的。它们的建立仅仅依靠的是特权,因而是不合法的。① 1605年,特权法院的拥护者认为,既然普通法法律职业共同体仅仅承认有议会立法依据的权力,于是,他们试图通过议会的制定法来解决特权法院的合法性问题,但未能成功。

1607年时任总检察长(Solicitor-General)的培根提出了一系列指导枢密院的改革方案。国王表示同意,并将刑事特别司法管辖权交给了威尔士边区法院。但是,这一提议遭到了一名从事民事审判的法官的强烈反对。② 1608年,枢密院决定询问法官们是否承认枢密院享有民事案件的司法管辖权,以及是否仍然反对威尔士边区法院。普通法学者霍兹沃斯认为:"这是一场涉及英格兰宪政问题的讨论。"③法官们围绕着这一问题集中讨论了6天,最终以科克的意见回答了国王,可能由于讨论意见不利于国王,最终未能予以公开。但是,科克在其著作中曾经提及此事,称1609年法官们曾达成一致决议,即只承认北方边区法院仅有权在特殊的犯罪中享有刑事案件的司法管辖权,不承认任何不动产案件以及其他民事案件的司法管辖权。④ 虽然国王试图扩张威尔士边区法院和北方边区法院的野心一直没有停止,但由于普通法法律职业共同体的殊死斗争,其所享有的司法管辖权一直被限制在很小的范围。

另外,作为由枢密院直接设立的法院,星座法院长期以来被视为特权法院的代表。由于该法院是根据议会法令建立起来的,因此多数普通法法官和律师最初并不怀疑其合法性,只是认为其司法管辖权应被严格限制在1487年议会法令规定的范围内。正如霍兹沃斯所言:"这一时期尽管法律职业共同体可能并不喜欢它,但是他们不能以某种理由去反对它,因为它是一个具有合法性的法院。"⑤

然而,以科克为代表的法律职业共同体后来却不满足他们的前辈对于星座法院的上述看法。科克在《英国法总论》(*Institute*)第4卷中写道:"亨

---

① W. S. Holdsworth, *A History of English Law*, Methuen, 1956, Vol. I, pp. 510—511.
② Ibid., p. 511.
③ Ibid.
④ Ibid.
⑤ Ibid., p. 512.

利七世的 3 号法令并没有创设一个新的法院,因为它是由枢密院成员组成的……即使算作一个法院也是不合法的,因为通过一个法令创设一个法院,这种行为既违反法律也与历史传统相冲突。"①

在科克的影响下,其他普通法法律职业共同体也逐渐开始怀疑星座法院其他司法管辖权的权限问题。在他们当中詹姆斯一世时期的哈德森的观点很具有代表性,他说:

> 在处理星座法院司法管辖权权限的法令第二部分规定中,我建议应权衡斯库拉(Scylla)与卡律布狄斯(Charybdis)之间的风险性②;因为一方面如果我支持削弱其权限或者缩小专制权力的权限范围,那么我将遭受被国王责难的危险;另一方面如果我肆意地扩大其权限,那么普通法的专家们将为我扣上侵犯臣民自由的罪名。仔细权衡后,我认为如果我选择后者,这不仅会使我丧失法律职业者的荣耀,而且会使我丧失作为一名英国人的荣耀。③

正是由于像科克、哈德森等法律职业共同体的质疑与反对,斯图亚特王朝初期星座法院才在议会的帮助下与威尔士边区法院、北方边区法院以及宗教事务高等法院一起于 1641 年被最终废除。④ 对此,普通法学者霍兹沃斯这样评价道:"科克面对新兴法院——这些法院是国王扩大权力的工具——之崛起,而努力维护普通法的地位,是他的伟大成就之一。"⑤

(三) 与代表专制王权的衡平法院的斗争

前已述及,在衡平法院产生初期,其与普通法法院之间的关系处于和谐状态,普通法法官经常出席衡平法院,并提供相关建议。然而,16 世纪以后

---

① W. S. Holdsworth, *A History of English Law*, Methuen, 1956, Vol. I, p.513.
② 斯库拉(Scylla)和卡律布狄斯(Charybdis)是希腊神话中的两个海妖。她们分别守护在墨西拿海峡(Strait of Messina)的两侧。海峡靠近陆地的一侧有一块危险的岩石称为"斯库拉岩石",海峡另一侧有一处漩涡称为"卡律布狄斯漩涡"。短语"在斯库拉和卡律布狄斯之间"意思指的是,"左右都是危险","左右为难"。
③ W. S. Holdsworth, *A History of English Law*, Methuen, 1956, Vol. I, pp.513—514.
④ Ibid., pp.514—515.
⑤ 〔美〕小詹姆斯·R. 斯托纳:《普通法与自由主义理论》,姚中秋译,北京大学出版社 2005 年版,第 51 页。

由于个别衡平法院御前大臣(the chancellor)个性的原因,普通法法律职业共同体开始与其展开不断的斗争。沃尔西(Wolsey)担任御前大臣期间(1515—1529年)就因为看不起普通法法律职业共同体,而遭到了反对。[1] 1546年御前大臣托马斯·乌瑞塞斯利爵士(Sir Thomas Wriothesley)因试图将罗马法引入衡平法院,而遭到普通法法律职业共同体的强烈反对,因为这将有可能危及他们的职业。[2]

然而,普通法法律职业共同体与代表专制王权的衡平法院真正冲突发生在1616年科克与御前大臣埃尔斯米尔勋爵(Ellesmere)之间。埃尔斯米尔出身于普通法律师,然而,随着年龄的增长,他的个人偏见以及政治偏见开始占得上风。他开始重复沃尔西的错误,公开与普通法法官作对。他甚至在普通法法院作出判决后,还允许当事人在衡平法院重新进行诉讼,并导致数千件案件积压起来,不能得到执行。这一点尤其激起了法律职业共同体的愤怒。[3] 他们呼吁道:"如果允许当事人一方将普通法法院已经作出判决的案件再交由衡平法院进行审理,这将会颠覆整个普通法。因为没有人再会将案件诉诸普通法法院,他们将在衡平法院开始他们的诉讼,在那里他们能得到案件最终的解决。"[4]与此同时,埃尔斯米尔把任何对于他本人的批评视为对神授君主制的攻击。[5] 其实,科克与埃尔斯米尔之间的争端,早在1613年科克被任命为王座法院首席法官之后就已经开始。科克站在法律的立场上坚持认为,衡平法院将普通法法院已经作出判决的案件重新进行诉讼的行为是不合法的,它违反了制定法以及1598年财政法院(the Exchequer Chamber)全体法官们的决定。同时,科克还签发人身保护令,释放那些被埃尔斯米尔以蔑视衡平法院禁止令(contempt of injunctions)所羁押的犯人,并鼓励那些被释放的犯人去控告那些在衡平法院质疑王室法院判决效力的对方当事人。[6]

---

[1] J. H. Baker, *An Introduction to English Legal History*, Butterworths, 1990, pp. 124—125.
[2] Ibid., p. 125.
[3] Ibid.
[4] W. S. Holdsworth, *A History of English Law*, Methuen, 1956, Vol. I, p. 461.
[5] J. H. Baker, *An Introduction to English Legal History*, Butterworths, 1990, p. 125.
[6] Ibid.

埃尔斯米尔与科克两人的争论在1616年的"牛津伯爵案"(Earl of Oxford's Case)中达到了白热化程度。在该案中，埃尔斯米尔坚持主张衡平法院可以对普通法法院作出判决的案件行使管辖权并纠正其判决。他甚至宣称："这并非是因为普通法法院的判决中存在不足或错误，而仅仅是为了一方的良心与是非感。"①面对埃尔斯米尔的歪理(quibble)，科克试图从历史合法性的角度，质疑衡平法院的这一权力主张。科克坚持认为，御前大臣埃尔斯米尔所宣称的司法管辖权不仅违背了1354年的制定法《侵犯王权罪法》(the Statute of Praemunire)，而且还与1403年的制定法相冲突。因为根据《侵犯王权罪法》以及之前的立法，如果允许当事人在普通法法院判决后，再将案件交由衡平法院管辖，那么适用罗马法的衡平法院的管辖权将最终从属于外国法院，这是与王权相冲突的。② 此外，1403年制定法规定，王室法院作出的判决除了由国王本人、枢密院或议会根据特别情况如出现污点或错误被推翻，才能重新召集审理外，任何一方当事人或其继承人必须予以执行。③ 科克正是基于上述的两个制定法的规定否认了御前大臣埃尔斯米尔的主张。

这一争论最终被提交到詹姆斯一世面前，詹姆斯一世将它交给总检察长弗朗西斯科·培根及其他枢密院成员，要求他们提供建议。作为国王忠实"雄狮"的培根很快领会了国王支持衡平法院的意图。"因为促使詹姆斯国王作出这一决定的根本原因来自于，埃尔斯米尔所代表的衡平法院对于绝对主义王权积极支持的政治立场。而以科克为代表的普通法法官们所坚持的司法独立恰恰反对詹姆斯国王。"④于是，培根毫不犹豫地站在了埃尔斯米尔一边，明确指出衡平法院的行为并没有违反1403年的制定法，因为"衡平法院自亨利七世起就拥有现在的权力。它们在普通法法院判决后，甚至是判决执行后可根据需要对案件发布禁令；甚至普通法法官在判决后还建议当事人去衡平法院再寻求新的救济"。⑤ 基于培根和其他枢密院成员

---

① W.S. Holdsworth, *A History of English Law*, Methuen, 1956, Vol. I, p.462.
② Ibid.
③ Ibid.
④ Ibid., p.463.
⑤ Ibid.

的建议,詹姆斯一世于1616年7月26日颁布了一项支持衡平法院的命令。

虽然这场斗争表面上看是以科克为代表的普通法法律职业共同体的落败而告终,但是从深层原因看,此时衡平法院的胜利也不仅仅是因为其是"王座下的雄狮"。更重要的原因在于,此时的衡平法院正如前面第三章提到的那样,其审判依据逐渐规则化、原则化,成为英格兰人民心目中不可或缺的司法机构,因而科克等法律职业共同体才没有就此事继续同衡平法院纠缠下去,而直接将斗争的矛头对准了代表专制权力的国王。同时这也是衡平法院后来没有像其他特权法院那样,被议会和普通法法律职业共同体这一"古老同盟"(old allies)取缔的真正原因。①

(四) 与专制王权干预司法的直接斗争

在都铎王朝后期的伊丽莎白时代,时任总检察长的科克并没有像后来那样与王权展开针锋相对的斗争,他甚至以充沛的精力投入捍卫王室利益的诉讼中。如1600年6月,埃塞克斯伯爵因叛乱被捕,科克几乎动用了一切"恶毒的言语"和"不公正的手段"对其进行攻击,并最终在完全剥夺埃塞克斯举证权利的情况下,将其判处死刑。科克不遗余力的效忠行为赢得了女王的宠信。② 究其原因,是因为这一时期的王权还维持着与议会、普通法之间的和谐关系,没有将其权力恣意行使。因而,科克还恪守着法官是"王座下雄狮"的传统。他甚至在詹姆斯一世继位初期也没有与王权进行抗争,仍然"尽心尽力地"维护着王室的利益。如在1603年开始的"罗利案"中,科克几乎在没有任何证据的情况下,通过限制和剥夺罗利辩护权以及暗中勾结法官与陪审团等极不正当的手段,将罗利判处死刑,缓期执行。③

然而,随着詹姆斯一世的独断专行,王权的要求已经打破了与议会、普通法之间的平衡,越来越倾向于实施基于其个人意志的专制统治。在司法

---

① W. S. Holdsworth, *A History of English Law*, Methuen, 1956, Vol. I, p.463.
② Catherine Drinker Bowen, *The Lion and the Throne: The Life and Times of Sir Edward Coke*, Little and Brown, 1957, p.173.
③ "罗利案"也构成了科克整个法律职业生涯被人所诟病的污点,因为这在很大程度上背离了科克后来所一直追求的保障臣民自由与权利的普通法原则。当然,科克也正因为这种捍卫王室的"杰出"表现,被詹姆斯一世如愿地册封为普通诉讼法院的首席法官,开始为期10年的法官生涯。参见〔美〕约翰·梅西·赞恩:《法律的故事》,孙运申译,中国盲文出版社2002年版,第303—309页。

领域具体体现为,以其个人意志经常性地干预司法审判。如果说以科克为代表的普通法法律职业共同体与宗教法院、特权法院以及衡平法院的斗争,还只是其与专制王权间接冲突的话,那么,1607 年 11 月 10 日发生的著名的"禁止国王听审案"(Prohibitions del Roy)则标志着以科克为代表的普通法法律职业共同体第一次与他们所宣誓效忠的国王面对面的斗争。他们已经不再是沉睡在"王座下的雄狮"。

1607 年 11 月 10 日(星期日),国王应坎特伯雷大主教班克罗夫特的奏请,召集所有英格兰各法院的法官举行了一次会议。会议的目的是寻求法官们认可大主教给他提出的一个建议,即对于法院法官审理的案件,如果有疑问的,无论案件的性质如何,都可以由国王自己"以其国王的身份"直接进行裁决;因为法官不过是国王的代理人而已,国王有权按照自己的喜好裁决案件。①

针对这一直接侵害司法权的行为,时任普通诉讼法院首席法官的科克回答道:"由全英格兰全体法官、财政法院法官见证,并经他们一致同意,国王本人不能裁决任何案件,不管是刑事的,比如叛国罪、重罪等等,还是各方当事人之间有关遗产、动产或货物等等的案件;相反,这些应当在某些法院中,根据英格兰的法律和习惯来决定和裁决。"② 接着,科克援引了一些先例予以证明。

詹姆斯听后则反驳道:法律是以理性为基础的(law was founded upon reason),并且除了法官以外,他和其他人一样拥有理性。针对国王的这一具有"思辨性"的观点,科克精彩地这样说道:

> 确实,上帝赋予了陛下以卓越的技巧(excellent Science)和高超的天赋(great endowments of nature);但陛下对于英格兰国土上的法律并没有研究,而涉及陛下之臣民的生命或遗产,或货物,或财富的案件,不应当由自然的理性(by nature reason),而应当依据技艺理性和法律的判

---

① Steve Sheppard, *The Selected Writings and Speeches of Sir Edward Coke*, Liberty Fund, 2003, Vol. I, p.479.
② Ibid.

断来决定(by the artificial judgment and reason of law),而法律是一门需要长时间学习和实践的技艺,只有在此之后,一个人才能对它有所把握:法律就是用于审理臣民案件的金铸的标杆和标准(the Golden met-wand and measure),它保障陛下处于安全与和平之中:正是靠它,国王获得了完善的保护,因此,我要说,陛下应当受制于法律;而认可陛下的要求,则是叛国;对于我所说的话,布拉克顿曾经这样说过:国王应当不受制于任何人,但应受制于上帝和法律(Quod Rex non Debet esse sub homine, sed sub Deo et lege)。①

通过上面的对话我们发现,科克在这里对待王权的态度完全不同于都铎王朝晚期的伊丽莎白时代,之所以出现这样大的反差,是因为"他越来越注意到新国王的绝对主义倾向"。② 申言之,伊丽莎白与詹姆斯在统治策略上有很大的区别,前者的治理善于权衡利弊,懂得在必要的时候妥协,"绝对立法权"(potestas legibus soluta)意义上的主权概念,变成仅限于国王习惯上"依照议会的建议并征得议会的同意"而行使的那部分权力。③ 但相比之下,斯图亚特的詹姆斯是在苏格兰相对落后的政治文化环境中成长的,对英格兰议会制度和普通法传统缺乏深刻理解,加之其自身性格倾向于宣扬君权神授与绝对至上观念,最终激怒了包括科克在内的法律职业共同体。

然而,以科克为代表的法律职业共同体在这场反对专制王权的"会谈中"并不是简单地否定国王的专制要求,而是通过带有"学术论辩式"的回答,用"技艺理性"这一司法专业特性作为限制国王权力扩张的根据。

他首先承认了国王所具有的"理性",但是他认为国王的这种理性仅仅是普通人与生俱来的"自然理性",而绝非法律职业共同体所独有的那种"技艺理性"。科克指出:

---

① Steve Sheppard, *The Selected Writings and Speeches of Sir Edward Coke*, Liberty Fund, 2003, Vol. Ⅰ, p.481.
② Catherine Drinker Bowen, *The Lion and the Throne: The Life and Times of Sir Edward Coke*, Little and Brown, 1957, p.293.
③ 〔美〕爱德华·S.考文:《美国宪法的"高级法"背景》,强世功译,生活·读书·新知三联书店1996年版,第40页。

没有什么违反理性的东西是合法的。因为理性是法律的生命。不仅如此,普通法本身不是别的,只是理性,这需要通过理性在技艺上的完善才能获得理解,技艺理性需要通过长期的学习、观摩和实践经历才能获得,它并非每个人都拥有的自然理性,因为没有人天生就是技艺理性者(Nemo nascitur artifex)。这种司法理性是最高的理性(This legall reason, est summa ratio)。因而,即使将所有分散在众多人头脑中的理性汇集到一个人的头脑中,他仍然不能制定出像英格兰这样的法律来,因为在一代又一代人连续继承的漫长岁月中,英格兰法得到了无数严肃认真、博学人们的反复锤炼,通过长期的实践才获得了这种完美,来用于治理这个王国。正如古老的规则能够正当地证实这一点。没有人比法律更睿智。①

这样的区分,使技艺性的司法成为专制王权无法跨越的鸿沟。如果同意詹姆斯一世所说,普通人可以依据其自然理性对案件作出公正判决,那么,作为立法者的主权者在裁判案件上更具有天然的优势。这样司法将逐渐成为主权者的"代言人",任何声称拥有良好"自然理性"的掌权者都可以成为"最好的法官"。如果说詹姆斯一世借助的自然理性乃是希望从人类与社会共通的本性出发,利用国王的政治身份,找到建立社会秩序的一般原理,从而建立一套完美无缺的法律制度的话,那么,与之相反,科克诉诸的技艺理性从根本上否定了普通人尤其是掌权者在制定法律、解释法律和运用法律方面的可能性。因此,尽管在英国法学家边沁眼中,科克等人所谓的"技艺理性"纯属是虚构的产物,普通法充满了缺陷、神话和误解,甚至被称为"狗法"②,但是,就是这种混乱、含糊不清的"技艺理性"在将其他社会成员的"常识"或"普通人心智"拒之门外的同时,成功地抵御了掌权者的权力侵害。

---

① Steve Sheppard, *The Selected Writings and Speeches of Sir Edward Coke*, Liberty Fund, 2003, Vol. II, p.701.

② "因为人民像狗一样,只有挨了打才知道自己不应该坐在这个座位上,人像狗一样,只有在受了处罚后才知道法律的内容为何。"转引自〔英〕威廉·布莱克斯通:《英国法释义》(第1卷),游云庭、缪苗译,上海人民出版社2006年版,中译本前言,第8页。

以科克为首的法律职业共同体反对专制王权直接干预司法权的斗争,并没有因为科克被詹姆斯一世擢升为王座法院首席大法官而停止,反而愈演愈烈。正如梅特兰所说:"詹姆斯一世原希望科克在这个新位置上能改变一下以前强硬的作风,但是他的希望是徒劳的。"①

1613年在"皮查姆案"(Peacham's case)中,科克等人明确反对国王在法官作出判决之前一个个询问他们对于案件看法的行为。② 接着,在1616年的"托管圣俸案"(commendams)中,科克等人与专制王权的斗争达到顶峰,科克也因冒犯王权被詹姆斯一世解除了王座法院首席法官的职位。③

在此案中,国王接受培根的建议,对正在审理的"托管圣俸案"(Commendams)颁发了"国王中止审理令状",要求法官暂时停止案件的审理,直到收到国王的命令为止。在科克的促使下,法官们拒绝了这一令状,并就此回信给詹姆斯国王进行解释。在信中,法官们一致认为培根爵士的这一建议完全是非法的,因为"我们必须被自己的誓言所限制,而不是遵循某些命令要求"。④ 在收到这封书信后,詹姆斯一世感到受到了极大的冒犯。1616年6月,王室法院的全体法官被国王召集到枢密院。詹姆斯一世当场撕碎了法官们的信件,并严厉斥责了他们。面对国王的威胁,在场的许多法官屈服了,并承诺以后保护国王的特权。只有科克继续为书信的内容进行申辩。当被国王问及如果今后遇到类似情况如何行事时,科克坚定地回答道:如果有这样的命令,他只会按照适合一个法官的行为去做。⑤ 倔强的首席大法官就这样于1616年11月14日被第四次免职。学者查姆柏林认为:"通常的说法是四个'P'字(the four P's)打倒了他——'骄傲'(Pride)、'禁审令'(Prohibitions)、'蔑视王权'(Preamunire)和'君主特权'(Praerogative)。"⑥

---

① F. W. Maitland, *The Constitutional History of England*, Cambridge University Press, 1911, p. 270.
② Ibid.
③ Ibid., p. 271.
④ Ibid.
⑤ W. S. Holdsworth, *A History of English Law*, Methuen, 1956, Vol. V, pp. 439—440.
⑥ Ibid., pp. 440—441.

科克为代表的法律职业共同体对专制王权直接干预司法权的斗争,在一定程度上限制了专制王权的恣意扩张。霍兹沃斯教授曾经感叹道:"除非将他限制住,否则他们就会不断地去声称,应限制特权。"① 但是,我们不应过分地夸大这种对于专制权力的限制。毕竟,科克通过法院的抗争只能在有限的范围内,被动地防止王权对于司法权的侵犯,而不能主动地对抗王权对于民众生活其他领域内的侵犯。然而,英吉利是一个幸运的民族,当詹姆斯一世解除科克王座法院首席法官的职务后,科克已经完全不是并永远不再是"王座下驯服的雄狮",这只被放逐的"雄狮"开始转过身去,面向"王座"之上的专制王权发起更为猛烈的挑战。

（五）与专制王权在议会中的斗争

1620年科克以领导者的身份出现在议会,代表着民众利益,并且从那时起直到1634年他去世,其斗争的性格没有一丝改变,仍然用英格兰的普通法对抗着王权。② 正如学者豪斯泰斯勒(Hostettler)所评论的那样:"他迅速成为了议会反对派(the Parliamentary opposition)的领袖,但这并不仅仅是一种对政治前景落空而产生的反复无常,有关普通法的观点依然是连贯一致的,显然他已经意识到他的'普通法至上'的观点将成为议会反对国王专制统治的武器。在这儿,他处在一个远比法官席更能影响宪法变迁的位置上。"③

尽管当时很少有法律人——尤其是大半生都是一个纯粹法律人——成为议会下院(the House of Commons)的领袖,但是,科克对宗教和宪政政府的极大热心,对中世纪普通法的渊博知识,在财政能力上的声誉,一丝不苟的诚实,都使他很快成为议会下院最有影响的人物之一。④ 正是科克在议会中的努力,才使英格兰法律职业共同体与议会中的反对派结成同盟,共同限制了专制权力,促使英格兰诸多宪政原则直接生成。对此,普通法学者霍兹

---

① W. S. Holdsworth, *A History of English Law*, Methuen, 1956, Vol. V, p.439.
② F. W. Maitland, *The Constitutional History of England*, Cambridge University Press, 1911, p.271.
③ John Hostettler, *Sir Edward Coke: A Force for Freedom*, Barry Rose Law Publishers Ltd, 1997, p.104.
④ W. S. Holdsworth, *A History of English Law*, Methuen, 1956, Vol. V, p.444.

沃斯这样说道:"科克明确地将英格兰议会与普通法古老联盟的传统迅速巩固起来,通过议会的力量不仅使普通法战胜其他竞争对手获得至上性(supremacy),而且议会也通过普通法的作用得到了人们迷信般的尊敬。科克所非常强调的法律保守主义(legal conservatism)一度成为17世纪宪政革命中最为显著的特点,在某种程度上讲,它也是其成功的秘密所在。"①

科克在议会中同专制王权的斗争,首先从弹劾国王宠臣蒙姆派森(Mompesson)爵士开始。蒙姆派森是国王大臣白金汉公爵的侄子,他通过贿赂等卑鄙手段,取得了许多商品的专卖权,大肆攫取不义之财,如他利用给小旅馆与小酒店颁发执照的垄断特权,无端向小业主们征收高额罚金。科克利用议会下院古老的弹劾权力②,对蒙姆派森进行了指控。根据科克的指控,至少有3320名小旅馆业主遭受到蒙姆派森依据早已废弃的制定法而实施的罚款,并且这些高额的罚金几乎都进了蒙姆派森的私人腰包。此外,蒙姆派森对于拒绝缴纳罚金的业主实施了非法拘禁。科克对此愤慨地指出:"在一个生而自由的国度,这一行为必须被禁止。"③科克这次在议会下院的弹劾,表面上针对的是蒙姆派森"滥用专卖权、损公肥私、牟取暴利"行为,实质上却将矛头指向了国王。他对国王随意颁发垄断专卖权的合法性提出了质疑与批评。在科克看来,垄断专卖权的存在不仅违反了普通法,而且也违反了许多议会的法令。申言之,将生产和经营的权利授予某一个人的行为违背了英格兰臣民曾经享有的自由与权益,因为它违背了1225年《大宪章》第29条有关贸易自由权的规定。④ 这会直接导致大量的工匠和商人生活于贫困之中,迫使他们从行业中退出。正如科克在后来《英国法总

---

① W. S. Holdsworth, *A History of English Law*, Methuen, 1956, Vol. V, p.444.
② 在英格兰古老的弹劾权产生了14世纪后期,在亨利六世统治末期到伊丽莎白统治时期,议会很少使用弹劾权,取而代之使用弹劾权的变种剥夺公权,在斯图亚特王朝专制加强的情况下,一度被束之高阁的弹劾权又重返政治斗争舞台,本案就是17世纪20年代弹劾权复兴的标志性事件。参见程汉大:《英国法制史》,齐鲁书社2001年版,第300—314页。
③ Catherine Drinker Bowen, *The Lion and the Throne: The Life and Times of Sir Edward Coke*, Little and Brown, 1957, p.416.
④ 这里需要说明的是,1225年执政的亨利三世在确认《大宪章》时,根据情势的变化和自己的需要对1215年的《大宪章》进行了删改,《大宪章》的条款由63章缩减为37章,章节顺序也发生了变化。经亨利三世确认的1225年《大宪章》成为后来历代英王确认的正式文本。参见齐延平:《自由大宪章研究》,中国政法大学出版社2007年版,第186—203页。

论》第二卷对《大宪章》第29、30条的评注中写道:"总体而言,所有的专卖垄断权行为都是与大宪章相违背的,因为它们违反了臣民的自由权利,违背了英格兰本土的法律(law of the land)。"①

科克对于蒙姆派森的弹劾很快获得了成功,但是他对于国王随意颁发垄断专卖权的反对并没有因此而中止。科克在1621年议会发言中就明确指出:"垄断行径就像希腊神话中蛇妖的头那样会不断生长,在它每次被砍断后又总是会很快地生长出来。"②正因为如此,科克认为,单靠司法个案或个别的弹劾很难从根本上禁止这一行为,要想彻底根除专制王权对贸易自由的阻碍,唯一的办法就是通过制度的形式,彻底地废除专卖法令。在科克的努力下,1624年2月在詹姆斯一世逝世前最后一次议会上,《反专卖法案》获得通过,都铎王朝以来国王任意颁发专卖证书的特权被彻底否定。③

科克利用议会弹劾权弹劾蒙姆派森后,与议会反对派一起,针对詹姆斯一世在欧陆"三十年战争"中作出的愚蠢政策,就议员言论自由问题与专制王权展开了激烈的斗争。1621年11月,面对欧陆新教国家与天主教国家正在进行的战争,议会主张英王支持新教势力,反击天主教阵营的进攻,而詹姆斯一世却希望同信奉天主教的西班牙和谈并联姻。英王这种亲和天主教国家的做法激怒了议会,作为主战派代表的科克在议会上发表了反对西班牙与天主教徒的激烈言辞。对此,詹姆斯一世极为生气,并多次警告议会不要过多地干预王权。他说道:"如果你们一味干涉你们不应当干涉的权力,那么最终将事与愿违。"④面对国王的恐吓,科克并没有就此退缩,在他的领导下,议会不断就此问题向国王发动进攻,并指责国王的和谈政策是一种不顾国民利益而滥用权力的行为。最终,王权与科克所领导的议会之间的冲突达到了非常紧张的境地,以至于怒不可遏的詹姆斯一世索性发布一道命

---

① Steve Sheppard, *The Selected Writings and Speeches of Sir Edward Coke*, Liberty Fund, 2003, Vol. II, p.746.
② John Hostettler, *Sir Edward Coke: A Force for Freedom*, Barry Rose Law Publishers Ltd, 1997, p.106.
③ Catherine Drinker Bowen, *The Lion and the Throne: The Life and Times of Sir Edward Coke*, Little and Brown, 1957, p.442.
④ John Hostettler, *Sir Edward Coke: A Force for Freedom*, Barry Rose Law Publishers Ltd, 1997, p.111.

令,命令议会议员们在国内和国外的一切重大问题上,不得再有任何放肆与狂妄的言谈,并同时禁止普通民众谈论这些问题。①

面对国王这一倒行逆施的法令,1621年11月11日议会下院全体议员将科克书写的《抗议书》(Remonstrate)呈递给英王,《抗议书》重申了他们的自由特权以及他们在议会中自由讨论这一类事务的权利,并坚持认为议员的言论自由是不可剥夺的,因为这一权利是英格兰臣民古老的、与生俱来的权利。② 虽然詹姆斯一世后来撕毁了《抗议书》,并惩处了以科克为首的议会反对派领袖,但是科克在议会中为"言论自由"的呐喊为英格兰宪政史上第二份重要的宪法性文件《权利请愿书》的出台作出了铺垫。

1625年3月22日詹姆斯一世去世,查理继位,史称"查理一世"。由于以科克为首的下议院议员反对国王任意征税,查理一世将科克以及其他5名议会下院反对派领袖任命为郡长,以达到使他们远离政治的目的。③

然而,随着对法战争的失利,1628年查理一世为争取战争筹款被迫召开的第三届议会又重新给了科克继续与专制王权斗争的机会。在这次议会中,科克作为白金汉姆郡和苏福克郡(Suffolk)代表被批准再度返回议会下院。面对国王急于筹款的契机,考虑到"五骑士案"(case of the five Knight)④的惨痛教训,科克联合议会下院反对派提出了要求查理一世重申《大宪章》有关人身保护条款的条件,并明确指出,"除非经法院审判,任何

---

① John Hostettler, *Sir Edward Coke*: *A Force for Freedom*, Barry Rose Law Publishers Ltd, 1997, p.112.

② Catherine Drinker Bowen, *The Lion and the Throne*: *The Life and Times of Sir Edward Coke*, Little and Brown, 1957, p.441.

③ 75岁高龄的科克此时担任了白金汉姆郡(Buckingham)的郡长,由于依据英国法,郡长在任职期间不能随意离开所在郡。科克利用这一时机完成了《英国法总论》前三卷的写作,并为第四卷的写作收集了材料。参见 W.S. Holdsworth, *A History of English Law*, Methuen, 1956, Vol V, pp. 448—449。

④ "五骑士案"是1628年第三届议会召开前重要的政治事件。1627年,达内尔、科贝特、汉普顿、厄尔、赫文汉五位骑士因拒绝国王强制筹款,被政府逮捕。达内尔对国王这种违背人身保护法的行径提出抗议,要求国王说明逮捕的理由。国王以其危害国家为由,拒绝他们援引人身保护法。五骑士抗议说,如果国王仅凭自己的指令即可囚禁一个人,那他就可以随心所欲地囚禁任何人。他们援引《大宪章》,声言只能根据国家法律逮捕人,国王的权力必须受到公认法律的限制。这一事件使得当时英格兰人民感到人身安全失去保障。科克等一批法律人也意识到此事件使《大宪章》与普通法所保障的英国人的人身自由权利正在遭受严重侵犯。参见程汉大:《英国政治制度史》,中国社会科学出版社1995年版,第183页。

人都不得在缴纳保释金的情况下被关押超过两个月,即使未能缴纳保释金也不能被关押超过三个月。仅仅依靠国王命令或枢密院(Council)命令进行监禁是非法的"。① 面对议会中科克及其下院反对派的压力,查理一世被迫让步,同意接受古老《大宪章》的约束,但对科克等人进一步增加臣民自由的条款表示不满。在他看来,科克等人不应对《大宪章》有任何新的解释与添加。科克坚决反对查理一世的看法,因为在科克看来,在当时的情形下仅仅简单地重审《大宪章》的原则,远远不能保证臣民自由获得真正的保护,要使民众自由得到切实的保障,必须将这些原则以制定法的形式明确地确定下来。②

在科克的领导下,议会下院很快起草了一份《权利请愿书》(Petition of Right)草案,并提交议会上院(the Lord)讨论。该法案明确强调:"在没有阐明理由的情况下,任何人不得被监禁,任何人享有在缴纳保释金后被释放的权利,以此来保护臣民的自由。"③该法案被称为"保障每一个自由人更好地享有财产权利和人身自由的法案"。法案援引了《大宪章》和爱德华一世、爱德华三世时期的其他制定法,进一步规定,国王在没有经房屋主人同意下无权驻兵、未经议会同意无权征收税负或实施监禁、任何被国王监禁的人都可以获得保释、法官不必重视国王的命令。④ 议会上院基本同意了下院的草案,但他们主张应在某些方面赋予国王在未阐明理由的情况下监禁某人的特权。议会上议院的这一要求被科克及其下院断然拒绝,因为在科克看来,他坚决反对法律赋予国王的任何特权,法律必须限定一个国度内特权的边界,允许任何法律界限之外的特权都意味着自由的完全丧失。⑤ 最终,议会上院接受了科克及其下院的建议,一致通过了法案全文。

当查理一世得知《权利请愿书》被议会上院全文通过,很快委派一名近臣到议会表达了自己的愤慨之情,并下令说:"议员们不得再诽谤国家的行

---

① W. S. Holdsworth, *A History of English Law*, Methuen, 1956, Vol. V, p. 450.
② John Hostettler, *Sir Edward Coke: A Force for Freedom*, Barry Rose Law Publishers Ltd, 1997, p. 135.
③ W. S. Holdsworth, *A History of English Law*, Methuen, 1956, Vol. V, pp. 450—451.
④ Ibid., pp. 451—452.
⑤ Ibid., p. 451.

政事务。"面对国王的这项命令,议会上院变得鸦雀无声。此时对于国王的忠诚与他们特权受到侵犯的愤慨之情交织在一起,使议员们无法用言语表达。① 正当议员心情矛盾,立场摇摆不定的时刻,科克再一次挺身而出,饱含泪水,发表了他在议会最后一次也是最为大胆(boldest)的演说。他指出:"在爱德华三世时期国王的儿子约翰·高特(John of Gaunt)、拉蒂莫尔爵士(Lords Latimer)和尼维尔爵士(Lords Nevil)曾遭指控;亨利四世时期整个咨议会(the Council)都遭受了抱怨并解散;议会的存在就是为了调解(moderate)国王的特权;因此,上院没有什么不能应对和挑战的。"② 议会上院用雷鸣般的欢呼声响应了科克的演说。最终,科克用激情的演说团结了议会,使查理一世于1628年6月7日接受了《权利请愿书》。

《权利请愿书》的通过意味着,英格兰人民限制国王权力,有了制度化的保障。它在理论上解决了英格兰宪政的一大难题,那就是国王在限制臣民的人身自由方面传统的固有专断权力被制度性地剥夺了。此后,国王的命令不再是监禁臣民、限制臣民自由的合法理由,国王的权力行使合法性标准需要受到法律的检验。在更深层次上讲,《权利请愿书》的出台意味着英格兰人民对"法律之下的统治"和"通过法律的统治"已经有了明确的界分。因为一个独裁者完全可能也通过法律进行统治,事实上越是独裁者越需要严刑峻法作为统治工具,古今中外的专制事例无不证明了这一点。而"法律之下的统治"则意味着统治者的权力必须接受至上法律的再检验。此外,《权利请愿书》的出台使得古老《大宪章》所确立的正当法律程序,成为一项法律权利,同时也为这之后1679年《人身保护法》的制定扫清了王权这一障碍。因为制度法律化的《权利请愿书》就是普通民众保障自己的权利与自由不受王权及其代理人恣意侵犯的救济机制。正如一位学者指出的那样,它"把未经这块土地上的普通法法院主持的正当法律程序不得剥夺任何人的自由这一点融进了宪章理论之中,在此之上,人身保护令状成为一项实现这

---

① W. S. Holdsworth, *A History of English Law*, Methuen, 1956, Vol. V, p. 453.
② Ibid.

一目的法律机制"。①《权利请愿书》因此在英格兰宪政史上被称为"第二份自由大宪章"。②

《权利请愿书》的出台凝结了科克不懈的努力,是科克被解除普通法法官后在议会同专制王权斗争胜利的标志性成果。对此,霍兹沃斯这样评价道:"随着《权利请愿书》的通过,科克正确地认识到,他一生的工作已经完成。因为在该请愿书中英国人的基本权利已经被明确地用一种语言解释出来。即请愿书中的宣言不能被任何含混的特权或王权(sovereign power)所削弱……既然科克的一生都在坚定地追求法律至上与法律应该完全自足的观念,那么一部同时包含以上两种观念的制定法正是恰当描述其职业生涯的王冠(crown)。"③

三、1678—1688 年:法律职业者的胜利

科克极具戏剧化的一生深刻地影响了 17 世纪英格兰的政治和法律。④在科克的努力下,司法的力量在国家政治生活中得到了加强,"法院开始成为英国政府中的一个独立的权力中心"。⑤ 正如笔者前面多次强调的那样,如果没有机构对国王施加约束,提出有效的挑战与质疑,那么在实践中,神意、自然法、为大众利益服务等职责约束观念对国王都是没有意义的。"在 17 世纪,不但议会被确定为一个有力的政治机构,法院作为政府和公民之间的一个保护性缓冲器在所有现代立宪政体中发挥的作用也已经被奠定了基础。"⑥

(一)政治变幻下的法律职业共同体

1642 年以后,英格兰政坛风云变幻,查理一世被处死,君主制和议会上

---

① Robert S. Walker, *The Constitutional and Legal Development of Habeas Corpus as the Writ of Liberty*, Okla State University Publication, Vol. 57, No. 9, p. 73. 转引自齐延平:《自由大宪章研究》,中国政法大学出版社 2007 年版,第 224 页。

② A. E. Dick Howard, *Magna Carta: Text and Commentary*, Virginia, 1998, p. 26. 转引自齐延平:《自由大宪章研究》,中国政法大学出版社 2007 年版,第 224 页。

③ W. S. Holdsworth, *A History of English Law*, Methuen, 1956, Vol. V, pp. 453—454.

④ Ibid., p. 456.

⑤ 〔美〕斯科特·戈登:《控制国家——西方宪政的历史》,应奇、陈丽微等译,江苏人民出版社 2001 年版,第 257 页。

⑥ 同上。

院被废除,一院制的共和国宣告成立。人们原以为专制王权的摧毁,会有利于自由与权利的保障。但事实上,人们发现共和国的一切权力都被克伦威尔一人控制,他根本不关心法律与司法,而且总是把自己凌驾于法律之上。科克时期所取得一些司法成就被破坏。首席法官罗利及其同僚因受理了一宗涉及税收的案件,被克伦威尔用下流的语言当面痛骂一顿,并因此而被解职。律师梅纳德和普林因抗议强行征税,结果前者被关进伦敦塔,后者被处以罚款和监禁。① 一时间司法仿佛回到了斯图亚特初期,那个被专制王权侵渔的时代。人们开始逐渐意识到一个极为朴素而又深刻的宪政原理:国王并不是专制的最终根源,真正可怕的是不受限制的权力。

1660 年的"复辟解决",查理二世(1660—1685 年)重登王位,"政府应该由国王、上院和下院组成"的古老政治原则似乎又回来了。然而,复辟初年的和谐局面只是一种虚浮的暂时现象②,1668 年政坛冲突风云再起,特别是在 1678 年"排斥危机"后③,随着两党(辉格党和托利党)的萌芽,政治斗争空前激化。像其先辈詹姆斯一世和查理一世一样,查理二世认识到控制司法是战胜政治反对派和维护王权的一种重要手段,于是,开始利用王权干预司法与政治。如查理二世执政后期,出于政治需要,先后将 11 名法官免职。1678 年他以年老体弱为借口,强行免去了首席法官雷恩斯福德(Rainsford C J),任命自己的宠臣斯科罗格斯(Scroggs)接任,1679 年又有几名法官

---

① 程汉大:《英国法制史》,齐鲁书社 2001 年版,第 358 页。
② 从本质上讲,复辟初年短暂的和谐局面是国王与议会、王权与法律之间的一次政治妥协。"然而,建立在妥协基础上的复辟解决是不可能根除冲突的,因为它回避了冲突的根源——国家主权所属问题。复辟解决片面吸取了革命年代的教训,只是将王权和议会重新纳入了'国王在议会中'的传统外壳中,没有从制度上对二者的权力关系作任何实质性的调整。……当两个权力机构没有根本冲突或相互甘愿作某种妥协时可能行得通,但绝不可能持久,因为国家主权只有一个,'二人同骑马,必有一人在前'。"参见程汉大:《英国政治制度史》,中国社会科学出版社 1995 年版,第 196—197 页。
③ 17 世纪 70 年代末 80 年代初,由于王位继承问题,议会和国王的冲突再次加剧。年过半百的查理二世膝下无子,指定自己的弟弟约克大公为王位继承人,约克大公是天主教徒,议会根据有关法律规定,提出《排斥法案》,要求取消约克大公的继承权,于是在王位继承问题上,议会分成两派。反对王室、要求排斥约克大公的人形成了一个强大的反对派,被称为辉格党;支持王室的人被称为托利党。议会上院托利党人居多,下院辉格党人居多。托利党害怕辉格党得势后重新实施 50 年代的极端统治,就支持国王、扩大王权。议会下院三次通过《排斥法案》,但一次被上院否决,两次由于国王宣布休会和解散而终未成功。"排斥危机"过后,国王政府依靠托利党的支持大肆排斥辉格党,渐渐加强了王室的势力。王权获得了重新压倒议会的优势。

由于政治原因被解职。① 1685 年继位的詹姆斯二世加强专制王权更是有过之而无不及,在短短四年间就将 12 名拒绝执行其法令的法官免职。② 其中赫伯特(Herbert)与威恩斯(Wythens)因为拒绝按照国王的命令将一名在雷丁处决的犯人押送到普利茅斯而遭解职。伦敦记录法官(recorder of London)豪特因拒绝判处擅自离守的士兵死刑而遭解职。琼尼斯与男爵蒙泰古、尼维尔因倾向于赦免伊丽莎白·吉奥特(Elizabeth Gaunt)和科尼什(Cornish)于 1686 年被免职。彻斯特首席法官鲍勃·查尔顿(Job Charlton)在调任普通诉讼法院首席法官不久就收到调回彻斯特的命令,原因是为了给国王宠臣杰弗瑞斯腾位置。法官利文(Levins)也因拒绝按照国王旨意给擅离职守的士兵判刑而遭解职。法官约翰·鲍威尔和理查德·豪洛威也因在"七主教案"(The Seven Bishop's Case)中坚持自己的观点被解职。③

科克时代法官缺乏制度化保障的弊端在此刻暴露出来。普通法法官虽不乏上述与国王权力据理力争者,但许多法官在"丢官罢职"的现实压力下,很难形成合力对抗专制王权。法官的权威、道德水准一落千丈。"他们成为全国民众鄙视的目标。"④瑞斯比(Reresby)曾记述:"詹姆斯二世时期天主教徒法官(Roma Catholic judges)阿利伯恩(Allibone)因遭民众鄙视,在一次巡回审中竟没有人愿意向其投诉。"⑤拉特瑞尔(Luttrell)在 1686 年日记中写道:"由于受到国王赦免权(king's dispensing power)的影响,往日人们流行的那种对法官的敬畏之情已经荡然无存。"⑥许多富有正义感的法官被迫离开法院,重回辩护席。

因此,法律精英此时全部聚集在律师界(the Bar)。⑦ 他们与专制王权

---

① J. H. Baker, *An Introduction to English Legal History*, Butterworths, 1990, p.192.
② Ibid.
③ W. S. Holdsworth, *A History of English Law*, Methuen, 1956, Vol. Ⅵ, p.510.
④ Ibid.
⑤ Ibid.
⑥ Ibid.
⑦ 这一点可以在"七主教案"中得到充分的印证。在七主教的辩护团中有后来的首席法官彭姆伯顿(Pemberton)、法官利文(Levinz)、总检察长罗伯特·索耶爵士(Sir Robert Sawyer)、副总检察长海尼格·费茨(Heneage Finch)、威廉三世时期首任普通诉讼法院首席大法官波莱克斯芬(Pollexfen)和其继任者乔治·泰比(George Treby)以及未来的大法官萨默尔(Somers)。See W. S. Holdsworth, *A History of English Law*, Methuen, 1956, Vol. Ⅵ, p.511.

的斗争并没有结束,他们接过了前人科克等司法界(the Bench)人士的大旗,在另外的舞台上推动着英格兰的宪政进程,并取得了最终的胜利。①

(二) 1678—1689 年的"辉格党"律师

随着英格兰封建制的衰落与崩溃,自由市镇与近代市民社会的形成,加之殖民冒险、海外贸易的扩张,16 世纪中叶以后英格兰的经济得到前所未有的发展。与之相应,商业发展所引发的利益冲突,使得各种纠纷日益增多,王室法院陷入极端忙碌之中。王室法院中普通诉讼法院与王座法院的诉讼数量较之以前增加了三倍,出庭律师出现在王室法院的几率与数量也随之大幅增加(massive expansion)。② 此外,丰厚的收入也使得越来越多的年轻人愿意将自己的一生投身于法律。如副总检察长海尼格·费尼茨(Heneage Finch)在做出庭律师期间共赚了 20000 英镑;弗兰克斯·诺思(Francis North)在 10 年间赚了 6000 英镑;约翰·萨默尔在一年间就赚了 700 英镑。③ 据学者普雷斯特考察,斯图亚特王朝初期的 1610 年到 1639 年,四大律师公会共培养了 1466 名普通法律师,其中格林律师公会 356 名,内殿律师公会 333 名,林肯律师公会 428 名,中殿律师公会 349 名。短短 30 年间培养的律师总数基本与这之前 100 年四大律师公会培养的数量持平。④ 普通法律师的大幅增长,使得他们在政治生活中的影响力与日俱增。由于普通

---

① 其实,普通法律师反对专制王权早在斯图亚特王朝初期就已经开始。据学者普雷斯特考察,1610 年、1614 年、1621 年议会中被国王逮捕的议员,出庭律师(Barristers)所占的比例格外高。议会之外的许多普通法律师也成为国王宗教改革的牺牲品,如格林律师公会的尼克莱斯·福勒(Nicholas Fuller)、林肯律师公会的亨利·谢菲尔德(Henry Sherfied)和威廉·普瑞尼(William Prynne)和中殿律师公会的爱德华·巴格绍(Edward Bagshaw)。此外,在地方,普通法律师在抵制国王对地方行政干预与征收超出议会规定税负方面也发挥着至关重要的作用。正因为这样,斯图亚特王朝初期,詹姆斯一世在 1616 年曾抱怨说:"现在受人欢迎的律师是那种在议会中胆大包天、践踏我特权的人。"查理一世甚至认为,"在枢密院使用律师将会破坏国事",还准备在 1628 年宣布将所有的普通法律师从议会下院(the Lower House)中赶出去。See Wilfrid R. Prest, *The Rise of the Barristers: A Society History of the English Bar 1590—1640*, Clarendon Press, 1986, pp. 260—269.

② Ibid., pp. 5—6.

③ Michael Landon, *The Triumph of the Lawyers: Their Role in English Politics 1678—1689*, Alabama University Press, 1970, pp. 20—21.

④ Wilfrid R. Prest, *The Rise of the Barristers: A Society History of the English Bar 1590—1640*, Clarendon Press, 1986, p. 7.

法律师大都出身于拥有土地的上层社会①,为了维护切身利益,他们大都会关心政治、参与政治。② 在斯图亚特王朝以前,在议会开会期间就有大量的普通法律师进入议会中,充当议会上院贵族议员的助手或顾问或承担议会文字的记录工作,一些议会中的重要职位也逐渐开始由律师担任,如御前大臣、下院议长等。斯图亚特王朝初期,普通法律师在议会中的地位变得逐渐重要起来。由于议会大厦与威斯敏斯特大厅(Westminster Hall)相毗邻,议会各委员会就常在律师公会中召开。有时因议会事务紧急,议会事务长(serjeant-at-arms)依令会去威斯敏斯特大厅传唤正在出庭的律师出席议会。1607年,5位在西部巡回审理的普通法律师被要求速回议会,协助拟定英格兰与苏格兰联盟(Anglo-Scots)的法案。③

普通法律师数量的增多以及在国家中政治地位的提升,使得他们在英格兰宪政革命中开始发挥重要的作用。对此,学者麦克·伦敦指出:"17世纪最重要的政治事件莫过于宪政革命,许多普通法律师都参加了1603—1689年的政治论战,其中绝大部分的普通法律师都站在反对王权的一边。"④1678年"排斥危机"过后,王权似乎又回到斯图亚特初期那个肆意膨胀的时代。受到政治迫害的普通法法官投身律师界与普通法律师一起在议会中对抗着王权。学者麦克·伦敦称这些坚持法律至上,坚持议会权利与特权的普通法律师为"辉格党"律师(the Whig Laeyers)。⑤

1678—1681年辉格党在沙夫茨伯里伯爵的领导下,控制了议会并阻止了信奉天主教的约克公爵继承王位。辉格党取得了暂时的胜利。然而,1682年由于辉格党骨干分子图谋暗杀国王,许多辉格党领袖被判刑或流亡

---

① 之所以这样讲是因为,在当时一个不带仆人的法律学徒到伦敦的各个律师会馆学习法律每年至少要花费20马克,而一个法律学徒从开始学习法律到独立执业,至少需要7到10年时间。这就意味着普通家庭的孩子很难支付起这样一笔学习费用。事实也证明了,学习法律的人基本上都是一些土地贵族或地方乡绅、绅士的子弟。

② Michael Landon, *The Triumph of the Lawyers: Their Role in English Politics 1678—1689*, Alabama University Press, 1970, p. 25.

③ Wilfrid R. Prest, *The Rise of the Barristers: A Society History of the English Bar 1590—1640*, Clarendon Press, 1986, p. 255.

④ Michael Landon, *The Triumph of the Lawyers: Their Role in English Politics 1678—1689*, Alabama University Press, 1970, pp. 24—25.

⑤ Ibid., p. 42.

海外。由于1686—1688年间詹姆斯二世的倒行逆施,破坏了与托利党的良好关系,于是,托利党绅士们改变了原来的态度转而与蛰伏数年的辉格党一起发动了"光荣革命"(Glorious Revolution)。在这样的一段历史事件中,辉格党的罗伯特·阿特金斯(Robert Atkyns)、威廉·琼斯(William Jones)、约翰·梅纳德(John Maynard)、亨利·波莱克斯芬(Henry Pollexfen)、乔治·泰比(George Treby)、威廉·威廉姆斯(William Williams)和弗朗西丝·温宁顿(Francis Winnington)等七位普通法律师发挥了重要的作用。① 此外,这一时期还有许多杰出的"辉格党"律师也是需要我们铭记的,如亨利·波勒(1630—1692年)、约翰·萨默尔(1651—1716年)、理查德·沃勒普(1616—1697年)以及约翰·豪特(1642—1710年)等。其中萨默尔不仅写过许多宣传辉格党的小册子,而且在"七主教案"中做过出庭律师、担任过议会的法律顾问。②

同其他大多数普通法律师一样,他们都来自拥有少量土地的上等阶层。年长的约翰·梅纳德(1602—1690年)是德文郡土地拥有者的后代,其父阿莱夏德·梅纳德曾经是一名出庭律师。罗伯特·阿特金斯(1621—1709年)来自格洛塞斯特,是一名律师的儿子,其父爱德华·阿特金斯在王位空位期(the interregnum)曾在三个高等法院担任过法官。来自萨默赛特郡德威廉·琼斯(1631—1682年),其父理查德·琼斯曾经作为代表参加过1654年的议会。亨利·波莱克斯芬(1632—1691年)也来自于德文郡谢福德的名门望族。威廉·威廉姆斯(1634—1700年)来自威尔士,据说是10世纪盎格莱斯首领凯德罗德·哈德的后代,其父休格·威廉姆斯是盎格莱斯的阿兰垂塞特的教区长和地产所有者。弗朗西丝·温宁顿(1634—1700年)虽然来自于古老的彻郡,但其父是波威克土地的拥有者。乔治·泰比(1644—1700年)是亨利·波莱克斯芬的表兄,其父皮特·泰比是德文郡普

---

① Michael Landon, *The Triumph of the Lawyers: Their Role in English Politics 1678—1689*, Alabama University Press, 1970, p.43.
② 这里之所以只强调其中的七位辉格党律师是因为,在学者麦克·伦敦看来"这七位辉格党律师是这一时期最重要的,最具代表性的"。See Michael Landon, *The Triumph of the Lawyers: Their Role in English Politics 1678—1689*, Alabama University Press, 1970, pp.43—44.

利普顿土地的所有者。①

约翰·梅纳德毕业于牛津郡的埃塞特学院，1621年进入中殿律师会馆，1626年11月进入律师界。虽然他在1631—1634年间担任过查理一世的总检察长，但是1641年后他发生了彻底性的转变，开始同议会反对派一起对抗王权。他曾在领导议会下院弹劾斯垂福德郡伯爵时，表达过法律至上的观点，他说："叛逆国王的臣民是一种很严重的犯罪，但是最严重的仍是背叛整个国家和法律。……法官本应该以法律为生命，但是他们其中的一些人却认为国王的意志是最重要的。"②他特别强调议会下院对于议会上院主教、贵族的制约是非常必要的，并在不久成为指控了阿科宾大主教朗德的成员。

罗伯特·阿特金斯于1638年10月进入林肯律师公会学习，1654年进入律师界。1656年成为卡玛斯恩的议会成员，1659—1660年作为沃塞克斯郡爱文夏姆的代表参加议会。虽然阿特金斯和父亲都曾受到过王国的恩典，如罗伯特·阿特金斯被查理二世加封为骑士爵位，1672年被国王任命为普通诉讼法院法官，但他还是坚定地站在了国王的对立面。其实，在阿特金斯被任命为法官前，兰开斯特领地事务大臣（chancellor of the Duchy of Lancaster）罗伯特·卡尔曾告诫国王说："阿特金斯迟早会将您置于麻烦之中。"③果然如卡尔所说，阿特金斯担任法官期间贵格会教徒（Quakers）在布里斯托及其附近地方进行秘密活动几乎完全不受限制。1676年4月当阿特金斯离开普通诉讼法院后，他又与威廉·埃利斯一起为伦敦要求组建新的议会而到处请愿。1680年他被解除御前大臣（the Lord Chancellor）的职务，原因是他重申了没有议会同意，国王不得滥用权力审查图书的观点。④

威廉·琼斯于1647年进入格林律师公会学习法律，7年后进入律师界。1673年成为副总检察长。虽然琼斯在与国王宠臣罗格·诺斯的竞争中常

---

① Michael Landon, *The Triumph of the Lawyers: Their Role in English Politics 1678—1689*, Alabama University Press, 1970, p.45.
② Ibid., p.46.
③ Ibid., p.49.
④ Ibid., p.50.

常败北①,但是他却坚定地站在了反对国王的一方。16世纪70年代中期,他联合沙夫茨伯里伯爵反对王权。1676年1月贵族奥布雷恩就称时任总检察长的琼斯是政府的主要批评者。1676年查理二世曾试图通过琼斯,取消咖啡屋的执照,但是琼斯直到其任职结束都没有执行国王的命令。

亨利·波莱克斯芬1651年进入内殿律师公会学习法律,1658年进入律师界,1674年成为内殿律师公会的主管委员(Bencher)。乔治·泰比于1663年10月进入中殿律师公会学习,1671年5月进入律师界。德文郡的两个表兄弟泰比和波莱克斯芬对政治领域的影响是从1678年开始的,他们都积极参与了德文郡的政治活动。早在1677年泰比就是代表其家乡城市普利普顿参加议会下院,1678年他又被任命为普利普顿的季审法院法官(recorder of Plympton),并且在议会中是联结德文郡中支持沙夫茨伯里伯爵人员的联系人。②

威廉·威廉姆斯于1650年11月进入格林律师公会学习,1658年进入律师界。在接下来的十年里,他一直在北威尔士和与英格兰毗邻的一些郡从事法律活动。1667年4月,33岁的威廉姆斯成为彻斯特的市长,1673年他进入议会,并加入了议会下院的反对派。③

弗朗西丝·温宁顿在1656年11月进入中殿律师公会之前曾在牛津的瑞尼提学院学习,1660年2月进入律师界,1672年6月成为中殿律师公会的主管委员,1675年秋天荣升会馆的诵师(reader)和财务主管(treasurer)。1674年他接任威廉·琼斯出任总检察长,接着于1677年进入议会,在丹比伯爵的弹劾案中赢得了议会下院的尊重。④

从上述几位律师的背景介绍中,我们发现,他们基本上都是律师的后代,并且在四大律师会馆学习后,不约而同地由律师界转入政界,在议会中进行活动。但是,总体看来,"这些杰出的律师在1678年以前仍处在中立状

---

① 琼斯在1673年与1674年分别竞争总检察长与普通诉讼法院首席法官过程中两次败给了老对手罗格·诺思。See Michael Landon, *The Triumph of the Lawyers: Their Role in English Politics 1678—1689*, Alabama University Press, 1970, pp.50—51.
② Ibid., pp.52—54.
③ Ibid., pp.54—57.
④ Ibid., pp.57—58.

态——置身于法院与国家、托利党与辉格党的斗争之外"。①

（三）1678年"天主教徒阴谋"中的"辉格党"律师

上述这些杰出的"辉格党"律师在政治生活中的中立状态，被1678年泰特斯·奥茨（Titus Oatea）所引发的"天主教阴谋"（Popish Plot）事件所打破。

1678年4月背叛自己信仰的奥茨，成为新教的一员。他手中掌握了英格兰天主教徒和耶稣会教徒写给圣奥梅尔和法国其他天主教中心教友的信件。根据这些信件，他指控约克公爵（后来的詹姆斯二世）私人秘书科尔曼（Coleman）阴谋杀害查理二世，招引法国人入侵，企图在英国恢复天主教。1678年10月地方法官埃德蒙德·贝里·戈弗雷对科尔曼进行了审讯，然而始料未及的是，在审理期间戈弗雷法官被谋杀了。这一事实迅速引起了国教徒与清教徒的不满，他们相信这些都是天主教所为，于是国内反天主教情绪被激起。②

这场真假难辨的"天主教阴谋"事件迅速被辉格党领袖沙夫茨伯里伯爵所利用，他利用托利党领袖丹比（Danby）伯爵曾经支持国王同英国死敌路易十四签订《多佛尔密约》的"把柄"，提出了对国王宠臣丹比伯爵的弹劾。因为丹比在担任国王首席大臣和财政部长期间，违背议会意愿，不仅在政府内大量培植天主教势力，而且坚持亲法外交，伺机在英国恢复天主教，以换取法王路易十四财政津贴的许诺，并最终试图摆脱议会的控制。在这场弹劾案中，前述的"辉格党"律师发挥了重要作用。

威廉·威廉姆斯和约翰·梅纳德首先将注意力从原本科尔曼的审判中，转移到对丹比爵士的弹劾中。他在给切斯特市长威廉·哈维的信中暗示，戈弗雷法官之死是支持天主教的阴谋。梅纳德在议会下院也明确宣布，根据多年的法律经验，奥茨不是一个说谎者。③ 接着，威廉姆斯明确说道："如果丹比爵士真的同法王路易十四写过这些信件，那么，他就应定叛国罪。因为我们的宗教和财产受到了危险，我们的法律受到了他的蔑视。不管他

---

① Michael Landon, *The Triumph of the Lawyers: Their Role in English Politics 1678—1689*, Alabama University Press, 1970, p.61.
② Ibid., pp.63—64.
③ Ibid., p.67.

是否以国王的名义行使此事。"①然而,"查理二世希望暂缓进行这种会把他的大臣置于死地的诉讼程序。这次控告有不公之处,何况丹比是为了博得国王的欢心而采取如今受到控告的那些行动"。② 于是,威廉姆斯因为弹劾丹比被国王解职了。

但是,威廉·琼斯和总检察长温宁顿接过了威廉姆斯的旗帜,继续弹劾丹比。前已提及,国王赦免丹比的理由是,丹比本是依据国王的命令行事。针对国王的这一说法,琼斯在理论上对其进行了驳斥。他在出版的小册子中这样写道:"国王应仅以他的枢密院提出的建议行事,这样才能使'深思和谴责'(Reflection and Censures)仅仅降临至大臣们身上,而王权本身则应保持较高的普遍尊重和热爱。这一点对于国家的稳定是十分重要的。没有大臣可以以'带有国王的命令色彩'为借口违背法律,因为所有与法律相违背的命令都是无效的(这是'国王不会做错事'原则的真正原因所在)。"③为了重新启动对于丹比的弹劾,总检察长温宁顿在议会下院动情地说:"在这件事情上我应该发表我的观点,否则将没有人能够生存,人们将处处受挫。这是一个破坏议会和王国基本法律的阴谋,议会下院应发挥它固有的司法职能(inherent judicial function),并宣布这些活动是叛国的。丹比爵士应当受到弹劾。"④此外,温宁顿针对国王前述对丹比使用豁免权的行为,据理力争:"如果国王任意行使豁免权,弹劾将毫无意义。根据法律,行使豁免权则意味着被告有罪。"⑤

在琼斯和温宁顿的努力下,议会下院以 179 票对 116 票重新提出了对丹比爵士的弹劾,议会下院指定包括威廉姆斯、温宁顿和梅纳德在内的委员会专门拟定弹劾报告。12 月 21 日议会上院同意了弹劾报告中对于丹比伯

---

① Michael Landon, *The Triumph of the Lawyers: Their Role in English Politics 1678—1689*, Alabama University Press, 1970, pp.69—70.
② 〔英〕温斯顿·丘吉尔:《英语民族史略》第 2 卷(新世界),薛力敏、林林译,南方出版社 2004 年版,第 271 页。
③ Michael Landon, *The Triumph of the Lawyers: Their Role in English Politics 1678—1689*, Alabama University Press, 1970, p.70.
④ Ibid., pp.70—71.
⑤ R.伯格:《弹劾:一个宪政问题》,哈佛,1973 年版,第 40 页。转引自程汉大:《英国法制史》,齐鲁书社 2001 年版,第 326 页。

爵的六项指控。正当丹比将要被投入伦敦塔时,情况突然发生了变化。①

查理二世意识到,他丧失了对于议会上院自复辟(Restoration)以来应有的控制,因此,1679年1月24日他解散了议会,弹劾程序戛然而止。温宁顿等一批在弹劾案中表现积极的辉格党律师也因此被解职。他们重新回到地方参与政治活动,如温宁顿被选为沃彻斯特城的代表,泰比成为德文郡的代表,梅纳德成为比瑞斯顿和普利茅斯的代表。

1679年3月,由于查理二世并没有获得法王路易十四新的补助金,于是不得不重新组织新一届议会的召开。辉格党律师泰比、梅纳德、温宁顿利用这个机会重新启动了对于丹比的弹劾。用学者朗顿的话说:"议会下院重新捡起了他们在17世纪最主要的宪政武器。"②处在危机之中的丹比伯爵坚持认为,没有任何普通法、制定法能够阻止国王利用特权赦免被弹劾之人。③温宁顿立刻反对道:"国王的特权是有限度的,国王不能赦免叛国罪……因为国王应是臣民的庇护者,而不应是臣民敌人的避难所。"④另一位辉格党律师亨利·波莱克斯同样坚决反对国王的这种赦免权(pardon),他指出:"即使丹比伯爵没有同法王路易十四写过这些信件,丹比请求国王动用赦免权本身,已经在事实上证明了丹比的罪行。"⑤迫于压力,查理二世于1679年3月26日解除了丹比财务大臣的职务。然而,议会并不同意国王的意见,他们坚持认为,丹比应当关入伦敦塔受刑5年。结果,国王屈从了议会的最终意见。

丹比伯爵的受刑伏法不仅说明,"辉格党"律师在议会中的影响力逐渐扩大,而且通过这一事件,"辉格党"律师实际上否认了国王在弹劾案件中行使赦免权的特权,并且在理论上否定了被弹劾人惯用的辩护理由,即他们的政治活动和行为,都是依照国王命令行事,不能认为是违法犯罪。从此,议会弹劾再也不受王权的干涉,两院可以挥洒自如地行使弹劾权。

---

① Michael Landon, *The Triumph of the Lawyers: Their Role in English Politics 1678—1689*, Alabama University Press, 1970, p.71.
② Ibid., p.78.
③ Ibid., p.79.
④ Ibid., p.78.
⑤ Ibid., p.79.

该事件的胜利为日后英格兰宪政的确立起到了关键性的作用,因为该场斗争的实质是要解决国家最高主权属于国王还是议会,政府大臣是依法行政还是唯王命是从,是对国王负责还是对议会负责等最基本的宪法性问题。

(四)《排斥法案》与"辉格党"律师

"天主教阴谋"事件中"辉格党"律师的表现,不仅使他们控制了议会下院,而且他们开始参与国王的枢密院(King's council)。他们下一个目标对准了王权。①

到17世纪70年代末80年代初,王位继承问题再一次把议会中"辉格党"律师与专制王权之间的斗争推向了高潮。年近半百的查理二世膝下无子②,准备指定自己的弟弟,天主教徒约克大公为王位继承人。这一举措迅速引起了议会的反对,因为他们不能容忍一名天主教徒作为国家的主人。为了制止国王的行为,沙夫茨伯里伯爵与其他议会"辉格党"成员于1679年4月提出了旨在取消约克大公继承权的《排斥法案》(Exclusion bill)。由于泰比和威廉姆斯等人的努力,《排斥法案》在议会下院以207票对128票获得通过。然而,令人始料未及的是国王此时宣布闭会,《排斥法案》被搁浅。③

随着1680年11月3日琼斯重返议会,他与温宁顿联合起来成为《排斥法案》的主要提议者。温宁顿不仅极力反对詹姆斯(约克大公)继承王位,而且明确指出,如果詹姆斯在1680年11月5日后返回英格兰就是严重的叛国行为。④ 同时,琼斯与温宁顿于11月11日共同指出:"高级法(supreme law)应当体现公众的评价标准,《排斥法案》正是符合了这一点,因此,它与'自然正义'(natural justice)原则是一致的。"⑤琼斯接着说道:"《排斥法案》并不是只针对约克大公,而是为了每个英格兰民众自身的安危。自然正义

---

① Michael Landon, *The Triumph of the Lawyers: Their Role in English Politics 1678—1689*, Alabama University Press, 1970, p.80.

② 其实,查理二世与露西·沃特斯生有一位名叫蒙默斯的私生子。查理二世由于不同意改变嫡系子孙继承王位的传统,不想将王位传给蒙默斯。参见〔英〕温斯顿·丘吉尔:《英语民族史略》第2卷(新世界),薛力敏、林林译,南方出版社2004年版,第272—273页。

③ Michael Landon, *The Triumph of the Lawyers: Their Role in English Politics 1678—1689*, Alabama University Press, 1970, pp.81—82.

④ Ibid., p.90—91.

⑤ Ibid., p.91.

和宗教原则的基础就是为了保护王权与王国,并防止对任何个体利益的损害。"①虽然"辉格党"律师作出了种种努力,《排斥法案》也在 11 月 11 日在议会下院第二次获得通过,但是由于国王的反对,它在议会上院以 63 票对 30 票未获通过。"虽然国王在 1680 年不能控制议会下院,但是,他能够命令议会上院的大多数成员。"②

1681 年 1 月,没有放弃努力的"辉格党"律师又一次拿起《排斥法案》反对英国的罗马天主教徒。在琼斯、温宁顿和其他三位"辉格党"律师的起草的文本中,他们主张禁止天主教徒在伦敦周边的活动,并且严禁他们在王国内骑马或手挽着手并排行走。温宁顿还特别指出,应禁止其他国家的天主教徒到英国来。他们还援引了 1593 年法令,反对那些不信国教的人(Dissenters),以便使《排斥法案》在议会两院获得通过。③然而,愤怒的查理二世于 1 月 10 日宣布闭会,并于 10 天后解散了这届议会。

新一届议会在 1681 年 3 月的第三个星期在牛津召开。议会下院的琼斯和温宁顿立即提出,这届议会应将注意力放在上届议会没有完成的事情上,即讨论、通过《排斥法案》。新的《法案》应一如既往地保护国教徒的利益,驱逐天主教徒。面对议会下院"辉格党"律师的压力,查理二世接受大臣海利法斯(Halifax)的意见,拟定了与《排斥法案》的妥协意见:在查理二世有生之年,约克大公不得返回英格兰;如果查理去世,大公的女儿玛丽继承王位,如果玛丽去世且没有继承人,则由大公的另一个女儿安妮继承王位;但是如果大公在有生之年有一个信奉国教的儿子,当他成年后可以继承王位并优先于玛丽和安妮。④然而,法王路易十四的决定改变了查理二世的妥协意见,因为查理得到了法王一笔丰厚的补助金。由于没有财政上的压力,查理二世摆脱了对议会的财政依赖。于是,在 1681 年 3 月 28 日,他下令解散了议会,此后 4 年他也未再召开议会,《排斥法案》也因此遭到再一次的搁

---

① Michael Landon, *The Triumph of the Lawyers: Their Role in English Politics 1678—1689*, Alabama University Press, 1970, p.91.
② Ibid., p.92.
③ Ibid., p.93.
④ Ibid., p.97.

置,《排斥法案》的通过终成泡影。①

虽然《排斥法案》最终未能通过,但是,"辉格党"律师在议会与王权斗争中所起到的作用是显而易见的。用朗顿的话说:"在议会反对派与王权的斗争中,'辉格党'律师用他们的宪政和法律知识,支持了议会反对派。"②

需要特别说明的是,在围绕《排斥法案》的斗争过程中,议会反对派为了保护自身安全,于 1679 年 5 月制定了旨在保护任何人自由与权利非经正当法律程序不得受到限制的《人身保护法》(The Habeas Corpus Act)。《人身保护法》的出台意味着英格兰宪政在制度上不断完善。如果说 1215 年《大宪章》和 1628 年的《权利请愿书》侧重的是实体性权利的保障,那么,1679 年的《人身保护法》则是英国历史上第一份系统的司法程序性立法。③ 因为在自由与权利的保障上,任何一个环节的缺失都会导致整个保障体系的崩溃。如果一个由于监禁或通过其他方式被剥夺自由的人没有有效的途径,使自己及时地出现在法官面前,那么宣告自由的法律将变得没有任何意义。

(五) 1681—1685 年政治审判中的"辉格党"律师

由于这一时期不存在保障法官职位免受王权干扰的制度,从 1679 年开始许多普通法法官由于政治原因被解职。查理二世在此时间任命大量亲信,控制了有关政治案件的司法审判。"辉格党"律师除了在议会中与王权针锋相对,从 1681 年到 1685 年他们也在有关政治案件的司法审判中反对专制趋势日渐加深的王权,极力维持国王、议会上院和议会下院三方力量的平衡。④

这一时期第一个涉及政治的审判是关于爱德华·菲特扎瑞斯(Edward Fitzharris)的。1681 年 3 月 25 日罗伯特·卡雷顿、乔治·泰比向议会下院

---

① Michael Landon, *The Triumph of the Lawyers*: *Their Role in English Politics 1678—1689*, Alabama University Press, 1970, p. 98.

② Ibid., p. 99.

③ 《人身保护法》规定,任何监禁行为必须说明理由,法院依据人身保护令状可以审查监禁理由的合法性,并且根据各案的实际情况,法院可以作出释放、交保释放或重新召回犯罪嫌疑人予以羁押的决定。具体详见 George Burton Adams and H. Morse Stephens, *Select Documents of English Constitutional History*, The Macmillan Company, 1924, pp. 440—448。

④ Michael Landon, *The Triumph of the Lawyers*: *Their Role in English Politics 1678—1689*, Alabama University Press, 1970, p. 143.

举报说,来自爱尔兰的天主教徒菲特扎瑞斯在 2 个星期前提供了有关"天主教阴谋"事件的诸多细节,证实了先前"辉格党"人的观点,并指证约克大公和丹比伯爵共谋想要杀害查理二世。① 由于查理二世认为这只是"辉格党"人的阴谋,并决心将王位传给约克大公,因而,于 3 月 26 日命令总检察长索耶控告这个来自爱尔兰的天主教徒。"辉格党"律师很快就感觉到事态的严重性,认为国王的这种做法是违背普通法的。因为从爱德华三世开始对于普通人的诉讼控告应由大法官(Lord Chancellor)提起,国王这样做的结果会使普通民众对国王的制约变得名存实亡。② 琼斯呼吁议会上院应当反对国王的这种做法。温宁顿认为,如果没有法定的程序,任何控告都是鲁莽的(impudent)。在温宁顿的帮助下,菲特扎瑞斯于 4 月 27 日得到了人身保护令状,依照普通法的程序接受调查。在其妻子的要求下,琼斯、温宁顿、泰比、波莱克斯芬、沃洛普和史密斯担任了菲特扎瑞斯的法律代理人(attorney)。在他们的代理下,菲特扎瑞斯被证明是一个"正直、诚信的人"。③

1682 年 5 月 2 日与专制王权斗争的琼斯去世,普通法律师威廉·威廉姆斯接替他成为"辉格党"领袖的法律顾问。他在许多案件的审判中,通过成功的辩护,使辉格党人免遭刑罚。④ 1682 年 11 月"辉格党"的皮京顿(Pilkington)、夏特(Shute)、格雷(Grey)等人被指控在郡长选举过程中发表了一些关于约克大公的煽动言论,在王座法院由首席法官桑德审判。普通法律师威廉姆斯、温宁顿、沃洛普、豪特、汤普森、弗里克出庭担任他们的辩护人。总检察长索耶、副总检察长菲茨、乔治·杰弗里代表国王进行控诉。威廉姆斯首先质疑了陪审团的人员组成,因为许多有政党偏见的人不应在陪审团中,但是他的质疑被否定。问题很快地又转换到郡长或市长是否有权决定选举的延期上。威廉姆斯等人认为这是郡长和市长所固有的权利,案件应当在民事法院解决。至于选举过程所引发的骚乱,威廉姆斯等人认

---

① Michael Landon, *The Triumph of the Lawyers: Their Role in English Politics 1678—1689*, Alabama University Press, 1970, pp. 143—144.
② Ibid., pp. 144—145.
③ Ibid., p. 146.
④ 具体案例详见 Ibid., p. 157.

为,它仅仅是选举过程人们表达各种意愿的正常表现,"难道我们面对同一事件,有不同的观点就应当被认为是犯罪吗?"由于指控方并没有足够的证据能够证明皮京顿等辉格党人确实引发了骚乱,最后,陪审团一致认为指控不成立。①

1682 年 5 月,流亡海外的约克大公回到英格兰,一直反对约克大公继位的沙夫茨伯里伯爵曾密谋杀害他和国王查理,事情暴露后,沙夫茨伯里逃往海外。许多辉格党人被陆续传唤至法院接受审判。第一个接受审判的辉格党人是拉塞尔勋爵威廉,审判于 1683 年 7 月 13 日在普通诉讼法院由首席法官派姆伯顿主持。普通法律师罗伯特·阿特金斯担任他的辩护人。事实查明,拉塞尔虽然没有图谋杀害国王,但他参与了政变的策划工作,陪审团一致认定其有罪,法院最终判处其死刑。阿特金斯立刻对判决提出了异议,在他看来此案中陪审团的组成是不合法的。因为该陪审团成员中只有少数自由土地保有人(freeholder)的财产超过了 40 先令,而根据《戴尔报告》(Dyer's Reports)中的权威先例,对于重罪的审判,陪审员必须是拥有 40 先令以上的自由土地保有人或拥有 100 英镑以上财产的人。另外,阿特金斯还指出将拉塞尔定为叛国罪有失公允,因为许多策划或密谋的叛国的行为并不都会被定为叛国罪。② 在阿特金斯的帮助下,"拉塞尔案"得到了重审。在重新开始的审判中,阿特金斯坚持认为,前案中拉塞尔之所以被指控为叛国罪,依据的是爱德华三世时期制定法对于叛国罪的规定,即任何图谋害死国王的行为。但是,查理二世时期的第 13 号法令修正了它,只有那些废黜国王或发动战争的叛乱行为才应被认为是叛国罪。如果任何图谋和策划(compassing and imagining)而没有付诸实践的行为都被认为是叛国行为,那么查理二世没有必要修改爱德华三世的制定法。因为图谋和策划杀害国王与发动战争反对国王是两个不同的概念。③ 况且,事实证明拉塞尔并没有与他人共谋夺取国王的军队,威胁国王的生命。因而,拉塞尔不应当被判处叛

---

① Michael Landon, *The Triumph of the Lawyers: Their Role in English Politics 1678—1689*, Alabama University Press, 1970, pp.157—158.
② Ibid., pp.160—162.
③ Ibid., pp.165—166.

国罪。最终,法院接受了阿特金斯的观点。

另外一个在此事件中接受审判的是阿尔杰农·西德尼(Algernon Sidney)。1683年11月,他同样被指控犯有叛国罪,原因是他不仅参与了沙夫茨伯里伯爵的阴谋,而且在书写的著作中,为抵制王权的做法进行辩护。威廉姆斯、波莱克斯芬和其他3名"辉格党"律师担任了他的辩护人。由于同伴霍瓦德的出卖,西德尼很快于12月7日被判绞刑。但是,值得注意的是,威廉姆斯在庭审过程中旗帜鲜明地指出:"国王的特权只是议会中三种权力中的一种,此外还有议会上院和议会下院所享有的权力,国王不能离开后两者在议会中任意行事。"①此后,威廉姆斯又出现在王座法院陆续为辉格党的约翰·汉普登(John Hampden)、劳伦斯·布雷顿(Lawrence Braddon)和休格·斯派克(Hugh Speke)进行了辩护,维护了他们的权利。②

从上述1681—1685年"辉格党"律师在政治审判中的表现,我们发现,除威廉姆斯在"西德尼案"中的辩护观点偏向议会外,其他"辉格党"律师在审判过程中都是以法律和正义作为基本准则,而不是法律之外的政治观点。他们在审判中所坚持的两个基本准则是:第一,不能依据同伴的行为来认定当事人是否有罪;第二,不能仅依据推断,而不依据证据来证明当事人是否犯罪。正如威廉姆斯在1675年秋天在议会下院所说:"人不能依据其观念(notions)被监禁。"③因而,这一时期"辉格党"律师正是在坚持法律的基础上,保卫着整个王国的安全,通过手中的法律,限制着任何可能破坏王国安全的因素——哪怕是代表最高特权的王权。④ 对此,学者朗顿总结道:"在1681—1685年里,是'辉格党'手中的法律而不是议会起到了更为绝对和决定性(absolute and decisive)的作用。"⑤

(六) 詹姆斯二世统治时期的"辉格党"律师

1682年2月6日,查理二世逝世,约克大公终于继承王位,史称詹姆斯

---

① Michael Landon, *The Triumph of the Lawyers: Their Role in English Politics 1678—1689*, Alabama University Press, 1970, p.168.
② Ibid., pp.168—170.
③ Ibid., pp.1170—171.
④ Ibid., pp.165—179.
⑤ Ibid., p.179.

二世。由于沙夫茨伯里伯爵的暗杀活动,詹姆斯继位后,辉格党的许多领导人或者被捕入狱,或者逃亡海外。詹姆斯二世利用托利党的支持,在5月召开的议会中获得了大量的税款。据统计,此时国王每年的固定收入达到200万镑。① 此外,他还得到法国相当数量的秘密津贴。詹姆斯二世借助雄厚的财政基础,建立起一支3万人的常备军。权力急速膨胀的结果导致议会被关闭,许多先前反对其继位的政府官员被解职,王权再一次达到无所限制的地步。甚至当时欧洲最专制的法王路易十四都以羡慕的口吻说:"没有一个英国君主的权威超过现任国王。"② 在这样的恶劣政治环境里,"辉格党"律师仍然坚持着法律的立场,同专制权力进行抗争。

据学者朗顿考证,在詹姆斯二世时期,"辉格党"律师最具宪政意义的两次抗争分别是1686年的"戈登诉黑尔斯案"(Godden v. Hales)和1688年的"七主教案"(Seven Bishop)。③

黑尔斯是一位天主教徒,1685年11月被詹姆斯二世任命为团长(regiment)。詹姆斯二世的这一行为违背了1673年的《忠诚宣誓法》(the Test Act)④,因为黑尔斯没有按照该法律的要求,宣誓效忠和承认王室的最高地位(allegiance and supremacy)和在3个月内签署圣餐变体说(transubstantiation)。⑤ 据此,黑尔斯的仆人戈登控告黑尔斯违背了《忠诚宣誓法》。1686年3月29日,法院认为黑尔斯的行为违反《忠诚宣誓法》,应罚款500英镑。黑尔斯拒绝交付罚金,并认为是国王赋予他免于宣誓并履行该法案其他条

---

① J.韦斯顿:《君主制与革命》,伦敦1972年版,第112页。转引自程汉大:《英国政治制度史》,中国社会科学出版社1995年版,第199页。

② J.韦斯顿:《君主制与革命》,伦敦1972年版,第111页。转引自程汉大:《英国政治制度史》,中国社会科学出版社1995年版,第201页。

③ Michael Landon, The Triumph of the Lawyers: Their Role in English Politics 1678—1689, Alabama University Press, 1970, p.201.

④ 根据《元照英美法词典》的说法,《忠诚宣誓法》是1672年制定的,其内容主要是规定,所有接受民事或军事官职的人以及接受王室信托下的某一地产者,应宣誓效忠和承认王室的最高地位,并签署声明反对罗马天主教的圣餐变体说(transubstantiation),并按照英格兰国教的惯例接受圣餐。参见薛波主编:《英美法词典》,法律出版社2003年版,第1338页。

⑤ Michael Landon, The Triumph of the Lawyers: Their Role in English Politics 1678—1689, Alabama University Press, 1970, p.202.

款的特权,因而,违背该法案的行为不应受到任何处罚(pains and penalties)。① "辉格党"律师坚决拒绝在此案中为黑尔斯辩护。如泰比、温宁顿都曾被命令(order)代表黑尔斯出庭辩护,但他们最终都拒绝了命令。不仅所有的"辉格党"律师不愿意为黑尔斯辩护,就连一向支持国王的"托利党"律师也反对为其辩护。如"托利党"律师菲茨宁愿辞去副总检察长(the solicitor generalship)一职,也不愿参与到该案中。最终,菲茨的继任者普维斯(Powis)作为黑尔斯的辩护人代理了该案。②

在庭审中,普维斯坚持认为,国王拥有不可质疑的特权,可以做任何他认为正确的事情,因此国王有权依据其臣民的能力任命官职。黑尔斯虽然违背了《忠诚宣誓法》,但是国王的特权使他免受《忠诚宣誓法》所应遭受的处罚。③ 此外,普维斯还援引1487年"尽管案"(Case of Non Obstante)④所确定的先例予以证明。⑤ 最后,法院赞同了普维斯的辩护意见,黑尔斯无罪。⑥ 首席法官赫伯特(Herbert)同样认为:"国王是英格兰的统治者,英格兰的法律应当是"国王的法律"(King's law)。国王不仅在特别的刑事案件中依据'必要理由'(necessary reasons)享有对某人赦免的权力,而且国王本身就是决定是否应当使用'必要理由'的唯一法官,因而国王有权赦免任何人。"⑦

尽管"辉格党"律师没有参加该案的审判,但是,他们对普维斯和赫伯特的观点予以明确的反对。罗伯特·阿特金斯在一本名为《刑法赦免权研究》

---

① Michael Landon, *The Triumph of the Lawyers: Their Role in English Politics 1678—1689*, Alabama University Press, 1970, p.202.
② Ibid., pp.202—203.
③ Ibid., p.203.
④ 根据《元照英美法词典》的解释,"Non Obstante"译为"尽管",旧时文件用语,表示预先排除任何同已宣称的目的或意图相反的解释。在英格兰古法中则常见于国王颁布的法令及签发的特许状(letters patent)中,表示准许某人做某事,尽管议会法律有相反规定。参见薛波主编:《英美法词典》,法律出版社2003年版,第975页。
⑤ Michael Landon, *The Triumph of the Lawyers: Their Role in English Politics 1678—1689*, Alabama University Press, 1970, p.203.
⑥ 黑尔斯无罪的另外一个原因是,詹姆斯二世为了保证黑尔斯胜诉,预先更换了6名法官,使支持黑尔斯的法官占了多数。参见程汉大:《英国政治制度史》,中国社会科学出版社1995年版,第200页。
⑦ Michael Landon, *The Triumph of the Lawyers: Their Role in English Politics 1678—1689*, Alabama University Press, 1970, p.204.

(*An Inquiry into the Power of Dispensing with Penal Statutes*)的小册子中表达了辉格党的观点。阿特金斯认为,议会所通过的《忠诚宣誓法》为"国王的良好臣民"(Majesty's good subjects)提供了免除天主教徒(Catholic recusants)危害的保护。如果任何任命违背了这一制定法,那么它就应当被"宣告无效"(adjudged void)。① 在这本小册子中,阿特金斯还通过菲尔塔、布拉克顿、福蒂斯丘等中世纪权威法律家的论述证明:"法律并不是由国王单独制定,而是由国王和臣民共同同意和选择产生的。这些法律是他们所有行为的衡量标尺(square)。因此,国王不能声称他就是法律的唯一制定者,并依照自己的意志拥有随意的赦免权力。"② 实际上,阿特金斯的论断在逻辑上指出,由于法律并不是国王依据个人意愿制定的,因而从法理上讲,国王没有任何权力去赦免任何违背法律的行为。正如科克曾经指出的那样:"那些明显损害臣民财产权和其他权利的案件或关于任命买卖圣职罪者(simony)担任政府官员的案件,国王是不享有赦免权的。"③针对黑尔斯辩护律师普维斯的言论,阿特金斯这样反驳道:"国王的最高统治权虽然是不容置疑的,但是这里的'统治权'仅仅意味着国王之上没有其他人,它并不意味着国王的这种权力是绝对的。《忠诚宣誓法》正是为了保护国王的统治权免受来自外国权力——罗马的篡夺(usurpation)。"④

如果说"辉格党"律师在1686年"戈登诉黑尔斯案"中将斗争焦点集中在国王的赦免特权(the dispensing power)上的话,那么,在1688年爆发的"七主教案"中,"辉格党"律师又将矛头指向了国王的另外一项特权——中止权(the prerogative power of suspension)。所谓法律中止权是指,国王通过公告、命令的形式暂时停止实施某项法律的权力,它是复辟以后国王特权的一种具体表现,其实质是通过专制权力干预司法。据学者朗顿考证:"法律中止权并不来源于任何普通法先例。它与赦免特权一样都来源于中世纪的

---

① Michael Landon, *The Triumph of the Lawyers: Their Role in English Politics 1678—1689*, Alabama University Press, 1970, p.205.
② Ibid., pp.205—206.
③ Ibid., p.204.
④ Ibid., p.206.

教会,是教皇所惯用的权力之一。它是通过《至尊法案》(the Act of Supremacy)传到英格兰的。"①

查理二世曾于1662—1663年间和1672年两次颁布《信教自由令》(Declaration of Indulgence)②,试图通过法律中止权保护天主教徒的利益,但是,由于议会的坚决反对,查理二世只得收回《信教自由令》。复辟后期,詹姆斯二世作为一名虔诚的天主教徒,决心利用法律中止权实现其在英格兰恢复天主教的计划。他于1687年4月和1688年4月两次颁布《信教自由令》,并要求主教向教徒们公开宣读,这激起了法官、议会、不从国教者和国教教士的普遍反对。就连一向对立的"辉格党"律师与"托利党"律师也走向了联合。历史学家朗克甚至评论道:"两党被不可思议地(singularly)改变了。"③对于詹姆斯二世的行径,1688年5月18日以坎特伯雷大主教威廉·桑克罗夫为代表的7名大主教联合请愿,抗议国王如此使用法律中止权,并拒绝宣读《信仰自由令》。詹姆斯二世下令将他们逮捕,交付法庭审判,由此导致"七主教案"。

4名"托利党"律师索耶、菲茨、弗朗西丝·彭伯姆顿和克里斯威尔·利文以及3名"辉格党"律师波莱克斯芬、泰比和约翰·萨默尔作为"七主教"的辩护律师出庭辩护。④ 这一辩护团几乎汇集了这一时期律师界的精英,相比之下代表国王出庭的律师则相形见绌。琼斯甚至嘲讽国王说:"即使陛下您可以更换12名审判案件的法官,但是您却找不出12名与您观点一致的

---

① Michael Landon, *The Triumph of the Lawyers: Their Role in English Politics 1678—1689*, Alabama University Press, 1970, pp. 208—209.
② 查理二世在1672年签发该法令,中止对罗马天主教和不从国教者的刑事惩罚,仅仅对其宗教自由有所限制,如新教牧师必须经过批准,天主教徒不得公开举行崇拜仪式。但议会认为制定法不能被皇家敕令中止,国王不得撤回其敕令。议会遂即通过《忠诚宣誓法》,反而加强了对天主教徒的法律制约。……1689年《权利法案》宣布废除了王室的中止权,并谴责国王的这种特许权。参见薛波主编:《英美法词典》,法律出版社2003年版,第377页。
③ Leopold Von Rank, *A History of England*, Vol. 4, p. 356. See Michael Landon, *The Triumph of the Lawyers: Their Role in English Politics 1678—1689*, Alabama University Press, 1970, p. 209.
④ Michael Landon, *The Triumph of the Lawyers: Their Role in English Politics 1678—1689*, Alabama University Press, 1970, p. 209.

律师。"①这7名律师在庭审中主要围绕着以下两个方面为主教们进行辩护:第一,主教们是否有权向国王请愿;第二,国王是否有权依据《信仰自由令》中止任何反对天主教徒和不信国教者(Catholics and the Dissenters)的刑事法律。②

索耶认为:"主教们的责任就是反对国王的《信仰自由令》。因为伊丽莎白时期颁布的《礼拜仪式统一法》(Act of Uniformity)的相关条款赋予了主教们上述权利。因此,他们有义务反对国王任何破坏英国国教会(the Established Church)的行为。同时,他们也有义务反对国王任何违背王国法律(the laws of the land)的行为,因为国王在没有得到议会同意的情况下,中止法律的行为是不合法的。"③作为例证,索耶接着指出:"首先,在理查二世时期《空缺圣职继任者法》(the Statute of Provisors)中,议会虽然赋予国王中止权,但是这种中止权直到下届议会召开时才能使用;其次,在1663年2月查理二世的一次演讲中,他说道:'我衷心地希望在某些情况下拥有宽容的权力(power of indulgence)';再次,虽然议会上院同意了国王在特定情况下的这种中止权,但是它却在议会下院遭到了坚决的反对;最后,议会下院在1673年2月颁布的声明中明确指出:'除了议会的法令外,任何人不得中止有关宗教事务的刑事法律。'"④

"辉格党"律师波莱克斯芬在庭审过程中饱含深情(impassioned)地指出:"刑事法律是整个王国宗教和政治框架赖以正常运行的基础。詹姆斯的《信仰自由令》不符合王国法律的规定;并且……基于这个原因,它在英格兰一经公布就被宣告无效。"⑤最后一个作出辩护意见的"辉格党"律师萨默尔也通过辩护表达了自己有关法律与宪政的博学知识(erudition)。他首先援引了1674年财政法院法官在"托马斯诉肖瑞尔案"(the case of Thomas v.

---

① John Maxcy Zane, *The Five Ages of the Bench and Bar of England*, Select Essays in Anglo-American Legal History, Vol. I , Little, Brown, and Company, 1907, p.708.
② Michael Landon, *The Triumph of the Lawyers: Their Role in English Politics 1678—1689*, Alabama University Press, 1970, pp.212—213.
③ Ibid.
④ Ibid.
⑤ Ibid.

Sorrel)中一致同意的观点,即"除立法权外,任何权力都无权中止议会法案的实施"。① 接着,萨默尔认为国王的赦免权与中止权是存在不同的。如果说赦免权在英格兰某些特殊案件中还具备一点点(dubious)合法性基础的话,那么,国王通过《信仰自由令》所声称的中止权则明显不具备任何合法性基础,是非法的。② 因而,国王不能依据《信仰自由令》中止任何反对天主教徒和不信国教者的议会制定法(这里主要指刑事法律)。

在"辉格党"律师和"托利党"律师的共同努力下,1688年6月30日七名主教被无罪释放,"当主教们离开法庭时,人们欢声雷动,一生反对主教制度的人随着人群跪下,请求主教予以祝福"。③ 学者朗顿这样评价律师们在"七主教案"中所起到的宪政作用:"他们的辩护确立了议会立法权高于国王特权的地位;他们的辩护使议会立法权战胜了国王赦免权与中止权的随意运用。"④

"辉格党"律师在1678—1681年通过他们在议会中的声音和1681—1688年在政治性案件司法审判中与日趋专制的王权进行的斗争,在以下三个方面不仅成功地推动了英格兰宪政的生成,而且影响了西方政治的发展。⑤ 首先,他们不经意的(unwittingly)行为为英格兰政治中"忠诚的反对者"(loyal opposition)这一原则作出了最好的诠释。他们在反对国王与大臣时,不是求助于那些非法的手段,而是在国家宪政和法律的基础上进行抗争。其次,他们通过议会中的演讲、法庭中的辩护,坚定地反对了绝对主义原则,避免了英国走向类似于法国路易十四那样专制独裁的道路。最后,他们高扬的个人自由和限权政府等主张深深影响了1776年美国的建国者,后者在《独立宣言》(the Declaration of Independence)和1787年《美国联邦宪

---

① Michael Landon, *The Triumph of the Lawyers: Their Role in English Politics 1678—1689*, Alabama University Press, 1970, p. 214.
② Ibid.
③ 〔英〕温斯顿·丘吉尔:《英语民族史略》第2卷(新世界),薛力敏、林林译,南方出版社2004年版,第301页。
④ Michael Landon, *The Triumph of the Lawyers: Their Role in English Politics 1678—1689*, Alabama University Press, 1970, p. 249.
⑤ Ibid., p. 246.

法》(the constitution of the United States)中将其付诸实践。① 可见,正是他们的努力有力地促进了英格兰宪政的生成。诚如英国学者普雷斯特所言,专制王权的脑袋虽是议会砍掉的,但是议会所用的斧头却是"普通法锻造的",就此而言,"17 世纪的英国历史是法律职业者创造的"。②

四、"光荣革命"与英格兰宪政的生成

詹姆斯二世的倒行逆施,引起了全国上下各阶层的反对,自复辟以来一直支持国王的"托利党"这时也开始与"辉格党"一起反对国王③,就连一向唯詹姆斯二世马首是瞻的杰弗瑞(Jeffreys)法官也认为,国王应当吸取"七主教案"中的教训,同议会进行合作。④ 不过,最初人们不想采用革命的反抗手段,打算等待年迈无子的詹姆斯百年之后,迎立他的女儿玛丽及其丈夫荷兰执政威廉入主英国。然而,令人始料未及的是詹姆斯老来得子,玛丽失去继位权。于是,7 名贵族代表议会联名向威廉发出邀请信。威廉率军进入不列颠,詹姆斯二世仓皇逃亡法国,"光荣革命"(Glorious Revolution)开始。

当时,围绕着王位问题存在三种不同的政治势力,即奥朗日亲王威廉、辉格党和托利党,其中威廉控制着政局,辉格党控制着下院,托利党控制着上院。以辉格党为代表的议会下院首先认为:"国王詹姆斯二世的行为颠覆了国王的宪政体制,破坏了国王与人民之间的原始契约(Original Contract);而且在天主教阴谋家(Jesuits)和其他不怀好意(wicked)人士的建议下,他违反了国王基本的法律;而且业已离国出走;自行退位(abdicated);致使王

---

① Michael Landon, *The Triumph of the Lawyers: Their Role in English Politics 1678—1689*, Alabama University Press, 1970, pp. 246—247.

② Wilfrid R. Prest, *The Rise of the Barristers: A Society History of the English Bar 1590—1640*, Clarendon Press, 1986, p. 1.

③ 这些曾经势不两立的两党人之所以抛弃前嫌联合起来,主要是因为他们都害怕詹姆斯二世在英国恢复天主教,又不愿依靠下层民众发动革命。天主教一旦恢复,他们就得归还原来在宗教改革时期获得的教会财产;而发动革命则会把英国推向流血和动乱,旧制度、旧传统将会被冲击,他们不仅会失去财产,甚至会失去他们的爵位和相应的特权。参见阎照祥:《英国政治制度史》,人民出版社 2003 年版,第 194—195 页。

④ Michael Landon, *The Triumph of the Lawyers: Their Role in English Politics 1678—1689*, Alabama University Press, 1970, p. 216.

位虚悬。"①该决议表达了多数辉格党人的意见,但议会上院托利党人普遍反对。他们认为,詹姆斯二世出走国外仅仅意味着他放弃了国王权力的行使权,他的国王资格和头衔并未因此而丧失,即王位并未"虚悬";"自行退位"说缺乏法律依据,宣布"王位虚悬"的结果必将是由议会来填补虚空的王位,这将根本背离英国正统的王位世袭制原则。所以,他们要求修改决议,将"王位虚悬"一句话删掉,将"自行退位"(abdicated)改为"擅离职守"(deserted)。② 据此,托利党提出了一个自认为是"最接近(英国)法律的最佳办法",即实行摄政制(regent)。为消除分歧,求得一致,两院中的两党分别选派部分代表举行磋商会,会上争论十分激烈。③ 辉格党人援引1399年议会使用"自行退位"一词废黜理查二世的先例,证明"自行退位"说的合法性,同时引用内战期间的事例,证明"擅离职守"说和摄政制暗示着国家统治方式只是"暂时的和可以随时解除的"④,这势必给詹姆斯二世的复辟提供法律依据。托利党也不愿看到詹姆斯卷土重来的可怕后果,最后作出让步,同意上述议会下院决议的原文。

由于威廉之妻玛丽是詹姆斯二世的长女,所以享有王位的继承权,1689年2月6日立宪协商会议通过决议立奥朗日亲王威廉为国王,史称威廉三世,同时立玛丽为女王,史称玛丽二世。世界上的第一个君主立宪政体得以确立。为了限制王权、防范詹姆斯二世统治时期专制独裁的再现,同时也为了确立议会在国家政治生活中的地位,立宪协商会议于是将早已拟好的《权利宣言》(the Declaration of Rights)与王冠一起呈献给威廉和玛丽。1689年2月13日玛丽和威廉接受了《权利宣言》。同年10月,议会以法律的形式重申了《权利宣言》的内容,即著名的《权利法案》(the Bill of Rights)。

《权利法案》的序言开宗明义指出,该法的目的在于确保英国人民传统的权利与自由。整个法案主要包括三个方面的内容:一是对王权的限制:如

---

① Michael Landon, *The Triumph of the Lawyers: Their Role in English Politics 1678—1689*, Alabama University Press, 1970, p. 229.
② Ibid., p. 231.
③ Ibid., p. 229.
④ Ibid., p. 235.

未经议会同意,国王不得滥用赦免权和中止权;未经议会批准,借口国王特权征收金钱或超过议会规定的时限与方式征收皆为非法;未经议会同意,在平时招募或维持常备军皆为非法;不得因为宗教原因设立宗教事务法院。二是对议会权利的确认:议会议员应经过自由选举产生;议员在议会享有自由演说和辩论的权利,不应在议会以外的法院或任何地方受到弹劾或讯问;为修正、加强和维护法律的起草,议会应时常召开。三是规定了对臣民权利的保护:臣民有向国王请愿的权利,据此对臣民判罪或控告皆为非法;新教徒为了防卫在法律许可的范围内可以拥有武器;不应要求过多的保释金,课处过分的罚款,滥用刑罚等。①《权利法案》将17世纪普通法法律职业共同体同专制王权斗争的胜利成果,以法律的形式确定下来。如果说他们的不懈努力是《权利法案》产生原因的话,那么,《权利法案》就是他们努力的结果。

此外,作为《权利法案》的补充,1694年、1696年和1701年议会又陆续通过了《三年法案》(the Triennial Act)、《叛国罪法案》(Treason Trials Act)和《王位继承法》(the Act of Settlement)。

《三年法案》使得国王召集、解散议会的随意性受到限制,同时,每届议会不得超过3年的规定也防止了国王和权臣在议会中培植自己势力的可能。②《叛国罪法案》中依照程序,严格按照法律审判的规定,使国王政府不可能再像从前一样任意曲解法律,迫害异己。③《王位继承法》在重申前述《权利法案》相关内容的基础上,对王位继承问题和法官选任问题作出了特别的规定:英国国王必须参加英国国教,未经议会许可,国王不得随意离开英国;非经议会两院奏请,国王不得免除终身任职法官的职务。④《王位继承法》最终在英格兰确立了议会高于国王、国王必须信奉国教和司法独立于

---

① George Burton Adams and H. Morse Stephens, *Select Documents of English Constitutional History*, The Macmillan Company, 1924, pp.462—469.
② Ibid., p.471.
③ Ibid., pp.472—475.
④ Ibid., pp.475—479.

王权的宪政原则。①

此外,议会除了通过这些政治性的立法确认英格兰宪政制度外,还在1690年3—4月通过几个财政法案,在经济上确保了英格兰"宪政革命"的成果。这些法案将政府岁入分为国王固定岁入和议会特别拨款两部分,前者供王室、宫廷和政府日常开支所用,后者用于战争及其他非常需要。国王固定岁入由关税、国产税提供,其中一部分国产税允许威廉三世终生享用,另一部分为永久性政府岁入,但关税只允许威廉征收4年。同时,给予国王的固定岁入远少于当时政府的实际需要。用学者程汉大先生的话说:"与'革命解决'相比,'财政解决'意义更为重大,因为财政权是其他各项权力的基础,是国王与议会权力关系中的决定性因素。"②自此以后,离开议会财政的支持,国王将寸步难行。"国王靠自己生活"的原则终于成为历史陈迹,"国王靠议会生活"的新时代开始了。

"光荣革命"的胜利使英格兰的国家权力配置得到了根本性调整,以议会主权和司法独立(戴雪称之为"法律主治")为两大支柱的现代宪政制度终于确立起来。③

---

① 虽然通过该法案在一定程度上确保了法官任职的独立性,但是这一法案仍然存在很大的漏洞。因为国王去世后,所有的司法诉讼需要终止,新任国王有机会可以不续任委任状的方式,免去一些法官和大臣。如安妮国王即位后,有些王室法官在1702年就以这种方式被免除职务。这个漏洞直到1760年才通过立法得到弥补。参见 J. H. Baker, *An Introduction to English Legal History*, Butterworths, 1990, p.192.

② 程汉大:《英国政治制度史》,中国社会科学出版社1995年版,第203页。

③ 中世纪宪政和现代宪政的主要区别在于,前者是在承认社会存在不同等级的前提下,以社会等级、地方主权为基础,各种利益集团权力的混合,在本质上是一种封建形式的宪政体制;而后者则是以个人权利、人民主权为基础,强调职能划分的一种宪政体制。参见〔英〕M.J.C.维尔:《宪政与分权》,苏力译,生活·读书·新知三联书店1997年版,第31—55页。

第五章 司法审判权与政治统治权的互动平衡

——英格兰宪政的精髓

17世纪英格兰法律职业共同体成为一支独立的政治力量,直接推动了英格兰宪政的历史进程,居功甚伟。可以说,如果没有科克等一批法律人首举"普通法至上"及其随后在议会中扮演的重要作用,英格兰宪政的确立可能推迟或以另一种结局而告终。正如学者庞德所言:"与行政绝对主义运动进行勇敢斗争的使命是由普通法法院完成的,并以古老的法律获得胜利而告终。……在这场斗争中,普通法所运用的主要武器,也是斗争的焦点,那就是法律至上原则。因此,斗争的胜利使得这一原则成为我们法律传统中的基石,更为重要的是,胜利赋予这一原则以新的适用范围和新的精神。此后,法律至上原则的适用范围大大拓展,成为限制一切统治权力,而不依赖于现实的法律存在的最明确的原则。"[①]

长期以来,国内学界对于英格兰宪政史的研究大多从"混合政体"、议会与王权斗争的此消彼长等方面进行研究,而忽视司法对于英格兰宪政生成的直接推动性作

---

① 〔美〕罗斯科·庞德:《普通法的精神》,唐前宏等译,法律出版社2005年版,第50—51页。

用。正如国内学者李培锋所言:"以往对于这一时期政治史的研究,则只是偏重了王权与议会的关系,而忽视了王权与议会之间,还有一种相对独立的第三种权力,即司法权力的存在,从而把英格兰宪政史主要解释成为王权与议会权力消长的历史,将司法权力只是视为王权与议会权力斗争的副产品,忽视了司法权力从中世纪早期就有一定的相对独立性,并以一种相对独立的第三者身份参与了王权与议会之间的权力斗争,是王权与议会权力斗争的一个重要组成部分。"① 基于上面对于英格兰司法主体在宪政确立过程中的表现,我们有理由相信:英格兰王权是在司法权与议会共同"联手"下被驯服的,司法权与议会主权一起构成了英格兰宪政生成的两大基石。

第一节 "中世纪宪政主义难题"所引发的两权分立理论

一、布拉克顿所引发的英格兰"中世纪宪政主义难题"

布拉克顿作为 13 世纪中叶英格兰著名的法律人,对英格兰法律与宪政发展起到非常重要的作用。② 他的名言"国王不应服从任何人,但应服从于上帝和法律"(Non est enim rex ubi dominator voluntas etnon lex)③,成为后来普通法法律职业共同体对抗专制王权的有力注脚。然而,美国学者麦基文却在布拉克顿著作的论述中发现了两段相互矛盾的论述,并将这种矛盾称为"中世纪宪政主义的难题"。借用麦基文的话说:"布拉克顿究竟是专制主义者,还是宪政主义者?抑或他只是个傻瓜,胡言乱语,前后矛盾?"④

布拉克顿的一段话这样说道:"国王有个上司,该上司不仅在成就国王的上帝和法律中,而且在他的国王委员会(curia)中——在国王的同伴即男

---

① 李培锋:"拓宽法制史的研究视界——评'英国法制史'",载陈景良主编:《中南法律评论》(创刊号),法律出版社 2002 年版,第 492 页。
② 详见 F. W. Maitland, *The Constitutional History of England*, Cambridge University Press, 1911, pp. 17—18。
③ W. S. Holdsworth, *A History of English Law*, Methuen, 1956, Vol. II, p. 253.
④ 〔美〕C. H. 麦基文:《宪政古今》,翟小波译,贵州人民出版社 2004 年版,第 61 页。

爵和伯爵中——有同伴者即有主人,因此,如果国王超越法律,同伴们应给他戴上笼头。"①虽然现代学者梅特兰曾认为,如此犯上的惊人言论不是布拉克顿主张的,而可能是反对亨利三世伯爵的伪作。②但是,布拉克顿著作序言中的另一段论述,印证了上述同样的观点:"在几乎所有的地方,人们适用的都是法律和成文法,只有在英格兰,人们适用不成文法和习惯。这样,经习俗认可的规范,无需形诸文书,便成了法律。即使它是不成文的,我们同样可称英格兰的法律是法律,因为,凡是规范,一经国王或君主权威、共和国共同答问和权贵协商同意的确立和认可,即具法律效力……英格兰的法律和习惯,借助国王的权威,或命令作为,或禁止不作为,或对违法者惩罚和科刑。这些法律,既然都已经人们同意或认可,并经国王誓言的确定,那么便永远不得修改和破坏,除非经过相同程序。"③同时,布拉克顿曾旗帜鲜明地反对过古罗马五大法学家之一乌尔比安那句体现专制的名言,"国王所好即具法律效力"。他说:"既然国王只是上帝的使臣和仆人,那么国王手中只存在有权利之权力(de jure),除此之外,他别无权力。这与国王所好即具法律效力,并不矛盾。因为,法律规定:'国王依据处理国王权力的王权法'(cum lege regie quae de imperio eius lata est)。所以,国王所好即具法律效力者,并非国王意志的鲁莽胡来,而是依据权贵同伴的建议,在审慎考虑和讨论后,由国王授权正当确立的事情。"④此外,我们从布拉克顿对英王加冕礼上誓词的"伟大篡改"中也能印证上述观点确实出自其口:"在布拉克顿的著作出现后约半个世纪(如非更早),这些誓言中又增加了一项义务,即必须根据人民选定的(quas vulgus elegerit)法律进行治理。只有在国王的表达意志的行为符合王权法时,他的意志才成为有约束力的法律。"⑤

应该说,布拉克顿的这些论述充分说明他并不向往罗马帝国查士丁尼时代那种君主独裁制,相反,认为国王应当按照贵族们、民众们同意的法律

---

① 〔美〕C.H.麦基文:《宪政古今》,翟小波译,贵州人民出版社2004年版,第57页。
② F.W. Maitland, *Bracton's Note Book*, Vol. I, pp.30—33.转引自〔美〕C.H.麦基文:《宪政古今》,翟小波译,贵州人民出版社2004年版,第58页。
③ 〔美〕C.H.麦基文:《宪政古今》,翟小波译,贵州人民出版社2004年版,第58页。
④ 同上书,第58—59页。
⑤ 同上书,第59—60页。

进行统治,当君主越权时,"同伴们应给他戴上笼头"。

令人疑惑的是布拉克顿却在另一段话中这样说道:"无论是法官,还是私的个人,都不应该也不能够质疑国王的特许状(charter)和国王法令的合法性。任何人都不能对国王的特许状和法令作出判决,从而使国王法令无效。"①该句话意思的是,"国王无资格相同者,更无位居其上者,任何臣民,甚至法官都不能够且不应该质疑王国行为的合法性",国王的行为不受法律的限制。由此我们发现,布拉克顿的思想似乎又偏向专制的一方。一个奇特的现象就是,17世纪在涉及国王侵犯臣民权利或自由的重大案件审判中,当事人双方都引用布拉克顿的话,以支持或反对国王的特权,而且双方的论证都看似合情合理。例如在1627年的达纳尔案(Darnel's case)中——该案直接导致了《权利请愿书》的诞生——国王没有告知逮捕的理由,就监禁了五位骑士,卡尔斯罗普(Calthrop)作为一名被监禁者的律师,引用布拉克顿的话说,国王非依法律,便不得行为。然而,总检察长希斯(Heath)在为国王作的辩护词的最后说:"我想用布拉克顿的话结束我的发言,……如果一个决定,如一侵犯臣民法定的权利的决定,是由国王作出的(因为没有人可以向国王发布令状),臣民只能请求国王更改和修正他的决定。"②

乍一看,这两段相互对立的论述似乎使我们很难搞清布拉克顿到底是一位专制主义者,还是宪政主义者。更为重要的是,这两段截然对立的论述背后是否暗示中世纪英格兰在专制与宪政之间存在着不可调和的矛盾?

二、司法审判权与政治统治权两权分立理论的提出

然而,细心的美国学者麦基文通过布拉克顿一本论述"外在物所有权取得"书中的一段话,找出了调和上述矛盾的观点,并提出了中世纪英格兰宪政体制中司法审判权与政治统治权二分的新观点。

在论述"外在物所有权取得"的书中,布拉克顿首先分析了有体物。然后转向无体物,例如权利和特权等。在论述特权时,作者分析了两个问题,

---

① 〔美〕C. H. 麦基文:《宪政古今》,翟小波译,贵州人民出版社2004年版,第60页。
② 同上书,第60—61页。

即谁可以授予特权？哪些特权属于国王？布拉克顿写道：

> 就特权问题而言,我们必须考虑:谁能够授予特权？授予谁？……你必须明白,国王本人对王国内的所有人,拥有普遍的审判权(jurisdiction)、尊严和权力,因为他手中拥有与王权相关的全部权利,拥有与王国治理有关的(qui pertinet ad regni gubernaculum)世俗权力和有形宝剑。更重要的是,他拥有其审判权的正义和判断。凭借作为上帝的使臣和仆人的审判权,国王把自己的所有物分配给每一个人;为使他的人民生活平静安乐,国王还拥有事关和平的权力,以使所有人不相互伤害、虐待、侵夺和残杀,因为他有惩罚和制裁犯科者的强制权力。同样他也对自身拥有权力,使自己遵守并使其臣民遵守在其王国内确立、批准和宣誓过的条规、判决和政令。……属于审判(或正义法律之适用)与和平范畴的事务,或与之相关的事务,只归于王权,只系于皇室尊严;它们不能与王权相分离。因为正是它们构成了王权本身。王权的定在,即实施正义,裁判案件和维护和平。无此,王权将无以存在,更难得持久;而且,此类权利或审判权,不能转托给任何人或领主;它们不能由私的个人所有;除非由居上位者以"授权审判"的形式表示同意,任何私的个人既不可享有,也不得行使此种权利;而且,授权方式不得妨碍国王本人继续拥有普遍的审判权。另外,这种特权,虽然属于王权,但可以与它分离,并转移给私的个人,但只能借助国王特殊的恩惠。①

根据这段话,麦基文敏锐地指出:"布拉克顿宪政主义的一个本质特征是,他明确地区分了治理权和审判权,从而,国王独裁的不负责任的权力只能存在于治理权范围内,永远不能超越它。这是中世纪宪法的一个重要特征。"②

王国的"治理权"(government-gubernaclum)是指,国王手中掌握的王国管理权。"治理权"存在的依据与理由是为了更好地维护王国内的和平与安全,正如布拉克顿所言:"为使他的人民生活平静安乐,国王还拥有事关和平

---

① 〔美〕C. H. 麦基文:《宪政古今》,翟小波译,贵州人民出版社2004年版,第62—63页。
② 同上书,第64—65页。

的权力,以使所有人不相互伤害、虐待、侵夺和残杀,……如果无人维护权利,在法律中确立权利将是毫无意义的。因此,国王应该有这种权力或审判权。"①因此,"在严格限定的狭义的治理权(goverment)领域,国王不仅是唯一的掌门,而且理应掌握、也必须掌握为有效管理所必需的全部权力;他有权处理伴随或附带于'治理权'的一切事务"。②

至于布拉克顿论述中另一关键性的术语,王国的"审判权"(jurisdictio)则是指国王在王国司法方面拥有的权力。③ 区别于治理权,国王的这种权力是有限的,它的界限是由"实在的"和"强有力的"法律确定的,如果国王行为超出此界限便是越权(ultra vires)。因此,正是在审判权而非治理权中,我们发现,有明确充分的证据表明,在中世纪的英格兰,罗马的专制格言,不管是理论上还是事实上,都未曾生效过。因为,在审判权中,国王受到其"依法行事,非依法不行事"之誓言的约束。《大宪章》中著名的第 39 条,即"国王无权自由决定臣民的权利。对于侵权诉讼,国王必须依照正当法律过程而非强力作出裁决",正是审判权中对绝对主义权力反抗的经典表述。④

基于布拉克顿的王权二分理论,布拉克顿上述两段截然对立论述所引发的"中世纪宪政主义难题"似乎有了答案。

一方面,在治理权和相关事务中,国王是个独裁者。他的权力是"绝对的",没有资格相同者。他严格的治理行为是不容置疑的。在该领域,他的任何行为都不可能是违法的,因为在该领域,他的专断权是正当的、完全的和独占的。以此相推,属于国王治理行为的特许状和法令,不仅任何法律人不得插手,而且也不能够对其进行质疑。因此,"对布拉克顿而言,法律(取其狭义),敕令和政令只是管理命令,因此是'治理'的一部分,是属于国王

---

① 〔美〕C.H.麦基文:《宪政古今》,翟小波译,贵州人民出版社 2004 年版,第 62 页。
② 同上书,第 63—64 页。
③ 其实在布拉克顿的用法中,审判权就像法律,其义时广时狭。依最广义,它至少指国王的整个权力;但在很多场合,它只是与治理权区别使用,并与后者一并构成整个王权。这里我们所指的"审判权"是狭义的,它专指国王在司法方面所拥有的,不属于治理权范围的权力。
④ 〔美〕C.H.麦基文:《宪政古今》,翟小波译,贵州人民出版社 2004 年版,第 70 页。

管理范围之事（pertinet ad regni gubernaculums），国王对此拥有绝对的控制权"。①

另一方面，在司法审判领域，除非得到权贵们的同意，否则国王的意志不是法律。同时，居民或臣民的传统权利也完全外在于且超越于国王管理的正当权限，属于审判权。因而，在这些领域国王如若超越了法律，他将被"戴上笼头"，布拉克顿的名言"国王不应服从任何人，但应服从于上帝和法律"才得以成立。正如麦基文所说："对我们的主题而言，至为重要的是审判权与治理权不同。它并不仅是赤裸的暴力，它不只是圣·托马斯的直接强权（vis directive），亦非'圣声'中的道德禁令——它们应当指导国王意志。"②

麦基文从布拉克顿矛盾论述中所发现的审判权与治理权的王权二分理论，暗示出在"布拉克顿时代"英格兰国王作为最大封建领主所拥有的特权和封建法律关系对王权所设定有限地位之间的紧张关系。从本质上说，这种紧张关系是封建关系的政治属性和法律属性之间所必然存在的。布拉克顿的贡献在于：他在英格兰政治和法律发展实际状况的基础上，明确地提出了这两种不同性质的权力，后世的许多法律思想家遵循着他的路径发展出了契合于宪政主义精髓的两权分立理论。

第二节 司法审判权与政治统治权两权分立理论的发展

一、17世纪以前隐而不彰的两权分立理论

其实早在布拉克顿之前，罗马法学家也曾区分过统治权和审判权，如《国法大全》的专制格言确实适用于治理权，但从未适用过审判权，只不过到

---

① 如1166年亨利二世颁布的《克拉伦敦诏令》的结束语也印证这一点："只要高兴，国王将使该政令具有约束力。"因为该政令的内容只是管理性的，而且中世纪英格兰很早就已经清楚地承认：权利，或确立权利的习惯，或明确习惯内容的正式法令，与单纯的管理命令是两回事。格兰维尔也说："对习惯，国王不愿意而且也不敢改变。"参见〔美〕C. H. 麦基文：《宪政古今》，翟小波译，贵州人民出版社2004年版，第68页。

② 同上书，第69页。

罗马帝国后期二者都完全被帝权所控制。① 在英格兰,布拉克顿之前的格兰维尔在其著作《论英格兰王国的法律与习惯》(Tractatus de Ldgibus et Consuetudinibus Regni Angliae)的开篇也曾经写道:"王权不仅当事武备,以镇压反对国王和王国的叛逆和民族,而且宜修法律,以治理臣民及和平之民族……"②学者伯尔曼认为:"格兰维尔对王权双重性的分析暗示:为了制服叛乱和外敌,它需要军事武装;为了治理他的和平臣民,它需要公正的法律。"③可见,王权二分的思想早在格兰维尔时期就已经存在,甚至后来的布拉克顿也直接受到他的影响。据伯尔曼考察:"两代之后,格兰维尔的概念在布拉克顿的《论英格兰的法律和习惯》(Treatise on the Laws and Customs of England)一书中得以发展。布拉克顿开始也说:'为行善治,国王需要两样东西,即武器和法律。'"④14世纪的伟大法学家鲍杜斯(Baldus)在评注《查士丁尼法典》时,曾重述下述格言:国王应当遵守法律,因为他的全部权力源于法律。但是,他说这里的"应当"一词不可太死板地理解,因为国王最高的和绝对的权力并不在法律之下,所以这里的法律只约束一般权力,不约束绝对权力(unde lex ista habet respectum ad potestatem ordinariam non ad potestatem absolutam)。⑤ 如果我们仔细分析就会发现,鲍杜斯这里所区分的一般权力(potestatem ordinariam)与绝对权力(potestatem absolutam),事实上与布拉克顿审判权与治理权的王权二分理论基本一致。

布拉克顿以后,司法审判权与政治统治权的王权二分理论在亨利六世王座法院首席法官约翰·福蒂斯丘那里也有过系统的论述。他在描述英格兰政府的著作《论英格兰的政制》(The Governance of England)开篇曾经这样写道:"有两种类型的王权,其中一种用拉丁语表示就是国王的统治(dominium regale),另一种被称为政治且国王的统治(dominium politicum et regale)。它们的区别在于,在第一种统治中,国王可以凭借其制定的法律来治

---

① 〔美〕C.H.麦基文:《宪政古今》,翟小波译,贵州人民出版社2004年版,第71页。
② 〔美〕哈罗德·J.伯尔曼:《法律与革命——西方法律传统的形成》,贺卫方、高鸿钧等译,中国大百科全书出版社1996年版,第561页。
③ 同上书,第563页。
④ 同上。
⑤ 〔美〕C.H.麦基文:《宪政古今》,翟小波译,贵州人民出版社2004年版,第74页。

理他的臣民。因而,只要他自己愿意,便可以向他们征税和增加其他负担(impositions),而不需要经过其臣民的同意。在第二种统治中,国王只能凭借臣民同意的那些法律治理他们,因此,没有他们的同意,就不能向其臣民征税和增加其他负担。"①学者麦基文认为:"在这里,形容词'政治的'(dominium politicum et regale)之所指即布拉克顿的审判权,'国王的'(dominium regale)即其治理权。"②麦基文接着说道:"长久以来人们习惯上把'国王的统治'等同于治理权,但确把'政治且国王的统治'误认为贵族(peer)可以同时参与治理和审判,即他们既享有治理权又享有审判权。而在布拉克顿看来,贵族不能参与治理,而只能参与审判。"③申言之,"政治且国王的统治"之于福蒂斯丘,正如布拉克顿的"审判权"一样,它只是对国王治理权消极的、法律的限制,这种限制由国王誓词中所维护的臣民权利所构成。非依法律,国王不得改变、损害和随意转移臣民的权利。正如福蒂斯丘明确指出的那样:"此时,在我看来,这已经得到了足够的证明,即为什么一个国王'仅仅依靠国王权力'(by only royal dominion)统治他的臣民,而另一个国王'依靠政治且国王的权力'(by political and royal dominion)进行统治;这是因为前一个王国开始于君主的力量,并凭借君主的力量,后者则开始于同一君主之下臣民的渴望与联合。"④

需要注意的是,17世纪以前英格兰传统政治中虽然潜蕴着司法审判权与政治统治权的两权分立理论,但是,该理论还处于隐而不彰的含混阶段,司法审判权与政治统治权两者之间的界限非但不十分清楚,而且彼此之间还时常会发生冲突,司法审判权经常受到政治统治权的侵扰。例如,斯图亚特王朝时期,面对新兴的专制王权,法律接连败北,"一切迹象表明,审判权似乎注定要被治理权完全吞没"。⑤虽然英格兰的司法审判权在普通法自

---

① Sir John Fortescue: *On the Laws and Governance of England*, Edited by Shelley Lockwood, Cambridge University Press, 1997, p.83.
② 〔美〕C. H. 麦基文:《宪政古今》,翟小波译,贵州人民出版社2004年版,第71页。
③ 同上。
④ Sir John Fortescue, *On the Laws and Governance of England*, Edited by Shelley · Lockwood, Cambridge University Press, 1997, p.87.
⑤ 〔美〕C. H. 麦基文:《宪政古今》,翟小波译,贵州人民出版社2004年版,第79页。

身牢固的品格和法律人与议会的结盟下"幸运地"存活了下来,但是,"审判权和治理权间古老的二元划分,已明显暴露出其致命弱点,即缺乏制裁措施,以保护法律域(sphere of law)免受治理权(政府权力)的制约"。①

因而,无论是布拉克顿还是福蒂斯丘,其王权二分理论在本质上都是中世纪的。

二、洛克对两权分立理论的现代性转化

1689年"光荣革命"以后,英格兰通过议会主权弥补了中世纪王权二分理论中,国王治理权不受限制的不足。代表制议会取代了可能通过个人恣意侵害自由与权利的国王,使得公共权力所有权与行使权相分离。亲历"光荣革命"的洛克在《权利法案》签订的第二年,发表了《政府论》下篇,系统地论述了分权思想。洛克将政府权力分为三种,立法权、执行权和对外权。尽管洛克曾明确指出,执行权与对外权是存在区别的②,但是,学界通常认为这里的对外权在性质上仍属于执行权的范畴。洛克对上述"政治统治权"最大的理论贡献在于:一方面他将代表制议会所确立的立法权置于王国最高地位,取代过去国王个人的统治;另一方面他又通过"自然状态"下每个人让渡给政府的对于自然法违反的执法权审慎地对至高的立法权进行限制。

洛克首先认为,人们为了"和平地和安全地享受他们的各种财产",需要"最初的和基本的明文法",因而立法权需要设立。由于立法权存在的目的"就是为了保护社会以及(在与公众福利相符的限度内)其中的每一成员",加之它是每个人同意和授权的结果,所以立法权"不仅是国家最高的权力,而且当共同体一旦把它交给某些人时,它便是神圣的和不可变更的"。③ 然

---

① 〔美〕C.H.麦基文:《宪政古今》,翟小波译,贵州人民出版社2004年版,第95页。
② 执行权和对外权"确是有区别的,但是前者包括在社会内部对其一切成员执行社会的国内法,而后者是指对外处理有关公共的安全和利益的事项"。参见〔英〕洛克:《政府论》(下篇),叶启芳、瞿菊农译,商务印书馆2007年版,第92页。
③ 〔英〕洛克:《政府论》(下篇),叶启芳、瞿菊农译,商务印书馆2007年版,第83页。

而,这种体现一国主权的立法权不属于某一个人或某一群固定不变的人。①这不仅是因为"任何人,只要宣称对他人拥有绝对权力,就将自己置于与他人的战争状态",而且"因为,如果以公众的集体力量给予一个人或少数人,并迫使人们服从这些人根据心血来潮或直到那时还无人知晓的、毫无拘束的意志而发布的苛刻和放肆的命令,而同时又没有可以作为他们行动的准绳和根据的任何规定,那么人类就处在比自然状态还要坏得多的状况中"。②诚如洛克所言:"如果政府中的立法权,其全部或一部分属于可以改选的议会,其成员在议会解散时与其余的人一样,也受他们国家共同法律的支配,那就不用担心会发生这种情况。但是,在有些政府中,立法权属于一个经常存在的议会,或如同在专制君主国那样归一人掌握,这样就还有危险。他们会认为自己具有不同于社会其余成员的利益,因而会随意向人民夺取,以增加他们的财富和权势。"③基于这样的理由,洛克将过去由国王一个人所享有的"政治统治权"转换给了由人民组成的代表制议会,并将原来由国王一人掌控"政治统治权"的政府称为"原始的政府"。

同时,这个由人民组成享有最高主权——立法权——的代表制议会其权力也是有限的,他们享有的仅仅是一种有限"治权"。这是因为在洛克看来,最高立法权存在如下范围:

> 第一,它对于人民的生命和财产不是、并且也不可能是绝对地专断的。因为,既然它只是社会的各个成员交给作为立法者的那个个人或议会的联合权力,它就不能多于那些参加社会以前处在自然状态中的人们享有的和放弃给社会的权力。……第二,立法或最高权力机关不能揽有权力,以临时的专断命令来进行统治,而是必须以颁布过的经常有效的法律并由有资格的著名法官来执行司法和判决臣民的权利。

---

① 这里之所以说立法权是体现一国主权的标志是因为,立法权在本质上是组织普遍事物的权力,是确立国家制度的权力。主权国家体现利益的最显著方式就是立法,因而主权理论最核心的表现就是立法权。"政治国家的政体是立法权。所以参与立法权就是参与政治国家,就是表明和实现自己作为政治国家的成员、作为国家成员的存在。"参见《马克思恩格斯全集》(第1卷),人民出版社1956年版,第393页。
② [英]洛克:《政府论》(下篇),叶启芳、瞿菊农译,商务印书馆2007年版,第87页。
③ 同上书,第88页。

……第三,最高权力,未经本人同意,不能取去任何人的财产的任何部分。……第四,立法机关不能把制定法律的权力转让给任何他人。①

并且代表制议会所享有的立法权因为如下理由应加以限制:

第一,它们应该以正式公布的既定的法律来进行统治,这些法律不论贫富、不论权贵和庄稼人都一视同仁,并不因特殊情况而有出入。第二,这些法律除了为人民谋福利这一最终目的之外,不应再有其他目的。第三,未经人民自己或其代表同意,绝不应该对人民的财产课税。这一点当然只与这样的政府有关,那里立法机关是经常存在的,或者至少是人民没有把立法权的任何部分留给他们定期选出的代表们。第四,立法机关不应该也不能够把制定法律的权力让给任何其他人,或把它放在不是人民所安排的其他任何地方。②

更为重要的是,洛克认为自然状态下每个人让渡给政府的对于自然法违反的执法权,构成了对于最高立法权的又一层限制。因为执法权与立法权相分立的原因就是为了防止任何一种权力的独大,这一点也构成了洛克权力分立学说精髓所在。③ 正如洛克所说:"如果同一批人同时拥有制定和执行法律的权力,这就会给人们的弱点以绝大的诱惑,使他们动辄要攫取权力,借以使他们自己免于服从他们所制定的法律,并且在制定和执行法律时,使法律适合于他们自己的私人利益。"④

需要强调的是,洛克语境中的"执行权"在本质上等同于我们上文所一直强调的"司法审判权"。⑤ 因为"执行权"来源于自然状态下"人人拥有执行自

---

① 〔英〕洛克:《政府论》(下篇),叶启芳、瞿菊农译,商务印书馆2007年版,第84—89页。
② 同上书,第89—90页。
③ 〔英〕M.J.C.维尔:《宪政与分权》,苏力译,生活·读书·新知三联书店1997年版,第58页。
④ 〔英〕洛克:《政府论》(下篇),叶启芳、瞿菊农译,商务印书馆2007年版,第91页。
⑤ 关于这一点,国内学者魏建国也有相类似的观点:"近代早期,人们开始意识到判决和执行有着不同的性质,应归于不同范畴。并对执法权下的两种职能作了划分。第一种是执行法官对个案的判决,第二种是在全国范围内依据由立法者所制定的法律进行统治(这即是我们今天所称的行政权)。中世纪的执法权仅指依据法官判决执行个案处理,不包括对某些法律的直接实施,不等于今天所称的行政权。"参见魏建国:《宪政体制形成与近代英国崛起》,法律出版社2006年版,第130页。

然法权力"、"充当自己案件的裁判者"弊端的补救,是"自然状态下"人们放弃自我裁判权的结果。"我相信总会有人提出反对:人们充当自己案件的裁判者是不合理的,自私会使人们偏袒自己和他们的朋友,而在另一方面,心地不良、感情用事和报复心理都会使他们过分地惩罚别人。"①并且在讨论自然状态下三部分结构中洛克也曾明确提出了司法审判权,只不过他并没有像后来孟德斯鸠那样用专门的术语概括出这种权力。"为防止上述三种使自然状态很不安全、很不方便的缺点,所以,谁握有国家的立法权或最高权力,谁就应该以既定的、向全国人民公布周知的、经常有效的法律,而不是以临时的命令来实行统治;应该由公正无私的法官根据这些法律来裁判纠纷;并且只是对内为了执行这些法律,对外为了防止或索偿外国所造成的损害,以及为了保障社会不受入侵和侵略,才得使用社会的力量。"②正如英国学者詹宁斯在评述洛克分权观点时曾说:"'在所有的有限君主政体和优良的政府中',立法和执法是截然分开的。洛克所谓的执行机构主要就是我们所称的司法机构。"③

如果承认这一点,我们会惊奇地发现:洛克的分权理论仍然承袭了布拉克顿以降两权分立的思想,只不过原先独掌于国王手中的"治理权",在洛克那里交给了享有立法权的代表制议会,并明确提出了具有"审判权"实质性内涵的"执行权",在一程度上完成了由中世纪隐而不彰的王权二分理论向两权分立理论的现代性转化。

三、孟德斯鸠对两权分立理论内在宪政逻辑的正本清源

如果说司法审判权对于政治统治权的制约在洛克理论中还不甚明朗的话,那么,这一状况在法国男爵孟德斯鸠那里得到了根本性的改变。孟德斯鸠在其巨著《论法的精神》第十一章"规定政治自由的法律和政制的关系"第六节"英格兰政制"里,不仅明确地从旧的"执行权"中分离出一种新的独立的裁判权——司法权(le pouvoir de juger),而且将司法权作为一种"市民性的权

---

① 〔英〕洛克:《政府论》(下篇),叶启芳、瞿菊农译,商务印书馆2007年版,第8页。
② 同上书,第80页。
③ 〔英〕詹宁斯:《法与宪法》,龚祥瑞、侯健译,生活·读书·新知三联书店1998年版,第15页。

利",对作为"政治性权力"整体而存在的立法权和行政权进行限制。① 这本身也构成了孟德斯鸠对于洛克两权分立理论的一种深化,使两权分立理论内在的宪政逻辑得以明确。

众所周知,孟德斯鸠在论述英格兰宪制之所以优良时曾明确提出三权分立学说。正如美国学者萨拜因所言:"《论法的精神》这一名著第11卷确曾把英国的自由归结为立法、行政、司法三权分立,以及三权彼此约制与均衡,并把这一学说作为自由立宪的信条。"② 孟德斯鸠指出:"世界上还有一个国家,它的政制的直接目的就是政治自由。我们要考察一下这种自由所赖以建立基础的原则。如果这些原则是好的话,则从那里反映出来的自由是非常完善的……每一个国家有三种权力:(一)立法权力;(二)有关国际法事项的行政权力;(三)有关民政法规事项的行政权力……我们将后者称为司法权力,而第二种权力则简称为国家的行政权力。"③ 难能可贵的是,孟德斯鸠在分权的基础上系统地提出了制衡思想,"把权力分离的思想变成为政治结构各组成部分在法律上的相互制约与平衡机制"。④ 他说:"当立法权和行政权集中在同一个人或同一个机关之手,自由便不复存在了;因为人们将要害怕这个国王或议会制定暴虐的法律,并暴虐地执行这些法律。如果司法权不同立法权和行政权分立,自由也就不存在了。如果司法权同立法权合而为一,则将对公民的生命和自由施行专断的权力,因为法官就是立法者。如果司法权同行政权合而为一,法官便将握有压迫者的力量。如果同一个人或是由重要人物、贵族或平民组成的同一个机关行使这三种权力,即制定法律权、执行公共决议权和裁判私人犯罪或争讼权,则一切便都完了。"⑤ 这一著名论断不仅构成了后世"司法(权)独立"的标志性例证,而且道出了宪政主义精髓所在。

---

① 国内宪法学者也对该问题进行过饶有兴趣的论述,参见林来梵、刘练军:"论宪法政制中的司法权——从孟德斯鸠的一个古典论断说开去",载《福建师范大学学报》2007年第2期。
② 〔美〕乔治·霍兰·萨拜因:《政治学说史》(下册),刘山等译,商务印书馆1986年版,第626页。
③ 〔法〕孟德斯鸠:《论法的精神》(上册),张雁深译,商务印书馆2004年版,第184—185页。
④ 〔美〕乔治·霍兰·萨拜因:《政治学说史》(下册),刘山等译,商务印书馆1986年版,第627页。
⑤ 〔法〕孟德斯鸠:《论法的精神》(上册),张雁深译,商务印书馆2004年版,第185—186页。

然而，令人玩味的是孟德斯鸠在这节带有总结性地还说过这样一句话，即"在上述三权中，司法权在某种意义上可以说是不存在的"。① 那么，为什么孟德斯鸠一方面几近完美地论证司法权何以要与立法权、行政权分离开来，另一方面又说它在某种意义上"不存在"呢？这种"不存在"又是在何种意义上而言呢？司法权是否在性质上同立法权、行政权一样都属于国家权力的范畴呢？孟德斯鸠在其著名篇章"英格兰政制"中不仅留给了我们伟大的思想遗产，同时也留给我们一个需要回答的谜。

根据国内学者程春明教授的研究，孟德斯鸠所讲的权力分立实质上是一种两权分立，而不是三权。司法权之所以在"某种意义上不存在"是因为，司法权在性质上与立法权、行政权不同，它不是一种"国家性的权力"，而是一种"市民性的裁判权利"。②

程教授的主要论据在于，在《论法的精神》法文原著中，孟德斯鸠对三种权力在表述时所使用的词语和词构是存在差别的。孟德斯鸠在"英格兰政制"的开篇说"每个国家有三种权力"（Il y a dans chaque Etat trois sortes de pouvoirs）。按照程教授的观点这句应该翻译为"在每个国家存在三种权力"，注意这里的"权力"孟德斯鸠使用的是法语"pouvoirs"。然而，孟德斯鸠接下来在定义这三种权力时，他却使用了法语"puissance"。③ 为了凸显这种用词上的不同，程教授认为这段被后世认为是立法权、行政权和司法权分立标志性的段落，实际上只包含了两种权力即立法权和行政权，而不包括司法权，因而，孟德斯鸠在开篇使用法语"pouvoirs"来表达"权力"。除一种立

---

① 〔法〕孟德斯鸠：《论法的精神》（上册），张雁深译，商务印书馆2004年版，第190页。

② 关于此问题的论断是程春明教授利用《论法的精神》法文原版证明的结果，具体参见程春明："司法权的理论语境：从经典裁判权到现代司法权——兼论孟德斯鸠'权力分立'理论中的'司法权'"，http://longweqiu.fyfz.cn/blog/longweqiu/index.aspx? blogid=369057，2008年11月28日访问。

③ 据程春明教授考察，在法语中"pouvoir"，即英文中的"power"，其语义与汉语中"权力"的含义近乎相同。而法语"puissance"，英文中并没有与之直接对应的词。虽然"puissance"与"pouvoir"一样也具有中文"权力"的近似内涵，但两者之间还是存在区别的。比如说我坐在这里，如果体格很强壮，就会给人心理上的威慑，这种感受就叫puissance；如果是一个重物在你的头上方，你的感受是，它的puissance就更大。参见程春明："司法权的理论语境：从经典裁判权到现代司法权——兼论孟德斯鸠'权力分立'理论中的'司法权'"，http://longweqiu.fyfz.cn/blog/longweqiu/index.aspx? blogid=369057，2008年11月28日访问。

法权外,其实后面两种权力指涉的都是行政权。之所以这样讲是因为"孟德斯鸠在说另外一个'pouvoirs',即行政权'la puissance exécutrice'时用了一个很奇怪的词构。我们一般用的是'exécutif(exécutive)'来表达'执行的',但孟德斯鸠用的是一个名词化的形容词'exécutrice'(执行者的)来修饰'力量'一词(因为 exécutrice 是 exécuteur 的阴性,要与阴性名词 la puissance 对应)。这个词的用法可能强调的是执行权是执行者的自然之力。孟德斯鸠进而将这个执行者的自然之力分成两类。他是依照执行对象而分解这个执行者之力。因而,第一类行政权力依据的是'有关国际法事项',第二类行政权力依据的是'民政法规事项',因为孟德斯鸠用的词依然是'la puissance exécutrice'(行政权力)。"①孟德斯鸠后来说的那句话"司法权在某种意义上不存在"后面紧跟的那句"所余的只有二权了"也是印证这一观点的明证。

不仅如此,孟德斯鸠在接下来的一段论述中,对司法权与前述立法权和行政权在词构表述上也是不同的。他在表达立法权时用的是"puissance"加一个形容词"législative",表达行政权时也使用了同样的词构"la puissance exécutrice",而在表达第三类"权力"时其词构形式是一个名词、一个介词再加一个动词即"la puissance de juger"。关于这一点现代学者斯托纳也曾提及并表示疑惑,"在整个有关权力分立的讨论中,裁判权似乎一直显得很特殊,它是用一个动词来命名的,而不像其他权力那样用形容词(即'司法的')来命名;人们强调,这是他对权力分立学说作出的一个独特的贡献;但令人困惑的是,他自己却说,在英格兰宪制中,它'可以说是看不见和不存在的'"。② 另外,孟德斯鸠在这段最后说:"而第二种权力则简称为国家的行政权力"(et l'autre simplement la puissance exécutrice de l'Etat),即他指代的是前面的"媾和或宣战,派遣或接受使节,维护公共安全,防御侵略"等依照国际法事项的执行权。需要注意的是,这里他用了一个副词"simplement",

---

① 程春明:"司法权的理论语境:从经典裁判权到现代司法权——兼论孟德斯鸠'权力分立'理论中的'司法权'",http://longweqiu.fyfz.cn/blog/longweqiu/index.aspx? blogid = 369057,2008 年11 月 28 日访问。

② 〔美〕小詹姆斯·R. 斯托纳:《普通法与自由主义理论》,姚中秋译,北京大学出版社 2005 年版,第 241 页。

以一种语气的形式来强调这种依据国家法事项的执行权,其真实用意在于强调这种权力与前面立法权一样是一种"国家的权力"。因为在法文中"simplement"就是指"简单地",只有在指无需再争议、无需再考虑的情形下人们才使用该词。①

之所以在孟德斯鸠法文原著中会产生如此差别,在程教授看来,其根本原因在于,孟德斯鸠所讲的最后一种权力,即司法权,在性质上是一种"市民性的权力",它不同于前面属于"国家性权力"的立法权与行政权。一方面,在《论法的精神》法文原著中,孟德斯鸠对立法权和行政权通过符号、语气一而再,再而三地加强其国家性的确认,而对"司法权"始终未说它是那种"权力"(pouvoirs)。立法权和行政权在孟德斯鸠那里始终是作为一种不同于司法权的"国家性的权力"被表述的。如"这样,人人畏惧的司法权,既不为某一特定阶层或某一特定职位所专有,就仿佛看不见、不存在了……其他的两种权力则可以赋予一些官吏或永久性的团体,因为这二者的行使都不以任何私人为对象;一种权力不过是国家的一般意志,另一种权力不过是这种意志的执行而已"。② 另一方面,孟德斯鸠在讨论司法权时始终强调这种权力是来源于"社会的"。正如他所言:"司法权不应给予永久性的元老院,而应由选自人民阶层中的人员,在每年一定的时间内,依照法律规定的方式来行使;由他们组成一个法院,它的存续时间要看需要而定。"③同时,行使司法权的法官应当同当事人地位相当,"法官还应与被告人处于同等地位,或者说,法官应该是被告人的同辈"④,"即使在控告重罪的场合,也应允许罪犯依据法律选择法官"。⑤

因而,孟德斯鸠留给我们的那个谜,即"司法权在某种意义上不存在",其实在其本人的著述中已经有了答案。那就是孟德斯鸠实质上提出的是两

---

① 程春明:"司法权的理论语境:从经典裁判权到现代司法权——兼论孟德斯鸠'权力分立'理论中的'司法权'",http://longweqiu.fyfz.cn/blog/longweqiu/index.aspx? blogid = 369057,2008 年 11 月 28 日访问。
② [法]孟德斯鸠:《论法的精神》(上册),张雁深译,商务印书馆 2004 年版,第 187 页。
③ 同上。
④ 同上书,第 187—188 页。
⑤ 同上书,第 187 页。

类权力(pouvoirs),即代表"国家性权力"的立法权与行政权和代表"社会性权力"或"市民性权力"的司法权,以及三种权力即立法权(la puissance législative)、行政权(la puissance exécutrice de l'Etat)和司法权(la puissance de juger)。"司法权在某种意义上不存在"实质上说的是,司法权在"国家性权力"意义上是不存在的。正如程教授所言:"司法是近代国家产物,孟德斯鸠所认为的'司法权'不存在,并不是形式上不存在,他说,法院还要有,国家中还要有这项权力。只是这类权力不是国家创设的,而是国家从市民性法则中继承而来的。这类权力的存在形式在国家,但其权力属性在社会。"①

应该说孟德斯鸠对于司法权是一种"社会性权力"的洞见,在理论谱系上承袭了上述洛克的观点,但是,孟德斯鸠的贡献在于,他将司法权的"社会性"更为清晰地表达了出来。从此以后,人们逐渐意识到将争议交给既无"钱"也无"剑"的法官,是自由与权利得以保障的关键。

孟德斯鸠以后的许多法学家都不约而同地继承了这一点,司法权不再和立法权、行政权一样被认为是性质相同的"国家性的权力"。与此同时,他们对不加区别地将司法权与立法权、行政权进行并列的做法表示不满。

作为18世纪最伟大的普通法学家,布莱克斯通在《英国法释义》中也印证了孟德斯鸠的上述观点。这里我们之所以拿布莱克斯通的论述证明孟德斯鸠的观点,主要是因为前者的学术观点基本是后者的照搬,学者弗莱彻(Fletcher)甚至夸张地说:"布莱克斯通的抄袭如果不是可笑,那么就会令人作呕。"②布莱克斯通在赞扬英格兰宪政体制优点时说:"由于我们国家的法律执行权掌握在一个唯一的人手中,故而具备君主政体的优势……由于王国的立法机构的权力被委托给三个彼此独立的权力机关行使……具备民主政体的优势。"③可见,在论及国家权力分立时,布莱克斯通只是论及了立法

---

① 程春明:"司法权的理论语境:从经典裁判权到现代司法权——兼论孟德斯鸠'权力分立'理论中的'司法权'",http://longweqiu.fyfz.cn/blog/longweqiu/index.aspx?blogid=369057,2008年11月28日访问。

② 关于孟德斯鸠模仿者的全面讨论参见 F. T. H. Fletcher, Montesquieur and Englishi Politics (1750—1800), London, 1939, p.121. 转引自〔英〕M. J. C. 维尔:《宪政与分权》,苏力译,生活·读书·新知三联书店1997年版,第95页。

③ 〔英〕威廉·布莱克斯通:《英国法释义》(第1卷),游云庭、缪苗译,上海人民出版社2006年版,第62—63页。

权和执行权,司法权并没有在他那里成为一项当然的"国家性权力"。相反,布莱克斯通明确地指出:"根据社会的基本属性,司法权属于整个社会。"①可见,与孟德斯鸠相同的是,司法权在布莱克斯通那里也被认为是一项"社会性的权力"。

康德在论述国家立法、行政及司法这三种权力时,曾以三段论中的三个命题作类比,司法权在康德的公共权力(公法)学说中,就是三段论里的结论,它表现为判决书及在具体案例中正在考虑的权利的判决。②众所周知,在三段论的逻辑中,决定性的不是结论而是大、小前提,因为结论直接决定于它们。康德这个著名的三段论类比说明,与"规定意志的普遍法则"的立法权及"提出可以应用到一次行为的命令"的行政权相比③,作为结论的司法权在国家政治权力话语中位居失语席位。

康德之后,19世纪著名法学家黑格尔同样坚持着类似的观点。在讲授《法哲学原理》时,黑格尔既不赞成封·哈勒先生把司法看做是政府方面所做的一件单纯善事和仁慈的事,又对将司法看做是一种不适当的暴力行为、对自由的压迫和专制制度的观点不以为然。他认为:"司法应该被视为既是公共权力的义务,又是它的权利,因此,它不是以个人授权与某一权力机关那种任性为其根据的。"④在黑格尔的法哲学里,"司法以一切个人的特有利益为其客体"⑤,其执行主体法院不可能因自己的特定利益涉足其中。当它自身变质为"营利和统治的工具时"⑥,它是不足以承担起公共权力公正裁判之义务的。因此,司法不但不具有政治权力,它自身还须服从某种特定的公共权力,即"对民主地颁布的法律而言,法官是(有思考地)顺从的奴仆,而不是主人"。⑦

鉴于司法权游离于国家政治权力运作之外的实然状况,美国学者古德

---

① 〔英〕威廉·布莱克斯通:《英国法释义》(第1卷),游云庭、缪苗译,上海人民出版社2006年版,第291页。
② 〔德〕康德:《法的形而上学原理》,沈叔平译,商务印书馆1991年版,第139页。
③ 引号所引乃康德对立法权及行政权的界定,参见同上书,第140页。
④ 〔德〕黑格尔:《法哲学原理》,范扬、张企泰译,商务印书馆1961年版,第230页。
⑤ 同上书,第314页。
⑥ 同上书,第315页。
⑦ 〔德〕魏德士:《法理学》,丁晓春、吴越译,法律出版社2005年版,第307页。

诺（Frank J. Goodnow）在研究政府体制的经典著作《政治与行政》中干脆地化三为二，将司法部门重新放到了"国家意志的执行功能"名下，这样，在所有的政府体制中就只存在着两种主要的或基本的政府功能，即国家意志的表达功能和国家意志的执行功能，前者就是"政治"，后者则为"行政"。"政治与指导和影响政府的政策相关，而行政则与这一政策的执行相关。"① 关于司法，古德诺认为："为了方便和妥当起见，人们认为国家意志应该由某种多少独立于立法的机关来解释。这种非立法的机关的活动通常就叫做司法行政，而被委托行使这一行政分支功能的机构通常就被称作司法机构。"② 而"司法功能是一种与政治功能不相关的功能"。③

通过上述我们对于自布拉克顿以降，福蒂斯丘、洛克以及孟德斯鸠等学者两权分立思想的梳理，我们发现他们在强调"司法审判权"与"政治统治权"分立的同时，对两权分立理论基本上达成了如下共识："政治统治权"与国家主权密切相关，其主要表现形式就是立法权和行政权，是一种关涉"国家性的权力"；而"司法审判权"是国家从市民社会中继承而来的一项"社会性的权力"。④ 它的存在形式虽在国家，但其权力属性在社会，"司法审判权"对于"政治统治权"在整体上的制约与限制是宪政主义的精髓所在。

第三节 三权分立理论的缺陷和两权分立理论的合理性

一、三权分立理论的缺陷

长久以来人们对分权理论推崇备至，认为分权理论的"最完美表达"即是三权分立理论。然而，上述两权分立理论的历史发展表明，两权分立同样

---

① 〔美〕古德诺：《政治与行政》，王元译，华夏出版社1987年版，第11页。
② 同上书，第41页。
③ 同上书，第48页。
④ 这里需要明确的是，国家在现代社会就是政治权力。政治权力的形成史就是国家的历史。它起源于市民性社会，市民性社会之后才有公民社会，公民政治社会就是共和国。共和国的政治权力经过社会契约论的改造之后，演变成为今天的国家政治权力。因此在这个意义上讲，具有市民性的"司法裁判权"不是国家构建的权力，而是继承而来的权力。

是分权理论的一种表现形式,它并不是三权分立理论的简化或重复。作为一种理论,它有独特的发展脉络、内容结构和内在合理性。因而,对两权分立理论的进一步解读不仅有利于我们加深对分权理论的认识,而且更为重要的是,对于该理论的提炼和升华有助于我们更深刻地理解西方政治与法律文明的真谛,并观照当下的中国。

在进一步具体论述上述问题之前,我们有必要检讨一下自孟德斯鸠以降被后世误读,并机械化、绝对化执行的三权分立理论。因为这样的比较有助于我们深刻地把握它们之间的不同,同时,在另一个侧面展示出两权分立理论的内在合理性。

我们知道,近代立宪主义的一个突出特征便是实施所谓的三权分立制度。严格的三权分立理论讲的是,国家权力一分为三,分别由立法机关、行政机关和司法机关行使。三个权力机构中只有立法机关才可以立法,行政机关必须严格遵循立法机构颁布的法律进行活动,司法机关严格按照立法机关制定出的法律进行司法裁判活动。应当肯定的是,这种权力分立的政治体制在相当长的一段时间内确实塑造了西方的民主政制。这样一种制度化的设计在表面上防止了任何一种权力的独大,避免了单项的、绝对的命令与服从关系的产生。同时,这些权力之间的分立在一定程度上使各种权力主体之间形成法律上的彼此牵制关系,在"技术层面"规范了任何一种可能膨胀的权力,这较之于过去"制约权力的形而上努力"无疑是一种进步。①因为只有从权力内部对权力进行分解,并在此基础上建立一个稳定的、相互制约的权力体系,以权力之间的关系来制约权力,"以权力制约权力"才能有

---

① 这里所谓"制约权力的形而上努力"是指,将权力分别置于自然法理论、市民社会理论以及主权理论之下。它们的共同点在于都试图在权力之外找到一个权威来限制权力,不同的是,自然法诉诸的是规范,市民社会理论诉诸的是社会事实,主权理论诉诸的是终极的、超越合理性评价的权力。作为形而上的努力,它们都有各自难以克服的缺陷。自然法理论的根本问题是自然法内容的价值正当性与实效性。市民社会理论的问题可以归结为二:一是作为现实的市民社会具有多样性与经验性,作为权力的边界它同样存在价值正当性问题;二是作为理想的市民社会只是理论上的建构,它凭什么、如何才能制约权力,即同样有一个实效性问题。作为牵制权力的理论,主权理论的缺陷除了前两种理论同样存在的价值正当性与实效问题以外,它的更为根本性的缺陷是,它的思路其实是用一个更大的、集中的、超越伦理评价的权力来制约权力,这就难免前门拒狼,后门进虎。参见周永坤:《宪政与权力》,山东人民出版社2008年版,第137—142页。

效地控制权力。在某种意义上讲,这是一种更加务实、更加实用的制度选择。因此,三权分立理论在近代以后不约而同地成为各民主国家构建本国宪政的普适性选择。

然而,自博丹、霍布斯提出国家主权学说以后,旨在限制权力的三权分立理论,在实践中逐渐暴露出致命缺陷,即司法权实质上成为执行立法权的被动机构。例如,霍布斯在列举按约建立的主权者权利时,在第八条明确指出,司法权属于主权的范围。① 而主权在霍布斯眼中就是立法者即"制定法律之人"。② 在后面讨论民约法时,霍布斯更为详细地指出,法院不能自行解释法律,而只能机械地适用立法机构所颁布之完备的制定法。③ 申言之,依据主权学说,法律只能由立法机构制定、解释,司法机构只能依据已经制定出的法律进行裁判,因为立法者制定出的法律已为法官所受理的每一具体案件之最终判决结果,给出了详尽而明确的指南。更为极端的例子发生在近代欧陆法典化运动之后。在腓特烈大帝主持下,普鲁士通过了一个多达一万七千余条的法典《普鲁士民法典》(《拿破仑法典》却仅有2281条)。《普鲁士民法典》试图对各种特殊而细微的事实情况开列出各种具体的、实际的解决办法。其最终目的在于有效地为法官提供一个完整的办案依据,以便使法官在审理任何案件时都能得心应手地引律据典,同时又禁止法官对法典作任何解释。遇有疑难案件,法官必须将解释和适用法律问题提交一个专为此目的而设立的"法规委员会"(Statutes Commission)。如果法官对法律作出解释,便是对腓特烈的冒犯,并将招致严厉的惩罚。④ 在这种情况下,三权分立理论下的司法分支所谓的独立性,仅仅具有形式的意义,而没有任何实质的独立意义。对此,国内学者黎晓平指出:"大陆法国家的制定法传统就已经使得司法活动在法制发展中的作用难以彰显……法官是法

---

① 〔英〕霍布斯:《利维坦》,黎思复、黎廷弼译,商务印书馆1997年版,第138页。
② 同上书,第207页。
③ 同上书,第215—218页。
④ 〔美〕约翰·亨利·梅利曼:《大陆法系》,顾培东、禄正平译,法律出版社2004年版,第39页。

律规则的仆从,司法权亦不过是立法权的附庸而已。"①

除了主权学说对传统三权分立理论产生负面影响外,民主原则为三权分立理论带来了更为糟糕的结果,即立法权在某种意义上可能成为一种不受约束的权力。我们知道,立法权在很大程度上是为了约束行政权而产生的。正如哈耶克所言:"虽然在政治理论中,立法在传统上一直被视作是立法机构的首要职能,但是立法机构的起源及其主要关注的问题却是……控制并管理政府,也就是对一个组织进行指导——而确使正当行为规则得到遵守,只是这个组织的目标之一。"②然而,民主原则的加入使人们"天真地"认为,只有为了普遍利益,强制的使用才能够得到正当性的支撑;只有依照平等适用于所有人的统一立法所实施的那种强制,才是符合普遍利益的;只有通过民主选举所产生的代议制机构,才是防止专制产生的有效措施。于是,依照民主原则组成的议会在行使立法权制定法律、限制行政权的同时,却自负地独享了法律的创制权。他们相信其在立法时是全知全能的,他们已掌握了本国国民的一切活动所需要的全部规则。这种立法至上实质上隐含了这样一个知识论前提:"某个人知道所有相关的事实,而且他有可能根据这种关于特定事实的知识而建构出一种可欲的社会秩序。"③这种立法权至上主义直接导致的恶果就是,它不仅不能解决权力所引发的专制问题,反而助长了问题的进一步恶化。对此,哈耶克指出:"一个拥有无限权力的议会所处的位置,会使它利用这种权力照顾特殊群体或个人,不可避免的结果是,它会变成一个通过对特殊利益进行分配,以此为它的支持者提供特殊好处的机构。现代'全能政府'的兴起,以及有组织的利益迫使立法机构进行对自己有利的干预,都是因为赋予最高权威机构强制具体的个人致力于特定目标的不受限制的权力而导致的必然和唯一的结果。"④

---

① 黎晓平:"司法活动与法制发展",载高鸿钧主编:《清华法治论衡》(第2辑),清华大学出版社2001年版,第45页。
② 〔英〕弗里德里希·冯·哈耶克:《法律、立法与自由》(第1卷),邓正来等译,中国大百科全书出版社2000年版,第197—198页。
③ 同上书,第11—12页。
④ 〔英〕哈耶克:《经济、科学与政治——哈耶克思想精粹》,冯克利译,江苏人民出版社2000年版,第414页。

更为严重的是,民主原则的膨胀,使作为三权分立之重要一环的立法权或立法机构的职能发生了重大变故。原本通过制定法律限制行政机构的立法机构,逐渐将政府的具有权宜之计的行政法规及其规章制度视为自己的主要工作,越来越像是行政机构的立法部门,其结果是政府的治理与代议机构的立法合为一体,立法权与行政权合二为一。对此,哈耶克指出:"由于那种被我们称之为立法机关的代议机构主要关注的是政府治理任务,所以这些任务所型构的就不只是这些立法机关的组织机构,而且还包括其成员的整个思维方式。今天,人们常常会这样说,权力分立原则(the principle of the separation of powers)因为行政当局僭取了指导或操纵政府的权力(说把立法委托给主要关注政府治理事务的那些机构,也许要更为准确一些)的时候,就已经在很大程度上被破坏了。"①立法权与行政权的结合使传统的三权分立原则趋于解体,更为重要的是,在政府为了社会正义的幌子下,政府权力极易成为一种独断专行、不受限制的权力。对此,哈耶克担忧地说道:

> 当这种一身兼有二任的机构履行政府职能的时候,它事实上是不受任何一般性规则约束的,因为它可以随时制定一些使它能够去做即时性任务要求它去做的事情的规则。的确,这种机构就某个具体问题所作的任何决定,都会自动地使它所违反的任何先已存在的规则失去效力。据此我们说,一个代议机构集政府治理与立法这两项权力于一身,不仅与权力分立原则相抵触,而且也与法律下的政府(government under the law)的理想和法治的理想不相容合。……因此,以民主方式控制政府的理想与用法律限制政府的理想,乃是两种极为不同的理想;再者,如果把制定规则的权力与政府治理的权力都置于同一个代议机构之手的话,那么我们就可以肯定地说,这两种理想无法同时得到实现。②

---

① 〔英〕弗里德里希·冯·哈耶克:《法律、立法与自由》(第2、3卷),邓正来等译,中国大百科全书出版社2003年版,第305页。
② 同上书,第306—308页。

因此，传统意义上的三权分立理论在近代以来主权学说影响下，不仅使司法权彻底沦为执行立法权的机构，有名无实，而且在民主原则日益膨胀的情况下，本应限制政府行政权的立法权失去原有功效，反而成为政府推行各种政治意图的"帮凶"。宪政主义的法治根基在三权分立理论的内在缺陷中被抽空。

二、两权分立理论的合理性

如上所述，传统意义上的三权分立理论在主权学说以及民主原则的影响下不仅失去了制约权力的功效，而且极易成为专制主义的"帮凶"，于是，自布拉克顿以降一种以政治统治权与司法审判权为主线的两权分立理论逐渐受到人们的重视。

两权分立理论与传统三权分立理论最大的区别在于：司法审判权地位的提升以及对传统三权分立理论中由立法权和行政权所构成的政治统治权的警惕。申言之，司法审判权在两权分立理论中被赋予了更为丰富的内涵，它不仅能够对极易膨胀、异化的政治统治权进行钳制与平衡，而且还能生成治理社会的正当行为规则。

在两权分立理论中之所以要提升司法审判权的地位，是因为主要由立法权和行政权构成的政治统治权至少在以下三个方面存在着明显的缺陷：第一，无论是立法权还是行政权，在法律上讲它们都是一种支配权，均以暴力为最后的支持，因而在性质上具有进攻性和主动性。这种进攻性和主动性本身就意味着国家政治统治权力对于个人和公共生活的积极改造、修正和冒犯。第二，在民主制下由于立法权和行政权具有直接的民意基础，因而它们的行使获得了更多的合法性，但与此同时，这也加剧了政治统治权的自负和危险。由于宪政主义在本质上是对唯意志论的反对，无论它是一人的还是多数人的。因而国家需要在政治统治权之外寻找一种权力去制约理论上一样能够带来"专制"的权力。第三，立法权与行政权的混同趋势在政治统治权的实践中时有发生，一方面，议会把更多的立法权授权委托给政府；另一方面，议会也以立法的方式频频干预和处分行政事务。这种政治统治权的内部混同不仅在外部模糊了立法权与行政权的本质差别，而且使二者在实践中退化为行使政治统治权的两种具体技术。原本相互制约、平衡的立法权与行政权日益下降为政治统治权的一种内部监督机制,失去了分权制衡的应有之意。

正是在这个意义上,司法审判权在宪政权力结构中的地位才应得以凸显。它不应仅仅是分权学说中司法审判权所指涉的那种司法机构享有的独立审判权,它更应是一种涉足国家政治事务,规范、平衡政治统治权的一种力量。正如学者艾伦所言:"尽管分权的形式可以随着宪法的不同而有所更易,但最高法院(司法审判权)独立于政府和立法机关似乎对于宪政更具根本意义。因此,如果我们拒绝对立法权能作出任何限制——即使关于特定案件的判决——我们便因此否定了立宪主义。"①

同时,提升司法审判权地位在更深层意义上符合权力结构合理化的要求。一般而言,权力结构是指权力的组织体系,权力的配置与各种不同权力之间的相互关系。② 权力结构理论本身就意味着人们开始打破权力崇拜,破除对权力主体的道德评价,因为在权力结构理论中决定权力主体行为的主要力量不是权力主体的道德属性,而是权力结构本身。权力结构合理性首先要求对于权力的限制必须通过权力结构内部的力量进行。否则,如果将权力的限制寄托于权力结构之外的某种权威,这种外部的某种权威不仅不能制限权力,反而容易被权力所利用,成为其论证合法性的"帮凶"。其次,权力结构合理性要求权力之间必须是分散的。因为只有将权力在内部结构上分散化才能防止集中一切权力的主体的出现,否则,原本处于权力主体地位的人民很可能成为其"受托人"统治下的权力客体。最后,权力结构的合理化要求各种权力之间必须是具有平面化或层级化的制约关系。因为只有在一种网状式的权力结构中,各权力主体之间才不会出现单向的、绝对的命令与服从关系。相反,一旦出现一个绝对权力,其他权力必然为它所用,成为其实现自身目的的工具,甚至成为其奴仆。

有基于此,任何权力都应该受到警惕,即便这种权力是经过民主原则人

---

① 〔英〕T. R. S. 艾伦:《法律、自由与正义——英国宪政的法律基础》,成协中、江菁译,法律出版社2006年版,第93页。
② 周永坤:《宪政与权力》,山东人民出版社2008年版,第143页。

民所授予的。宪政主义不仅仅是人民对政府的制约,而是对所有主权者整体的约束。因而,旨在提升司法审判权在权力结构中的地位的两权分立理论,有助于对一种支配公共权力的政治统治权(立法权和行政权)在整体上进行质疑和制衡。

那么,问题是司法审判权如何能够在整体上限制和规范政治统治权?司法审判权在英格兰的历史发展与实践为我们提供了答案。

第四节 英格兰宪政的精髓:司法审判权与政治统治权的互动与平衡

如果我们承认上述自布拉克顿以降存在着司法审判权与政治统治权两权分立理论的话,那么,在笔者看来这种理论实际上就是对英国中世纪政治法律史的总结。

英格兰宪政之所以能在17世纪得以确立,并为后世所推崇,其深层次原因就在于这两种权力在英格兰政治生活中的互动与平衡。正如学者高全喜所说:"英国政治之所以发育成为一种健康而良性扩展的影响世界现代进程的形态,既不是王权绝对主义也不是司法独立主义的单方面的结果,而是两种因素对抗与交融之相互促进的结果。"①

一、英格兰司法审判权与政治统治权的互动

正如前文所述,在英格兰历史上的不同时期,司法审判权的发展始终是与英格兰政治统治权结合在一起的。换句话说,英格兰司法审判权的相对发达在某种意义上讲是政治权力推进的结果。对于这一独特现象,国内学者程汉大先生明确将其概括为"行政司法化"。② 司法审判权在英格兰从最初萌芽,到成长壮大,在以下几个方面受益于政治统治权的推动。

---

① 高全喜:《何种政治?谁之现代性?——现代性政治叙事的左右版本及中国语境》,新星出版社2007年版,第35页。
② 具体参见程汉大、李培锋:《英国司法制度史》,清华大学出版社2007年版,第120—121页。

首先,在英格兰创立国家伊始,由于盎格鲁—撒克逊时期英格兰在国家起源方式上更接近于"非暴力或少暴力型的部族联合方式"①,因而,没有形成类似于古代东方国家那种通过"暴力型征战方式"形成的"强国家"。各部族自下而上的和平联合方式不仅决定了统一后的英格兰国家的"政治统治权"不可能过分地强大,更为重要的是各部族大量的"王在法下"、"政治协商"以及"珍视个人自由权利"等日耳曼原始民主遗风得以保留。在这样的"政治统治权"下,"司法审判权"保持了由民众共有共享的社会本性。因为从理论上讲,在国家产生前夕,司法权仅仅是民众之间定分止争的裁判权,是一种单纯的社会权力。如恩格斯所言:"司法权是国民的直接所有物,国民通过自己的陪审员来实现这一权力,这一点从原则本身,而且从历史上来看都是早已证明了的。"②于是,一些带有社会本色的集会式公共法院不仅得以保留,而且直接影响着民众的日常生活。例如在百户区法院每一名百户区成员在理论上都是案件的参与者,百户长只不过是这些"参诉人"的召集者和法庭的主持者,一切诉讼案件的判决均由"参诉人"通过呼喊或撞击武器等民主方式集体作出。可见,司法审判权在建国伊始在政治统治权营造的环境下,没有像古代东方国家那样成为国家控制社会、民众的工具,仍然保有在民众手中。

其次,多元权力结构有助于政治统治权被限制在合理的范围内,司法审判权在这样的权力结构中有了相对独立的可能。诺曼征服以后,英格兰政治统治权一方面在诺曼底公爵威廉一世相对强大的王权作用下有所增强,避免了欧陆国家这一时期普遍王权式微,诸侯割据,国家四分五裂情况的出现;另一方面,相对强大的王权在这一时期封建制度和教会权力的制约下,没有发展成为专制化的一元权力,政治统治权被牢固地限制在多元的权力结构之中。例如在封建制度下,国王既是一国之君,又是最高封建领主。国王在拥有封臣宣誓效忠权利时,也肩负着封臣们要求其进行公正无私统治,

---

① 当然也有学者将英格兰的国家起源方式概括为"集具有雅典—罗马式和日耳曼式的混合式"。参见程汉大:"政治与法律的良性互动——英国法治道路的根本原因",载《史学月刊》2008年第12期。

② 参见恩格斯:《〈刑法报〉停刊》,载《马克思恩格斯全集》(第41卷),第321页。

提供"国王是正义之源"的义务，因为封建制度从根本上讲是一种"双向性契约关系"。正是在这样的多元权力结构中，政治统治权被限制在合理的范围内，司法审判权在这样的权力结构中有了相对独立的可能。因为多元的权力结构没有给予政治统治权"过剩"的力量，避免了其凌驾于整个国家社会生活之上。它不能像古代东方国家政府那样，将司法审判权变成自己手中的玩偶和统治工具。

最后，虽然行政权可以采用命令式的强制手段主动作为，能够迅速有效地实现统治者的预定目标，最大限度地满足政治统治权的需要，但是，诺曼征服以后英格兰政治统治权的实际状况使得王权很难按照正常的权力扩张逻辑，通过优先发展行政权控制社会，进行统治。申言之，由于受到英格兰多元权力结构的影响，国王的政治统治权受到诸多现实条件的掣肘，无法按照正常的逻辑优先发展行政权控制社会。首先，国王受到"国王靠自己生活"原则的限制。他无权擅自征税，政府的日常开销全靠国王自己掏腰包，战时则要求助议会拨款，国库经常入不敷出，年景最好时也只是勉强糊口，根本无力支撑优先发展行政权的经济基础。其次，国王常备军队的阙如也是制约其发展行政权的一个重要原因。在英格兰封建制下的封建骑士军役制度、免服兵役税下的骑士雇佣制度以及后来的民团很难为国王提供一支扩张其权力的常备军队。因为常备军队所代表的武力不仅是攫取权力和财富的最便捷途径，而且也是迫使权力对象服从的关键，因而国王的政治统治权，在某种意义上失去了凌驾于社会之上的暴力手段。最后，地方官僚队伍建立的失败，也使得国王抽象的王权在社会实践中不能得以最大限度的发挥。原先作为国王地方代表人的郡长由于国王的不信任以及地方公共法院的限制，最终被代表地方公众意志的治安法官所取代。

正是基于上述这些实际的窘境，国王政治统治权才退而求其次。从亨利二世开始，英格兰通过行政司法化的努力，建立、完善司法体系来完成、推行其政治统治权，司法审判权得以发展。首先得到发展的是巡回审判制度。作为国王加强对社会进行有效治理的手段之一，巡回审判制度一方面将"国王是正义之源"送到普通民众家门口，另一方面借机收集地方信息、监控地方官员、增加国王财政收入、强化基层管理，把国王政治统治权的触角延伸到地方。其次,在理查一世时期国王意识到作为国王法庭的御前会议长期处于"流动"状态,不利于政府常规化的治理,于是在总巡回审之外设立了固定的常驻机构普通诉讼法院,来满足民众投诉需要以及社会控制的需要。接着到了约翰王和亨利三世时期,两位国王发展延续了行政司法化的进程。他们在普通诉讼法院之外,又设立了王座法院和财政法院,初步建立起了英格兰中央王室法院体系。最后在爱德华一世时期,随着原先无所不能的总巡回审逐渐被一个个专职于司法审判的新巡回体系所取代,英格兰行政司法化的进程初步完成,一个统一的司法体系被建立起来。至此,英格兰司法审判权在政治统治权行政司法化的进程中,获得了相对的独立性,司法审判权在英格兰获得了优先发展。

爱德华一世以后,英格兰司法审判权在适度强大的政治统治权的预留空间中,沿着司法审判权自身所具有的属性稳步发展,迅速完成了其内部结构上的制度化过程。申言之,这一时期英格兰司法在制度设计上不断向合理化、平衡化方向发展,制度在运行过程中,逐渐体现出限权性与开放性的特性,并最终在司法理念上具有明显的对自由、权利的保障与救济的特征。对于这一时期英格兰政治统治权对于司法审判权的助推作用我们可以用"化蛹为蝶"来形象地形容。在此之前,由于英格兰司法审判权自身力量的弱小,不得不庇护在政治统治权的卵翼之下。司法审判权虽崭露头角,但毕竟处于前途未卜的不确定时期。在完成制度化发展之后,英格兰司法审判权便从政治统治权的母体中"破茧而出",实现了自身相对独立性的发展,并在其自身力量之外衍生出反身规制政治统治权的政治功能。司法审判权由此进入国家的政治生活之中,成为一项政治性的权力。

如果说17世纪之前,英格兰政治统治权与司法审判权的良性互动主要表现为,适度强大的政治统治权对司法审判权的生成和早期发展发挥了积极推动作用的话,那么,自17世纪以后,司法审判权对英格兰政治统治权的反作用日益凸显出来。相对独立的英格兰司法审判权不仅在议会权力式微的情况下,独立对抗着由专制国王掌控的政治统治权,而且后来同议会携手战胜专制王权,帮助议会将英格兰的政治统治权从专制国王手中夺过来,并最终推动了英格兰宪政的生成。前述以科克为代表的法官群体与以罗伯特·阿特金斯等为代表的七位"辉格党"普通法律师在这一进程中的表现,已经对此作出了最为生动的诠释。

纵观上述英格兰司法审判权与政治统治权的历史进程,尽管它们之间在相互作用的方式、内容和效果上都有所不同,但在总体上始终保持了一种动态的良性互动关系。英格兰宪政生成的成功奥秘就在于此。

二、英格兰司法审判权与政治统治权的平衡

英格兰宪政中司法审判权与政治统治权之所以会产生良性的互动,从根本上是源于两者之间的平衡。

宪政主义的精髓不仅在于对任何专制权力与政府进行法律限制,而且更在于一个公正、有效、负责任、能够确保每个人基本权利与自由,并不断推进社会福祉的政治国家的建立。因为限制政府权力并不是宪政主义的最终目的,仅仅是一种手段。因此,宪政意义上对国家权力的"限制"绝不能理解为"削弱"、"缩小",相反,宪政要求人们必须赋予政府以足够强大的权力资源和自由裁量空间,以便使其能够有所作为,管好公共事务,保持社会的安全与稳定,推行有利于国民幸福的政策。① 正如学者麦基文所言:"除对政府消极的法律限制之外,我们仍需要政府为其积极的治理行为向整个人民承担充分的政治责任。"②

因此,在英格兰宪政体制中,一方面司法审判权限制了政治统治权向极端专制主义的发展,另一方面,政治统治权内部的优良结构确保了英格兰政府从"有为"向"善"的发展,它们之间良性的平衡关系共同促使英格兰宪政的生成,并赋予了其强大、稳定的生命力。正如伟大的英国宪政学家戴雪将"英宪精义"概括成为:"巴力门主权"(the sovereignty of Parliament)和"法律主治"

---

① 对于这一点,吾师程汉大先生有着精辟的论述:"如果把宪政简单地等同于'有限'政府,而不及其余,也是不全面的,甚至是危险的…… 假如对政府权力限制不当,或限制过头,就有可能导致'软弱国家'、'低能政府'的出现,其后果将是国家安全、社会秩序、国民自由与权利统统失去保障,增进公共福祉更是无从谈起。这样的'宪政'是不会被任何国家和人民所接受的。政府既要'有限',以避免专制暴政,又要'有为',以防止无政府状态。"参见程汉大:"寻求'有限'与'有为'的平衡",载《河南政法管理干部学院学报》2005 年第 1 期。

② 〔美〕C.H.麦基文:《宪政古今》,翟小波译,贵州人民出版社 2004 年版,第 119 页。

(the rule of law)。① 如果我们做一个类比,那么,我们这里的政治统治权与其中的"巴力门主权"对应,"法律主治"等同于英格兰历史中的司法审判权。

(一)"混合制"政体下的英格兰政治统治权

应当说明的是,英格兰的政治统治权虽然在历史上大致经历了一个由国王掌控到议会主权的过程,但是,就政制的权力结构而言,英格兰基本承袭了一种均衡状态下混合政体的制度设置。② 关于这一点,英格兰历史上法律家的论述不仅比比皆是,而且这一特点也被他们所津津乐道。

就笔者掌握的资料而言,最早就英国政制权力结构实际提出混合政体思想的是 15 世纪的福蒂斯丘。③ "在 15 世纪后期,约翰·福蒂斯丘爵士认为有三种政府:dominium regale,即专制君主制;dominium politicum,即共和制,以及 dominium politicum et regale,即混合型,而后者是英国政府的式样。"④1556 年,罗彻斯特主教约翰·波内特在《政治权力简论》中,明确提出了在君主制下实行混合政体的建议:国王、贵族和平民构成大众社会的金字塔,分别体现着君主制、贵族制和民主制等不同势力;而蕴涵着"王在议会"精神的英国议会是实现三种政府形式协同合作的理想体制。⑤ 1559 年伦敦主教在《给所有忠诚真心的臣民》(*Harborough for All Faithfull and Truewe Subjects*)中,言简意赅地论述了英格兰混合政体原则:"英格兰的政制不是缺乏审慎思量的纯粹君主制,亦非纯粹的寡头制,而是混合制:三种成分各有其位。此种图景——或许并非图景而是实在,可见诸议会。在此,你可发现

---

① 〔英〕戴雪:《英宪精义》,雷宾南译,中国法制出版社 2009 年版,第 1 页。
② 混合政体指的是,"必须让社会中的主要利益集团联合参与政府职能,以此来防止任何一个利益集团可能将自身的意志强加于其他利益部门……混合政体理论的中心旋律是君主制、贵族制和民主制的混合"。参见〔英〕M. J. C. 维尔:《宪政与分权》,苏力译,生活·读书·新知三联书店 1997 年版,第 31 页。
③ 需要说明的是,混合政体思想早在古希腊、古罗马时期在柏拉图、亚里士多德和波里比阿(又被译为"波里比乌斯")的著述中就有所讨论。如亚里士多德就声称:"当一种政制的构成因素数量增多,这种政制就越好……国家的最佳形式是民主制和寡头制的结合。"参见〔英〕M. J. C. 维尔:《宪政与分权》,苏力译,生活·读书·新知三联书店 1997 年版,第 32—33 页;〔美〕斯科特·戈登:《控制国家——西方宪政的历史》,应奇、陈丽微等译,江苏人民出版社 2001 年版,第 82—86、108—110 页。
④ 〔英〕M. J. C. 维尔:《宪政与分权》,苏力译,生活·读书·新知三联书店 1997 年版,第 34 页。
⑤ 同上。

三个等级:代表君主制的国王和女王,代表贵族制的贵族,代表民主制的平民和骑士……如果议会行使其特权,那么不经议员同意,国王便不得行事。一旦他做了,便是僭越。"① 1586年,托马斯·史密斯在《论英国人的共和国》中也认为"英国制度就是一种三重混合。英国联邦是由'三类人统治、管理和培养的'——即君主、绅士和自由民"。②

1689年"光荣革命"后,随着议会主权在英格兰的确立,越来越多的学者开始将英格兰宪政的奥秘归功于这种"混合制"政体。18世纪伟大的普通法学家威廉·布莱克斯通在《英国法释义》第一卷对英格兰宪政体制之所以优良作出了解释。他首先指出了古代政治学作者们承认的三种政体,即民主制、贵族制和君主制,接着,分别阐述了三种政体各自的优缺点,并最终指出英格兰宪政体制是融合了三种政体的精华。他说:

> 由于王国的立法机构的权力被委任给三个彼此完全独立的权力机关行使:第一——国王;第二——上议院,即由依据虔诚、出身、智慧、勇武、财产选拔的人组成的贵族议会;第三——下议院,由民众在他们自己的阶层中自由选择的议员,这就使得英国政体成为民主政体的一种。这个由不同法条驱动,关注不同利益的聚合体,便组成了英国议会(Parliament),其拥有对所有事务的最高处置权。这三个分支中的任何一个都不会给另外两者制造麻烦,但另外两个分支中的任何一个会对其进行抑制;每一个分支都被配备了一个具有牵制力的权力机关,足以抵制任何该机关认为不合时宜的或危险的改革措施。于是,由此三者组成的立法机关就成了英国宪政体制中被授予最高统治权的机关,并且其是以对社会最有益的方式存在着的。③

需要说明的是上述这些关于英国混合政体的制度设计实质经历了一个从阶级分权到职能分权的过程。在"光荣革命"以前,英国混合政体的制度

---

① 〔美〕C. H. 麦基文:《宪政古今》,翟小波译,贵州人民出版社2004年版,第85—86页。
② 〔英〕M. J. C. 维尔:《宪政与分权》,苏力译,生活·读书·新知三联书店1997年版,第34—35页。
③ 〔英〕威廉·布莱克斯通:《英国法释义》(第1卷),游云庭、缪苗译,上海人民出版社2006年版,第62—63页。

设计更强调自柏拉图以降,利用不同的社会阶层来规范王权或后来由国王所代表的政府的权力。其基本理念是"当一种政制的构成因素数量越多,这种政制就越好"。① 因而,由代表封建大领主阶层贵族组成的上议院和由早期封建骑士、市民及后来平民所组成的下议院(平民院)与国王共同组成议会治理国家。然而,这种主要由社会阶层构成的混合政体制度设计在17世纪逐渐融入了自亚里士多德以降的强调职能部分分立的分权学说的因素。② 由国王、上议院和下议院所组成的议会更多地被视为一个立法机构而存在,司法机构在此时的英格兰的政治生活中发挥着越来越重要的作用。这一点我们可以从上述布莱克斯通与17世纪之前学者对于英格兰混合政体制度设计的不同论述中得到明证。正如维尔所言:"在混合政体这一古代理论向现代分权学说的转化中,要注意两个主要步骤。首先是坚持特定机构应限于行使特定职能。第二是出现了对独立的司法部门的承认,这些司法部门将拥有与君主、贵族院和平民院同等的地位。"③

虽然古老的混合政体理论与分权学说在来源、内容上存在诸多不同④,但是,从宪政意义上讲,这两种理论都关心在政府内部建立内在制约来限制权力,因而,殊途同归。"议会主权"虽然确立了主要由上议院、下议院组成的代表制议会在国家政治生活中的最高权力⑤,以此来限制王权,维持权力结构中的平衡,但是,议会对于王权的限制从理论上讲是一种立法权对于行政权的限制,这种限制本身还属于我们上述所讲的政治统治权的范围,它并

---

① 〔英〕M.J.C.维尔:《宪政与分权》,苏力译,生活·读书·新知三联书店1997年版,第33页。

② 在亚里士多德的《政治学》中,亚氏曾用议事、执行和司法概括政府的职能。参见〔古希腊〕亚里士多德:《政治学》,吴寿彭译,商务印书馆1981年版,第125页。

③ 〔英〕M.J.C.维尔:《宪政与分权》,苏力译,生活·读书·新知三联书店1997年版,第34页。

④ 混合政体理论与分权学说在以下几个方面存在不同:第一,后者建立在对政府职能及部门分权的认识上,前者则以社会等级和政体形式为基础;第二,前者允许各个社会等级分掌不同的政府权力,后者则强调政府各个部门必须由不同的人主持;第三,前者注重政府组成部分和各个社会等级之间的和谐与平衡,后者只重视各个部门之间互不侵犯;第四,前者要求立法议会必须包括分别代表贵族(或社会贤达)和民众的两院,后者则不一定以两院制为前提。

⑤ 用戴雪的话说,巴力门主权的要义一是在于,巴力门拥有无限的立法权威,二是巴力门的立法权威是任何机构都不能与之竞争的。参见〔英〕戴雪:《英宪精义》,雷宾南译,中国法制出版社2009年版,第116—136页。

没有从根本上或者总体上对由立法权和行政权共同组成的政治统治权进行制约与限制。换句话讲,"议会主权"或"巴力门主权"虽然在一定程度上有利于宪政的生成,因为它在一定程度上平衡了权力结构中的立法权与行政权,但其本身在限制可能带来专制的王权同时,又隐藏着一个更大的不受权力限制的权力——议会主权,颇有前门拒狼,后门进虎之虞。①

正因为如此,人们对戴雪所强调的英国宪制主要特征,即"巴力门主权"的观点提出了诸多批评,并认为议会之权力也应在整体上受到限制。詹宁斯认为,戴雪的议会主权"意味着议会拥有制定或不制定任何法律的权力,意味着英国法律不承认任何团体或任何个人拥有推翻或废止议会立法的权利",这实质上等于把巨大的权力赋予了议会,使其具有"准神学的色彩",这样的做法"很容易将我们导入困境"。② 因而,詹宁斯强调议会至上并非意味着议会权力完全不受限制,议会权力应当是有限的,"议会不能改变自然的进程,也同样可以说,议会并非能做所有的事情"。③

如果说詹宁斯对戴雪"巴力门主权"批评的重点放在具体操作层面的话④,那么,学者艾伦的批评更具有理论性。艾伦首先开宗明义地认为戴雪的《英宪精义》之所以产生重要影响,"主要是因为他谨慎地将议会主权原则与法治原则并列起来,并试图将两者协调起来"。⑤ 接着,艾伦认为戴雪的理论是存在问题的,他没有很好地将议会主权原则和法治原则很好地结

---

① 这也是为什么亚里士多德反对雅典所实施民主制度的原因,因为充当"立法职能"的雅典公民大会常常拒绝接受法律的约束,因而无权被称为一种宪政。"这种说法不失为一种合理的批判:这样一种民主制度根本就不是一种宪政(constitution);法律不占据支配性的地位,就没有宪政可言,因为法律应当支配所有的事情,而执政人员只能控制特定事情,而且我们应当视此为宪政政府(constitutional government)。如果民主制度真的是诸种宪政中的一种类型,那么显而易见的是,这样一种万事以议会决议予以决定的组织,甚至连确当意义上的民主制度都不是,因为 项经投票而形成的决议不可能成为一项普遍的规则。"转引自〔英〕弗里德利希·冯·哈耶克:《法律、立法与自由》(第1卷),邓正来等译,中国大百科全书出版社2000年版,第148页。
② 〔英〕詹宁斯:《法与宪法》,龚祥瑞、侯健译,生活·读书·新知三联书店1998年版,第98—100页。
③ 同上书,第117页。
④ 詹宁斯对于议会主权的具体限制方式,具体参见〔英〕詹宁斯:《法与宪法》,龚祥瑞、侯健译,生活·读书·新知三联书店1998年版,第15、116—131页。
⑤ 〔英〕T.R.S.艾伦:《法律、自由与正义——英国宪政的法律基础》,成协中、江菁译,法律出版社2006年版,第5—6页。

合起来,因为戴雪在其理论中始终强调:在英国的宪政体制中存在一个不受限制的"巴力门"。正如艾伦指出的那样:"戴雪未能提出一种一致的和连贯的宪法理论主要归因于他尊崇奥斯丁的法律实证主义。他对法治的强调与不受限制的议会主权根本不可能兼容。如果不存在对立法至上的真正限制,那么普通法的权利和自由将会一直被践踏。坚持认为存在最终的政治权力源泉,其不受所有法律的限制而且每一法律规则都从此处获得效力,这与立宪主义在性质上是相悖的。"① 因此,艾伦最终认为:"如果不存在对立法至上根本上的限制,在宪法理论上,就很难说英国政体是以法律为基础的宪政国家。"② 对此,托克维尔有着深刻的阐述:"无限权威是一个坏而危险的东西","当我们看到任何一个权威被授以决定一切的权利和能力时,不管人民把这个权威称作人民还是国王,或者称作民主政府还是贵族政府,或者这个权威是在君主国行使还是在共和国行使,我都要说:这是给暴政播下了种子……"③ 哈耶克也十分担忧地说道:"显见不争的是,在英国为我们这个世界贡献出那项弥足珍贵的代议政府制度的同时,它也给我们带来了议会至上(parliamentary sovereignty)那项可怕的原则;而根据议会至上这项原则,代议机关不仅是最高权力机构,而且也是不受限制的权力机构。"④

正是在这个意义上,笔者认为,单纯的"议会主权"不足以确保宪政秩序的稳定和良性发展。

英格兰宪政之所以能够长久地保持稳定和良性发展不仅是因为以"议会主权"为代表的政治统治权内部存在平衡的结构,限制了专制王权带来的个人恣意的可能,更为重要的是,英格兰宪政结构在"议会主权"之外,司法审判权在整体上对政治统治权构成了权力外部的规范与限制,在英格兰宪

---

① 〔英〕T.R.S.艾伦:《法律、自由与正义——英国宪政的法律基础》,成协中、江菁译,法律出版社2006年版,第21页。
② 同上书,第93页。
③ 〔美〕托克维尔:《论美国的民主》(上册),董良果译,商务印书馆1988年版,第289页。
④ 〔英〕弗里德利希·冯·哈耶克:《法律、立法与自由》(第2、3卷),邓正来等译,中国大百科全书出版社2000年版,第270—271页。

政结构中总体上保持了与政治统治权的平衡。①

（二）为政治统治权划定边界的英格兰司法审判权

既然"议会主权"所代表的政治统治权本身也需要限制，它并不能当然确保英格兰宪政体制的稳定与良性发展，那么应如何对其进行制约与规范？

英格兰宪政的历史发展表明：由普通法法官和普通法法院独立掌控的司法审判权，在整体上对"议会主权"所代表的政治统治权的行使划定了边界，进行了限制。②

尽管英格兰的"议会主权"原则决定了法院从理论上应从属于享有立法权的议会，如詹宁斯指出，"法院已经承认议会有资格通过任何问题的立法以及作出其认为适当的任何规定，所以法院要受议会立法的约束"③，但是，经过漫长发展和斗争，尤其是经过普通法法官科克的努力④，司法审判权在英格兰政制中获得了超然的地位。对此，英国历史学家蒙塔古在其所编辑的《政府片论》的导言中说道："司法当局现在仍然保持着某种程度的真正的独立性。国王根据议会两院的提案能撤销法官，但由于下院是较强的一

---

① 对此，哈耶克也认为："要对立法机构的权力作出有效的限制，并不需要另一个能够在立法机构之上施以一致行动的有组织的权力机构。"〔英〕弗里德利希·冯·哈耶克：《法律、立法与自由》（第1卷），邓正来等译，中国大百科全书出版社2000年版，第141页。

② 其实，有学者提出在中国古代也存在过类似于英格兰宪政体制中司法审判权与政治统治权的二分宪政模式，并对《左传·成公十三年》中"国之大事，在祀与戎"进行了本土阐释，认为其中的"戎"代表君王手中的统治权力，"祀"代表一种具有超验背景的知识和道义传统，国家的基本政治结构来自祭祀代表的"道统"和君王代表的"政统"之间的均衡。参见王怡：《宪政主义：观念与制度的转捩》，山东人民出版社2006年版，第18页。然而，在笔者看来，这样的类比只是注意到了它们之间的表面相似性，如在君王代表的"政统"之上安置了一个由祭祀为代表的"道统"对其进行限制，这似乎具有宪政主义所要求的权力制约意味。但是，这种通过"道统"的限制终究是超验意义上的，不能从根本上或权力内部对"政统"进行限制，因而与前述形而上的权力限制一样，往往流于形式，甚至被"政统"所利用。事实上，中国古代历代统治者都牢牢地控制着祭祀的权力，因为只有他们才是世间唯一能与上天进行沟通的人。

③ 〔英〕W. Ivor 詹宁斯：《法与宪法》，龚祥瑞、侯健译，生活·读书·新知三联书店1998年版，第167页。

④ 关于科克对于英国司法权的贡献，学者戈登说道："古代宪法的学说是试图削弱国王的权力并提高议会权力的那些人的一个潜在的论证工具。但是如果科克的作用仅仅是支持议会一方，他在英国宪政历史和理论中的地位就要比实际情形低得多。实际上，科克通过把宪法等同于作为英国政体中的一种活生生的惯例的普通法而制造了古代宪法的神话。这就把作为普通法的权威解释者的法院提高到了与议会和国王相提并论的一种自主的政治地位。"〔美〕斯科特·戈登：《控制国家——西方宪政的历史》，应奇等译，江苏人民出版社2001年版，第258页。

院,国王的权力还不如那个依靠下院多数而存在的内阁。然而,如果我们认为法官可以很容易地由下院投票撤职,那便是大错而特错的看法。这不单是由于法律和历史相沿下来的程序如此复杂以至使人们有辩论和思考的机会,而且由于众多意志和意见未必一致的两院必须达到一致方能决定任何事情。把一个法官免职是件困难的事情,若无重大理由很少被提出。人们逐渐产生一种感觉,认为如果没有重大理由而企图把一个法官免职就是冒犯国家。这种感情使法官席位的周围筑起了一道坚固的防线,这道防线甚至比那用宪法的形式所筑成的防线还要坚固。它使英国的法官实际上独立于当时的内阁和议会中的多数。在这种意义下,就使司法权和立法权以及行政权分离出来。"①

因此,司法审判权在英格兰政制中的作用与功能并不是一个简单的传统政治学说研究中的三权划分中的司法权,它不仅关涉司法机构独立享有的审判权问题,而且关涉国家政治事务和规范、平衡国家统治权等问题。正如学者艾伦所言:"尽管分权的形式可以随着宪法的不同而有所更易,但最高法院(司法审判权)独立于政府和立法机关似乎对于宪政更具根本意义。因此,如果我们拒绝对立法权能作出任何限制——即使关于特定案件的判决——我们便因此否定了立宪主义。"②

英格兰司法审判权对于"议会主权"所代表的政治统治权的整体限制主要体现在如下几个方面:

首先,英格兰司法审判权自身所具有的"造法"功能和法律解释权,消解和约束"议会主权"原则下议会享有的立法权。在大陆法各国,司法和立法是严格区分的,法律是立法者制定的,也是由立法者解释的,司法的职责只是适用法律,它无权创制和改变法律。③ 在英格兰,司法除了适用法律外,还

---

① 〔英〕边沁:《政府片论》,沈叔平等译,商务印书馆1995年版,第79页。
② 〔英〕T. R. S. 艾伦:《法律、自由与正义——英国宪政的法律基础》,成协中、江菁译,法律出版社2006年版,第93页。
③ 当然,大陆法国家的司法也可以而且不可避免地要根据案件的具体需要弥补法律漏洞,要随着时代的变迁重新解释旧有的法律,以保证法律与时俱进,满足社会的需要,这种功能实质上具有创制新法的立法性质。但是,这种功能在大陆法上是不予鼓励甚至不予公开承认的,在实践上是受到严格限制的。

能够发现、创制、解释法律,亦即兼有立法权和法律解释权。对此,梅里士法官宣称:在英格兰,"全部衡平法和普通法中的90%是由法官创制的"。① 尽管17世纪议会主权原则确立之后,议会制定法呈现不断增长趋势,但是,议会制定法仅仅是"补充而不是取代英国的司法判例"②,判例法的基础地位始终保持不变,用一位西方学者的话说,"判例法是第一位的,制定法是第二位"。③ "对于普通法,议会很少会加以干预,即使作出了干预,其目的也主要是为了澄清某一法律系统的疑点。人们甚至可以这样认为,权力分立制度之所以在英国得到确立,并不是因为仅有'立法机关'立法,而恰恰是因为它并不立法:这是因为在英国,法律是由那些独立于指导和支配政府——亦即那个被错误地称之为'立法机关'的机构——的法院所决定的。"④ 有学者甚至比喻说,英国普通法之采用制定法,就如同在一桶水中放入一块石头,石头占据了一部分水的位置,但是水又迅速布满了其余的所有空间,难怪吉尔达特作如是说:"议会若全部撤销其制定法,英国仍有其法律体系,但如果取消判例法而保留制定法,那么在英国就只存在支离破碎的零星条文,一般重要的生活关系根本就无章可循了。"⑤ 更为甚者,直到19世纪许多英国人仍然认为,"议会位居法律之下,法律不得受操纵"。维多利亚女王的早期宠臣梅尔伯尼勋爵就坚持认为,制定法律"仅仅是议会辅助性和附带性的职责"。⑥ 由于英格兰具有悠久的普通法传统,法官"造法"的结果直接限制了议会的制定法的内容,因为在"法律主治"的英格兰,即便在"议会主权下"议会立法也不能随意推翻或制定有悖于普通法精神的法律。对此,戴雪

---

① F. R. Cross, *Precedent in English Law*, Clarendon, 1979, p.28. 转引自程汉大:"不同寻常的英国司法",载《南京大学法律评论》2008年春秋合卷。
② 〔美〕戈登·奥萨魁:《比较法律传统》,米健等译,中国政法大学出版社1993年版,第103页。
③ 参见〔美〕E. 博登海默:《法理学:法哲学及其方法》,邓正来等译,华夏出版社1987年版,第415—416页。
④ 〔英〕弗里德利希·冯·哈耶克:《法律、立法与自由》(第1卷),邓正来等译,中国大百科全书出版社2000年版,第131—132页。
⑤ William Geldart, *Elements of English law*, London: Oxford University Press, 1911, p.9. 转引自胡伟:《司法政治》,三联书店(香港)有限公司1994年版,第86—87页。
⑥ 〔比〕R. C. 范·卡内冈:《法官、立法者与法学教授——欧洲法律史篇》,薛张敏敏译,北京大学出版社2006年版,第26页。

曾精辟地指出:"巴力门的主权运行所至,必归宿于法律主治,而法律主治不特要求巴力门出而运用主权,而且要求巴力门的主权以法律精神而运用。"①

进入20世纪后,尽管法院在原则上承认了议会的最高立法者地位,但在实践上"法官们却别出心裁地暗度陈仓,以避免自己在日常司法中影响力的减损,比如说,牢牢保留着法律的解释大权"。而法官在解释法律时,不必为了探究一部制定法的"正确"含义而求助于其他任何人,甚至无需为了确定立法机关的原初意图而参考议会的辩论。"英国法官可以不理会任何一院的决议,可以不理会议会辩论中涉及的任何事项,甚至可以不理会一部法案从最初向议会提出到最后获得国王签署所经历的变迁。"②在任何时候,法院也不必为了确定法律的内容咨询行政机关。霍尔斯布雷勋爵在1902年振振有词地宣称,解释制定法的"最佳人选,永远不会是负责该制定法的起草人"。③ 言外之意,法律解释权不属于议会,更不属于行政机关,而属于法官。在此理念的支配下,英国的法官们如果认为议会制定的法案含义模糊、行政机关颁布的法令有悖于普通法原则,他们便通过解释权予以明确,或者不予理睬而令其失效,因为按照弗雷德里克·波洛克爵士的解释,"法院一直倾向于在这样一个理论基础上来解释制定法,即法院把立法机关视做一个愚昧无知者,它与法律的施行越远越好,而一旦它真的干涉了法律,那么这也是司法机关的职责来把损失限制在最小的范围内"。④ 以至于学者杰思罗·布朗说,"一个制定法只有在法院解释之后才成为真正的法律。制定法只是'表面的'法律,而真正的法律,除了在一个法院的判决中,不可能在任何其他地方发现"。⑤ 例如,在 Re C (An Infant)一案中曾出现了这样一个问题,即这个婴儿的父亲是否享有外交豁免权,这起诉讼是否应当予以

---

① 〔英〕戴雪:《英宪精义》,雷宾南译,中国法制出版社2009年版,第420页。
② See A. V. Dicey, *Introduction to the Study of the Law of the Constitution* (10th ed.), Macmillan Education Ltd., 1959, pp.409—410.
③ 〔比〕R. C. 范·卡内冈:《法官、立法者与法学教授——欧洲法律史篇》,薛张敏敏译,北京大学出版社2006年版,第18页。
④ 同上书,第30页。
⑤ 顾荣新:"浅析英美法强势地位形成的原因",载《理论月刊》2006年第11期。

驳回。在辩论的过程中,辩护律师请求哈曼法官(Harman J)考虑外交部作出的一项关于外交豁免范围的声明。法官回答道:"我不打算考虑外交部签订的协议,也不想让外交部来教我英国普通法。"① 法院在法律解释中的这种独立性和权威性,构成了"英国宪法的基石",而且"可能是英国宪法唯一真正的基本原则"。② 学者埃尔曼甚至把英国法官这种法律解释权称为"间接的司法审查权"。③

其次,"光荣革命"后开启的由普通法院适用普通法审理行政案件的传统,使英国行政权始终受到司法权的限制。众所周知,由于英格兰没有一部成文的宪法典,英宪原则也因此未得到明确的确认。直到1885年戴雪发表了"堪称英国成文宪法典"的《英宪精义》,人们才开始把"巴力门主权"和"法律主治"视为英国宪法的支柱。④ 按照戴雪的说法,"法律主治"意味着"在英格兰境内,不但无一人在法律之上,而且每一人,不论为贵为贱,为富为贫,须受命于国内所有普通法律,并须安居于普通法院的管辖权之治下"。⑤ 因而,从理论上讲,英格兰司法审判权有权对任何人、任何机构的行为进行合法性的审查。⑥

在司法实践中,英国普通法院在18世纪逐渐形成了限制政府肆意行政行为的"越权无效"原则。依据该原则,英国普通法院可以以合法性(legali-

---

① See R. F. V. Heuston, *Essays in Constitutional Law*, Stevens & Sons, 1964, p.54.
② See Lord Cooke, *Turning Points of the Common Law*, Sweet & Maxwell, 1997, p.78.
③ 参见〔美〕H. W. 埃尔曼:《比较法律文化》,贺卫方、高鸿钧译,清华大学出版社2002年版,第227—228页。
④ 当然对这两个原则的"真实性"和地位,学术界是有保留意见的。See I. Harden & N. Lewis, *The Noble Lie*, Hutchinson, 1986.
⑤ 〔英〕戴雪:《英宪精义》,雷宾南译,中国法制出版社2009年版,第237页。
⑥ 按照英国学者詹宁斯的观点,英国司法对行政的控制主要通过以下三种方式实现。第一种控制方式是通过受理某些行政机构的上诉实现的,如"所得税纳税人可以要求普通税务专员或特别税务专员向高等法院陈述案情。地方税的纳税人对其税额评估可以向郡法院上诉。物主可以针对拆除令向郡法院上诉。临街的房主有时可以针对修路负担一个拥有简易裁判权的法院上诉"。第二种控制方式是法院能够确保行政机构在法律权限内活动。"法院可以发布一道特权令、阻止令(injunction)或者违法宣告,以阻止行政机构的违法行为或者强迫其履行法律义务。为此,无需任何制定法授权。法院已经承担了这样一种权力,'发现'这种权力在普通法的富有弹性的边界之内"。第三种控制方式是,当某一公共机构有不法行为并因此损害了某一私人或另一公共机构的利益时,运用诉讼的通常补救办法。参见〔英〕W. Ivor 詹宁斯:《法与宪法》,龚祥瑞、侯健译,生活·读书·新知三联书店1998年版,第174页。

ty)、合理性(rationality)、程序正当性(procedural impropriety)和比例原则(proportionality)这四条标准为依据①,对政府行政行为是否超出法定权力范围作出决定,并有权予以推翻。申言之,就合法性标准而言,英国法院认为一个行政决定存在下列两种情形之一即可认定为不合法行为:(1)该决定违反(contravenes)或超越(exceeds)法定的授权条款;(2)该决定寻求实现法外的目标,不管这一目标是出自公益还是私益的考虑。就合理性标准而言,由于正面界定合理性标准是相对当困难的,因此,法官在司法实务中往往从相反的方向提出什么是不合理行为。通常对"不合理"的标准定得很高:"如此荒谬以致任何有一般理智的人都不能想象行政机关在正当地行使权力时能有这种标准"(格林法官语);"如此错误以致有理性的人会明智地不赞同那个观点"(丹宁法官语);"如此无视逻辑或公认的道德标准,令人不能容忍,以致任何认真考虑此问题的正常人都不会同意它"(迪普洛克大法官语)。② 根据英国司法判例,"不合理"主要有三种类型:(1)作出决定的程序存在实体上的缺陷(material defect);(2)违背普通法和宪法确立的权力行使原则;(3)压迫性决定(oppressive decisions)。就程序正当性标准而言,如果英国法院认为行政决定违背了"自然公正"原则和侵犯了个人对公正审查的合法预期,就可判定该行政决定是无效的。最后,就违反比例原则而言,它要求是行政当局在运用自由裁量权时,应当在其所追求的目的及与其相左的个人权利、自由和利益之间保持恰当的平衡(a proper balance),如果违反该原则,英国法院即可推翻该行政行为。比例原则的具体判断标准有三个:(1)权衡目的(ends)和手段(means)的得失(the balancing test);(2)对实现一个目的有多种可选择的手段时,选择危害最小的手段(the necessity test);(3)所选择的手段必须适合于目的的实现并且是合法的(the suitability test)。

对于英格兰司法审判权对行政机构进行司法控制的功能,英国学者艾伦认为这有助于英宪的实现。他说道:"法院必须既解决司法的,或'分工'

---

① 这四条标准是1985年迪普洛克勋爵(Lord Diplock)第一次系统提出的,后被司法界和学术界普遍接受。
② 〔英〕威廉·韦德:《行政法》,徐炳等译,中国大百科全书出版社1997年版,第79页。

争议,以确保公共机构在其分配的行为领域内行事,又通过这些机构行使他们的权力确保良善管理的原则得到遵守。如果说司法的前一功能可能依赖于对立法委托的忠实遵守,那么后一功能必须是独立正当的(自身具有正当性)。"①英格兰司法审判权对行政机构的控制为英格兰议会主权原则下行政权力的行使划定了边界,使英格兰民众自古以来最为珍爱的"基本自由权"得到了保护。对此,詹宁斯说道:"它们保护臣民以免遭官僚机构的热忱和党派统治对法律的歪曲。法院并不是达到此种目的的完善的工具,因为法官像其他行政人员一样,当然认为他们自己所在的统治部门是最重要的。他们从不欢迎行政权力侵蚀民法和刑法领域。过去不知现代社会事务为何物的普通法,将严格解释涉及财产权和合同自由的立法以及确立政府垄断权的立法的责任赋予了法院。然而,这些是现代行政的主要目标。不过,这种方式确实可以阻止行政解释朝相反的方向曲解法律。虽然它没有防止官员的昏庸,但的确防止了对个人的压制。"②

最后,英格兰司法不仅能够解决社会中的争议,化解政治问题,而且还能够生成规范国家统治权的宪法规则与惯例。"在这里,司法活动赋予法以特性,并在创造和发展法律方面具有决定意义的作用。"③对于英格兰司法审判权的这一特点,许多学者均表示认同。哈耶克将英格兰法律的这种产生路径称为"自生自发秩序",他说:"(普通法)法官所旨在服务或努力维护并改进的乃是一种并非任何人设计的不断展开的秩序;这种秩序是在权力机构并不知道的情况下且往往与该机构的意志相悖的情形下自我形成的;它的扩展会超出任何人以刻意的方式加以组织的范围;它也不是以服务于任何人之意志的个人为基础的,而是以这些个人彼此调适的预期为依凭的。"④其实,英格兰这种在司法审判权中生成法律的做法早在罗马共和国

---

① 〔英〕T. R. S. 艾伦:《法律、自由与正义——英国宪政的法律基础》,成协中、江菁译,法律出版社 2006 年版,第 23 页。
② 〔英〕W. Ivor 詹宁斯:《法与宪法》,龚祥瑞、侯健译,生活·读书·新知三联书店 1998 年版,第 175 页。
③ 黎晓平:"司法活动与法制发展",载高鸿钧主编:《清华法治论衡》(第 2 辑),清华大学出版社 2001 年版,第 46 页。
④ 〔英〕弗里德里希·冯·哈耶克:《法律、立法与自由》(第 1 卷),邓正来等译,中国大百科全书出版社 2000 年版,第 184 页。

时期就曾存在。如古罗马裁判官在程式诉讼阶段的司法过程中通过自由裁量权创制法律。"人们根据从(裁判官)个案裁决(decretum)中积累起来的经验,总结出一些一般的规范,裁判官将这些一般规范编入在任职年度之初发布的告示之中,该告示被称为'永久告示'(edictum repentina),因为它在整个任职年度期间均具有效力。"① 公元前67年,《科尔内利法》(lex Cornelia)甚至差点将"裁判官依据其永久告示司法"(ut praetors ex edictis suis perpetuis ius dicerent)作为一项宪制原则在古罗马规定下来。② 古罗马五大法学家之一的伯比尼安曾经自豪地说道:"裁判官在保证市民法适用的同时,补充了市民法和修改了万民法。"③

更为重要的是,在英格兰不仅一般意义上的法律由司法审判权创制,而且规范、调整公共权力,具有宪法性质的法律也是司法审判权行使的结果。

一般而言,稍微文明一点的统治都需要依照规则进行,法律作为其中最主要的规则,历来是国家统治权所掌控的重点。在君主制时代,法律由君王制定,在民主制时代,法律由代议制议会制定。法律是立法者制定的,司法的职责仅仅是实施法律,司法无权创制和改变法律。与之相应,作为根本大法的宪法或宪法性规则自然而然也是立法的产物。然而,英格兰司法却改变了这一"铁律"。

对此,英国学者戴雪有着充分的论证,他明确指出英宪来源于司法裁判,"英宪的通常原理(譬如即以人身自由的权利或公共集会的权利为例)的成立缘由起于司法判决,而司法判决又起于民间讼狱因牵涉私人权利而发生"。④ 它不是人工所造,也非一次立法的结果,而是普通法法院在长年累月的司法实践中自生自发形成的。"英宪就为一显例,并不曾被人们以一口气造出,而且远非一次立法(依通常意义解释)所制定;反之,它们却是千百年来法院替私人权利力争而得到的结果。简约说:英宪只是一宗裁判官

---

① 〔意〕朱塞佩·格罗索:《罗马法史》,黄风译,中国政法大学出版社1998年版,第249页。
② 同上。
③ 〔古罗马〕查士丁尼:《法学总论》,张企泰译,商务印书馆1997年版,第10页。
④ 〔英〕戴雪:《英宪精义》,雷宾南译,中国法制出版社2009年版,第239页。

造成的宪章。"①为此,他还用英国宪法与比利时宪法的对比予以证明,他指出:"世上有许多国家,他们的宪法是一件慎思而发出的立法行为;比利时即是一个好榜样。是故就比宪而论,你可以真实地断定,谓个人对于人身自由的权利是从宪法而出,或被宪法保障。若在英国则不然。个人对于人身的自由权利所以成为宪法之一部者,只因为此类权利曾经法院以判决拥护之故;同时复因为出庭法案整个的承认与推行之故。②……比宪与英宪所有差别可以名理陈述之如下文:就是在比利时,个人权利是从宪法的原理演绎出来之结论;在英格兰,所谓宪法原理是由法院涉及每个人所有权利的判决案归纳得出之通则。"③接着,他进一步指出英国这种通过法院司法裁判生成英宪的方式较之立法方式产生宪法的优点,即前者侧重于救济民众的自由与权利,宪章内容是法院规定与执行个人权利后的结果,其内容不易被其他因素所左右,后者则侧重于宣告人的自由与权利,宪章内容是宪法条文的所有规定,容易受到政治或革命等因素的影响,不具有稳定性。他说道:"我们可以发现英吉利人民务求实际的倾向。当他们逐渐构成一套极复杂的法律与制度而称之为宪章之际,他们实努力于筹备所以实行某一种权利之策略。换言之,他们注意于救济侵权行为的损害,胜似宣示人的权利或英吉利人民的权利。……在多数外国中,个人的权利(譬如对于人民自由的权利)靠该国宪法以存在,而在英格兰中,此类权利本先由法院替个人争得,然后由宪法以通则作概括的申明……凡宪章所有规则,在外国,皆构成宪法条文的各部分;而在英格兰,不但不是个人权利的渊源,而且只是由法院规定与执行个人权利后所产生之效果。……则以英吉利宪法本建筑于法律主治的大义之上;此大义苟不废弃,宪法下之权利必能永存故。如谓法律主治的大义竟可废弃,此等现象唯可出现于大革命。"④

英格兰这样一种法律以及宪法的创制模式使得法律以及宪法能够独立于"政治统治权",使其避免成为"政治统治权"的"附属品",这无疑契合了

---

① 〔英〕戴雪:《英宪精义》,雷宾南译,中国法制出版社 2009 年版,第 240 页。
② 这里的出庭法案指的是"The Habeas Corpus Acts",即 1640 年的《人身保护法》。
③ 〔英〕戴雪:《英宪精义》,雷宾南译,中国法制出版社 2009 年版,第 240—241 页。
④ 同上书,第 242—245 页。

宪政主义的要求。这种被哈耶克称为"自生自发"的法律及宪法生成模式的意义在于,由司法者在司法实践中产生的规则,一定程度上构成了对英格兰"政治统治权"的一种钳制和平衡。前面提到主要由立法权和行政权组成的"政治统治权",如若没有对其进行限制,即便这种"政治统治权"的合法性基础来源于人民的授予或让渡,它在本质上仍然可能成为另一种形式的"暴政"。对此,学者王怡说道:"宪政和法治在本质上具有反民主的倾向。民主意味着多数人的统治,它预设了多数人意志的正当性。而宪政意味着对这种统治的钳制,和对这种意志的怀疑和削弱。"①

同时,通过司法审判权创制出的法律是一种开放状态下的产物,它避免了任何立法者自上而下的主观建构,符合英格兰法律中特有的"技艺理性"。正如学者莱奥尼所说:"在英国,普通法法院不可能轻易按自己意志制定颁布专断的规则,因为他们从来就无法直接这样去干,他们根本无法像立法者那样,可以经常性地、心血来潮地、广泛而专横地制定规则。"②法律及宪法在司法审判权这个开放的系统里能够永远保持未完成状态,通过司法实践不断细化、深化或修正、废弃它,越来越接近上文科克所说的那种"技艺理性之完美成就"。

此外,这种法律及宪法的生成模式,不仅保证了人民的自由与权利免受"议会主权"原则下的国家统治权可能带来的侵害,更为重要的是,这些由司法审判权发现的英宪规则能够为国家统治权的良性行使划定一个应有的界限。对此,普通法学者布莱克斯通说道:"对于公众自由进行保护的主要方式存在于独立的司法权以及于一些人组成的特别团体中,这些人虽然实际上由国王任命,但国王不能随意免去他们的职务。"③而且晚年的哈耶克也深刻地洞察道:

> 令18世纪其他欧洲国家的人民羡慕不已的英国人所享有的那种自由,并不像英国人自己最先相信并在后来孟德斯鸠告诉全世界的那

---

① 王怡:《宪政主义:观念与制度的转捩》,山东人民出版社2006年版,第198页。
② 〔意〕布鲁诺·莱奥尼:《自由与法律》,秋风译,吉林人民出版社2004年版,第90页。
③ 〔英〕威廉·布莱克斯通:《英国法释义》(第1卷),游云庭、缪苗译,上海人民出版社2006年版,第293页。

样,原本是立法机关与行政机关进行分权的产物,而毋宁是这样一个事实的结果,即支配法院审判的法律乃是普通法,亦即一种独立于任何个人意志、而且既约束独立的法院又为这些法院所发展的法律……人们甚至可以这样认为,权力分立制度之所以在英国得到确立,并不是因为仅有"立法机关"立法,而恰恰是因为它并不立法:这是因为在英国,法律是由那些独立于指导和支配政府的权力——亦即那个被错误地称为"立法机关"的机构所具有的权力——的法院决定的。①

因此,只有对"议会主权"原则下由立法权和行政权组成的国家统治权进行法律上的钳制,才能杜绝国家统治权发展成为另一种形式的"暴政",从而在根本上维护宪制的平衡和稳定。对此,国内学者姚中秋指出:"宪政主义的根本性规定就是以法律节制统治的意志。任何政治共同体都会有统治现象,而只有将统治纳入法律的节制之下时,才有宪政。"②

古往今来,但凡政治文明,宪政制度良备的时期,无一不是国家统治权受治于法律统治的时期。如果本应受制于法律的国家统治权本身可以创制法律,那么,这些创制出的法律不仅不具有限制国家统治权的法治主义作用,反而极易激发国家统治权的扩张,因而,其宪政制度不可能得以稳定,获得良性发展。这一点可以从古代罗马的历史史实得到明证。在罗马共和国时期,由于其法律及其政治制度不是通过"国家统治权"创立出来的,因而,罗马在这一时期在政治上获得了极大的发展,其宪政制度也成为后世关注的焦点。③ 伟大的罗马政治家监察官加图的一段话精辟地概括了这一点:

> 我们的政治制度优越于所有国家的制度的原因就在于:其他国家的政治制度是按照某些个人的提议实行某些法律或制度而创造出来的,比如克里特岛的弥诺斯,斯巴达的莱克格斯,而在雅典,政治制度也

---

① 〔英〕弗里德利希·冯·哈耶克:《法律、立法与自由》(第1卷),邓正来等译,中国大百科全书出版社2000年版,第131—132页。
② 姚中秋:"理性、法律与自然法",载〔德〕海因里希·罗门:《自然法的观念史和哲学》,姚中秋译,上海三联书店2007年版,第259页。
③ 关于古罗马共和国时期的宪政制度,参见陈可风:《罗马共和宪政研究》,法律出版社2004年版。

曾经数度变易,并出了很多这样的人物,包括泰西尤斯、梭伦、克莱塞尼兹等等……与之相反,我们的国家则不是由一个人独立创建的,而是由很多人共同创建的;它不是在具体某一个人的有生之年建成的,而是通过若干代人在几百年间建成的。他指出,在这个世界上,没有谁会聪明到可以洞悉万物,即使我们将所有人的智慧都集中到某个人的头脑中,但由于他不具有从漫长的历史实践获得的经验,也不可能一劳永逸地解决所有问题。①

罗马法学家格罗索也赞叹由司法裁判官创制法律的好处:"裁判官在行使司法权时所拥有的这些主权和裁量权使他的活动带有原创性特色,并使他的活动成为一种法的渊源;罗马法的发展和变革从这一渊源中获得了最伟大的推动力。"②然而,到了罗马帝制时期,专制成为当时社会的主旋律。在这种背景下,法律的产生方式逐渐从司法者手中转移到代表政治统治权的立法者手中,大量成文法典诸如《国法大全》的制定就是明证。在某种意义上讲,与其说罗马帝制时期法典的出现是专制加强、宪政制度衰败的直接表现,而毋宁说这是政治统治权取代司法审判权创制法律所带来的恶果。正如国内学者李红海就认为:"罗马法之所以选择法典化是因为专制。"③

因而,在英国,由于法律以及宪法生成于与国家统治权分割的专属的司法审判权领域,英国法不但不证成王权政治或议会政治的主权、国家统治权之合法性,反而对任何政治国家统治权保持冷静的态度,并通过强有力的司法审判权抵御任何政治的侵袭,顽强地维持着英国宪政的稳定和传承。在哈耶克看来,英格兰的宪政生成模式就是,"政制依存于法律,法律又依存于法官,从政治到法律再到司法,这是政治秩序自身的一套演进序列"。④

此外,特别需要注意的是,随着英国于1973年加入欧洲经济共同体(后成为欧洲共同体,现为欧洲联盟),《欧洲共同体法》和《欧洲人权公约》极大

---

① 〔意〕布鲁诺·莱奥尼:《自由与法律》,秋风译,吉林人民出版社2004年版,第92页。
② 〔意〕朱塞佩·格罗索:《罗马法史》,黄风译,中国政法大学出版社1998年版,第249页。
③ 关于此观点参见李红海:《普通法的历史解读——从梅特兰开始》,清华大学出版社2003年版,第264—268页。
④ 高全喜:《法律秩序与自由主义——哈耶克的法律思想与宪政思想》,北京大学出版社2003年版,第131页。

地增强了英国司法的权威,英国法院在实践中审查议会立法的权力在事实上已成为英国宪政的新组成部分。前已述及,尽管英国司法可以通过自身具有的"造法"功能和法律解释权,在一定程度上消解和约束"议会主权"原则下议会享有的立法权,但自"光荣革命"后,法院执行议会立法,在英国是一个不争的宪政事实,也是一个基本的宪政律令。戴雪曾观察说:"英国的法官从未主张自己有权撤销议会立法,他们也从未撤销议会立法;相反,议会有权废除法官创造的法律,并经常废除法官创造的法律。"① 换句话讲,在英国,具有独立性的司法尽管可以通过"法官造法"和对制定法的意思进行扩大或缩小解释的司法技术,对议会立法进行埃尔曼所谓的那种"间接的司法审查权",但对议会立法进行真正意义上的违宪审查一直不存在。然而,这一状况在《欧洲共同体法》和《欧洲人权公约》的冲击下发生了改变②,"在没有成文宪法的保障、奉行议会主权的英国,法院在事实上发展出了违宪审查制度"。③

虽然英国早在 1972 年就制定了《欧洲共同体法》,该法第 2 条原则上赋予了相关条约在英国法上直接、优先的适用力,但欧共体法并没有明确回答,英国法院是否有权审查议会立法,拒绝适用与欧共体法相抵触的法律等问题。实践中,英国法官仍然表示,他们还将忠实于议会立法,迪普洛克法官在一篇文章里说,如果议会后来制定的法律与条约有抵触,根据议会主权原则,"英国法院必定适用议会立法"。④ 然而,一个革命性的变化发生在范

---

① A. V. Dicey, *Introduction to the Study of the Law of the Constitution*, Macmillan, 1959, p. 60. 转引自何海波:《司法审查的合法性基础——英国话题》,中国政法大学出版社 2007 年版,第 230 页。

② 其实,在英国加入欧洲经济共同体之前,发生于 1959 年的"安尼斯米尼克案"(Anisminic's Case)中,法院在普通法的庇护下,废置了议会立法关于"任何法院不得审查"的禁令,为英国法院今后抵制议会"恶法"提供了先例。参见何海波:《司法审查的合法性基础——英国话题》,中国政法大学出版社 2007 年版,第 234—239 页。

③ 同上书,第 261 页。

④ Lord Diplock, *The Common Market and the Common Law*, 8 Law Teacher, 1972. 转引自何海波:《司法审查的合法性基础——英国话题》,中国政法大学出版社 2007 年版,第 240 页。

特泰姆案中。① 1990年6月,英国上议院在该案中确认议会1988年制定的《商船法》抵触了欧共体法,并宣布"不适用"该法的相关条款。范特泰姆案无疑是英国法律史上的重大革命,英国法院第一次宣布"不适用"一部议会立法,甚至第一次使用"不适用"(disapply)这个英国法律所陌生的词汇。"范特泰姆案件标志着,至少在欧共体法范围内,英国法院开始取得了审查议会立法的权力。"②

除欧共体法外,《欧洲人权公约》也是英国法院审查议会立法的重要依据。经过漫长的呼吁和辩论,英国于1998年制定了《人权法案》。该法案的宗旨是把《欧洲人权公约》并入英国国内法。该法第6条规定,任何公共机构都不得侵犯《欧洲人权公约》所保护的权利,除非议会立法有明确的、相反的要求。在司法审查与议会立法的关系上,《人权法案》设立了两项关键的机制:法律解释和宣告抵触。③ 根据前者,英国法院可以通过法律解释去审查议会立法是否与公约权利相一致④;根据后者,英国法院可以宣告议会立

---

① 范特泰姆是一家在英国登记的渔业公司,其股东和董事多数是西班牙人。英国1894年的《商船法》允许外国船只在英国登记,从而有权在英国海域捕捞。到了20世纪80年代,总共有95艘类似船只。为了限制这些"外国"船只在英国海域捕捞,新制定的1988年《商船法》要求全部船只重新登记,并改变登记条件,要求股东和管理层具备比原法律要求高得多的身份。结果,这些西班牙船只无一符合条件。几位西班牙的船主控告说,1988年《商船法》从根本上违背了欧共体法。高等法院向部长发出了阻止令,要求部长不要实施1988年《商船法》。上诉法院撤销了阻止令,上议院则把这个问题交给了欧洲法院。欧洲法院裁决,成员国法院有义务保证欧共体法直接适用;如果现有国内法阻止相应的司法救济,成员国法院应该废弃那个规则。参见 EC Commission v. UK, C-246/89R, 1989, ECR3126。转引自何海波:《司法审查的合法性基础——英国话题》,中国政法大学出版社2007年版,第241—242页。

② 何海波:《司法审查的合法性基础——英国话题》,中国政法大学出版社2007年版,第173页。

③ 该法案的第3条确立的是一条解释规则,用于解释任何时候颁布的基本立法和附属立法,"只要有可能,无论对基本立法还是附属立法的解释和给予效力均应与公约权利保持一致"。该法案第4条确立的宣告抵触原则是指,授权某些指定的法院在运用第3条的法律解释规则解释立法时,在立法不能与公约权利相调和的情况下,作出"不一致的宣告"。关于这两项机制的详细内容参见李树忠:"1998年'人权法案'及其对英国宪法的影响",载《比较法研究》2004年第4期。

④ 例如,英国1977年《房屋租赁法》规定政府福利房的租赁者死亡后,"其配偶"有权继续租赁该房。由于该法没有考虑同性恋者,为了与《人权公约》第8条有关"尊重家庭生活"和14条"禁止歧视"的规定保持一致,法院把与房屋的租赁者同居的同性恋者解释为"配偶"。参见何海波:《司法审查的合法性基础——英国话题》,中国政法大学出版社2007年版,第248页。

法与公约权利相抵触,进而促使其被修改。① 在某种意义上讲,《人权法案》设置的法律解释和宣告抵触机制实际上演变为法院对议会立法的审查机制。因此,《人权法案》使得英国法院能够名正言顺地审查议会立法,并对英国宪政产生深远影响。有人评论,它代表了英国宪法的一次重新构造:政治权力从立法和行政部门向司法部门转变,法院在重大的政治争论中掌握方向盘。② 有人甚至暗示《人权法案》象征了"司法主权"时代的来临。③

综上所述,英格兰的宪政体制之所以优良,不仅是因为代议制议会在政治斗争中战胜了专制王权,确立了"议会主权"原则,更为重要的是,在英格兰宪政发展过程中始终存在着司法审判权对其的直接助推、平衡作用。司法审判既制约了专制王权,又限制了代议制民主所日益产生的弊端。在这个意义上,与其说英格兰司法审判权是民众自由与权利的"保护剂",毋宁说它是一项政治的技艺,是一门国家治理的艺术④,由此形成了政治与司法、宪政与司法之间的良性互动。

---

① 例如,英国1999年《移民与避难法》规定,不论是否故意,对他人偷渡英国负有责任的人,都将给以惩罚。上诉法院在一个案件中宣告这一规定违反文明国家公认的原则,从而抵触了《人权公约》第6条。随后,议会在2002年《国籍、移民和避难法》中通过立法修正了1999年《移民与避难法》的相关规定。参见何海波:《司法审查的合法性基础——英国话题》,中国政法大学出版社2007年版,第249页。

② K. D. Ewing, The Human Rights Act and Parliamentary Democracy, *79 Modern Law Review*, 1999. 转引自同上书,第250页。

③ Alison L. Young, Judicial Sovereignty and the Human Rights Act 1998, *53 Cambridge Law Journal*, 2002. 转引自同上书,第250页。

④ 对此,学者黎晓平通过对大陆法与英美法的比较强调,"司法活动之于法制发展的意义"是学界需要重新予以认识的。参见黎晓平:"司法活动与法制发展",载高鸿钧主编:《清华法治论衡》,第2辑,清华大学出版社2001年版,第45—56页。

余　论

　　英国是世界宪政文明的发源地,其宪政生成和发展路径并非理论设计的产物,而是在自身的政治文明背景下,在王权、议会、司法等多种因素作用下,经过长期的斗争与妥协,一点一滴形成的。上述我们对英格兰司法成长与宪政生成的史实描述无不印证了这一点。同时,我们必须看到也必须承认的是,英格兰的宪政道路是特定历史条件下的产物,具有自己的特殊性。就此而言,其他国家很难简单地照搬、复制。然而,英格兰宪政的不可复制性绝非意味着它不具有可资借鉴的普遍价值,相反,对于其宪政生成基本脉络的把握有助于反思自己国家的宪政建设。

　　我们国家作为一个与宪政主义传统相左的政治文化实体,如果没有外来因素的冲击,单靠自身几乎无法实现宪政。正如对中西文化有深刻洞察的梁漱溟先生所言:"如果中国完全闭关,就是再走三百年、五百年、一千年。也断不会有火车、轮船和民主精神出来。"[1]然而,1908年,中国历史上第一部宪法性文件《钦定宪法大纲》的出

---

[1] 梁漱溟:《东西文化及其哲学》,商务印书馆1987年版,第65页。

台,标志着古老中国探寻宪政之路的开始。① 在此之后,一个又一个宪法或宪法性文件出现在中国人的视界里。但令国人无比失望的是,近代的几次宪政运动无一不以失败告终,作为根本法的宪法走马灯似地频繁更替,宪政如同金字招牌一样仅仅被用以装点门面。这一点我们可以从清末"预备立宪"、北洋政府时期"自由主义宪政试验"以及南京国民政府时期"训政模式"的失败中得到印证。② 究其原因,一方面是因为,在实现宪政过程中我们始终以西方成熟的宪政经验为坐标衡量自己。在对比过程中如稍有不符,便攻击我们自己的宪政是"假宪政"、"伪宪政",政府的合法性在这样的"苛责"下不仅得不到增强,而且就连基本的政府权威也逐渐消磨殆尽,何谈实现宪政。殊不知英格兰宪政的生成也非朝夕之功,更不用说我们没有与英格兰一样的多元权力结构、强势的议会以及独立的司法等背景性条件。另一方面,作为一个宪政后发国家,我们在享受着"后发优势"的同时,也会受到被经济学家杨小凯所称的"后发劣势"的深刻影响。申言之,中国近代宪政探索、发展之路始终是与争取民族独立、内忧外患的国情联系在一起的。探寻宪政之路在某种意义上就是"救亡图存"的方式之一。在这样的背景下,新政府需要一定程度上的专制来加强政府权威,稳定社会基本秩序,而这一做法又与西方成熟的宪政主义南辕北辙,政治稳定和宪政主义近乎形成鱼与熊掌难以得兼之势。而这些恰是中国近代宪政失败的根源所在。

如果我们将宪政主义作为一种普适性的价值与制度,那么上述这些近代宪政失败的原因以及英格兰宪政生成中的利弊得失至今仍然能够引起我们的思考。

我们首先应该重视国家在宪政发展过程中的重要作用。这不仅是因为我们要重视传统,中国历来都是一个典型的政治主导型国家,而且更因为英

---

① 当然,这里我们将 1908 年《钦定宪法大纲》作为中国宪政探寻之路的标志可能会有异议,因为在此之前封建士大夫魏源、龚自珍、郑观应等人以及维新派的康有为、梁启超已经开始系统性地在中国传播宪政思想。但是,笔者认为 1908 年《钦定宪法大纲》作为第一个官方的宪法性文件,实质表明宪政已经成为当时中国社会一个不可逆转、人心所向的基本共识,因而,将其作为中国开始探寻宪政之路的标志。

② 关于这三个时期的宪政状况,参见郭宝平、朱国斌:《探寻宪政之路——从现代化的视角检讨中国 20 世纪上半叶的宪政试验》,山东人民出版社 2005 年版。

格兰的宪政经验告诉我们,我们没有足够的时间去培育、去等待多元的权力结构和自生自发的社会生长秩序或者寄希望于一个自下而上的市民阶层去建构一个新的自由主义国度。正如学者高全喜所言:"我们不是不想从一般的私法规则中衍生出一个自由民主的国家制度,哈耶克所谓自发的宪政之路当然是很好的,但它们之与我们是可遇而不可求的,中国百余年的宪政之路,其困顿颠沛、玉汝难成,根子仍在于政治。"[①]如果我们稍微细心地回顾一下改革开放三十年来中国法治发展状况,就会发现,我们取得的成就是不容置疑的。我们不仅逐渐建立了基本完备的法律制度体系,而且这些法律逐渐开始讲求公平与正义。这些成就的背后,其主导者就是国家。[②] 如果我们不是教条地将宪政仅仅理解为对于国家权力的限制和约束,对于政治权威的破除,那么,我们必须明确宪政不等于不要权力,宪政国家的权力在边界上是有限的,但在职能上却是强有力的,一个有限度而又有能力的国家制度是宪政国家的实质。对此,就连对权力始终怀有戒心的美国联邦党人也曾明确指出:"政府的力量是保障自由不可缺少的东西。"[③]虽然我们可以在逻辑上假定个人权利先于国家而存在,但在现实生活中,个人总是生活在特定的政治共同体之中,生活在特定的文化历史之中。因此,我们的宪政建设不仅要重视"中国问题"的特殊性和复杂性[④],而且要重新审视西方宪政发

[①] 高全喜:"论宪法政治——关于法治主义理论的另一个视角",载《北大法律评论》(2005),第6卷·第2辑,北京大学出版社2005年版,第501页。

[②] 如1978年以后基于"文化大革命"时期"无法无天"的社会状况,我们在党和国家的领导下开始强调民主、法制,之后1982年《宪法》、《法院组织法》、《刑事诉讼法》以及《民事诉讼法》等一系列基本性的法律开始制定出台。1990年以后,基于"苏联解体"、"东欧剧变"的教训,党和国家决定发展经济,确立了"经济建设为中心"的指导方针,此后大量的民商事法律在政府的主导下大量出台。2000年以后,由于政府认识到过分在经济发展中强调效率,忽视公平存在的不足,在创建"和谐社会"的引导下,强调社会公平、社会保障的立法逐渐增多。纵观中国法治建设的这一进程,每一次法治的进步无一不是在国家大政方针、政策的影响下得到推进。在这个意义上讲,我们法治建设的主导者是国家。

[③] 〔美〕汉密尔顿、杰伊、麦迪逊:《联邦党人文集》,程逢如、在汉、舒逊译,商务印书馆1997年版,第390页。

[④] 这里的"中国问题"是指,中国作为一个宪政主义后发国家而言,我们一方面面临着建立一个既保障个人自由与权利、又有能力保障国家安全,并为经济与社会发展提供必要法律条件的制度的宪政目标;另一方面我们不仅缺乏培育市民阶层的自发商品秩序,而且也不存在17—19世纪西方国家发展宪政宽松的国际环境,同时人口问题、"三农问题"等一系列现实问题困扰着中国的宪政建设。关于这一点可参见,李强:"宪政自由主义与国家构建",载《宪政主义与现代国家》(公共论丛),生活·读书·新知三联书店2003年版,第41—43页。

达国家宪政生成的复杂性和特殊性,致力于一种务实的宪政理论研究,强调国家在中国宪政生成道路过程中的主导性作用。① 这也是本书详尽梳理英格兰司法与宪政的"问题意识"所在。

然而,对于中国宪政建设中国家主导性的强调并不意味着放松对于可能出现极端国家主义和专制主义危险的警惕,我们需要通过审慎的思考,富有建设性的制度构建推进这一进程。美国联邦党人曾经在建国之初为美国人民提出过这样的问题:"人类社会是否真正能够通过深思熟虑和自由选择来建立一个良好的政府,还是他们永远注定要靠机遇和强力来决定他们的政治组织?"②笔者认为,我们迫切需要审慎地反思我们的社会政治进程,而不再把宪政拱手交给"机遇"和"强力"。因此,除了强调国家在宪政进程的主导性作用外,我们的法律人还应汲取英格兰宪政生成的经验,从司法审判权中的内在技术要素出发,着重挖掘和提升司法技术在建构国家政治秩序以及文明秩序中的强大力量,将司法审判权从仿佛自足的法律秩序中分离出来,让其在政治秩序的建构中发挥更为积极的作用。在这个意义上讲,司法审判权不应仅仅是政治秩序完成后单纯执行立法意图的法律适用者,也不应仅仅是各种社会利益冲突的被动平衡者与裁判者,它更应该是参与政治秩序的构建者。

因而,我们应将宪政建设的讨论立足于中国,寻找中国宪政的正当性,而不是以西方宪政理论简单地"解构"中国。更为重要的是,我们应从英格兰司法对其宪政直接助推的历史经验中学会从自身现有制度内部,挖掘出具体措施"建构"中国。

---

① 关于此问题,近代中国自由主义先驱有着深刻的洞察,如严复对斯密国家理念的关注,梁启超以伯伦知理的国家理论补充自由主义的缺失,孙中山对中国缺乏国家观念、缺乏凝聚力的感慨都是明证。同时这也是国内学者高全喜、强世功所特别强调的"宪法政治"、"立法者的法理学"的原因所在。参见高全喜:"论宪法政治——关于法治主义理论的另一个视角",载《北大法律评论》(2005),第6卷·第2辑,北京大学出版社2005年版;强世功:《立法者的法理学》,生活·读书·新知三联书店2007年版。

② 〔美〕汉密尔顿、杰伊、麦迪逊:《联邦党人文集》,程逢如、在汉、舒逊译,商务印书馆1997年版,第3页。

参考文献

中文著作：

[1] 程汉大：《英国政治制度史》，中国社会科学出版社 1995 年版。

[2] 程汉大：《英国法制史》，齐鲁书社 2001 年版。

[3] 程汉大、李培锋：《英国司法制度史》，清华大学出版社 2007 年版。

[4] 陈绪刚：《法律职业与法治》，清华大学出版社 2007 年版。

[5] 陈可风：《罗马共和宪政研究》，法律出版社 2004 年版。

[6] 丛日云：《西方政治文化传统》，黑龙江人民出版社 2002 年版。

[5] 方立新：《传统与超越——中国司法变革源流》，法律出版社 2006 年版。

[6] 谷延方、黄秋迪：《英国王室史纲》，黑龙江人民出版社 2004 年版。

[7] 高全喜：《法律秩序与自由主义——哈耶克的法律思想与宪政思想》，北京大学出版社 2003 年版。

[8] 高全喜：《何种政治？谁之现代性？——现代性政治叙事的左右版本及中国语境》，新星出版社 2007 年版。

[9] 郭宝平、朱国斌：《探寻宪政之路——从现代化的视角检讨中国 20 世纪上半叶的宪政试验》，山东人民出版社 2005 年版。

[10] 贺卫方：《司法的理念和制度》，中国政法大学出版社 1998 年版。

[11] 何勤华：《英国法制史》，法律出版社 1999 年版。

[12] 何勤华：《西方法学史》，中国政法大学出版社 2003 年版。

[13] 蒋孟引主编:《英国史》,社会科学出版社1988年版。

[14] 梁漱溟:《东西文化及其哲学》,商务印书馆1987年版。

[15] 梁治平:《法辨——中国法的过去、现在与未来》,中国政法大学出版社2003年版。

[16] 梁治平:《寻求自然秩序中的和谐》,中国政法大学出版社1997年版。

[17] 李红海:《普通法的历史解读——从梅特兰开始》,清华大学出版社2003年版。

[18] 刘新成:《英国都铎王朝议会研究》,首都师范大学出版社1995年版。

[19] 刘新利:《基督教与德意志民族》,商务印书馆2000年版。

[20] 马克垚:《英国封建社会研究》,北京大学出版社2005年版。

[21] 马克垚:《西欧封建经济形态研究》,人民出版社2001年版。

[22] 马长山:《国家、市民社会与法治》,商务印书馆2003年版。

[23] 孟广林:《英国封建王权论稿》,人民出版社2002年版。

[24] 倪正茂主编:《中国法律史研究反驳》,法律出版社2002年版。

[25] 钱乘旦、许洁明:《英国通史》,上海社会科学出版社2002年版。

[26] 钱乘旦、陈晓律:《英国文化模式溯源》,上海社会科学院出版社2003年版。

[27] 齐延平:《自由大宪章研究》,中国政法大学出版社2007年版。

[28] 秋风:《立宪的技艺》,北京大学出版社2005年版。

[29] 殷鼎:《理解的命运》,生活·读书·新知三联书店1988年版。

[30] 强世功:《立法者的法理学》,生活·读书·新知三联书店2007年版。

[31] 任强:《法度与理念》,法律出版社2006年版。

[32] 沈宗灵:《比较法总论》,北京大学出版社1987年版。

[33] 沈汉、刘新成:《英国议会政治史》,南京大学出版社1991年版。

[34] 王怡:《宪政主义:观念与制度的转捩》,山东人民出版社2006年版。

[35] 王学辉、宋玉波等:《行政权研究》,人民检察出版社2002年版。

[36] 魏建国:《宪政体制形成与近代英国崛起》,法律出版社2006年版。

[37] 汪荣祖:《史学九章》,生活·读书·新知三联书店2006年版。

[38]《外国法制史》编写组:《外国法制史资料选编》(上册),北京大学出版社1982年版。

[39] 徐忠明:《包公故事:一个考察中国法律文化的视角》,中国政法大学出版社2002年版。

[40] 薛波主编:《元照英美法辞典》,法律出版社2003年版。

[41] 阎照祥:《英国政治制度史》,人民出版社1999年版。

[42] 郑祝君:《英美法史论》,武汉大学出版社1998年版。

[43] 周永坤:《规范权力——权力的法理研究》,法律出版社2006年版。

[44] 周永坤:《宪政与权力》,山东人民出版社2008年版。

[45] 周威:《英格兰的早期治理》,北京大学出版社2008年版。

[46] 张之恒:《中国新石器时代文化》,南京大学出版社 1988 年版。
[47] 张凤阳:《政治哲学关键词》,江苏人民出版社 2006 年版。
[48] 郑戈:《法律与现代人的命运:马克斯·韦伯法律思想研究导论》,法律出版社 2006 年版。
[49] 《盎格鲁—撒克逊编年史》,寿纪瑜译,商务印书馆 2004 年版。
[50] 〔美〕爱德华·S.考文:《美国宪法的"高级法"背景》,强世功译,生活·读书·新知三联书店 1996 年版。
[51] 〔美〕博西格诺等:《法律之门》,邓子滨译,华夏出版社 2002 年版。
[52] 〔意〕布鲁诺·莱奥尼:《自由与法律》,秋风译,吉林人民出版社 2004 年版。
[53] 〔古罗马〕查士丁尼:《法学总论》,张企泰译,商务印书馆 1997 年版。
[54] 〔英〕丹宁勋爵:《法律的未来》,刘庸安、张文镇译,法律出版社 1999 年版。
[55] 〔美〕德沃金:《认真对待权利》,信春鹰、吴玉章译,中国大百科全书出版社 1998 年版。
[56] 〔英〕戴雪:《英宪精义》,雷宾南译,中国法制出版社 2009 年版。
[57] 恩格斯:《家庭、私有制和国家的起源》,人民出版社 2003 年版。
[58] 〔英〕F.E.霍利迪:《简明英国史》,洪永珊译,江西人民出版社 1985 年版。
[59] 〔美〕富勒:《法律的道德性》,郑戈译,商务印书馆 2005 年版。
[60] 〔英〕弗里德利希·冯·哈耶克:《自由秩序原理》,邓正来译,生活·读书·新知三联书店 2003 年版。
[61] 〔英〕弗里德里希·冯·哈耶克:《法律、立法与自由》(第 1 卷),邓正来等译,中国大百科全书出版社 2000 年版。
[62] 〔美〕戈登·奥萨魁:《比较法律传统》,米健等译,中国政法大学出版社 1993 年版。
[63] 〔美〕古德诺:《政治与行政》,王元译,华夏出版社 1987 年版。
[64] 〔美〕哈罗德·J.伯尔曼:《法律与革命——西方法律传统的形成》(第 1 卷),贺卫方、高鸿钧等译,中国大百科全书出版社 1996 年版。
[65] 〔美〕哈罗德·J.伯尔曼:《法律与革命——新教改革对西方法律传统的影响》(第 2 卷),袁瑜琤、苗文龙译,法律出版社 2008 年版。
[66] 〔美〕汉密尔顿、杰伊、麦迪逊:《联邦党人文集》,程逢如、在汉、舒逊译,商务印书馆 1997 年版。
[67] 〔美〕哈泽德等:《美国民事诉讼法导论》,张茂译,中国政法大学出版社 1999 年版。
[68] 〔美〕H.W.埃尔曼:《比较法律文化》,贺卫方、高鸿钧译,清华大学出版社 2002 年版。
[69] 〔德〕黑格尔:《法哲学原理》,范扬、张企泰译,商务印书馆 1961 年版。
[70] 〔英〕霍布斯:《利维坦》,黎思复、黎廷弼译,商务印书馆 1997 年版。
[71] 〔德〕海因里希·罗门:《自然法的观念史和哲学》,姚中秋译,上海三联书店 2007

年版。

[72]〔法〕基佐:《法国文明史》(第1卷),沅芷、伊信译,商务印书馆1993年版。
[73]〔法〕基佐:《法国文明史》(第2卷),沅芷、伊信译,商务印书馆1993年版。
[74]〔法〕基佐:《欧洲文明史》,程鸿逵、沅芷译,商务印书馆2005年版。
[75]〔英〕施米托夫:《国际贸易法文选》,赵秀文译,中国大百科出版社1996年版。
[76]〔英〕肯尼斯·O.摩根主编:《牛津英国通史》,王觉非等译,商务印书馆1993年版。
[77]〔德〕康德:《法的形而上学原理》,沈叔平译,商务印书馆1991年版。
[78]〔德〕K.茨威格特、H.克茨:《比较法总论》,潘汉典等译,法律出版社2003年版。
[79]〔法〕勒内·达维:《英国法与法国法:一种实质性比较》,潘华仿、高鸿钧、贺卫方译,清华大学出版社2002年版。
[80]〔英〕洛克:《政府论》(下篇),叶启芳、瞿菊农译,商务印书馆2007年版。
[81]〔法〕勒内·达维德:《当代主要法律体系》,漆竹生译,上海译文出版社1986年版。
[82]〔美〕罗斯科·庞德:《法律史解释》,邓正来译,中国法制出版社2003年版。
[83]〔美〕罗斯科·庞德:《普通法的精神》,法律出版社2005年版。
[84]〔英〕伯特兰·罗素:《权力论》,靳建国译,东方出版社1992年版。
[85]〔美〕理查德·派普斯:《财产论》,蒋琳琦译,经济科学出版社2003年版。
[86]〔法〕孟德斯鸠:《论法的精神》(上册),张雁深译,商务印书馆2004年版。
[87]〔德〕马克斯·韦伯:《新教伦理与资本主义精神》,于晓、陈维刚等译,生活·读书·新知三联书店1987年版。
[88]〔德〕马克斯·韦伯:《论经济与社会中的法律》,张乃根译,中国大百科全书出版社1998年版。
[89]〔德〕马克斯·韦伯:《经济与社会》(下卷),约翰内斯·温克尔曼整理,林荣远译,商务印书馆2004年版。
[90]〔美〕麦基文:《宪政古今》,翟小波译,贵州人民出版社2004年版。
[91]〔意〕莫诺·卡佩莱蒂:《比较法视野中的司法程序》,徐昕、王奕译,清华大学出版社2005年版。
[92]〔美〕马丁·夏皮罗:《法院:比较法上和政治学上的分析》,张生、李彤译,中国政法大学出版社2005年版。
[93]〔英〕莫尔顿:《人民的英国史》(上册),谢琏造等译,生活·读书·新知三联书店1976年版。
[94]〔美〕孟罗·斯密:《欧陆法律发达史》,姚梅镇译,中国政法大学出版社2003年版。
[95]〔英〕M.J.C.维尔:《宪政与分权》,苏力译,生活·读书·新知三联书店1997年版。
[96]〔英〕佩里·安德森:《绝对主义国家的谱系》,刘北城译,上海人民出版社2001年版。

[97]〔英〕P. S. 阿蒂亚:《法律与现代社会》,范悦等译,辽宁教育出版社 1998 年版。

[98]〔美〕乔治·霍兰·萨拜因:《政治学说史》(下册),刘山等译,商务印书馆 1986 年版。

[99]〔比〕R. C. 范·卡内冈:《英国普通法的诞生》,李红海译,中国政法大学出版社 2003 年版。

[100]〔比〕R. C. 范·卡内冈:《法官、立法者与法学教授——欧洲法律史篇》,薛张敏敏译,北京大学出版社 2006 年版。

[101]〔英〕S. 李德·布勒德:《英国宪政史谭》,陈世弟译,中国政法大学出版社 2003 年版。

[102]〔英〕S. F. C. 密尔松:《普通法的历史基础》,李显东等译,中国大百科全书出版社 1999 年版。

[103]〔美〕斯科特·戈登:《控制国家——西方宪政的历史》,应奇等译,江苏人民出版社 2001 年版。

[104]〔美〕斯蒂芬·L. 埃尔金、卡罗尔·爱德华·索乌坦编:《新宪政论——为美好的社会设计政治制度》,周叶谦译,生活·读书·新知三联书店 1998 年版。

[105]〔英〕塞西尔·黑德勒姆:《律师会馆》,张芝梅译,上海三联书店 2006 年版。

[106]〔英〕T. R. S. 艾伦:《法律、自由与正义——英国宪政的法律基础》,成协中、江菁译,法律出版社 2006 年版。

[107]〔英〕托马斯·霍布斯:《哲学家与英格兰法律家的对话》,姚中秋译,上海三联书店 2006 年版。

[108]〔美〕托克维尔:《论美国的民主》(上册),董良果译,商务印书馆 1988 年版。

[109]〔古罗马〕塔西佗:《日耳曼尼亚志》,马雍、付正元译,商务印书馆 1997 年版。

[110]〔英〕詹宁斯:《法与宪法》,龚祥瑞、侯健译,生活·读书·新知三联书店 1998 年版。

[111]〔德〕魏德士:《法理学》,丁晓春、吴越译,法律出版社 2005 年版。

[112]〔英〕威廉·布莱克斯通:《英国法释义》(第 1 卷),游云庭、缪苗译,上海人民出版社 2006 年版。

[113]〔英〕温斯顿·丘吉尔:《英语民族史略》第 1 卷(不列颠的诞生),薛力敏、林林译,南方出版社 2004 年版。

[114]〔英〕温斯顿·丘吉尔:《英语民族史略》第 2 卷(新世界),薛力敏、林林译,南方出版社 2004 年版。

[115]〔美〕小詹姆斯·R. 斯托纳:《普通法与自由主义理论》,姚中秋译,北京大学出版社 2005 年版。

[116]〔古希腊〕亚里士多德:《政治学》,吴寿彭译,商务印书馆 1981 年版。

[117]〔美〕约翰·梅西·赞恩:《法律的故事》,孙运申译,中国盲文出版社 2002 年版。

[118]〔葡〕叶士朋:《欧洲法学史导论》,吕平义、苏健译,中国政法大学出版社 1998 年版。
[119]〔美〕约翰·亨利·梅利曼:《大陆法系》,顾培东、禄正平译,法律出版社 2004 年版。
[120]〔英〕约翰·哈德森:《英国普通法的形成》,刘四新译,商务印书馆 2006 年版。
[121]〔日〕猪口孝:《国家与社会》,高增杰译,经济日报出版社 1989 年版。
[122]〔意〕朱塞佩·格罗索:《罗马法史》,黄风译,中国政法大学出版社 1998 年版。

论文:

[1] 程汉大:"英国宪政传统的历史成因",载《法制与社会发展》2005 年第 1 期。
[2] 程汉大:"论 11—12 世纪英国封建集权君主制",载《史学月刊》1997 年第 3 期。
[3] 程汉大:"法治的英国经验",载《中国政法大学学报》2008 年第 1 期。
[4] 程汉大:"政治与法律的良性互动——英国法治道路的根本原因",载《史学月刊》2008 年第 12 期。
[5] 程汉大:"寻求'有限'与'有为'的平衡",载《河南政法管理干部学院学报》2005 年第 1 期。
[6] 程春明:"司法权的理论语境:从经典裁判权到现代司法权——兼论孟德斯鸠'权力分立'理论中的'司法权'",http://longweqiu.fyfz.cn/blog/longweqiu/index.aspx?blogid=369057。
[7] 范忠信:"中国司法传统与当代中国司法权力潜规则",载中国法律史学会编:《中国文化与法治》,社会科学文献出版社 2007 年版。
[8] 高全喜:"论宪法政治——关于法治主义理论的另一个视角",载《北大法律评论》(2005)第 6 卷·第 2 辑,北京大学出版社 2005 年版。
[9] 胡旭晟:"'描述型的法史学'与'解释性的法史学'",载《法律科学》1998 年第 6 期。
[10] 黄敏兰:"论欧洲中世纪的封建制与非封建性制度",载《西北大学学报》1999 年第 3 期。
[11] 胡健:"衰亡还是重生——英国大法官的历史演进",载《比较法研究》2005 年第 6 期。
[12] 贺卫方:"通过司法实现社会正义——对中国法官现状的一个透视",载夏勇主编:《走向权利的时代》,中国政法大学出版社 2000 年版。
[13] 贺卫方:"以正义的司法保卫我们的社会",http://heweifang.fyfz.cn/blog/heweifang/index.aspx?blogid=417543。
[14] 李红海:"张伟仁 vs. 贺卫方的背后:关于法律史的学术史",http://heweifang.fyfz.cn/blog/heweifang/index.aspx?blogid=90270。
[15] 李红海:"普通法的司法技艺及其在我国的尝试性运用",载《法商研究》2007 年第 5 期。

[16] 李红海:"判例法中的区别技术与我国的司法实践",载《清华法学》(第6辑),清华大学出版社2005年版。
[17] 李培锋:"中世纪前期英国的地方自治形态",载《史学月刊》2002年第6期。
[18] 李培锋:"拓宽法制史的研究视界——评'英国法制史'",载陈景良主编:《中南法律评论》(创刊号),法律出版社2002年版。
[19] 李强:"宪政自由主义与国家构建",载《宪政主义与现代国家》(公共论丛),生活·读书·新知三联书店2003年版。
[20] 李猛:"除魔的世界与禁欲者的守护神:韦伯社会理论中的'英国法'问题",载《韦伯:法律与价值》("思想与社会"丛书第1辑),上海人民出版社2001年版。
[21] 李栋:"试论英国早期国王司法管辖权的扩张",载何勤华主编:《多元的法律文化》,法律出版社2007年版。
[22] 黎晓平:"司法活动与法制发展",载高鸿钧主编:《清华法治论衡》(第2辑),清华大学出版社2001年版。
[23] 林来梵、刘练军:"论宪法政制中的司法权——从孟德斯鸠的一个古典论断说开去",载《福建师范大学学报》2007年第2期。
[24] 〔英〕马赛尔·柏宁斯、克莱尔·戴尔:"英国的治安法官",李浩译,载《现代法学》1997年第2期。
[25] 毛国权:"英国法中先例原则的发展",载《北大法律评论》1998年第1卷(第1辑),北京大学出版社1998年版。
[26] 秦晖:"传统中国社会的再认识",载《战略与管理》1999年第6期。
[27] 苏亦工:"法律史学研究方法问题商榷",载《北方工业大学学报》1997年第4期。
[28] 施诚:"论中古英国'国王靠自己过活'的原则",载《世界历史》2003年第1期。
[29] 〔美〕萨托利:"宪政疏义",载《市场逻辑及国家观念》,生活·读书·新知三联书店1995年版。
[30] 陶云松、刘心勇、郭宪纲:"中世纪英国二元政体结构初探",载《世界历史》1988年第4期。
[31] 汤维建:"英美陪审团制度的价值论争英美陪审团制度的价值论争——简议我国人民陪审员制度的改造",载《人大法律评论》2000年第2辑,中国人民大学出版社2000年版。
[32] 王志强:"略论本世纪上半叶中国法制史的研究方法",载李贵连主编:《二十世纪的中国法学》,北京大学出版社1998年版。
[33] 王志强:"中国法律史学研究取向的回顾与前瞻",载范忠信、陈景良主编:《中西法律传统》(第2卷),中国政法大学出版社2002年版。
[34] 郑红:"论西方中世纪封建宪政思想",http://www.jmxy99.com/ns_detail.asp?id=500104&nowmenuid=500002&previd=500078。

英文著作：

[1] 〔英〕西奥多·F. T. 普拉克内特：《简明普通法史》（英文影印本），中信出版社 2003 年版。

[2] Anthony Musson and W. M. Ormrod, *The Evolution of English Justice: Law, Politics and Society in the Fourteenth Century*, Macmillan Press, 1999.

[3] A. T. Carter, *A History of English Legal Institution*, Butterworths, 1906.

[4] Bryce Lyon, *A Constitutional and Legal History of Medieval England*, Norton, 1980.

[5] C. A. Beard, *The Office of Justice of the Peace in England*, The Columbia University Press, 1904.

[6] Catherine Drinker Bowen, *The Lion and the Throne: The Life and Times of Sir Edward Coke*, Little and Brown, 1957.

[7] Charles Adams, *For Good and Evil: The Impact of Taxes on the Course of Civilization*, Oxford, 1999.

[8] C. R. Lovell, *English Constitutional and Legal History*, Oxford University Press, 1962.

[9] Christopher W. Brooks, *Lawyer, Litigation and English Society since 1450*, The Hambledon Press, 1998.

[10] Ellis Sandoz, *The Roots of Liberty: Magna Cart, Ancient Constitution and the Anglo-American Tradition of Rule of Law*, University of Missouri Press, 1993.

[11] F. W. Maitland, *The Constitutional History of England*, Cambridge University Press, 1926.

[12] F. Pollock and F. W. Maitland, *The History of English Law before the Time of Edward* Ⅰ, Cambridge University Press, 1968, Vol. Ⅰ.

[13] F. Pollock and F. W. Maitland, *The History of English Law before the Time of Edward* Ⅰ, Cambridge University Press, 1968, Vol. Ⅱ.

[14] George Burton Adams and H. Morse Stephens, *Select Documents of English Constitutional History*, The Macmillan Company, 1924.

[15] John Maxcy Zane, *The Five Ages of the Bench and Bar of England*, Select Essays in Anglo-American Legal History, Vol. Ⅰ, Little, Brown, and Company, 1907.

[16] J. G. A. Pocock, *The Ancient Constitution and the Feudal Law: A Study of English Historical Thought in the Seventeenth Century*, Cambridge University Press, 1987.

[17] J. W. Tubbs, *The Common Law Mind*, The Johns Hopkins University Press, 2000.

[18] J. C. Holt, *Magna Carta*, Cambridge, 1969.

[19] John Tiley, *Studies in the History of Tax Law*, Oxford and Portland Oregon, 2004.

[20] J. H. Baker, *An Introduction to English Legal History*, London, Butterworths, 1990.

[21] John H. Langbein, *The Origins of Adversary Criminal Trial*, Oxford University Press, 2003.

[22] Leonard W. Levy, *The Palladium of Justice: Origins of Trial by Jury*, Ivan R. Dee, 1999.

[23] Leonard W. Levy, *Origins of the Bill of Right*, Yale University Press, 1999.

[24] Matthew Hale, *A History of the Common Law of England*, 1712, Chapter XII, http://www.gongfa.com/putongfazhuanti.htm.

[25] Michael Landon, *The Triumph of the Lawyers: Their Role in English Politics 1678—1689*, Alabama University Press, 1970.

[26] Paul Brand, *The Origins of the English Legal Profession*, Blackwell Publishers, 1992.

[27] Robin Fleming, *Domesday Book and the Law: Society and Legal Custom in Early Medieval England*, Cambridge University Press, 1998.

[28] Ralph V. Turner, *The English Judiciary in the Glanvill and Bracton 1176—1239*, Cambridge University Press, 1985.

[29] R. C. Palme, *The County Court of Medieval England*, Princeton, 1982.

[30] Radcliffe and Cross, *The English Legal System*, Butterworths, 1977.

[31] R. C. Van Caenegem, *Royal Writs in England from the Conquest to Glanvil*, London, 1958.

[32] Steve Sheppard, *The Selected Writings and Speeches of Sir Edward Coke*, Liberty Fund, 2003, Vol. I.

[33] Steve Sheppard, *The Selected Writings and Speeches of Sir Edward Coke*, Liberty Fund, 2003, Vol. II.

[34] Sir John Fortescue, *On the Laws and Governance of England*, Edited by Shelley Lockwood, Cambridge University Press, 1997.

[35] Sydney Knox Mitchell, *Taxation in Medieval England*, Archon Books, 1971.

[36] Thomas Skyrme, *History of the Justices of the Peace*, Chichester, 1994.

[37] W. S. Holdsworth, *A History of English Law*, Methuen, 1956, Vol. I.

[38] W. S. Holdsworth, *A History of English Law*, Methuen, 1956, Vol. II.

[39] W. S. Holdsworth, *A History of English Law*, Methuen, 1956, Vol. IV.

[40] W. S. Holdsworth, *A History of English Law*, Methuen, 1956, Vol. V.

[41] W. S. Holdsworth, *A History of English Law*, Methuen, 1956, Vol. VI.

[42] Wilfrid R. Prest, *The Rise of the Barristers: A Society History of the English Bar 1590—1640*, Clarendon Press, 1986.

论文：

[1] D. G. Smith, The History and Constitutional Contexts of Jury Reform, *Hofstra Law Re-*

view, Vol. 25 (Winter 1996).

[2] Jonathan Rose, The Legal Profession in Medieval England: A History of Regulation, *Syracuse Law Review*, Vol. 48 (1998).

[3] John Kinghom, The Growth of the Grand Jury System, *Law Magazine and Quarterly Review*, Vol. 6 (1881).

[4] Samuel Thorne, Dr. Bonham's Case, *Law Quarterly Review*, Vol. 54 (1938).

[5] Theodore F. T. Plucknett, Bonham's Case and Judicial Review, *Harvard Law Review*, Vol. 40 (1926).

[6] W. H. Dunham, Regal Power and Rule of Law: A Tudor Paradox, *The Journal of British Studies*, Vol. 3 (1964).

后　记

　　始终不愿提笔完成这篇后记,拖了再拖,想了又想,因为自己很难用一篇短小的文字总结近十年来在中南的点点滴滴。每次想到这里,都有想哭的感觉,这里是我的家,这里是我长大的地方!

　　很庆幸十年前来到中南开始了对于知识的探索、对于社会的感触、对于人生的参悟。在这里,我不仅接触到了可能需要花费毕生精力才能望见门廊的法律史,而且立下了"为天地立心,为生民立命,为往圣继绝学,为天下开太平"的宏愿,更结识了改变我一生命运的老师、妻子和兄弟! 时间的飘逝和生命的前行,有时就像汩汩的流水,挡也挡不住。昨天与前天相同,今天又与昨天相似,在这看似毫无变化中,是中南让我在悄然中对生命有了新的理解,对生活有了新的希冀!

　　本书是在我的博士论文基础上修改而成的。对此,我想首先感谢我的恩师程汉大先生,是您的垂青使我有机会继续自己的梦想;是您的严谨使我受益终生;是您的宽容使我处理了许多学业之外的杂事;是您的鼓励使我在写作过程中始终充满勇气;是您的辛劳使我的论文从选题到定稿一直进行得比较顺利;是您的批评使我知道自己还有许多不足。师恩厚重,学生无以回报,只有踏实为学、做人,继续前行!此外,导师组的陈景良教授、范忠信教授也为本书的最后杀青付出了心血。你们广博、深厚的学识,严谨、执著的治学,热情、暖人的关爱,始终鞭策着我继续努力!

十年求学生涯,李艳华老师、郑祝君老师慈母般的爱使我始终觉得温暖!武乾老师、萧伯符老师、滕毅老师、张继成老师、春杨老师、李文祥老师、孙丽娟老师、李培锋老师、陈敬刚老师、屈永华老师、陈丽蓉老师、陈会林老师无私的指点和教导,使我受益匪浅。陈小君教授、刘仁山教授、蔡明辉书记、刘茂林教授、麻昌华教授、高利红教授、黎江虹教授、欧阳竹筠副教授、贺强老师、周作凡老师、顾蓬老师、向玲老师对我的抬爱,使我顺利前行。朱勇教授、高鸿钧教授、侯欣一教授、张生教授、徐炳教授、徐涤宇教授、李红海教授对我的关心,使我心存感动。此外,《环球法律评论》、《比较法研究》、《清华法学》等杂志将本书稿中的部分内容予以发表,借此机会我向这些刊物表达最诚挚的感谢,同时也向北京大学出版社的白丽丽编辑及所有为本书出版而付出艰辛工作的老师、朋友表示深深的敬意!

从完成整个学业到这部论著的出版,父母、岳父母、妻子莹还有可爱的李昶烨小朋友始终支持着我。父亲充满期待的眼神鼓励着我的学业,母亲默默的付出让我倍感动力,妻子莹为爱作出的选择让我充满勇气,儿子天真的笑容让我感到幸福!我爱你们!

我生活中的同窗、兄弟构成了我生命中的重要组成部分,是你们让我不再孤单,是你们让我的生活充满着颜色,感谢你们!

最后我想感谢我自己,是我内心的坚韧、内心的勇气让我不断超越自我,克服苦难,实践自己的理想!

生命不息,奋斗不止!

李 栋

2010 年 8 月 16 日夜

于武昌首义阅马场